高等职业教育新形态精品教材

丛书顾问：倪阳生 张庆辉

服装市场营销

（第2版）

主　编　王鸿霖

副主编　刘春生　李　丹

参　编　罗　芳　李　翠　翁淑珍　谢慧敏

方　敏　李伟春　穆璐璐　申世轩　余红珍

北京理工大学出版社

BEIJING INSTITUTE OF TECHNOLOGY PRESS

内 容 提 要

本书从服装市场营销概述开始，阐述了服装商品、营销环境、消费行为的基本理论，通过市场调查与预测着力论述了服装市场营销中的产品、价格、渠道、促销、权力及公共关系六个方面，介绍了服装网络营销和营销人员的素质拓展训练部分，力求体系完整、层次分明。

本书可作为高等职业院校服装专业教材，也可供服装企业技术人员、短期培训等服装行业有关人员使用。

图书在版编目（CIP）数据

服装市场营销 / 王鸿霖主编.—2版.—北京：北京理工大学出版社，2020.1（2025.1重印）

ISBN 978-7-5682-7936-9

Ⅰ.①服… Ⅱ.①王… Ⅲ.①服装－市场营销学－高等学校－教材 Ⅳ.①F768.3

中国版本图书馆 CIP 数据核字（2019）第 253453 号

责任编辑：梁铜华　　**文案编辑**：时京京
责任校对：刘亚男　　**责任印制**：边心超

出版发行 / 北京理工大学出版社有限责任公司
社　　址 / 北京市丰台区四合庄路 6 号
邮　　编 / 100070
电　　话 / （010）68914026（教材售后服务热线）
（010）63726648（课件资源服务热线）
网　　址 / http：//www.bitpress.com.cn

版 印 次 / 2025 年 1 月第 2 版第 3 次印刷
印　　刷 / 河北世纪兴旺印刷有限公司
开　　本 / 787 mm × 1092 mm 1/16
印　　张 / 17.5
字　　数 / 404 千字
定　　价 / 52.00 元

高等职业教育新形态精品教材

编审委员会

丛书顾问

倪阳生　　中国纺织服装教育学会会长、全国纺织服装职业教育教学指导委员会主任

张庆辉　　中国服装设计师协会主席

丛书主编

刘瑞璞　　北京服装学院教授，硕士生导师，享受国务院特殊津贴专家

张晓黎　　四川师范大学服装服饰文化研究所负责人、服装与设计艺术学院名誉院长

丛书主审

钱晓农　　大连工业大学服装学院教授、硕士生导师，中国服装设计师协会学术委员会主任委员，中国十佳服装设计师评委

专家成员（按姓氏笔画排序）

马丽群	王大勇	王鸿霖	邓鹏举	叶淑芳
白嘉良	曲　侠	乔　燕	刘　红	孙世光
李　敏	李　程	杨晓旗	闵　悦	张　辉
张一华	侯东昱	祖秀霞	常　元	常利群
韩　璐	薛飞燕			

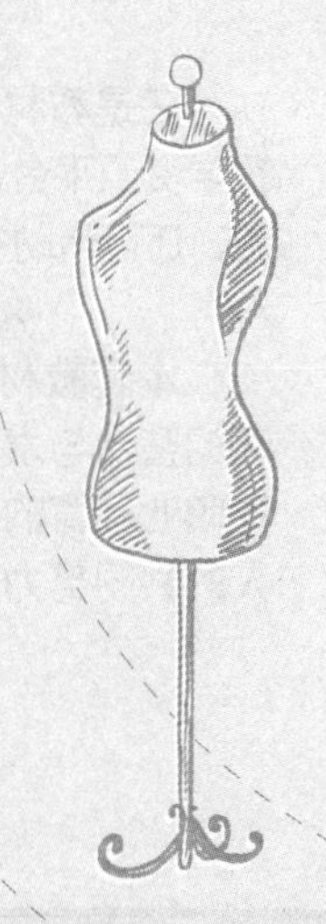

PREFACE

总序

服装行业作为我国传统支柱产业之一，在国民经济中占有非常重要的地位。近年来，随着国民收入的不断增加，服装消费已经从单一的遮体避寒的温饱型物质消费转向以时尚、文化、品牌、形象等需求为主导的精神消费。与此同时，人们的服装品牌意识逐渐增强，服装销售渠道由线下到线上再到全渠道的竞争日益加剧。未来的服装设计、生产也将走向智能化、数字化。在服装购买方式方面，“虚拟衣柜”“虚拟试衣间”和“梦境全息展示柜”等 3D 服装体验技术的出现，更是预示着以“DIY 体验”为主导的服装销售潮流即将来临。

要想在未来的服装行业中谋求更好的发展，不管是服装设计还是服装生产领域都需要大量的专业技术型人才。促进我国服装设计职业教育的产教融合，为维持服装行业的可持续发展提供充足的技术型人才资源，是教育工作者们义不容辞的责任。为此，我们根据《国家职业教育改革实施方案》中提出的“促进产教融合　校企‘双元’育人”等文件精神，联合服装领域的相关专家、学者及优秀的一线教师，策划出版了这套高等职业教育新形态精品教材。本套教材主要凸显三大特色：

一是教材编写方面。由学校和企业相关人员共同参与编写，严格遵循理论以“必需、够用为度”的原则，构建以任务为驱动、以案例为主线、以理论为辅助的教材编写模式。通过任务实施或案例应用来提炼知识点，让基础理论知识穿插到实际案例当中，克服传统教学纯理论灌输方式的弊端，强化技术应用及职业素质培养，激发学生的学习积极性。

二是教材形态方面。除传统的纸质教学内容外，还匹配了案例导入、知识点讲解、操作技法演示、拓展阅读等丰富的二维码资源，用手机扫码即可观看，实现随时随地、线上线下互动学习，极大满足信息化时代学生利用零碎时间学习、分享、互动的需求。

三是教材资源匹配方面。为更好地满足课程教学需要，本套教材匹配了“智荟课程”教学资源平台，提供教学大纲、电子教案、课程设计、教学案例、微课等丰富的课程教学资源，还可借助平台组织课堂讨论、课堂测试等，有助于教师实现对教学过程的全方位把控。

本套教材力争在职业教育教材内容的选取与组织、教学方式的变革与创新、教学资源的整合与发展方面，做出有意义的探索和实践。希望本套教材的出版，能为当今服装设计职业教育的发展提供借鉴和思路。我们坚信，在国家各项方针政策的引领下，在各界同人的共同努力下，我国服装设计教育必将迎来一个全新的蓬勃发展时期！

高等职业教育新形态精品教材编委会

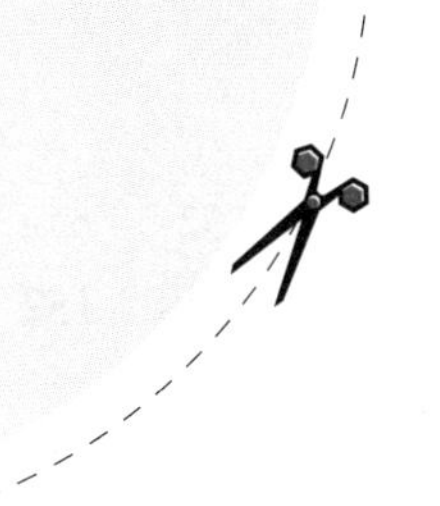

FOREWORD

前言

随着全球经济一体化进程的加快以及我国加入 WTO，我国服装业面临着更广阔的国际市场；国际品牌的大量涌入，使得服装企业之间的竞争更加激烈。同时随着国内服装消费市场的成熟和分化，越来越多的服装企业将从加工型企业转变成服装品牌运营企业，并更加重视营销能力的提升和营销艺术的升华，这也是我国成为世界服装强国的必经之路。

“服装市场营销”课程是服装设计专业的必修课，也是服装市场营销学科的主打课程，是每个学生必须掌握的重要基础课程。本书以培养高素质、高技能、应用型人才为目标，全面、系统地介绍了服装市场营销各个方面的内容，重点讲述了市场营销中的产品（Product）、价格（Price）、渠道（Place）、促销（Promotion）、权力（Power）及公共关系（Public Relations，PR）六大要素（简称“6P”理论）及其运用。

本书共分十四章，先总论后分述，每章章前有学习目标、案例导入，章后有拓展案例、本章小结、习题、教学案例，章节前后连贯、呼应，确保了知识体系的完整性。本书在编写中力求体系完整、结构合理、条理清晰、层次分明、内容丰富、覆盖面广，适合各类读者；力求教学目标明确，教学案例和图表具有代表性、时效性；力求文字通达、语句精练、内容详略得当；着力突出教学实践环节和学生能力的培养，体现高等职业教育的教学特色。

由于编者水平有限，书中难免存在疏漏之处，敬请广大读者批评指正。

编　者

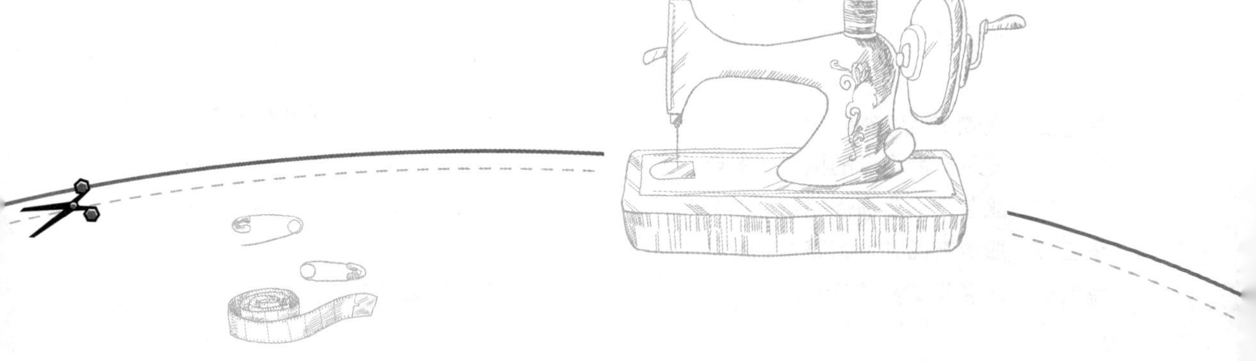

CONTENTS

目录

第一章 服装市场营销概述

学习目标

1. 了解市场与市场营销的基本概念；
2. 理解市场的构成因素、功能和市场营销的职能及作用；
3. 掌握服装行业、服装市场的特点；
4. 掌握服装市场营销的概念和管理过程；
5. 理解服装行业的发展趋势和服装市场营销的创新。

案例导入

耐克对市场变化感知一向敏锐。创新是企业成功的关键，企业经营的最佳策略就是抢在别人之前淘汰自己的产品。这种把创新理论运用到市场营销中的新做法，包括营销观念的创新、营销产品的创新、营销组织的创新和营销技术的创新。要做到这一点，市场营销人员就必须随时保持思维模式的弹性，让自己成为“新思维的开创者”。

耐克公司的产品策略

我国是服装消费大国，也是世界上最大的服装生产国和出口国。服装业对我国的国民经济发展起着重要作用，在世界服装贸易中举足轻重。但我国远不是服装强国，没有产生有世界影响力的服装设计师和服装品牌；没有引领世界服饰潮流的能力；我国服装业还仅仅是世界服装生产基地，外贸出口商品主要是贴牌加工，且以加工低端产品为主，即使是加工高端产品，也只是处于服装价值链的低端，获取低价值的加工费。

随着全球经济一体化进程的加快，国际品牌大量涌入，我国的服装企业面临着更加激烈的竞争。同时，随着国内服装消费市场的成熟和分化，越来越多的服装企业将从加工型企业转变成服装品牌运营企业，更加重视营销能力的提升和营销艺术的升华，这是世界服装强国发展的必经之路。因此，我国在走向服装业强国之路时，提高自身的营销水平，是十分必要的。

第一节　市场与市场营销

一、市场

（一）市场的概念

什么是市场？往往很多人会脱口而出，“市场就是买东西的地方”。这种理解虽然没有什么错误，但这只是从消费者的角度得出的结论而已。

从一般意义上讲，市场是社会分工和商品生产的产物，是以商品供求和商品交换为基本经济内容的各市场主体经济联系的形式。对这一定义可以有以下三个方面的理解。

（1）市场属于商品经济范畴。它以社会分工和商品生产为前提，哪里有社会分工和商品生产，哪里就有市场；并且社会分工和商品生产的发展程度决定着市场的发展水平。

（2）市场的基本经济内容是商品供求和商品交换。它是商品经济条件下连接各市场主体的经济形式，是商品经济得以正常运行的基本条件。这里所讲的市场主体是指公民、法人和国家，他们出于不同的利益参与市场活动，并通过市场发生经济联系。

（3）市场是各市场主体之间发生经济联系的形式。要实现这种联系，市场必须具备三个基本条件：具有购买动机和购买能力的买方；具有提供商品和劳务的卖方及供交换的商品或劳务；具有买卖双方都能接受的交易条件和交易价格。只有这三者都具备了，才能实现商品转移和交换，形成现实的市场。

市场具有多重含义，了解其他关于市场的概念对于商品经营者和市场营销学而言，具有重要的意义。

（1）市场是商品的交换场所和领域，即买卖双方进行交易的地点或地区。在这个层面，市场是一个地理的概念，是从买卖双方统一的角度提出来的。对于任何一个服装企业来说，都要考虑将自己的服装产品销售到哪些区域；同时，对于服装消费者来说，也需要考虑哪里可以最便捷地购买到自己所需要的服装产品。

（2）市场是商品生产者和商品消费者之间各种经济关系的总和。从这个角度来讲，

市场是一个整体的概念，是社会再生产必不可少的一个重要环节和领域，也是整个企业赖以生存的市场环境。任何一个企业的经营都离不开市场，都受到市场中各种关系的约束。

（3）市场是现实顾客和潜在顾客购买需求的总和。例如，很多国外知名服装品牌企业通常会说“中国的服装市场很大”，之后就开始纷纷进入我国服装市场。这说明，市场是一个集合的概念，是从卖主角度提出来的，是市场营销学中最主要的概念，也是所有企业经营者都必须研究和理解的概念。

（二）市场的构成因素

从卖方的角度来讲，市场是对生产企业的商品的潜在需求，由在一定时间、一定地点，具有对某种商品的购买欲望和购买力的消费群体所组成的。因此，市场是由人口、购买力和购买欲望三个因素组成的。可用公式表示为

市场＝人口＋购买力＋购买欲望

1．人口因素

人口是构成市场的基本因素。也就是说，哪里有人，哪里就会有衣、食、住、行及其各种需求，哪里就会形成市场。人口的因素具体包括：一个国家或地区的总人口、家庭户数和家庭人口数、人口性别和年龄、文化水平与职业、民族与宗教以及地理分布与人口流动等因素。我国今后人口环境的发展趋势主要有：人口平均年龄增长，人口老龄化趋势加剧，人口出生率下降，人们受教育水平程度提高，以小家庭居住为主要结构的生活模式等。这些人口特点，必将对服装企业的市场营销活动产生重要的影响。

2．购买力因素

人们的消费需求是通过使用货币购买商品来实现的。作为市场，仅有人口是远远不够的，还必须具有购买力。购买力就是人们支付货币购买商品的能力。消费者的购买力是由消费者的收入水平决定的。消费者收入水平具体包括：人均国民收入、个人收入、社会集团购买力等。

3．购买欲望因素

购买欲望是指消费者购买商品的动机、愿望或需求，是由消费者的生理需要和心理需要引起的。购买欲望是消费者把潜在购买力变成现实购买力的重要条件，是构成市场的基本因素。

以上三者缺一不可，没有人的地方就没有市场，人口多少决定市场大小；可是仅有人口还是不够的，如果人们的收入水平很低，市场也不会大，人口多且居民收入水平很高的国家或地区，其市场也会相应大一些；有了人口和收入，还必须使商品能够符合消费者的购买需求，能够引起消费者的购买欲望。只有把这三个因素结合起来，才能构成现实的市场，才能决定市场的规模和容量。企业在进行营销活动的时候才能更有针对性，才能更好地抓住市场机会，取得市场营销活动的成功。

（三）市场的功能

1．统一联系功能

这种功能是指很好地实现了商品生产者之间的经济联系和经济结合。市场既是社会分工的产物，又是社会分工得以生存和发展的保证。随着社会分工的细化，市场在社会

经济活动中的地位就越来越重要。服装企业要想在市场竞争中得以生存，必须通过各个服装生产企业在市场中实现自己商品的价值并取得别人商品的使用价值，从而实现不同服装生产者之间的经济联系。

2．信息引导功能

这种功能是指有效地实现商品生产者和商品消费者之间的信息联系和沟通。畅通的市场信息对于企业的经营来说是必不可少的。企业经营者要想在市场竞争中获得更好的经济收益，就需比别的企业更早一步、更准确地获取到各种市场信息并及时地把握好市场机遇。对于服装企业经营者来说，由于服装商品的特殊性，一定要及时地把各种服装商品信息传递给服装消费者。同时，服装消费者也可以根据自己所获得的市场信息及时地购买到自己所需要的服装商品。

3．市场调节功能

引导商品生产适应消费需求，调节商品供求比例关系。任何企业生产的产品都必须符合市场的消费需求才能销售出去，实现自身的价值，否则就无法弥补成本的消耗，企业的再生产也就很难维系下去。因此，市场总是迫使商品生产者在开展生产活动之前，就必须考虑自己企业生产的产品是否适销对路。

4．收入分配功能

市场能够比较不同的商品生产者在生产同类商品时所消耗的不同劳动量。如果某个企业生产的同类产品所消耗的劳动量高于社会平均劳动量，其获得的产品价值收益就会相应地减少，企业收入也变少；反之，企业收入增加。

5．优胜劣汰功能

如果企业生产同类产品所消耗的劳动量高于社会平均值，且一直降不下来，则企业所获取的利润空间就会减少，企业的再生产和发展也就很难再长期维持下去。

（四）现代市场的主要特征

（1）统一的市场。不仅使消费者在商品的价格、品种、服务上能有更多的选择，也使企业在购买生产要素和销售产品时有更好的选择。

（2）开放的市场。一个开放的市场，能使企业在更大的范围内和更高的层次上展开竞争与合作，促进经济发展。

（3）竞争的市场。竞争是指各经济主体为了维护和扩大自己的利益，而采取的各种自我保护的行为和扩张行为，努力在产品质量、价格、服务、品种等方面创造优势。其意义表现为充分的市场竞争，会使经济活动充满生机和活力。

（4）有序的市场。要完善行政执法、行业自律、舆论监督、群众参与相结合的市场监管体系。其意义表现为市场有序性能保证平等竞争和公平交易，保护生产经营者和消费者的合法权益。

二、市场营销

（一）市场营销的含义

什么是市场营销？有些人认为市场营销就是销售，也有人认为市场营销就是促销和

广告——营销的过程就是企业把所生产的商品销售出去，从而实现产品价值增值的过程，而营销者所扮演的角色就是推销员，他的职责就是使用各种方式，将商品卖给消费者从而获取利润。其实这些理解都是比较片面的，它们仅仅只是市场营销的数种功能之一，而不是市场营销活动的主要功能。

市场营销是企业经营活动的职责。它将产品及劳务从生产者直接引向消费者或使用者，以便满足顾客需求及实现公司利润，同时也是一种社会经济活动过程，其目的在于满足社会或人类需要，实现社会目标。实际上，市场营销活动是一个极为复杂的综合过程，它贯穿于企业经营管理活动的整个过程中。其中包括市场环境分析、市场调研与预测、市场细分与目标市场选择、产品开发、定价、促销、分销广告、宣传报道、销售促进、人员推销、售后服务等一系列活动，从而实现扩大销售、提高市场占有率、满足社会需求和增加企业盈利的目的。从整个市场营销活动看，销售仅仅是整个市场营销活动的一部分，并不是市场营销最重要的部分；销售是企业市场营销人员的职能之一，但不是最重要的职能。

综上所述，所谓市场营销是指企业以满足顾客各种需要与欲望为目的，运用一定的经济方法和手段，使企业的产品或服务有效地转移到顾客手中的各种活动的总和。现代市场营销观念强调的是企业必须以消费者需求为核心，通过一系列的市场营销活动来解决社会生产与消费的矛盾，从而实现企业预期战略目标。因此，市场营销是市场经济高度发展的产物，是一种极为复杂的经济活动。

（二）市场营销观念的演变

市场营销观念的演变与发展可归纳为六种，即生产观念、产品观念、推销观念、市场营销观念、客户观念和社会市场营销观念。

1．生产观念

生产观念产生于20世纪20年代以前。企业经营哲学不是从消费者需求出发，而是从企业生产出发，其主要表现是“我生产什么，就卖什么”。生产观念认为，消费者喜欢那些可以随处买得到而且价格低廉的产品，企业应致力于提高生产效率和营销效率，扩大生产，降低成本以扩展市场。生产观念是在卖方市场条件下产生的。在资本主义工业化初期以及第二次世界大战末期和战后一段时期内，由于物资短缺，市场产品供不应求，生产观念在企业经营管理中颇为流行。中国在计划经济旧体制下，由于市场产品短缺，企业不愁其产品没有销路，工商企业在其经营管理中也奉行生产观念，具体表现为工业企业集中力量发展生产，轻视市场营销，实行以产定销；商业企业集中力量抓货源，工业生产什么就收购什么，工业生产多少就收购多少，也不重视市场营销。

2．产品观念

产品观念是一种较早的企业经营观念。产品观念认为，消费者最喜欢高质量、多功能和具有某种特色的产品，企业应致力于生产高值产品，并不断加以改进。它产生于市场产品供不应求的卖方市场形势下。最容易滋生产品观念的场合，莫过于当企业发明一项新产品时。此时，企业最容易出现“市场营销近视”，即只注意产品，而不注意市场需要，在市场营销管理中缺乏远见，只看到自己的产品质量好，看不到市场需求在变化，致使企业经营陷入困境。

3．推销观念

推销观念（或称销售观念）产生于20世纪20年代末至50年代，是许多企业都采用的一种观念，表现为“我卖什么，顾客就买什么”。这种理念认为，消费者通常表现出一种购买惰性或抗衡心理，如果听其自然的话，消费者一般不会足量购买某一企业的产品，因此，企业必须积极推销和大力促销，以刺激消费者大量购买本企业产品。推销观念在现代市场经济条件下被大量用于推销那些非渴求物品，即购买者一般不会想到要去购买的产品或服务。许多企业在产品过剩时，也常常奉行推销观念。

推销观念产生于资本主义国家由卖方市场向买方市场过渡的阶段。在1920—1945年，由于科学技术的进步，科学管理和大规模生产的推广，产品产量迅速增加，逐渐出现了市场产品供过于求、卖主之间竞争激烈的现象。尤其在1929—1933年的经济危机期间，大量产品销售不出去，迫使企业采用广告术与推销术去推销产品。许多企业家感到即使有物美价廉的产品，也未必能卖得出去；企业要在日益激烈的市场竞争中求得生存和发展，就必须重视推销。推销观念仍存在于当今的企业营销活动中，对于顾客不愿购买的产品，往往采用推销手段。

这种观念虽然比前两种观念前进了一步，开始重视广告术及推销术，但其实质仍然是以生产为中心。

4．市场营销观念

市场营销观念是作为对上述诸观念的挑战而出现的一种新型的企业经营哲学。这种观念是以满足顾客需求为出发点的，即“顾客需要什么，就生产什么”。尽管这种思想由来已久，但其核心原则直到20世纪50年代中期才基本定型。当时社会生产力迅速发展，市场趋势表现为供过于求；同时居民个人收入迅速提高，有可能对产品进行选择；企业之间竞争的加剧，许多企业开始认识到，必须转变经营观念，才能求得生存和发展。市场营销观念认为，实现企业各项目标的关键，在于正确确定目标市场的需要和欲望，并且比竞争者更有效地传送目标市场所期望的物品或服务，进而比竞争者更有效地满足目标市场的需要和欲望。

市场营销观念的出现，使企业经营观念发生了根本的变化，也使市场营销学发生了一次革命。

市场营销观念同推销观念相比具有重大的差别。推销观念注重卖方需要，市场营销观念则注重买方需要。推销观念以卖主需要为出发点，考虑如何把产品变成现金；而市场营销观念则考虑如何通过制造、传送产品以及与最终消费产品有关的所有事物来满足顾客的需要。可见，市场营销观念的四个支柱是市场中心、顾客导向、协调的市场营销和利润。推销观念的四个支柱是工厂、产品导向、推销和盈利。从本质上说，市场营销观念是一种以顾客需要和欲望为导向的哲学，是消费者主权论在企业市场营销管理中的体现。

5．客户观念

随着现代营销战略由产品导向转变为客户导向，客户需求及其满意度逐渐成为营销战略成功的关键所在。各个行业都试图通过卓有成效的方式，及时准确地了解和满足客户需求，进而实现企业目标。实践证明，不同子市场的客户存在着不同的需求，甚至同属一个子市场的客户的个别需求也会经常变化。为了适应不断变化的市场需求，企业的

营销战略必须及时调整。在此营销背景下，越来越多的企业开始由奉行市场营销观念转变为客户观念、顾客观念。

所谓客户观念，是指企业注重收集每一个客户以往的交易信息、人口统计信息、心理活动信息、媒体习惯信息以及分销偏好信息等，并据此分别为每个客户提供各自不同的产品或服务，传播不同的信息，提高客户忠诚度，增加每一个客户的购买量，从而确保企业的利润增长。市场营销观念与之不同，它增强的是满足一个子市场的需求，而客户观念则强调满足每一个客户的特殊需求。

需要注意的是，客户观念并不适用于所有企业。一对一营销需要以工厂定制化、运营计算机化、沟通网络化为前提条件。因此，贯彻客户观念要求企业在信息收集、数据库建设、计算机软件和硬件购置等方面进行大量投资，而这并不是每一个企业都能够做到的。有些企业即使舍得花钱，也难免会出现投资大于由此带来的收益的局面。客户观念最适用于那些善于收集单个客户信息的企业，这些企业所营销的产品能够借助客户数据库的运用实现交叉销售，或产品需要周期性地重购或升级，或产品价值很高。客户观念往往会给这类企业带来异乎寻常的效益。

6．社会市场营销观念

社会市场营销观念是对市场营销观念的修改和补充。它是在 20 世纪 70 年代西方资本主义国家出现能源短缺、通货膨胀、失业增加、环境污染严重、消费者保护盛行的新形势下产生的。因为市场营销观念回避了消费者需要、消费者利益和长期社会福利之间隐含着冲突的现实。社会市场营销观念认为，企业的任务是确定各个目标市场的需要、欲望和利益，并以保护或提高消费者和社会福利的方式，比竞争者更有效、更有利地向目标市场提供能够满足其需要、欲望和利益的商品或服务。社会市场营销观念要求市场营销者在制定市场营销政策时，要统筹兼顾三方面的利益，即企业、消费者和社会的利益。

上述六种市场营销观念，其产生和存在都有其历史背景和必然性，都是与一定的条件相联系、相适应的。当前，国外企业正在从生产型向经营型或经营服务型企业转变，企业为了求得生存和发展，必须树立具有现代意识的市场营销观念、社会市场营销观念。但是，由于诸多因素的制约，还有许多企业仍然以产品观念及推销观念为导向。

目前我国正处于社会主义市场经济的初级阶段，由于社会生产力发展程度及市场发展趋势，经济体制改革的状况及广大居民收入状况等因素的制约，使中国企业市场营销观念仍处于以推销观念为主、多种观念并存的阶段。

（三）市场营销的职能和作用

1．市场营销的职能

在社会化大生产和商品经济条件下，生产和需求之间存在诸多矛盾。市场营销作为企业经营活动过程中的重要部分，主要是解决企业在经营过程中遇到的种种矛盾。概括起来有如下四项基本职能。

（1）发现和了解消费者的需求。现代市场营销观念强调市场营销应以消费者为中心，企业也只有通过满足消费者的需求，才可能实现企业的目标。因此，发现和了解消费者的需求是市场营销的首要职能。

（2）指导企业决策。企业决策正确与否是企业成败的关键，企业要谋得生存和发展，做好经营决策是关键。企业通过市场营销活动，分析外部环境的动向，了解消费者的需求和欲望，了解竞争者的现状和发展趋势，结合自身的资源条件，指导企业在产品、定价、分销、促销和服务等方面做出相应的、科学的决策。

（3）开拓市场。企业市场营销活动的另一个功能就是通过对消费者现在需求和潜在需求的调查、了解与分析，充分把握和捕捉市场机会，积极开发产品，建立更多的分销渠道及采用更多的促销形式，开拓市场，增加销售。

（4）满足消费者的需求与欲望。满足消费者的需求与欲望是企业市场营销的出发点和中心，也是市场营销的基本职能。企业通过市场营销活动，从消费者的需求出发，并根据不同目标市场的顾客，采取不同的市场营销策略，合理地组织企业的人力、财力、物力等资源，为消费者提供适销对路的产品，搞好销售后的各种服务，让消费者满意。

2．市场营销的作用

随着国际经济一体化的发展，各国均卷入国际市场竞争的大潮。哪家公司能最好地选择目标市场，并为目标市场制定相应的市场营销组合策略，哪家公司就能成为竞争中的赢家。总之，从微观角度看，市场营销是联结社会需求与企业反应的中间环节，是企业用来把消费者需求和市场机会变成赢利机会的一种行之有效的方法，也是企业战胜竞争者、谋求发展的重要方法。

但是，在市场经济社会中，生产出来的东西如果不通过交换，没有市场营销，产品就不可能自动传递到广大消费者手中。从宏观角度看，市场营销对社会经济发展的主要作用是解决社会生产与消费之间的七大矛盾。

（1）生产者与消费者在空间上的分离。这是指产品的生产与消费在地域上的距离，它是由诸多因素造成的。由宏观市场营销机构执行市场营销职能，把产品从产地运往全国乃至世界各地，以便适时适地将产品销售给广大用户。从此意义上讲，市场营销创造了地点效用。

（2）生产者与消费者在时间上的分离。这是指产品的生产与消费在时间上的差异。产品生产与消费在时间上的差异，要求生产企业能够在最短的时间内把最新的产品传递给消费者，满足目标市场消费者的需求。

（3）生产者与消费者在信息上的分离。随着商品经济的进一步发展，市场随之不断扩大，生产者与消费者在空间上的分离加深，市场信息的分离也随之扩大。由于市场范围突破了原来狭窄的地区交换，扩大至全国乃至世界范围，生产者与消费者从原来的直接交换变成通过中间商的间接交换，生产者与消费者已不能直接相互了解和掌握自己所需产品的市场信息。这种生产与消费信息的分离，要求宏观市场营销机构进行市场营销调研，并通过各种媒体传递市场信息。

（4）生产者与消费者在产品估价上的差异。由于生产者与消费者处于不同的地位且追求不同的利益目标，所以对产品的估价存在差异。生产者从事经营活动的目的是追求利润，要求产品价格必须在成本价格之上才能盈利，所以，企业对产品的估价是以获利为标准的。至于商品价格在何种水平，利润水平多高，则取决于市场竞争状况及消费者的需求程度。

消费者则多半从产品的经济效用及自己的支付能力来估价产品。这样，生产者与消

费者对产品估价差异性较大，存在着生产者对产品估价过高及消费者对产品估价过低的矛盾。因此，除了企业通过改善经营管理、提高技术、降低成本及合理定价外，还需要宏观市场营销机构并通过广告媒体宣传，改变消费者的估价观念，缩小生产者与消费者对产品估价的差异。

（5）生产者与消费者在商品所有权上的分离。在商品经济社会中，商品生产者对其产品拥有所有权，但他们生产这些产品的目的不是为了获取使用价值，而是为了价值，为了利润；广大消费者需要这些产品，但对这些产品不拥有所有权，这就产生了生产者与消费者对产品所有权的分离。因此，企业需要及时把产品转移到消费者手中，实现产品所有权的转移。

（6）生产者与消费者在产品供需数量上的差异。随着社会主义市场经济及国际经济一体化的发展，国内市场及国际市场竞争日趋激烈，各企业为了在竞争中占据有利地位，纷纷扩大自身的生产规模或组建企业集团，竞争从个别企业之间小规模的较量变成大企业集团之间大规模的抗衡。大规模企业或企业集团能够充分发挥规模经济效益，即进行大批量生产和销售，降低成本，提高市场占有率。但是，广大消费者均以家庭为单位进行消费，进行每日小量的消费及小量的、零星的购买；多数小企业用户也是小量生产消费及小批量购买；只有少数大型企业进行大批量生产及大批量集中购买。这样，生产者大批量生产产品与消费者小量消费及零星购买就形成了矛盾。因此，需要特定的宏观市场营销机构向企业进行采购，分级及分散地销售产品。

（7）生产者与消费者在产品品种供需上的差异。随着市场经济的发展及市场竞争的加剧，许多企业都想方设法实行专业化生产以降低成本，提高经济效益，或通过专业化生产满足目标市场顾客的需求，以提高其市场竞争力。然而，广大消费者随着其个人收入不断提高，对产品的需求呈多样化趋势。显然，企业实行专业化生产，仅能满足消费者的某种需求。因此，要求企业尽快开发生产各种新的产品品种并将各种产品销售给广大消费者。

总之，市场营销对于适时、适地、以适当价格把产品从生产者传递到消费者手中，求得生产与消费在时间上、地区上的平衡，从而促进社会总供求的平衡起着重大的作用。同样，市场营销对于服装企业的发展来说，更显得十分重要，如果服装企业不能及时、正确地分析市场营销环境，发现并抓住每一次市场机会，运用市场营销的各种策略销售服装产品，扩大产品市场占有率，企业的再生产、再发展将很难维系。

第二节　服装市场的类型和特点

一、服装市场的类型

服装市场按照不同的标准可以划分为不同的类型。从市场营销的角度看，市场主要有以下几种类型。

（1）按交易范围划分。按交易范围划分，服装市场可分为国内市场和国际市场。国内市场又可以划分为城镇市场、农村市场、本地市场、外埠市场等；国际市场又可分为北美市场、欧盟市场、东南亚市场等。

（2）按经营范围划分。按经营范围划分，服装市场可分为综合性服装市场和专业性服装市场。综合性服装市场，如百货商场的服装部等；专业性服装市场，如牛仔装、女装、运动装等专卖店。

（3）按年龄范围划分。按年龄范围划分，服装市场可分为老年服装市场、中青年服装市场、婴幼儿服装市场等。

（4）按购买者目的划分。按购买者目的划分，服装市场可分为服装消费市场和服装组织市场。服装消费市场是指以满足个人生活需要购买服装产品而形成的商品交易关系的总和，主要特征是消费者人数多、市场广阔、消费者需求差异大、购买行为规模小、市场流动性大等；服装组织市场是指为满足中间商的需要和社会集团消费的需求而提供产品和劳务的市场，主要特征是市场集中、购买批量大、购买次数少、产品专业性强、需求弹性小、理智购买等。

二、服装市场的特点

1．流行性

流行性是服装的首要特点，也称时尚性。随着消费者受教育水平的增加和生活水平的提高，时尚的特性也越来越多地影响到消费者的购买行为。流行性是指通过社会人的模仿心理把某种现象扩大流动成为一种一时性的社会现象。它是影响消费者做出购买行为的重要内在驱动力之一。因此，对于服装企业来说，搜集和分析有关服装变化特点、规律以及影响流行的各种因素，从中获得服装流行演变的信息非常重要。

2．季节性

季节性是服装最显著的特点。随着一年四季气候的更迭变化，大多数种类的服装都具有明显的季节性，夏天的服装要求轻薄，冬天的服装要求保暖。对于服装企业来说，要及时地根据季节的变化安排产品的开发设计、生产和销售。

3．差异性

服装市场的差异性主要体现在三个方面。一是由于消费者的性别、年龄、职业等不同而产生的不同需求，如依据不同的穿着用途分为运动装、职业装、休闲装、正装等。二是由于消费者个性的不同而呈现出来的消费差异性，如每个年轻人都希望自己的穿着与众不同，从而显示自己的独特个性。随着社会的不断进步，个性差异越来越被消费者重视。三是由于消费者的社会地位、收入水平、价值观等不同而表现出来对服装不同档次需求的差异，如社会名流一般购买高档次的服装，白领阶层一般购买中档服装，低收入群体一般购买中低档服装。服装企业在经营过程中需要做广泛的市场调查，以了解消费者的特定需求信息，来制定相关的营销策略。

4．地域性

由于地理环境、历史文化、风俗习惯、社会经济发展状况等因素的影响，不同地域人们的穿着习惯、消费理念都存在一定的差别。对于服装企业来讲，要搜集分析各地市场的需求差异信息，以便有针对性地根据当地的地域差别制订恰当、有效的营销方案。

5．竞争性

竞争性是所有商品经济条件下市场具有的特性，服装市场也不例外。服装消费者对服装需求的差异性决定了不可能由几个服装企业包揽整个服装市场，同时服装行业的门槛也很低，所需的资金、技术、人员素质等要求不高，从而形成了服装市场更加激烈的竞争状况。

第三节　服装市场营销管理

一、服装市场营销的概念和特点

（一）服装市场营销的基本概念

服装市场营销是现代市场营销学的理论和方法在服装企业营销实践中应用的理论概括，是以市场营销学的基本原理为理论依据，吸收了服装设计与工艺等有关学科的知识和成果，结合服装企业的营销特点，形成的一门应用性学科。服装市场营销在指导服装企业寻找市场机会、发现供求关系、平衡资源配置、开发适销产品、完成市场交易、实现经营目标等方面起着重要的作用。

（二）服装市场营销的特点

由于服装市场的特点，决定了服装市场营销与其他商品的市场营销不同。

1．相对较小的规模

由于服装行业缺乏规模经济效应和多品种小批量的发展趋势，服装企业的实体相对规模较小。即使是集团和连锁经营，也与百货连锁、钢铁企业、化工企业不能同日而语。

2．外延的集约度

服装行业的快速发展和成熟与外延集约度有关。服装行业除了与纺织、商业、物流有关外，还与信息、出版、影视、广播、文化、娱乐、教育、科研、服务业有关。这种趋势一方面给服装营销带来了相当大的难度，另一方面也给服装企业营销创造了弹性空间。

3．灵活的经营模式

快速的市场变化、多样的市场细分，要求服装企业在经营方式上必须做到轻柔灵活。如在服装零售过程中，将买断、代销、特许加盟、许可经营和公司连锁等组成各种灵活高效的经营模式结构。

4．经营上的不断创新

不仅是服装设计要不断创新，而且服装营销管理过程中也要不断地进行创新以适应市场变化。

5．快速反应和敏捷零售

服装本身的流行性、季节性以及服装产品的不断推陈出新，决定了服装企业在进行产品营销过程中必须不断地创新以适应消费者需求的变化和市场环境的变化，同时减少企业库存的风险和压力。

二、服装市场营销管理的过程

服装市场营销管理的过程是指在市场经济条件下，根据内外环境变化，对服装企业的经营与销售进行预测和决策，以提高经济效益为主要目标，创造性地组织经营销售活动的过程。它包括服装市场营销机会分析、服装目标市场选择、服装市场营销组合设计、执行和控制服装市场营销计划的执行和控制内容。

（一）服装市场营销机会分析

市场机会就是未满足的消费需要。为了发现市场机会，服装企业营销人员除必须广泛收集市场信息、进行专门的调查研究、充分了解当前情况外，还应该按照服装流行趋势和社会经济条件的发展规律，预测未来服装市场变化的趋势。

服装市场营销机会分析处于整个服装市场营销管理过程的起点，它直接影响和制约着服装企业市场营销活动的各个环节。服装企业只有在市场分析的基础上寻找到合适的商机、确定目标市场，才能有针对性地进行服装产品的设计开发、生产和销售。同时，市场机会分析也是服装企业制订战略规划和进行产品决策的基础。在服装市场营销过程中，产品是关键因素，它是进入市场、满足消费需求的唯一手段。而服装市场营销机会分析能为服装新产品提出开发方向，指明潜在的发展方向，从而使服装产品的开发在市场导向的基础上进行。服装市场营销机会分析的内容主要包括服装市场环境分析、服装市场购买行为分析、服装市场调查与预测。

（二）服装目标市场选择

服装企业选定符合自身目标和资源的市场营销机会以后，还要对市场容量和市场结构进行进一步分析，确定市场范围。无论是开发何种服装产品，任何一个服装企业都不可能为具有某种需求的全体顾客服务，而只能满足部分顾客的需求。这是由顾客需求的多样变动性及企业拥有资源的有限性所决定的。因此，服装企业必须明确在能力可及的范围内，可以满足哪些顾客的要求。要明确企业的顾客群，首先要进行市场细分，然后选择目标市场，最后进行市场定位。

（三）服装市场营销组合设计

服装市场营销组合是指服装企业针对选择的目标市场，综合运用各种可能的市场营销策略和手段，形成一个系统化的整体策略，以达到企业的经营目标，并取得最佳经济效益。

服装企业在确定目标市场和进行市场定位之后，市场营销管理过程就进入第三阶段——设计市场营销组合。市场营销组合是指企业用于追求目标市场预期销售量水平的可控营销变量的组合。营销组合中包含的可控变量很多，可以概括为六个基本要素，即产品、价格、渠道、促销、权力和公共关系，简称6P。

（1）产品（Product）。产品是代表服装企业提供给目标市场的货物和劳务，包括产

品质量、外观、式样、性能、品牌、型号、服务、保证等。

（2）价格（Price）。服装消费者购买产品时的价格，包括价目表所列的基本价格、折扣价格、付款时间等。

（3）渠道（Place）。企业使其产品进入和到达目标市场所进行的种种活动，其中包括渠道选择、仓储、运输等。

（4）促销（Promotion）。促销是代表企业宣传介绍其产品的特点，说明目标顾客来购买其产品所进行的种种活动，包括广告、人员推销、营业推广、公共关系等。

（5）权力（Power）。服装权力营销是指依据权力对营销活动影响的规律，服装企业借助自身或他人权力开展的市场营销活动。

（6）公共关系（Public Relations，PR，简称“公关”）。它一般是指一个社会组织用传播手段使自己与相关公众之间形成双向交流，使双方达到相互了解和相互适应的管理活动。

市场营销组合因素对企业来说都是可控因素，即企业根据目标市场的需求，能自主决定产品结构、产品价格、选择营销渠道和促销方式，但这种自主权是相对的，要受到自身资源和目标的制约及各种主观和客观因素的影响。不可控的客观因素主要包括社会人口、经济、技术、政治、法律和文化等。

（四）服装市场营销计划的执行和控制

服装企业市场营销管理的第四步是执行和控制服装市场营销计划，只有有效地执行计划，才能实现服装企业的战略任务和经营目标，这是整个服装市场营销过程中极其重要的步骤。

1. 服装市场营销计划的执行

服装市场营销计划是服装企业整体战略规划在营销领域的具体化，是服装企业的一种职能计划。其执行过程包括以下几个方面。

（1）制定详细的行动方案。为了有效地实施营销战略，应明确营销战略实施的关键性决策和任务，并将执行这些决策和任务的责任落实到营销个人或小组。

（2）建立组织结构。不同的服装企业其经营目标和任务不同，需要建立不同的组织结构。组织结构必须与服装企业自身特点和环境相适应，规定明确的职权界限和信息沟通渠道，协调各部门和人员的行动。

（3）设计决策和报酬制度。科学的决策体系是企业成败的关键，而合理的奖罚制度能充分调动人员的积极性，充分发挥组织效应，能快速地把服装新产品推向市场。

（4）开发并合理调配人力资源。服装企业的所有活动都是由人来开展的，人员的考核、选拔、安置、培训和激励问题对服装企业至关重要。

（5）建立适当的企业文化和管理风格。企业文化是指企业内部人员共同遵循的价值标准和行为准则，对企业员工起着凝聚和导向作用。企业文化与管理风格相联系，一旦形成，对服装企业的健康发展会产生良好、持续、稳定的影响。

2. 服装市场营销计划的控制

在服装市场营销计划的执行过程中，可能会出现一些意想不到的问题，需要一个控制系统来保证营销目标的实现。营销控制主要有年度计划控制、盈利能力控制、效率控制和战略控制。

（1）年度计划控制。年度计划控制是企业在本年度内采取制定标准、绩效测量、因果分析、改正行动的控制步骤，检查实际绩效与计划之间是否有偏差，并采取改进措施，以确保营销计划的实现与完成。

（2）盈利能力控制。盈利能力控制是运用盈利能力控制来测定不同产品、不同销售区域、不同顾客群体、不同渠道以及不同订货规模的盈利能力，帮助营销人员决定各种顾客群体活动是否扩展、减少或取消。控制指标有销售利润率、资产收益率、存货周转率等。

（3）效率控制。效率控制包括营销人员效率控制、广告效率控制、促销效率控制和分销效率控制。通过对这些环节的控制以保证营销组合因素功能执行的有效性。

（4）战略控制。战略控制是企业采取一系列行动，使实际市场营销工作与原规划尽可能一致。在控制中通过不断评审和信息反馈，对战略进行不断的修正。战略控制必须根据最新的情况，重新评估计划和进展，对服装企业来说，这是难度最大的控制。

整个服装市场营销管理过程是一个有机的系统，缺一不可。为了实现服装企业的经营目标，四个阶段周而复始地循环，市场营销环境不断变化，新的市场营销机会不断出现，企业需要不断地调整产品组合，满足目标市场、不断设计新的市场营销组合并执行和控制新的营销计划，以适应市场的不断变化，维系其服装业正常、良好、稳定的发展。

第四节　服装市场发展创新

一、服装市场发展新趋势

随着科学技术的发展以及技术的不断更新，用于服装生产的新型纤维、新型面辅料的研制和开发以及产品升级换代的周期大大缩短。服装企业必须努力将更新的产品尽快推向市场，这要求服装企业必须重视快速设计、生产和营销各个环节。

计算机技术在服装设计、生产和管理中运用得越来越广泛。常用的计算机技术有如下几种。

（1）服装 CAD（Computer Aided Design，计算机辅助设计）技术的应用。从服装设计师的创意形成、服装效果图的绘制，到服装样衣板型绘制，再到工业板型的修改和确认、工业化工艺处理（如推板、排料等），进而到生产工艺过程的规范和管理等各个环节，极大地提高和改善了服装企业的生产技术水平，提高了服装企业的生产效率和效益。

（2）服装 CAM（Computer Aided Manufacture，计算机辅助制造）技术，向大型服装企业提供诸如裁剪和生产加工等技术及设备。自动裁床是直接用服装 CAD 的工艺数据控制裁剪工作，将铺在裁床上的布料裁成衣片；自动吊挂生产系统利用吊挂线配送需要加工的衣片到各个生产单元，并将整个生产过程连接起来，通过计算机控制进行优

化，从而极大地提高了服装生产的效率和效益。

（3）MIS（Management Information System，管理信息系统）和 ERP（Enterprise Resource Planning，企业资源计划）为服装企业提供了计划、财务、采购、生产、销售和信息处理等全方位的经营和管理。无论是在生产技术环节还是企业管理方面，计算机网络技术都将提供跨地区和国界的信息交流及管理的能力，为服装企业的进一步发展提供了条件，也为现代服装企业奠定了物质基础。

（4）服装 CIMS（Computer Integrated Manufacturing System，计算机集成制造系统）。它是在计算机技术的支持下，将以往服装企业相互孤立的生产过程构成一个覆盖整个企业从订单直到售后服务全过程的有机系统。该系统发挥了各种单元技术的集成效果。由于服装市场的快速变化、产品差异大等特点，要求服装企业能对市场做出快速反应和敏捷制造。CIMS 技术的出现，很好地解决了服装市场的这一问题。

随着社会经济、文化水平的迅速发展和提高，社会消费结构和消费水平有了很大的变化，市场需求逐步呈现多样化，服装品种和款式不断升级换代。服装消费者对求新、求变以及追求个性消费有了更高的要求。服装企业必须时刻关注市场的变化，采取灵活多变的经营模式以适应市场变化。

经济全球化、市场国际化和大批跨国公司的建立，使服装市场竞争日益激烈。我国服装企业要想打造国际品牌，打入国际市场，不仅要提高设计、生产管理水平，同时还要提高营销管理水平，以使我国服装企业在全球市场中立于不败之地，成为真正的服装大国和服装强国。

二、服装市场营销创新

（一）网络营销

市场营销是为创造实现个人和组织的交易，而规划和实施创意、产品、服务构想、定价、促销和分销的过程。网络营销是人类经济、科技、文化发展的必然产物，网络营销不受时间和空间限制，在很大程度上改变了传统营销形态和业态。对企业来讲，网络营销提高了工作效率，降低了成本，扩大了市场，给企业带来了社会效益和经济效益。相对于传统营销，网络营销具有国际化、信息化和无纸化的特点，已经成为各国营销发展的趋势。

1．网络营销产生的基础

网络营销的产生，是科学技术的发展、消费者价值观的变革和商业竞争等综合因素所促成的。21 世纪是信息的时代，科技、经济和社会的发展正在迎接这个时代的到来。计算机网络的发展，使信息社会的内涵有了进一步改变。在信息网络时代，网络技术的应用改变了信息的分配和接收方式，改变了人们的生活、工作、学习、合作和交流的环境。网络营销是以互联网为媒体，以新的方式、方法和理念实施营销活动，更有效地促进个人和组织交易活动的实现。企业如何在如此潜力巨大的市场上开展网络营销、占领新兴市场，对企业来说既是机遇又是挑战。网络营销也产生于消费者价值观的变革：满足消费者的需求，是企业经营永恒的核心。利用网络这一科技制高点为消费者提供各种类型的服务，是取得未来竞争优势的重要途径。市场经济发展到今天，多数产品无论在数量上还是在品种上都已极为丰富，消费者能够以个人心理愿望为基础挑选和购买商品及服务。消费者会主动通过各种渠道获取与商品有关信息进行比较，增加对产品的信任和争取心理上的满足感。网络营销还产生于商业的竞争，随着市场竞争的日益激烈化，为了在竞争中占有优势，各企业都使出了浑身解数、想方设法吸引顾客，很难说还有什么新颖独特的方法出奇制胜。开展网络营销，可以节约大量昂贵的店面租金，可以减少库存商品资金占用，可使经营规模不受场地的制约，可便于采集客户信息等。这些都可以使得企业经营的成本和费用降低，运作周期变短，从根本上增强企业的竞争优势，增加盈利。

2．网络营销基本特征的分析

网络营销的基本特征包括以下内容。

（1）公平性。在网络营销中，所有的企业都站在同一条起跑线上。公平性只是意味着给不同的公司、不同的个人提供了平等的竞争机会，并不意味着财富分配上的平均。

（2）虚拟性。由于互联网使得传统的空间概念发生变化，出现了有别于实际地理空间的虚拟空间或虚拟社会。

（3）对称性。在网络营销中，互联性使信息的非对称性大大减少，消费者可以从网上搜索自己想要掌握的任何信息，并能得到有关专家的适时指导。

（4）模糊性。由于互联网使许多人们习以为常的边界变得模糊。其中，最显著的是企业边界的模糊、生产者和消费者边界的模糊、产品和服务边界的模糊。

（5）复杂性。由于网络营销的模糊性，使经济活动变得复杂，难以分辨。

（6）垄断性。网络营销的垄断是由创造性破坏形成的垄断，是短期存在的，因为新技术的不断出现，会使新的垄断者不断取代旧的垄断者。

（7）多重性。在网络营销中，一项交易往往涉及多种买卖关系。

（8）快捷性。由于互联网使经济活动产生了快速运行的特征，可以迅速搜索到所需要的任何信息，对市场做出即时反应。

（9）正反馈性。在网络营销中，由于信息传递的快捷性，人们之间产生了频繁、迅速、剧烈的交互作用，从而形成不断强化的正反馈机制。

（10）全球性。由于互联网超越了国界和地区的限制，使得整个世界的经济活动都紧紧联系在一起。信息、货币、商品和服务的快速流动，大大促进了世界经济一体化的进程。

（二）定制营销

定制营销，是指企业在大规模生产的基础上，将每一位顾客都视为一个单独的细分市场，根据个人的特定需求来进行市场营销组合，以满足每位顾客的特定需求的一种营销方式。现代的定制营销与以往的手工定做不同，定制营销是在简单的大规模生产不能满足消费者多样化、个性化需求的情况下出现的，其最突出的特点是根据顾客的特殊要求来进行产品生产。

与传统的营销方式相比，定制营销主要有以下优点。

（1）能极大地满足消费者的个性化需求，提高企业的竞争力。

（2）以销定产，减少了库存积压。在传统的营销模式中，企业通过追求规模经济，努力降低单位产品的成本和扩大产量来实现利润最大化。这在卖方市场中当然是很有竞争力的，但随着买方市场的形成，这种大规模的生产及产品品种的雷同，必然导致产品的滞销和积压，造成资源的闲置和浪费，定制营销则很好地避免了这一点。因为这是企业根据顾客的实际订单来生产，真正实现了以需定产，因而较少有库存积压，这大大加快了企业资金的周转速度，同时也减少了社会资源的浪费。

（3）有利于促进企业的不断发展。创新是企业永葆活力的重要因素，但创新必须与市场及顾客的需求相结合，否则将不利于企业的竞争与发展。在传统的营销模式中，企业的研发人员通过市场调查与分析来挖掘新的市场需求，继而推出新产品。这种方法受研究人员能力的制约，很容易被错误的调查结果所误导。而在定制营销中，顾客可直接参与产品的设计，企业也根据顾客的意见直接改进产品，从而达到产品在技术上的创新，并能始终与顾客的需求保持一致，从而促进企业的不断发展。

（三）品牌营销

品牌营销是指企业利用消费者的品牌需求，创造品牌价值，最终形成品牌效益的营销策略和过程。它是通过运用各种营销策略使目标客户形成对企业品牌和产品、服务的认知过程。品牌营销就是把企业的形象、知名度、良好的信誉等展示给消费者或者顾客，从而在顾客和消费者的心目中形成对企业的产品或者服务品牌的良好形象，这就是品牌营销。品牌营销说得简单些就是把企业的品牌深刻地映入消费者的心中。

品牌营销的前提是产品要有质量上的保证，这样才能得到消费者的认可。品牌的建立是在有形产品和无形服务的基础上。有形是指产品的新颖包装、独特设计以及富有吸引力的名称等。而服务是在销售过程当中或售后服务中给顾客满意的感觉，让他们真正体验到做“上帝”的幸福感，让他们始终觉得选择买这种产品的决策是对的——买得开心，用得放心。纵观行情，以现在的技术手段推广来看，目前市场上的产品质量其实已差不多，从消费者的立场看，他们看重的往往是商家所能提供的服务多寡和效果如何；从长期竞争来看，建立品牌营销是企业长期发展的必要途径。对企业而言，既要满足自己的利益，又要顾及顾客的满意度，注重双赢，赢得终身顾客。品牌不仅是企业、产品、服务的标识，还是一种反映企业综合实力和经营水平的无形资产，在商战中具有举足轻重的地位和作用。对于一个企业而言，唯有运用品牌、操作品牌，才能赢得市场。加入 WTO 后，国外跨国公司与知名品牌大举进入我国市场，我国的企业和产品与世界知名品牌的企业和产品在同一市场角逐，产品的竞争实际上已过渡到品牌的竞争。因此，积极开展品牌营销，是我国企业的当务之急。

（四）绿色营销

所谓绿色营销，是指社会和企业在充分意识到消费者日益提高的环保意识和由此产生的对清洁型无公害产品需要的基础上，发现、创造并选择市场机会，通过一系列理性化的营销手段来满足消费者以及社会生态环境发展的需要，实现可持续发展的过程。绿色营销的核心是按照环保与生态原则来选择和确定营销组合的策略，是建立在绿色技术、绿色市场和绿色经济基础上的，对人类的生态关注给予回应的一种经营方式。绿色营销不是一种诱导顾客消费的手段，也不是企业塑造公众形象的“美容法”，它是一个导向持续发展、永续经营的过程；其最终目的是在化解环境危机的过程中获得商业机会，在实现企业利润和消费者满意的同时，达成人与自然的和谐相处，共存共荣。

绿色营销只是适应21世纪的消费需求而产生的一种新型营销理念。绿色营销模式的制订和方案的选择及相关资源的整合，还不能脱离原有的营销理论基础。可以说绿色营销是在人们追求健康、安全、环保的意识形态下，所发展起来的新的营销方式和方法。

经济发达国家的绿色营销发展过程已经基本上形成了绿色需求→绿色研发→绿色生产→绿色产品→绿色价格→绿色市场开发→绿色消费为主线的消费链条。

（五）国际市场营销

国际市场营销是世界经济发展的必然产物，它作为进军国际市场的企业行为，是跨越国界的市场营销活动。

在全球一体化的市场竞争环境中，由于跨国公司的大量涌入，我国本土服装企业在本土就直接参与了国际竞争。我国服装企业国际营销能力首先是以本土营销能力为基础的，但不能仅局限于自己的“一亩三分地”，不能局限于本土营销模式，一定要有国际化的营销视野与营销能力。我国服装企业国际营销能力的提升，有以下几种途径：一是借势发挥，如与国际品牌的合作，进入国际市场，提升国际营销能力；二是通过资本运作，如兼并国外营销网络；三是与国际营销网络渠道进行联盟与合作，学会国际营销的游戏规则，锤炼国际营销能力。这对于我国服装企业走向世界市场、与其他世界品牌服装竞争是非常有必要的。

拓展案例：梁子天意服饰

教学案例：从“真维斯”成功进军中国休闲服装市场看服装品牌战术

本章小结

1. 市场是社会分工和商品生产的产物，是以商品供求和商品交换为基本经济内容的各市场主体经济联系的形式。市场由人口、购买力和购买欲望三个因素构成。同时，市场具有统一联系功能、信息引导功能、市场调节功能、收入分配功能、优胜劣汰功能等。

2. 市场营销是指企业以满足顾客各种需要与欲望为目的，运用一定的经济方

法和手段，使企业的产品或服务有效地转移到顾客手中的各种活动的总和。现代市场营销观念强调的是企业必须以消费者需求为核心，通过一系列的市场营销活动来解决社会生产与消费的矛盾，从而实现企业预期战略目标。市场营销观念的演变过程经历了生产观念、产品观念、推销观念、市场营销观念、客户观念和社会市场营销观念六个阶段。市场营销的职能和作用在于解决社会生产与消费之间存在的种种矛盾，从而实现企业预期战略目标。

3. 服装市场具有流行性、季节性、差异性、地域性、竞争性等特点。

4. 服装市场营销是现代市场营销学的理论和方法在服装企业营销实践中应用的理论概括，是以市场营销学的基本原理为理论依据，吸收了服装设计与工艺等有关学科的知识和成果，结合服装企业的营销特点，形成的一门应用性学科。服装市场营销管理的过程分为服装市场营销机会分析、服装目标市场选择、服装市场营销组合设计、服装市场营销计划的执行和控制四个步骤。

5. 随着科学技术的进步和计算机在服装领域的广泛应用以及经济全球化发展趋势的日趋明显，服装行业也在发生着翻天覆地的变化。服装市场营销手段也出现了很多新趋势，如网络营销、定制营销、品牌营销、绿色营销、国际市场营销等。

习 题

一、单项选择题

1. 站在经营者角度，人们常常把卖方称为（　　），而将买方称为市场。

A. 企业　　B. 厂商　　C. 供货者　　D. 行业

2. 认为消费者最喜欢高质量、多功能和具有某种特色的产品，企业应致力于生产高质量产品，并不断加以改进的观念是（　　）。

A. 生产观念　　B. 产品观念　　C. 推销观念　　D. 市场营销观念

3. 对于某企业而言，市场是指（　　）。

A. 买卖的场所　　B. 商品交换关系的综合

C. 交换过程本身　　D. 对某种产品或服务有需求的购买者

4. 市场营销的核心是（　　）。

A. 生产　　B. 分配　　C. 交换　　D. 促销

5. 在环境恶化、资源短缺的情况下逐渐形成的营销观念是（　　）。

A. 绿色营销观念　　B. 推销观念

C. 市场营销观念　　D. 社会市场营销观念

二、判断题

1. 服装市场营销就是研究服装的销售。（　　）

2. 服装市场营销就是推销和广告。（　　）
3. 市场需要与市场需求是两个完全不相同的概念。（　　）
4. 消费者之所以购买商品，根本目的在于获得并拥有产品本身。(　　)
5. 营销的最终目的是企业获得最大化的利润。（　　）

习题答案

第二章 服装商品概述

学习目标

1. 理解服装产品的整体概念；
2. 了解服装营销过程中的一些服装专业术语；
3. 掌握服装产品的特性和服装产品的不同类型；
4. 了解不同服装面料和服装号型的基本内容。

案例导入

服装行业是一个突出个性和差异性的行业，因而决定了它的核心竞争力必然是服装的品牌。一个品牌的成长、壮大直到成熟，是一个复杂多变的过程。在市场环境日益复杂，全球化竞争越发激烈的今天，一个品牌要在激烈的竞争中占有一席之地谈何容易，这越发体现营销的重要性。

七匹狼男装

第一节　服装产品的概念、特性、分类及意义

一、服装的基本概念

1．服装产品的概念

服装产品是服装企业经营活动的主体，而产品的概念不局限于人们通常在商店中看到的实物。服装产品是一个整体的概念，是指服装文化的外延，是时代精神的反映。服装行业经营者对服装产品内涵及外延的正确把握非常重要，这是决定能否经营成功的关键。每一个成功的品牌服装企业都应该有自己独特的服装产品来满足目标顾客的消费需求。“美特斯・邦威”是我国土生土长的休闲服品牌，为消费者提供个性时尚的产品，反映其目标顾客——年轻消费群体的内在精神需求。因此，对服装产品概念的正确认识是服装经营者的基本素质。

现代营销观念认为，产品不再局限于物质形态和具体用途，而是归结为人们通过交换而获得的需求满足，归结为消费者期求的实际利益。服装产品除了服装实体之外，还包括服装的品牌、款式、花色、服务等。在这种观念下，服装产品包含三个层次，即核心产品、形式产品、附加产品。

（1）核心产品。是产品整体概念最基本的层次。它表现的是顾客需求的中心内容，即产品为顾客所提供的最基本的效用和利益。消费者购买“真维斯”休闲装，其实购买的是舒适随意的穿着，购买的是流行与时尚，这是核心产品所满足的内容。企业服装生产产品，首先要明确该种服装能为消费者提供什么样的实际利益，从这一点出发，再去寻找实际利益得以实现的具体产品——形式产品。

（2）形式产品。是消费者对某一特定需求的满足形式，是核心产品的具体实现形式。它向人们展示的是核心产品的外部特征，由服装的品牌、规格、质量、款式等因素确定的具体的形式，即产品本身。

（3）附加产品。又称延伸产品，包括消费者在购买形式产品中或使用形式产品以外所获得的服务和利益。

产品的延伸内容使得营销人员必须正视整体的消费体系：一个产品的购买者使用该产品的方法及整个过程。通过这种形式，营销者能发现增加产品附加价值的更多机会，以有效地进行竞争。

2．其他服装专业术语

服装行业有自己的专门术语。服装业经营者在与顾客和厂商交流时都需要用到服装的专业术语，以下是比较常用的服装名词术语。

（1）服装。服装这个概念目前在我国无论是在日常生活、营销活动中，还是在行业领域里，都是应用最广泛的。通常有两层含义：一是指对所有穿戴的总称，是衣裳、衣服的别称，主要是指在某一时期内，能够被大多数人所选用的常规性服装；二是指人体着装后的效果。“服”就是包裹、披挂和穿戴的意思；“装”即装扮、修饰、打扮的意思，即实用性与装饰性的完美统一。

（2）服饰。服饰可以从狭义的和广义的两个方面理解。狭义的理解是指衣服上的各种装饰（如衣服上的装饰图案、刺绣、纽扣、腰带、胸针、挂件等）或除了包裹人体躯干与四肢以外的鞋、帽、背包、首饰等。广义的理解是指人类在生活中的一种穿戴、装饰行为，包括人体上的一切穿着物、披挂物及手里拿的皮包、遮阳伞等。

（3）时装。时装是指在一定时间、地域内为一大部分人所接受的新颖的流行服装。时装具有鲜明的时代感，根据流行扩散的程度及接纳人群的特征、数量，可分为前卫性时装和大众化时装。经过流行的筛选，相对固定下来的服装款式被称为定型服装，如西装、中山装、夹克、旗袍等。流行时装的周期性较强，随着社会、科技、文化的发展进步和人民生活水平的提高，时装的流行周期变得越来越短，多品种、小批量将成为时装市场的主要特征。现在时装一词通常是指变化丰富的女装。

（4）高级时装。高级时装，又称高级女装，是服装中的极品。它的基本构成要素是高知名度的设计师、高级的材料、高档的做工、高级的服务、高昂的价格和高级的着装场合。

（5）成衣。按照国家规定的号型规格系列标准，以工业化批量生产方式制作的服装称为成衣。人们在百货商场或时装店购买的服装都是成衣，它是相对于裁缝店定制及家庭自制出来的单件服装而言的。成衣化率是一个国家或地区工业化生产水平以及消费结构的重要标志之一。

（6）高级成衣。高级成衣是从高级时装中派生出来的，是高级时装设计师以中高档消费群体对象为主，从设计出的高级时装中，筛选出部分适合于成衣生产的作品，并运用一定的高级时装工艺技术，小批量生产出的高价位成衣。现在泛指制作精良、设计风格独特、价位高于大批量生产出来的高级成衣。

二、服装产品的特性

1．功能性

功能性是指服装是人类赖以生存的生活必需品。服装的诞生首先是满足人们遮羞蔽体、抵御风寒的需求。随着人们生活质量的提高，对服装功能的要求范围越来越广，因而服装的许多功能，如卫生功能、保健功能、舒适功能、防护功能等越来越受重视，并逐步得到开发。

2．美学性

人们对服装基本功能的需求得到满足后，必然会有进一步的美学要求。消费者会从不同的角度，用不同的标准对服装的美与丑进行评判。因此，服装需在款式、色彩、质地上各有自己的特色，且服装的品种也一定要丰富，以适应不同的审美情趣。

3．精神性

服装可以反映人们深刻而复杂的内心精神世界。着装可以反映人们对美的品位追求，而且穿着不同档次、品牌、色彩的服装还可以显示个人的性格、气质、地位、素养、身份等信息。

4．流行性

服装的流行性也称服装的时尚性，服装在款式设计、色彩搭配、面料选用及其他方面具有快速多变的特征，这种变化具有一定的周期性、短暂性和普遍性。

5．季节性

服装具有季节性。春、夏、秋、冬四季气候的变化影响着人们的着装。冬天着装厚重，夏天着装轻便，不同季节的服装特点迥异。

6．地域性

地理环境和自然气候的变化是影响人们着装的主要原因之一，为适应生存环境，生活在地球上不同自然环境和气候条件下的人们对服装的功能、色彩、款式的要求也各有不同。

7．民族性

每一个民族都有其世代相传的传统文化、宗教信仰和生活习惯，这种差异或多或少地体现在服装的款式、色彩以及与其服装相配的饰物上。民族服装又随着时代的发展而不断地演化和相互渗透，在继承的基础上不断发展。

8．社会性

服装是社会的镜子，它随着时代的发展、社会的变迁而逐渐演变。服装体现了一个社会政治、经济、技术、文化、道德状况与进步程度，以及生活在这一环境下人们的价值观念和文化修养。

三、服装产品的分类及意义

（一）服装产品的分类

服装分类很难找到一个固定而统一的标准，最没有争议的分类就是按性别划分，可以分为三类：男性服装、女性服装和中性服装。在服装行业，业内人士通常不这么分类，而是分为针织与梭织，针织类服装生产速度快，难度要比梭织低。服装的种类很多，由于服装的基本形态、品种、用途、制作方法、原材料的不同，各类服装也表现出不同的风格与特色，变化万千，十分丰富。不同的分类方法，导致我们平时对服装的称谓也不同。目前，大致有以下几种分类方法。

1．根据服装基本形态划分

根据服装基本形态划分，可分为体形型服装、样式型服装和混合型服装。

（1）体形型服装。体形型服装是符合人体形状、结构的服装，起源于寒带地区。这类服装的一般穿着形式分为上装与下装两部分。上装与人体胸围、颈项、手臂的形态相适应；下装则符合腰、臀、腿的形状，以裤型、裙型为主。裁剪、缝制较为严谨，注重服装的轮廓造型和主体效果，如西服类多为体形型服装。

（2）样式型服装。样式型服装是以宽松、舒展的形式将衣料覆盖在人体上，起源于热带地区的一种服装样式。这种服装不拘泥于人体的形态，较为自由随意，裁剪与缝制工艺以简单的平面效果为主。

（3）混合型服装。混合型服装是寒带体形型和热带样式型综合、混合的产物，兼有两者的特点，剪裁采用简单的平面结构，但以人体为中心，基本的形态为长方形，如中国旗袍、日本和服等。

2．根据服装用途划分

根据服装用途划分，可分为内衣和外衣两大类。内衣紧贴人体，起护体、保暖、整形的作用；外衣则由于穿着场所不同，用途各异，品种类别很多，又可分为社交服、日常服、职业服、运动服、家居服、舞台服等。

3．根据服装面料划分

根据服装面料划分，可分为化纤服装、尼龙服装、丝绸服装、棉布服装、针织服装、皮草服装和其他服装。

（1）化纤服装。化纤服装多为中低档品种，这类服装是用化学纤维面料制作的。其具有坚固耐穿、色牢度好、易熨烫定型、价格低廉等优点；但透气性和吸湿性差，多用于制作风衣、外套、劳保服等。

（2）尼龙服装。尼龙服装属中高档品种，具有手感柔软、富有弹性、保暖性能较好、外观挺括美观等性能特点。多用于制作西服、职业套装、大衣、中山装等。

（3）丝绸服装。丝绸素有“面料皇后”之称，属于薄型面料中的高档服装，其特点是轻盈、滑爽、秀丽、高雅，多用来制作裙、中式袄、旗袍等，深受人们欢迎。

（4）棉布服装。棉布服装是中国人的传统服装，具有轻便柔软、穿着舒适、吸湿性和透气性好等优点。目前棉布服装在抗皱性能和美学性能等方面有了很大的发展，如府绸、卡其、印花布、麻纱、灯芯绒等。

（5）针织服装。这类服装是用针织面料制作的。按照生产制造划分，可分为针织面料和机织面料两大类。针织面料弹性较大，穿着舒适，便于活动，适合制作各种贴身内衣。针织面料还多用于制作运动服装、睡衣、睡袍以及休闲类服装等。

（6）皮革服装。皮革服装是高档服装。皮革的高档体现在高档的面料和精细的加工制作上。在技术上，选料和排料区别于纺织面料，技术难度较高。革质服装的特点是轻、松、软、挺、滑，具有良好的透气性和吸湿性。

（7）其他服装。其他服装包括由特殊材料制作的舞蹈戏曲服装，特殊加工装饰手段的刺绣服装，特殊穿着场所的居家服以及雨衣等。

4．根据性别划分

根据性别划分，服装可分为男性服装、女性服装和中性服装。

（1）男性服装。男性服装多采用精良、挺括的面料使其具有重量感、层次感和特有的力度，主要体现男子的阳刚之气，表达刚毅、顽强、理性、宽容、豁达、豪放的男性特征。男式西服几乎成为国际性的社交礼服，对蓝、黑、灰色彩的突破，赋予了男式西服更为丰富的色彩。

（2）女性服装。女性服装绚丽多姿、种类繁多，其中裙装为女性情有独钟。连衣裙造型灵活，最能体现女性的妩媚，被称为女装的“皇后”；旗袍自然合体，将东方女性的端庄秀美表达得淋漓尽致；摆裙千变万化，无论高矮胖瘦都能传达出女性独特的风采。

（3）中性服装。中性服装是指男女都可以穿着的服装，这类服装由于穿着对象广泛，市场定位较宽，也已成为服装中的一大类。

5．根据年龄划分

根据年龄划分，服装可分为婴儿服装、幼儿服装、童装、青年服装和中老年服装。

（1）婴儿服装。婴儿服装特别注重卫生性能，一般款式宽松、柔软，面料保湿、透气性好，多用棉布、绒布、针织布制作。多选用暖色系且鲜艳、明亮的色彩以增加童稚雅趣。

（2）幼儿服装。幼儿服装适用于 1 ~ 3 岁的儿童。款式多采用 A 型，如在罩衣的肩部或胸部设计抽褶或打揽，使衣服下部展开，同时产生下肢增长的感觉，幼儿服装多采用仿生设计手法，更具自然色彩和教育色彩。

（3）童装。童装的设计非常丰富，造型属于加法设计，各种装饰工艺比较复杂，绲边、镶边、刺绣、印花、镶拼等各种工艺应有尽有，表达出这个时期的儿童开始有了个性，并逐步提高参与购买、选择服装的主动性。

（4）青年服装。青年服装适于 18 ~ 28 岁的青年。这一年龄阶段的顾客虽然在经济上尚未完全独立，但审美意识趋于新潮，消费观念相对超前。花季心态使他们经受不住每个季节流行款式的诱惑。他们追逐流行，表达着一个地区或一个城市的审美文化水准。他们希望通过款式、色彩和穿着搭配来塑造自己的个性。青年服装也是服装市场营销的一个重要部分。

（5）中老年服装。中老年服装的跨度也比较大，但他们的共同特点是造型风格更加成熟，讲究实用。他们会根据自己的经济实力做出理性购买。

6．根据季节划分

根据季节划分，服装可分为春装、夏装、秋装和冬装。

（1）春装。春装的主要特点是色彩明快、款式简洁、轻便、便于穿脱。

（2）夏装。夏天的服装更趋于清爽与实用，色彩以浅色系为主，面料讲究透气、吸湿、有垂感和飘逸感。

（3）秋装。秋天给人以成熟之感。人们挑选服装时更注重季节美带给人们的新鲜感，突出秋季给人的独特印象。

（4）冬装。寒冷的冬天，大地的色彩趋于单调，人们需要有色彩来调节压抑的心情与寒冷的感觉。因此市场上的羽绒服、滑雪服、大衣、外套大都采用鲜艳的色彩。冬天的穿着并非越厚越好，合理的厚度、重量，使着装产生最佳的效果。

7．根据服装风格划分

服装风格是指一个时代、一个民族、一个流派或一个人的服装在形式和内容方面所显示出来的价值取向、内在品格和艺术特色。它主要包括三个方面，一是时代特色、社会面貌及民族传统；二是材料、技术的最新特点和它们审美的可能性；三是服装的功能性与艺术性的结合。服装款式千变万化，形成了许多不同的风格，有的具有历史渊源、有的具有地域渊源、有的具有文化渊源，以适合不同的穿着场所、不同的穿着群体、不同的穿着方式，展现出不同的个性魅力。根据服装风格划分，可分为百搭风格的服装、淑女风格的服装、韩版风格的服装、民族风格的服装、波希米亚风格的服装、街头风格的服装、田园风格的服装等。

（1）百搭风格的服装。百搭风格的服装一般为单品，可以搭配各类衣服，是很实用的单件服饰，与其他款式、颜色的服饰均能产生一定的效果，一般都是比较基本的、经典的样式或颜色。

（2）淑女风格的服装。自然清新、优雅宜人是淑女风格的概括。蕾丝与褶边是柔美淑女风格的两大时尚标志。

（3）韩版风格的服装。韩版风格的服装舍弃了简单的色调堆砌，而是通过特别的明暗对比来彰显品位。服装的设计者通过面料的质感与对比，加上款式的丰富变化来强调冲击力，那种浓艳的、繁复的、表面的东西被精致的甚至有点羞涩的展现取而代之，不规则的衣裙下摆、极具风情的花边都在彰显它的美丽与流行。

（4）民族风格的服装。民族风格的服装以绣花、蓝印花、蜡染、扎染为主要工艺，面料一般为棉和麻，款式上具有民族特征，或者在细节上带有民族风格。

（5）波希米亚风格的服装。波希米亚风格的服装并不是单纯指波希米亚当地人的民族服装，服装的"外貌"也不局限于波希米亚的民族服装和吉卜赛风格的服装，它是一种以捷克共和国各民族服装为主的，融合了多民族风格的现代多元文化的产物。

（6）街头风格的服装。街头风格的服装一般来说是宽松得近乎夸张的 T 恤和裤子。

（7）田园风格的服装。田园风格的服装，宽大舒松的款式，天然的材质，为人们带来了有如置身于悠闲浪漫的心理感受，具有一种悠然的美。这种服装具有较强的活动机能，很适合人们在郊游、散步和做各种轻松活动时穿着，迎合现代人的生活需求。

（二）服装产品分类的意义

随着人们对服装产品多元化需求的加强，服装工艺技术、机械设备不断改进，纺织面料不断更新，服装的品种越来越多，熟悉服装分类知识，无论是对服装营销者来说，还是对服装消费者来说，都是十分有必要的。

（1）有利于服装商品的生产和开发。对于服装生产企业和服装设计人员来说，只有熟悉服装的分类知识，才能生产出符合标准、适合消费者各类体型的服装，并组成合理的产品系列进行开发和生产。对于某个特定的服装企业来说，不可能生产出所有种类的服装，通过对服装的分类，能加强服装商品的专业化开发、生产和销售，同时发现更多的市场营销机会，并能更好地应对服装市场竞争。

（2）有利于服装商品的销售。对于服装营销人员来说，只有熟悉服装分类知识，才能有针对性地陈列展示服装，更好地给消费者提供方便的选择，否则服装销售会显得凌乱，无所适从，甚至出现"张冠李戴"的现象。同时，服装营销人员掌握了服装分类的知识，就能更有针对性地了解市场动态，分析服装销售的变化趋势，主动适应市场需求。另外，服装营销人员了解服装分类，能快速、精确地做好分类统计，加强企业管理工作。

（3）有利于消费者选购服装。服装穿着因人而异，由于服装品种繁多，着装功能又不尽相同。进行服装分类之后，有利于消费者更方便、快捷地挑选到适合自己的服装。

第二节　服装专业常识

一、服装面料知识

任何一件服装都离不开面料，面料作为服装三要素之一，不仅可以诠释服装的风格和特性，而且直接影响服装的色彩、造型的表现效果。以下是一些常见的服装面料及其特性：

麻：是一种植物纤维，被誉为凉爽高贵的纤维。它吸湿性好，放湿也快，不易产生静电，热传导大，迅速散热，穿着凉爽，出汗后不贴身，较耐水洗，耐热性好。

桑蚕丝：天然的动物蛋白质纤维，光滑柔软，富有光泽，有冬暖夏凉的感觉，摩擦时有独特的“丝鸣”现象，有很好的延伸性，较好的耐热性，不耐盐水侵蚀，不宜用含氯漂白剂或洗涤剂处理。

粘胶纤维：以木材、棉短绒、芦苇等含天然纤维素的化学材料加工而成，具有天然纤维的基本性能，染色性能好，牢度好、耐洗涤，织物柔软，具有良好手感，比重大，悬垂好，吸湿性好，穿着凉爽、舒适，不易产生静电、起毛和起球。

醋酯纤维：俗称涤纶，具有良好的弹性和弹性回复性能，面料挺括，不起皱，保形性好，强度高，弹性又好，经久耐穿并有优良的耐光性能，但容易产生静电和吸尘吸湿性差。

锦纶：一般是指尼龙，属于聚酰胺纤维，染色性在合成纤维中是较好的，穿着轻便，又有良好的防水防风性能，耐磨性高，强度弹性都很好。

丙纶：外观似毛绒丝或棉，有蜡状手感和光泽，弹性和恢复性一般，不易起皱，比重小，服装舒适性好，能更快传递汗水使皮肤保持舒适感，强度耐磨性都比较好，经久耐用，不耐高温。

氨纶：弹性好，手感平滑，吸湿性小，有良好耐气候和耐化学品性能，可机洗，耐热性差。

维纶：织物外观和手感似棉布，弹性不佳，比重和导热系数小，穿着轻便保暖，强度耐磨性较好，结实耐穿，有优良耐化学品、日光等性能。

锦缎：属缎纹棉布产品，具有丝样的光泽和缎的风格，手感绵软，质地厚实、有弹性，穿着舒适，外观色泽好。

灯芯绒：手感柔软，绒条圆直，纹路清晰，绒毛丰满，质地坚牢耐磨。

绒布：触感柔软，保暖性好，穿着舒适，布面外观色泽柔和。

山羊绒：质地轻盈，又十分保暖，属于独特稀有的动物纤维，在国外有“纤维钻石”“软黄金”之称，具有柔软、纤细、轻薄、富有弹性等特点，并有天然柔和的色泽，而且吸湿性好、耐磨性好。

兔毛：比重小，保暖好，富有弹性，具有吸湿性强、柔软、保暖、美观等特征，抱合力差，强力较低，易落毛。

马海毛：强度高，弹性恢复率高，抗皱能力强，耐磨性和吸湿性好，防污性强，染色性好，不收缩，不易毡缩。

麻棉混纺：70% 棉 +30% 麻混纺而成，该面料在干、湿情况下弹性和耐磨性都较好，尺寸稳定，缩水率小，具有挺拔、不易皱褶、易洗、快干的特点，而且采用全天然纤维织造，低碳环保，与现在国际纺织服装流行趋势吻合，因此，非常适用于服装及家纺面料。

涤麻混纺：涤不易变形、不起毛，麻强度好、光泽好、不易褪色，涤麻混纺弥补了一些不足使织物挺爽，吸湿性好，穿着舒适，易洗快干，减少起皱、起毛。

进口长绒棉：吸湿排汗显著，着色好，强力好，伸缩性佳等特点，手感柔软，光泽柔和，质朴，保暖性好。

绢丝：世界各地公认华贵的天然纤维，属高级纺织原料，具有较高强伸度，纤维细而柔软，平滑有弹性，吸湿性好，织物有光泽，穿到身上舒适、高雅和华贵。

真丝：一定的真丝含量，可使产品手感滑爽，组织更密实，富有光泽、舒适、高雅和华贵，有良好弹性强度，吸湿性好，穿着透气、舒适。

天丝：是一种环保纤维。在提纯纺丝过程中，用高科技工艺，保护具天然纤维所有特性。它具有吸湿透气性强、织物悬垂、丝质滑爽、染色鲜艳等特性。具有反复洗涤，日晒也不失色等诸多功能，不易起球。

竹纤维：一种环保纤维，竹子有抗菌、防紫外线特征，在纤维提纯过程中用高科技工艺保护具天然的抗菌抑菌、除臭和防紫外线物质，具有透气强、织物悬垂、丝质滑爽、染色鲜艳、抗菌、除臭、防紫外线等特性。

腈纶：具有柔软、保暖、强力好的特性，表面平整，结构紧密，不易变形，水洗后缩水极小。

丝光羊毛：光泽柔和，细致柔软，吸湿性强，透气性好，舒适而不粘，具有一般保暖功能并使人体保持清爽，有较好的耐热性。

美丽诺羊毛：表面光滑平整，抗起球，经过剥鳞处理，减小毡缩，缩水率低，机洗后不发生变形，光泽度好，弹性优良，保暖性好，手感丰满，柔软舒适，适宜贴身穿着。

驼绒：属粗纺毛织物，质地松软并富有弹性，绒面丰满，手感厚实，轻柔保暖。

毛粘混纺：具有与线纯毛织物相似的外观风格和基本特点，外观更为细腻。

天丝、亚麻混纺：织物手感丰满，有真丝般光泽，悬垂性好，挺实爽身。

涤棉混纺：可以弥补涤纶吸湿性小、透气舒适的美中不足，外观光洁，手感厚实，富有弹性，坚实耐穿，保形性好。

涤绢混纺：既有毛型的柔润，又有丝绸的滑爽，光泽柔和明亮，挺括，富有弹性，缩水率比纯丝小。

二、服装号型标准

服装号型标准是服装工业生产化中设计、制板、推板以及销售当中主要规格尺寸的重要依据，是建立在科学调查研究的基础上，具有一定的准确性、普遍性、广泛性。国家技术监督部门对服装号型有统一的规则和规定，它包括男子标准、女子标准以及儿童标准。它的制定依据为大量的人体体型测量数据统计分析之后的结果，根据人群体型的变化每隔数年需要重新修订一次。一般选用人体的高度（身高）、围度（胸围或腰围）再加体型类别来表示服装规格，是专业人员设计制作服装时确定尺寸大小的参考依据。

1．号型的基本定义

号是指人体的身高，以厘米为单位，是设计和选购服装长短的依据。

型是指人体的上体胸围和下体腰围，以厘米为单位，是设计和选购服装肥瘦的依据。

2．体型的一般分类

以人体的胸围和腰围的差数为依据来划分体型，并将人体体型分为四类。体型分类代号分别为 Y、A、B、C 型。Y 型为宽肩细腰；A 型为标准体型；B 型腹部略突出，多为中老年人；C 型腰围尺寸接近胸围尺寸，属于肥胖型；胸腰落差在这些标准之外的属于特殊体型，其服装应单独定做。

3．号型的表示方法

号型的表示方法为号型之间用斜线分开，后接体型分类代号。服装上必须标明号型，套装中的上、下装分别标明号型。例如，上装 160 ／ 84A，其中 160 为号，适合 158 ～ 162cm 身高的人；84 为胸围，代表型，适合胸围在 82 ～ 85cm 的人；A 为体型分类，表示胸腰差在 14 ～ 18cm。下装 160 ／ 68A，其中 160 为身高，代表号；68 为腰围，代表型；A 为体型分类，为标准体型。

4．号型的主要系列

号型系列是服装批量生产中规格制定和购买成衣的参考依据。号型系列以各体型中间体为中心，向两边一次递增或递减组成。服装规格也以此系列为基础按需要进行设计。身高以 5cm 分档组成系列，胸围以 4cm 分档组成系列，腰围以 4cm 或 2cm 分档组成系列。身高与胸围、腰围搭配分别组成 54 或 52 号型系列。

作为服装营销人员，应了解不同消费者的号型和体型类别，向消费者及时提供号型相近的服装。

三、服装洗涤、熨烫标志

作为服装营销人员，应该了解服装一些常用的洗涤、熨烫标识，以便向消费者及时提供服装保养方面的指导。在服装业内都有固定的注明洗涤、熨烫注意事项的标志，简称洗水标或洗水唛。如表 2-1 所示是一些常用的洗涤、熨烫标志及说明。

表 2-1　常用的洗涤、熨烫标志及说明

手洗须小心	只能手洗	℃ 可用机洗	手洗30 中性 可轻轻手洗不能机洗，30℃以下洗涤液温度	40 水温 40℃；机械常规洗涤	40 水温 40℃；机械作用弱常规洗涤	40 水温 40℃；洗涤和脱水时强度要弱
50 最高水温 50℃；洗涤和脱水时强度要逐渐降弱	60 水温 60℃；机械常规洗涤	60 最高水温 60℃；洗涤和脱水时强度要逐渐降弱	不能水洗；在湿态时须小心	可以熨烫	熨烫温度不能超过 110℃	熨烫温度不能超过 150℃
熨烫温度不能超过 200℃	须垫布熨烫	须蒸汽熨烫	不能蒸汽熨烫	不可以熨烫	洗涤时不能用搓板搓洗	A 适合所有干洗溶剂洗涤

续表

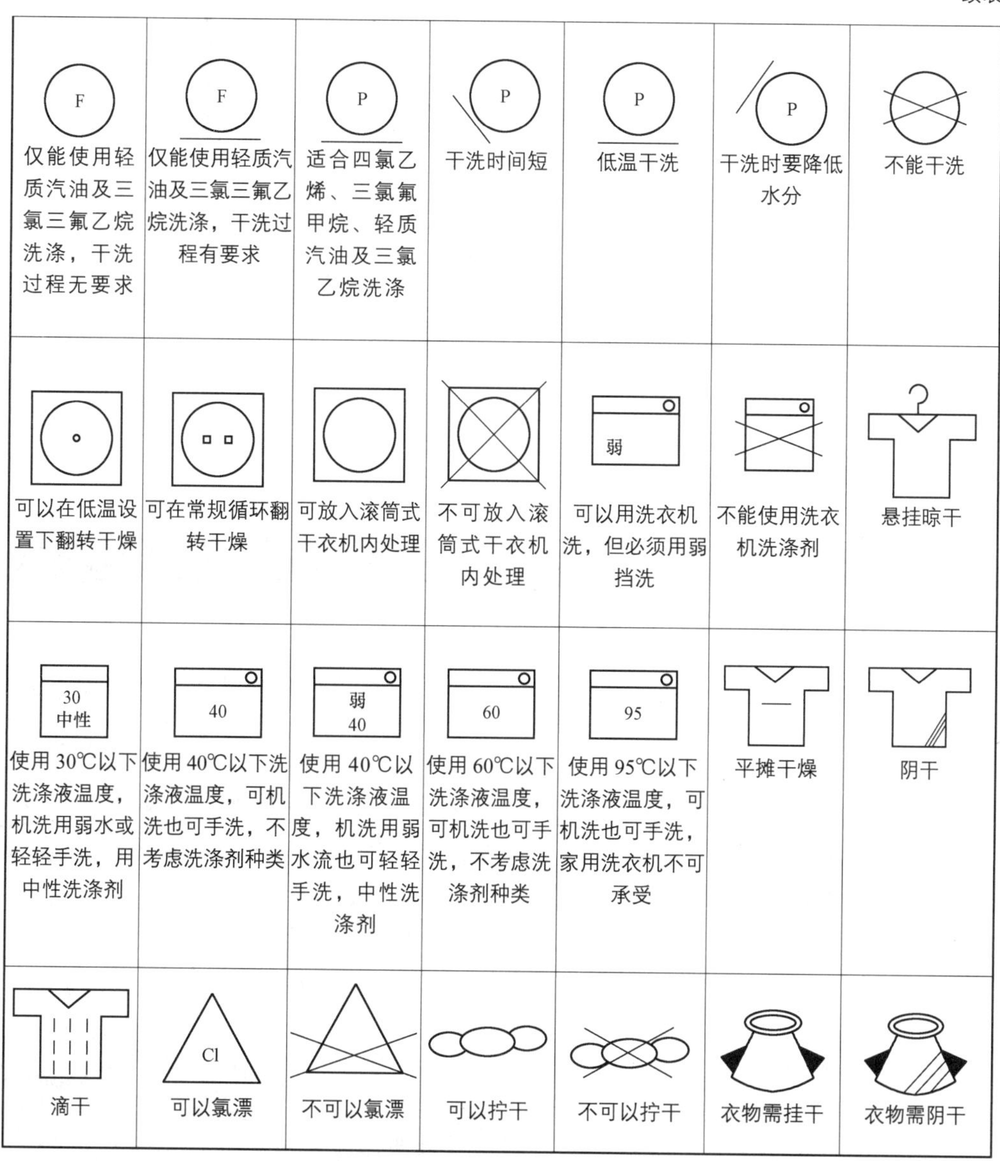

仅能使用轻质汽油及三氯三氟乙烷洗涤，干洗过程无要求	仅能使用轻质汽油及三氯三氟乙烷洗涤，干洗过程有要求	适合四氯乙烯、三氯氟甲烷、轻质汽油及三氯乙烷洗涤	干洗时间短	低温干洗	干洗时要降低水分	不能干洗
可以在低温设置下翻转干燥	可在常规循环翻转干燥	可放入滚筒式干衣机内处理	不可放入滚筒式干衣机内处理	可以用洗衣机洗，但必须用弱挡洗	不能使用洗衣机洗涤剂	悬挂晾干
使用30℃以下洗涤液温度，机洗用弱水或轻轻手洗，用中性洗涤剂	使用40℃以下洗涤液温度，可机洗也可手洗，不考虑洗涤剂种类	使用40℃以下洗涤液温度，机洗用弱水流也可轻轻手洗，中性洗涤剂	使用60℃以下洗涤液温度，可机洗也可手洗，不考虑洗涤剂种类	使用95℃以下洗涤液温度，可机洗也可手洗，家用洗衣机不可承受	平摊干燥	阴干
滴干	可以氯漂	不可以氯漂	可以拧干	不可以拧干	衣物需挂干	衣物需阴干

拓展案例：波司登公司的跨国之旅

教学案例：汉服热兴起：品牌订单排到2021年 产业总规模超10亿元

附录：服装的保养知识

本章小结

1. 服装产品是服装企业开展市场营销活动的主体。现代营销观念认为，服装产品不再限于物质形态和具体用途，而是一个整体的概念，由核心产品、形式产品、附加产品三部分组成。服装产品消费者在购买服装时会综合权衡服装概念中包含的三部分产品，是否能满足自己的需求。同时，服装商品有其自身的特性，主要包括功能性、美学性、精神性、流行性、季节性、地域性、民族性和社会性。因此服装营销人员要清楚地知道本企业的服装产品能满足消费者的哪些需求，然后制订相应的营销策略。

2. 根据不同的分类标准，服装可以分成不同的类型，每一个服装企业只能提供其中的一种或几种类型的服装商品；作为服装营销人员，要掌握这些服装基本分类、一些常用的服装面料的特性和服装号型标准的内容、服装保养和洗涤标志。

习 题

一、单项选择题

1. 企业生产的各种产品在包装上采用相似的颜色，体现共同的特征，这种包装策略叫作（　　）。

A. 等级包装策略　　B. 类似包装策略
C. 配套包装策略　　D. 复用包装策略

2. 某服装企业推出了一款新服装面料，在该款面料上市初期价格定得高，以便在较短时间获得较大利润，这种新产品定价策略称为（　　）。

A. 撇脂定价策略　　B. 渗透定价策略
C. 满意定价策略　　D. 获利定价策略

3. 产品说明书、保证、安装等属于（　　）。

A. 核心产品　　B. 附加产品　　C. 潜在产品　　D. 期望产品

二、判断题

1. 生产者市场需求的派生性，使得对消费品需求一定比例的增长，会引起更高比例地对生产资料需求的增长。（　　）

2. 所谓新产品是指通过新发明创造的产品。（　　）

习题答案

第三章 服装市场营销环境分析

学习目标

1. 了解服装市场营销环境基本内涵；
2. 熟悉服装市场营销宏观环境和微观环境的主要构成及其特征；
3. 初步学会分析企业所面临的市场营销环境。

案例导入

随着国家主席夫人彭丽媛在中外媒体镜头前优雅地亮相，为彭丽媛定制服饰的广州市例外服饰有限公司瞬间火爆起来。

例外服饰告诉人们的营销道理

第一节　服装市场营销环境概述

一、服装市场营销环境及其构成

服装市场营销环境是指与服装企业生产经营有关，直接或间接影响服装企业产品的供应与需求的各种客观因素的总和。

服装市场营销环境是企业营销职能外部的不可控制的因素和力量，这些因素和力量是影响服装企业营销活动及其目标实现的外部条件。任何服装企业都如同生物有机体一样，总是生存于一定的环境之中，服装企业的营销活动也要以环境为依据，不可能脱离周围环境而孤立地进行，要主动地去适应环境。而且通过营销努力去影响外部环境，使环境有利于企业的生存和发展，有利于提高企业营销活动的有效性。

一般来说，服装市场营销环境包括微观环境和宏观环境。微观环境是指与企业紧密相连，直接影响企业营销能力的各种参与者，包括服装企业本身，市场营销渠道企业，顾客、竞争者以及社会公众。宏观环境是指影响微观环境的一系列巨大的社会力量，主要是人口、经济、政治法律、科学技术、社会文化及自然生态等因素。微观环境直接影响与制约服装企业的营销活动，多半与服装企业具有或多或少的经济联系，也称直接营销环境。宏观环境一般以微观环境为媒介去影响和制约企业的营销活动，在特定场合，也可直接影响企业的营销活动，故又被称为间接营销环境。宏观环境因素与微观环境因素共同构成多因素、多层次、多变的企业市场营销环境的综合体，如图 3-1 所示。

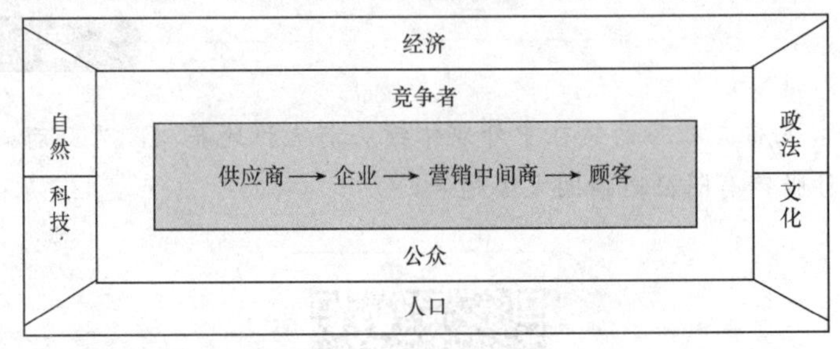

图 3-1　服装市场营销环境

这两种环境之间不是并列关系，而是包容和从属关系。直接环境受间接环境大背景的制约，间接环境借助于直接环境发挥作用，如图 3-2 所示。因此，前者被称为微观环境，后者被称为宏观环境。

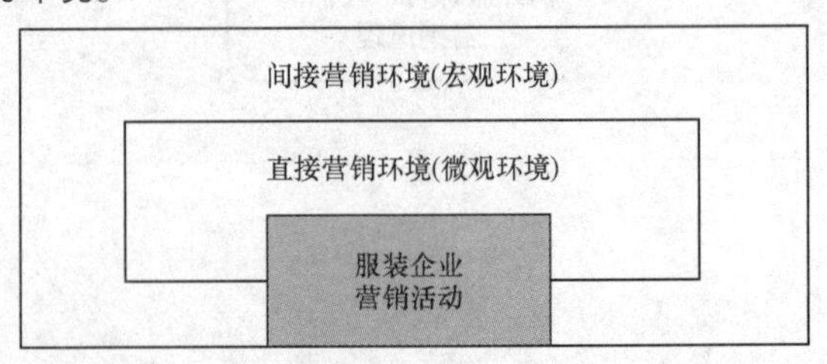

图 3-2　市场营销环境对服装企业的作用

总之，服装企业所面对的微观环境和宏观环境并不是固定不变的，而是处于经常变动之中。环境的变化，或者给企业带来可以利用的市场机会，或者给企业带来一定的环境威胁。监测和把握环境诸多力量的变化，善于从中发现并抓住有利于企业发展的机会，避开或减轻由环境带来的威胁。服装企业必须重视对市场营销环境的研究，重视对环境变化趋势的监视和预测，适时、适度地调整市场营销策略和市场营销组合，适应环境的变化，使自身获得生存和发展。

二、服装市场营销环境的特征

1．客观性

客观性是服装市场营销环境的重要特征。环境作为营销部门外在的不以营销者意志为转移的因素，对企业营销活动的影响具有强制性和不可控性的特点。一般来说，营销部门无法摆脱和控制营销环境，特别是宏观环境，服装企业难以按自身的要求和意愿随意改变它。因此，企业决策者必须清醒地认识到这一点，要及早做好充分的思想准备，随时应付服装企业面临的各种环境的挑战。

2．差异性

服装市场营销客观上存在着广泛的差异性，有些环境表现为自然差异，有些环境表现为社会差异。服装企业不仅要受到来自多方面不同环境的影响，而且由于每个企业内部差异的存在，即使同一种环境因素的变化对每个服装企业的影响作用也不尽相同。例如，中国加入世界贸易组织，意味着大多数中国企业进入国际市场，然而不同的国家、民族、地区之间在人口、经济、社会文化、政治、法律、自然地理等方面存在着广泛的差异性。这些差异性对服装企业营销活动的影响显然是不相同的。由于外界环境因素的差异性，服装企业必须采取不同的营销策略才能应对和适应这种情况。

3．相关性

影响服装市场营销环境的各个因素是相互依存、相互作用和相互制约的。这是由于社会经济现象的出现往往不是由某种单一的因素所能决定的，而是受到一系列相关因素影响的结果。例如，服装企业开发新产品时，不仅要受到经济因素限制，还要受到社会文化因素的影响和当时的社会生产力水平的制约以及相关的政策法律等。再如，服装市场需求不仅受消费者收入水平、爱好以及社会文化等方面因素的影响，政治法律因素的变化，往往也会产生决定性的影响。

4．动态性

营销环境是服装企业营销活动的基础和条件，这并不意味着营销环境是一成不变的、静止的，它是动态的。当然，服装市场营销环境的变化是有快慢大小之分的，有的变化快一些，有的则变化慢一些；有的变化大一些，有的则变化小一些。例如，科技、经济等因素的变化相对快而大，因而对企业营销活动的影响相对短且跳跃性大；而人口、社会文化、自然因素等相对变化较慢较小，对企业营销活动的影响相对长而稳定。因此，服装企业的营销活动必须适应环境的变化，不断地调整和修正自己的营销策略，否则，将会使其丧失市场机会。

5．不可控性

影响服装市场营销环境的因素是多方面的，也是复杂的，并表现出企业的不可控性。例如，一个国家的政治法律制度、人口增长以及一些社会文化习俗等，服装企业不可能随意改变。

6．可影响性

服装企业在环境面前也并非无所作为，服装企业可以通过对内部环境要素的调整与控制，来对外部环境施加一定的影响，最终促使某些环境要素向预期的方向转化。适者生存既是自然界演化的法则，也是企业营销活动的法则，如果企业不能很好地适应外界环境的变化，则很可能在竞争中失败，从而被市场所淘汰。现代营销学认为，服装企业经营成败的关键，就在于服装企业能否适应不断变化着的市场营销环境。

三、营销活动与营销环境

服装市场营销环境通过其内容的不断扩大及其自身各因素的不断变化，对服装企业营销活动发生影响。

（一）服装市场营销环境对企业营销带来的双重影响

1．环境给服装企业营销带来的威胁

营销环境中会出现许多不利于企业营销活动的因素，由此形成挑战。如果企业不采取相应的规避风险的措施，这些因素会导致企业营销的困难，给企业带来威胁。为保证企业营销活动的正常运行，服装企业应注重对环境进行分析，及时预见环境威胁，将危机减小到最低程度。

2．环境给服装企业营销带来的机会

营销环境也会滋生出对企业具有吸引力的领域，带来营销的机会。对企业来讲，环境机会是开拓经营新局面的重要基础。为此，服装企业应加强对环境的分析，当环境机会出现的时候善于捕捉和把握，以求得企业的发展。

（二）市场营销环境是企业营销活动的资源基础

市场营销环境是企业营销活动的资源基础。企业营销活动所需的各种资源，如资金、信息、人才等都是由环境来提供的。服装企业生产经营的产品或服务需要哪些资源、多少资源、从哪里获取资源，必须分析研究营销环境因素，以获取最优的营销资源满足企业经营的需要，实现营销目标。

（三）市场营销环境是企业制订营销策略的依据

企业营销活动受制于客观环境因素，必须与所处的营销环境相适应。但企业在环境面前绝不是无能为力、束手无策的，企业能够发挥主观能动性，制订有效的营销策略去影响环境，在市场竞争中处于主动，占领更大的市场。

四、分析市场营销环境的意义

服装企业可以运用各种有效的方式或手段，影响利益相关方，争取多方面的支持，

使之改变做法，从而改变营销环境。这种能动的思想不仅对国内跨地区市场营销活动有重要指导作用，还对开展国际市场营销活动有重要意义。因此，营销管理者的任务不但在于适当安排营销组合，使之与外部不断变化的营销环境相适应，而且要积极创造性地适应和改变环境，创造或改变目标顾客的需要。只有这样，服装企业才能发现和抓住市场机会，因势利导，在激烈的市场竞争中立于不败之地。

第二节　服装市场营销宏观环境分析

服装市场营销宏观环境包括那些影响公司微观环境中所有行动者的较大的社会力量，即人口、经济、自然、技术、政治、法律和社会及文化的力量。这些因素不仅会直接影响服装企业的营销活动，而且还直接对服装企业营销环境中的微观环境因素产生影响，进而影响服装企业的市场营销活动，对其产生限制和促进作用。例如，人们的价值观和信念等会影响消费者的消费态度、兴趣爱好，从而形成对某些服装品牌或某类服装产品的好恶，由此使消费者增大或减少对某些产品的选择机会。

服装市场营销的宏观环境是指对服装企业营销活动提供机会或造成威胁的外部力量，主要包括人口、经济、自然、科学技术、政治与法律、社会文化六大因素。

一、人口环境

人口是构成市场的第一位因素。人口的多少直接决定着市场的潜在容量，人口越多，市场规模就越大。而人口的年龄结构、地理分布、婚姻状况、出生率、死亡率、人口密度、人口流动性及其文化教育等人口特性会对服装市场格局产生深刻影响，并直接影响着服装企业的市场营销活动。

1．人口总量

一个国家或地区的总人口数量的多少，是衡量市场潜在容量的重要因素。一方面，人口数量同一国的国民收入一样，是决定市场潜在容量的重要因素。另一方面，人口爆炸性地增长，也会给服装企业的营销活动带来不利影响。

2．人口构成

人口构成，包括自然构成和社会构成，前者如性别结构、年龄结构；后者如民族构成、职业构成、教育程度等。以性别、年龄、民族、职业、教育程度相区别的不同消费者，由于在收入、阅历、生理需要、生活方式、价值观念、风俗习惯、社会活动等方面存在的差异，必然会产生不同的消费需求和消费方式，形成各具特色的消费者群体。例如，不同年龄的消费者对于服装产品需求的不同而形成老年市场、青年市场、儿童市场等。一般来说，服装消费最多的年龄层在 15 至 39 岁。显然，注意人口环境方面的这些因素对服装企业的营销活动极具重要性。

3．地理分布

服装市场消费需求与人口的地理分布密切相关。一方面，人口密度的不同与人口流动量的多少，影响着不同地区市场需求量的大小。以我国为例，人口分布一般东部沿海地区多，西部内陆地区少，地理上主要以黑龙江漠河与云南腾冲连线为分界线，东南多，西北少，东南国土面积占全国的43%，而人口约占全国人口的94%左右，西北地区面积占全国面积的57%，人口却只占全国人口的6%左右，即有由东南到西北方向海拔高度的增加、人口密度呈阶梯递减的趋势，而这种趋势还正在加强。因而中国服装业的重心在东部和中部地区。

另一方面，人们的消费需要、购买习惯和购买行为，在不同的地区也会存在差异。例如，不同城市之间流动人口的多少不等，反映在吃、穿、住、行等方面的市场需求量就会有很大差别。因此，研究人口的地域差别和变化，对服装企业的市场营销有着更为直接的意义。再如，我国有56个民族，许多少数民族有其独特的服装消费需求、消费方式和购买行为。

4．家庭组成

现代家庭是社会的细胞，也是商品的主要采购单位。一个国家或地区的家庭单位和家庭平均成员的多少，以及家庭组成状况等，直接影响着服装消费品的需求量。随着计划生育、晚婚、晚育的倡导和实施，职业妇女的增多，丁克家庭、单亲家庭和独身家庭的比重也在上升，消费者对服装产品的需求与过去相比发生了较大的变化。因此家庭生活对服装产品的需求也在趋于小型化。

5．人口性别

性别的差异除了使男女在服装消费需求上表现出明显的不同外，在购买习惯与购买行为上也表现出较大的区别，比如，男性的购买特征类型通常表现为理智型，而女性则大多表现为冲动型。企业因此可以根据产品的性别属性制订不同的营销策略。

女装是服装中最为丰富多彩的，也是服装类商品中销售最为活跃的。在大商场中女装的销售面积是最大的，品牌也是最多的。

过去男装给人的印象是黑、灰、硬、挺，男性对服装的关注程度也大大低于女性。如今随着男性生活方式和工作需求的改变，他们的着装品位和时尚意识也日益提升，男性服装同样需要为男人的不同生活方式、不同场景、不同心情去设计开发，并在营销策略、品牌宣传等方面也要精心策划。

因此，服装企业可以针对不同性别消费者的不同需求，生产适销对路的产品，制订有效的营销策略，开发更大的市场。

6．体型特征

对服装而言，合体性是非常重要的。即使面料合适，色彩美观，设计精巧，但是不合身，消费者也不会购买。不同国家、不同种族、不同地域的体型差异也是非常显著的，因此服装企业必须了解消费者的身体尺寸，这是达到服装合体性的基础。

二、经济环境

经济环境是指企业营销活动所面临的外部社会条件，其运行状况及发展趋势会直接或间接地对服装企业营销活动产生影响。人的需求只有在具备经济能力时才是现实的市场需求。在人口因素既定的情况下，市场需求规模与社会购买力水平呈正比关系。所以，服装企业必须密切关注其经济环境的动向，尤其要着重分析影响社会购买力及其支

出结构的变化的各种因素，如图 3-3 所示。

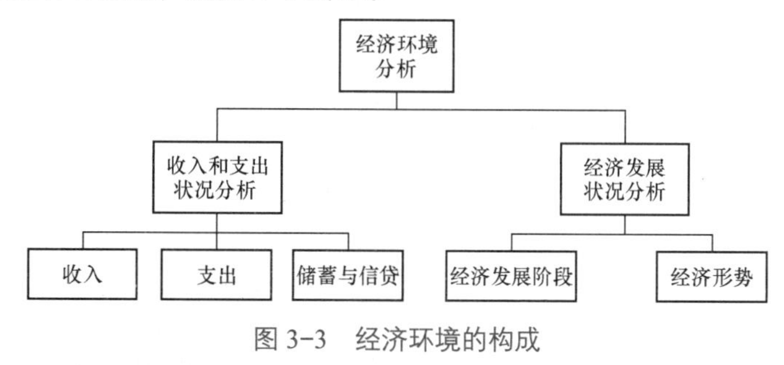

图 3-3　经济环境的构成

（一）收入与支出状况

1．收入

市场消费需求是指人们有支付能力的需求。仅仅有消费欲望，有绝对消费力，并不能创造市场，只有既有消费欲望，又有购买力，才具有现实意义。因为，只有既想买，又买得起，才能产生购买行为。在研究收入对消费需求的影响时，主要关注以下五个分析指标。

（1）人均国内生产总值。人均国内生产总值，一般是指价值形态的人均 GDP。它是一个国家或地区，所有常住单位在一定时期内（如一年），按人口平均所生产的全部货物和服务的价值，超过同期投入的全部非固定资产货物和服务价值的差额。它是衡量一个国家经济实力与购买力的重要指标。国民生产总值增长越快，对商品的需求和购买力就越大，反之就越小。

（2）个人收入。个人收入是指个人在一定时期内通过各种来源所获得收入的总额。人均收入等于个人收入总额除以总人口。各地区居民收入总额，可用以衡量当地消费市场的容量，人均收入多少，反映了购买力水平的高低。

（3）个人可支配收入。从个人收入中，减除缴纳税收和其他经常性转移支出后，所余下的实际收入，即能够用以作为个人消费或储蓄的数额。

（4）可任意支配的个人收入。可任意支配的个人收入是指在个人可支配收入中，有相当一部分要用来维持个人或家庭的生活以及支付必不可少的费用。只有在可支配收入中减去这部分维持生活的必需支出，才是个人可任意支配收入，这是影响服装消费需求变化的最活跃的因素。

（5）家庭收入。家庭收入的高低会影响很多产品的市场需求。一般来讲，家庭收入高，对消费品需求大，购买力也大；反之，需求小，购买力也小。另外，要注意分析消费者实际收入的变化。注意区分货币收入和实际收入。

2．支出

支出主要是指消费者支出模式和消费结构。收入在很大程度上影响着消费者支出模式与消费结构。随着消费者收入的变化，对消费者支出模式有着直接影响，并使其发生具有一定规律的变化。

1875 年，德国统计学家恩斯特・恩格尔根据他对英国、法国、德国、比利时许多工人家庭收入预算的调查研究，发现了关于工人家庭收入变化与各方面支出变化之间比例关系的规律性，即著名的恩格尔定律——用食物支出变动的百分比除以总收入变动的百分比，用公式表示为：恩格尔系数＝食物支出变动百分比／收入变动百分比，这个公式又称为食物支出的收入弹性或称为恩格尔定律。

恩格尔定律具体包括以下三层含义。

第一，随着家庭收入的增加，用于购买食品的支出占家庭收入的比重下降，称恩格尔系数下降。

第二，随着家庭收入的增加，用于住宅建筑和家务经营的开支占家庭收入的比重大体不变。

第三，随着家庭收入的增加，用于其他方面的开支（如服装、交通、娱乐、卫生保健、教育等支出）和储蓄占家庭收入的比重会上升。

恩格尔系数是衡量家庭、社会、阶层乃至国家富裕程度的一个重要指标。根据联合国公布的数字，如果恩格尔系数在60%以上是绝对贫困；50%～59%为温饱；40%～49%为小康；20%～39%为富裕；20%以下为最富裕。

恩格尔系数是衡量一个国家、一个地区、一个城市、一个家庭生活水平高低的标准。恩格尔系数越小表明生活越富裕，越大则生活水平越低。企业从恩格尔系数可以了解市场的消费水平和变化趋势。

消费者支出模式除了主要受消费者收入的影响外，而且受以下因素影响：①家庭生命周期所处的阶段，②家庭所在地址与消费品生产、供应状况，③城市化水平，④商品化水平，⑤劳务社会化水平，⑥食物价格指数与消费品价格指数变动是否一致等。

（二）消费者的储蓄与信贷

1．储蓄

储蓄是指城乡居民将可任意支配收入的一部分储存待用。

储蓄的形式，可以是银行存款，可以是购买债券，也可以是手持现金。在一般情况下，消费者并非将其全部收入完全用于当前消费，而是会把收入中的一部分以各种方式储存起来，如储蓄、购买债券、投资股票等，以求保值增值、积少成多，为今后购置高档消费品、大件耐用消费品或急用做准备。当消费者的收入一定时，储蓄增加，现实购买力就会减少；反之，储蓄减少，现实购买力就会增大。所以，储蓄的增减变动会引发市场需求变动，从而对企业营销产生影响。

2．信贷

信贷是指金融或商业机构向有一定支付能力的消费者融通资金的行为。信贷的主要形式有短期赊销、分期付款、消费贷款等。随着市场经济的发展和人们消费观念的改变，消费者已不局限于用其货币收入来购买商品，还可通过贷款的方式来购买商品，达到消费目的。消费信贷的规模与期限在一定程度上影响着某一时限内现实购买力的大小，也影响着提供信贷的商品的销售量。消费者信贷可以增加人们的购买力，满足更多的需求，从而刺激经济的发展。

（三）经济发展状况分析

企业的市场营销活动要受到一个国家或地区经济发展状况的制约，在经济全球化的

条件下，国际经济形势也是企业营销活动的重要影响因素。

1．经济发展阶段

经济发展阶段的高低，直接影响企业市场营销活动。美国学者罗斯托（Walt Whitman Rostow）的经济成长阶段理论，把世界各国经济发展归纳为五种类型：①传统经济社会，②经济起飞前的准备阶段，③经济起飞阶段，④迈向经济成熟阶段，⑤大量消费阶段。凡属前三个阶段的国家称为发展中国家，而处于后两个阶段的国家称为发达国家。

2．经济形势

经济的高速发展，极大地增强了中国的综合国力，显著地改善了人民生活。同时，国内经济生活中，也还存在一些困难和问题，如经济发展不平衡，产业结构不尽合理，就业问题压力很大等。所有这些国际、国内经济形势，国家、地区乃至全球的经济繁荣与萧条，对服装企业市场营销都有重要的影响。问题还在于，国际或国内经济形势都是复杂多变的，机遇与挑战并存，服装企业必须认真研究，力求正确认识与判断，制订相应的营销战略和计划。

三、自然环境

自然环境是指企业生产经营活动中所面对的地理、气候、资源等方面的种种状况。服装营销活动要受自然环境的影响，也对自然环境的变化负有责任。营销管理者当前应注意自然环境面临的难题和趋势，如很多资源短缺、环境污染严重、能源成本上升等，加上许多国家政府对自然资源管理的干预也日益加强。人类只有一个地球，自然环境的破坏往往是不可弥补的，服装企业营销战略中实行生态营销、绿色营销等，都是维护全社会的长期福利所必然要求的。因此，服装企业在营销过程中需要重视自然环境方面的变化趋势，正确把握它给企业带来的威胁和机会。

自然环境的差异是服装多样化的原因之一，它对服装营销的影响主要体现在以下几个方面。

1．对服装的要求不同

地理环境的差异造成了气候条件不同，从而造成人们对服装选择的不同。生活在寒冷的冰雪地带的因纽特人，为了御寒，裹上厚厚的动物皮毛；而生活在酷暑难熬的沙漠边缘的阿拉伯人，为了减少紫外线和风沙的侵害，戴上了头巾，穿上了布袍；在温带，人们四季服装变化明显；而在热带，人们几乎没有夏装以外的服装；在昼夜温差变化很大的青藏高原，人们穿着一种袖子可穿可披的藏袍；而在雨水连绵的南方，人们终日与斗笠为伴。

2．服装原材料供应不同

自然环境的差异造成了各地服装原材料供应不同，导致了消费者对服装的不同选择。我国华东地区，由于盛产茧丝，致使这一带丝绸原料供应充足，因此，在这一带服装市场上，丝绸服装品种齐全，款式各异。而在地中海地区，由于气候适宜耕种植物和驯养动物，因而人们最容易获得的是植物纤维和羊毛，所以人们很早就掌握了剪取羊毛和提取植物纤维的技术，并将两种纤维混纺成羊绒，而后编织成衣。

由此可见，自然环境决定着自然资源的分布，而自然资源的分布又决定着服装企业获得原材料成本的高低，原材料成本的高低，很大程度上决定着服装企业最终成本的高低。

随着工业化和城镇化的进程，各国环境问题日益突出。当前，自然环境变化最主要的动向是自然资源日益短缺，能源成本趋于提高，环境污染日益严重，政府对自然环境的管理和干预不断加强，公众对环境保护的呼吁日胜一日。从世界范围看，环境保护意识和市场营销观念相结合所形成的绿色市场营销观念成为 21 世纪市场营销的新主流。

绿色营销的兴起源于生态环境的不断恶化与消费者环保意识的不断增强。所谓绿色营销是指企业在生产经营过程中，将企业自身利益、消费者利益和环境保护利益三者统一起来，以此为中心，对产品和服务进行构思、设计、销售和制造。服装企业开展绿色营销，使产品从生产到消费的全过程实现无污染，不仅会因承担社会责任而树立良好的社会形象，而且会取得附加价值的竞争优势。因此，服装企业开展绿色营销是一个双赢的决策。

四、科学技术环境

科学技术是第一生产力，科技的发展对经济发展有巨大的影响，不仅直接影响服装企业内部的生产和经营，还同时与其他环境因素互相依赖、互相作用，给服装企业营销活动带来有利与不利的影响。总体上讲，服装业包括面料设计、款式设计、样板设计、辅料设计、生产管理、市场营销等众多环节，是一个庞大的系统工程。例如，一种新技术的应用，可以为服装企业创造一个明星产品，产生巨大的经济效益；也可以迫使服装企业的一种成功的传统产品，不得不退出市场。新技术的应用，会引起企业市场营销策略的变化，也会引起企业经营管理的变化，还会改变服装零售业业态结构和消费者购物习惯。

服装企业在进行科技环境分析研究时应注意以下几点。

（1）新技术出现的影响力及对本企业的营销活动可能造成的直接和间接的冲击。

（2）了解和学习新技术，掌握新的发展动向，以便采用新技术，开发新产品或转入新行业，以求生存和发展。

（3）利用新技术改善服务，提高企业的服务质量和效率。

（4）利用新技术对企业管理，提高管理水平和企业营销活动效率。

（5）新技术的出现对人民生活方式带来的变化及其由此对企业营销活动可能造成的影响。

（6）新技术的出现引起商品实体流动的变化。

（7）国际营销活动中要对目标市场的技术环境进行考察，以明确其技术上的可接受性。

五、政治与法律环境

政治与法律是影响企业营销活动的重要的宏观环境因素。政治因素像一只有形之

手，调节着企业营销活动的方向，法律因素规定了企业营销活动及其行为的准则。政治与法律相互联系，共同对企业的市场营销活动产生影响。

（一）政治环境

1．国内政治环境

国内政治环境是指企业市场营销活动的外部政治形势。它包括党和政府的各项方针、路线、政策的制定和调整对企业市场营销的影响。一个国家的政局稳定与否，会给企业营销活动带来重大的影响。如果政局稳定，人民安居乐业，就会给企业营销造成良好的环境。相反，政局不稳，社会矛盾尖锐，秩序混乱，就会影响经济发展和市场的稳定。企业在市场营销中要认真进行研究，领会其实质，了解和接受国家的宏观管理，而且还要随时了解和研究各个不同阶段的各项具体的方针和政策及其变化的趋势。

对服装企业营销活动的影响主要表现为国家政府所制定的方针政策，如人口政策、能源政策、物价政策、财政政策、货币政策等，都会对服装企业营销活动带来影响。例如，国家通过降低利率来刺激消费的增长；通过征收个人所得税调节消费者收入的差异，从而影响人们的购买及消费需求。

2．国际政治环境

国际政治环境的研究，一般分为政治权力和政治冲突两部分。随着经济的全球化发展，我国企业对国际营销环境的研究将越来越重要。

政治权力是指一国政府通过正式手段对外来企业权利予以约束。在国际贸易中，不同的国家也会制定一些相应的政策来干预外国企业在本国的营销活动。其主要措施有进口限制、税收政策、价格管制、外汇管制、国有化政策。

政治冲突主要是指国际上重大事件和突发性事件对企业营销活动的影响。其内容包括直接冲突与间接冲突两类。

（二）法律环境

法律环境是指国家或地方政府颁布的各项法规、法令、条例等。法律环境对市场消费需求的形成和实现，具有一定的调节作用。服装企业研究并熟悉法律环境，既保证自身严格依法管理和经营，也可运用法律手段保障自身的权益。近年来，为适应经济体制改革和对外开放的需要，我国陆续制定和颁布了一系列法律法规，例如《中华人民共和国产品质量法》《中华人民共和国经济合同法》《中华人民共和国商标法》《中华人民共和国专利法》《中华人民共和国广告法》《中华人民共和国食品安全法》《中华人民共和国环境保护法》《中华人民共和国反不正当竞争法》《中华人民共和国消费者权益保护法》《中华人民共和国进出口商品检验法实施条例》以及诸多企业决定等。服装企业的营销管理者必须熟知有关的法律条文，才能保证企业经营的合法性，运用法律武器来保护企业与消费者的合法权益。对于从事国际服装市场营销的企业来说，不仅要遵守本国的法律制度，还要了解和遵守国外的法律制度及有关的国际法规、惯例和准则。

六、社会文化环境

社会文化主要是指一个国家、地区的民族特征、价值观念、生活方式、风俗习惯、宗教信仰、伦理道德、教育水平、语言文字等的总和。主体文化是占据支配地位的，起凝聚整个国家和民族的作用，有千百年的历史所形成的文化，包括价值观、人生观等；次级文化是在主体文化支配下所形成的文化分支，包括种族、地域、宗教等。文化对所有营销的参与者的影响是多层次、全方位、渗透性的。它不仅影响服装企业营销组合，而且影响消费心理、消费习惯等。这些影响多半是通过间接的、潜移默化的方式来进行的。

1．教育水平

教育是按照一定目的要求，对受教育者施以影响的一种有计划的活动，是传授生产经验和生活经验的必要手段，反映并影响着一定的社会生产力、生产关系和经济状况。教育水平的高低，不仅直接影响着人们的消费行为和消费结构，而且制约着服装企业的市场营销活动。教育水平高的消费者，对新产品的接受能力较强，对商品的内在质量、外观形象、技术说明以及服务有着较高的要求；而教育水平低的消费者，对新产品的接受能力弱，对操作简单方便的商品、通俗易懂的说明书有着更高的要求。对于企业来说，在教育水平高的国家或地区，可以雇佣调研人员或委托当地的调研机构完成所需调研的项目，服装企业的促销宣传要灵活多变，可选择报纸、杂志等媒体；而在教育水平低的国家或地区，服装企业在开展调研时要有充分的人员准备和适当的方法，在开展促销宣传时应更多地选择电视、广播媒体。

2．宗教信仰

从历史上来看，世界各民族消费习俗的产生和发展变化与宗教信仰是息息相关的。不同的宗教信仰者有不同的文化倾向和戒律，从而影响着人们认识事物的方式、行为准则和价值观念，影响着人们的消费行为、消费习惯，进而影响市场消费结构。因此，企业应了解各种宗教信仰对企业市场营销和消费者购买行为的影响，尊重教派和图腾崇拜，针对不同宗教信仰者的追求、偏爱，提供不同的产品，并在产品的设计、制造、包装、促销等方面制订相应的营销策略，否则企业的营销工作就会造成麻烦，甚至造成重大损失。

3．价值观念

价值观念是指人们对社会生活中各种事物的态度和看法。在不同的文化背景下，人们的价值观念差异很大，而且一旦形成改变很难。价值观的不同，必然带来消费者对商品需求和购买行为上的差异。因此，对于价值观不同的消费者，服装企业市场营销人员必须采取不同的策略。对于乐于变革、喜欢新奇、富于冒险精神、比较开放的消费者，服装企业应重点强调商品的新颖和奇特；对于那些注重传统、比较保守、喜欢沿袭传统消费方式的消费者，服装企业在制订有关策略时，应把产品与目标市场的文化传统结合起来。对于不同的价值观念，营销管理者应研究并采取不同的营销策略。

4．消费习俗

消费习俗是指历代传递下来的一种消费方式，也是人们在长期经济活动与社会活动

中所形成的一种消费风俗习惯。消费习俗在饮食、服饰、居住、婚丧、节日、人情往来等方面都表现出独特的心理特征、伦理道德、行为方式和生活习惯。当然，风俗习惯也不是一成不变的，会相互影响。不同的消费习俗具有不同的商品需要，这会给企业带来营销机会。服装企业研究消费习俗，不但有利于组织好消费品的生产与销售，而且有利于正确、主动地引导健康的消费。了解目标市场消费者的禁忌、习俗、信仰、伦理、避讳等，做到入乡随俗，是服装企业有针对性地开展营销活动并取得成功的重要前提。

5. 消费流行

由于社会文化多方面的影响，使消费者产生共同的审美观念、生活方式和情趣爱好，从而导致社会需求的一致性，这就是消费流行。消费流行在服饰、家电以及某些保健品方面，表现最为突出。

6. 亚文化群

亚文化群可以按地域、宗教、种族、年龄、兴趣爱好等特征划分。企业在用亚文化群来分析需求时，可以把每一个亚文化群视为一个细分市场，分别制订不同的营销方案。

第三节　服装市场营销微观环境分析

服装企业市场营销的微观环境主要由企业内部参与营销的各部门以及企业的供应商、营销中介、顾客、竞争者和公众组成，如图 3-4 所示。

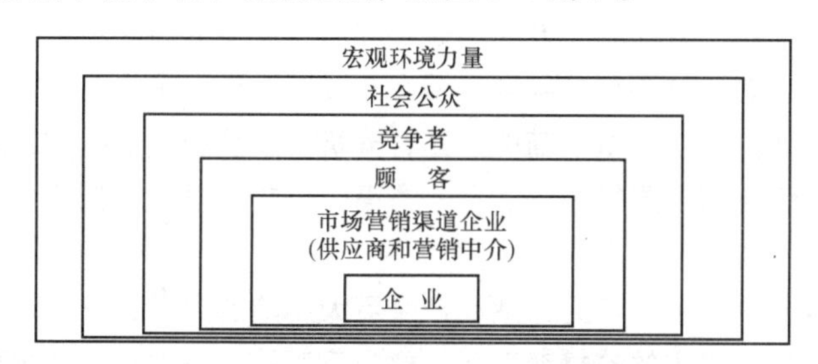

图 3-4　服装企业市场营销的微观环境

一、服装企业内部因素

企业开展营销活动要充分考虑到企业内部的环境力量和因素。企业是组织生产和经营的经济单位，是一个系统组织。除市场营销管理部门外，企业本身还包括最高管理层和其他职能部门，如制造部门、采购部门、研究开发部门及财务部门等。这些部门与市场营销管理部门一同在最高管理层的领导下，为实现企业目标共同努力着。正是企业内部的这些力量构成了企业内部营销环境。企业内部各职能部门的工作及其相互之间的协调关系，直接影响企业的整个营销活动。而市场营销部门在制订营销计划和决策时，不仅要考虑到服装企业外部的环境力量，而且要考虑到与企业内部其他力量的协调。

二、市场营销渠道

（一）供应商

供应商是向服装企业及其竞争者提供生产经营所需资源的企业或个人，包括提供面辅料、零配件、设备、能源、劳务及其他用品等。供应商对服装企业营销业务有实质性的影响，其所供应的面料、辅料数量和质量将直接影响产品的数量和质量；所提供的资源价格会直接影响产品成本、价格和利润。在物资供应紧张时，供应商更起着决定性的作用，其主要作用表现在以下几个方面。

1．供货的稳定性与及时性

面料、辅料及机器设备等资源的保证是企业营销活动顺利进行的前提。供应量不足或供应短缺，都会影响企业按期完成交货任务。从短期来看，损失了销售额；从长期来看，则损害企业在顾客中的信誉。因此，企业必须和供应商保持密切联系，及时了解和掌握供应商的变化和动态，使货源的供应在数量、时间和连续性上能得到切实的保证。

2．供货的价格变动

毫无疑问，供货的价格直接影响企业的成本。如果供应商提供原材料的价格高，生产企业也将被迫提高其产品价格，由此可能影响到企业的销售量和利润。企业要注意价格变化趋势，特别是对面料和辅料的价格现状及趋势要做到心中有数，这样才能使企业应变自如，不致面对突发情况而措手不及。

3．供货的质量水平

供货的质量包括两个方面。一方面，是供应商所提供的商品本身的质量。如果提供的货物质量不高，或有这样那样的问题，那么企业所生产出来的产品就不可能是高质量的产品。为此，企业必须了解供应商的产品，分析其产品的质量标准，从而来保证自己产品的质量，赢得消费者，赢得市场。另一方面，供货的质量还包括各种售前和售后服务水平。

供应商是对服装企业的生产经营活动产生巨大影响的力量之一。供应商资源供应的稳定性与及时性、资源供应的价格变动以及供应资源的质量水平，直接影响着服装企业产品的价格、销量、利润乃至企业的信誉与生存。服装企业应选择那些能保证质量，交货期准确和低成本的供应商，并且避免对某一家供应商过分依赖，不致受该供应商突然提价或限制供应的控制。因此，服装企业在选择供应商时必须注意以下三个问题：

（1）慎重选择供应商。服装企业应在全面了解供应商的实力、信誉和供应资源的质量后，慎重选择那些综合实力强、企业信誉好、产品质量高、成本低、交货期准的供应商。

（2）区别对待供应商。服装企业应根据不同的供应商在资源供应中的地位和作用予以区别对待，把那些为企业提供必需资源的少数重点供应商视为合作伙伴加以培育，设法帮助他们提高供货质量和供货的及时性，以保证各类资源的有效供应。

（3）选择适当数量的供应商。服装企业应选择适当数量的供应商，拓宽供货渠道，按不同比重分别从他们那里进货，并使他们互相竞争，从而迫使供应商通过提高服务质量和价格折扣来提高自己的供货比重。这样有利于企业节约成本，确保原材料等资源的

供应，避免过分依赖某一家企业而造成不应有的损失。

对于供应商，越来越多的服装企业开始把供应商视为合作伙伴，设法帮助他们提高供货质量和及时性，以便于企业开展营销活动。为保持与供应商的良好合作关系，服装企业必须和供应商保持密切联系，及时了解供应商的变化与动态，使货源供应在时间上和连续性上能得到切实保证；除了保证商品本身的内在质量外，还要有各种售前和售后服务；对主要面辅料的价格水平及变化趋势，要做到心中有数。根据不同供应商所供货物在营销活动中的重要性，服装企业对为数较多的供应商可进行等级归类，以便合理协调，抓住重点。

（二）营销中介

营销中介主要是指协助企业促销、销售和经销其产品给最终购买者的机构，包括中间商、物流公司、营销服务机构和金融机构。

1．中间商

中间商是指把产品从生产商流向消费者的中间环节或渠道，主要包括批发商和零售商两大类。中间商对企业营销具有极其重要的影响，它能帮助服装企业寻找目标顾客，为产品打开销路，为顾客创造地点效用、时间效用和持有效用。一般企业都需要与中间商合作，来完成企业营销目标。为此，服装企业需要选择适合自己营销的合格中间商，必须与中间商建立良好的合作关系，必须了解和分析其经营活动，并采取一些激励性措施来推动其业务活动的开展。

2．物流公司

物流公司的主要职能是协助厂商储存并把货物运送至目的地的仓储公司。实体分配的要素包括包装、运输、仓储、装卸、搬运、库存控制和订单处理。其基本功能是调节生产与消费之间的矛盾，协助企业将服装产品运往销售目的地，完成产品空间位置的移动。到达目的地之后，还有一段待售时间，还要协助保管和储存。这些物流公司是否安全、便利、经济直接影响企业营销效果。因此，在企业营销活动中，必须了解和研究物资分销机构及其业务变化动态。以便适时、适地和适量地把商品供给消费者。

3．营销服务机构

营销服务机构，如广告公司、传播公司等。企业可自设营销服务机构，也可委托外部营销服务机构代理有关业务，并定期评估其绩效，促进提高创造力、质量和服务水平。这些机构对服装企业的营销活动会产生直接的影响，它们的主要任务是协助企业确立市场定位，进行市场推广，提供活动方便。一些大的服装企业或公司往往有自己的广告和市场调研部门，但大多数企业则以合同方式委托这些专业公司来办理有关事务。为此，企业需要关注、分析这些服务机构，选择最能为本企业提供有效服务的机构。

4．金融机构

金融机构是指企业营销活动中进行资金融通的机构，包括银行、信托公司、保险公司等。金融机构的主要功能是为服装企业营销活动提供融资及保险服务。在现代化社会中，任何企业都要通过金融机构开展经营业务往来。金融机构业务活动的变化还会影响企业的营销活动，比如银行贷款利率上升，会使企业成本增加；信贷资金来源受到限制，会使企业经营陷入困境。为此，服装企业应与这些公司保持良好的关系，以保证融资及信贷业务的稳定和渠道的畅通。

供应商和营销中介都是服装企业向消费者提供产品或服务价值过程中不可缺少的支持力量，是价值让渡系统中主要的组成部分。企业不仅仅把它们视为营销渠道成员，更要视为伙伴，追求整个价值让渡系统业绩的最大化。

三、顾客

顾客，即服装企业的目标市场，也是服装企业服务的对象，是企业的“上帝”。顾客可以是个人、家庭，也可以是机构组织和政府部门。他们可能与企业同在一个国家，也可能在其他国家和地区。企业应按照顾客及其购买目的的不同来细分目标市场。根据购买者的购买动机的不同对企业的目标顾客进行分类，如图 3-5 所示。

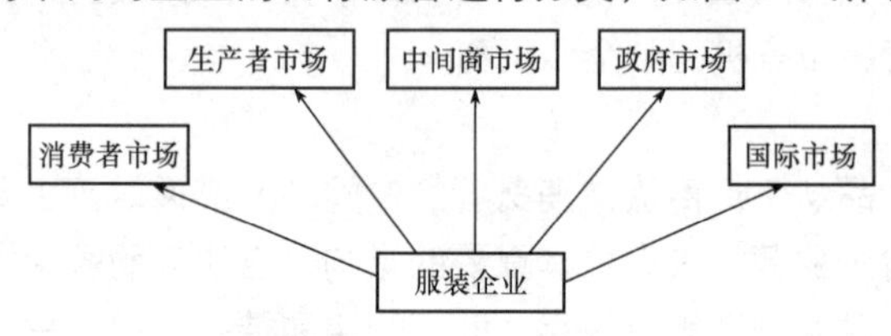

图 3-5　微观环境中的顾客

1．消费者市场

消费者市场是指为了满足个人或家庭消费需求购买产品或服务的个人和家庭。

2．生产者市场

生产者市场是指为了加工制造进而销售产品或服务，由以赚取利润而购买的个人和企业构成。

3．中间商市场

中间商市场是指为了转售购买产品或服务来获取利润而购买的批发商和零售商。

4．政府市场

政府市场是指购买产品或服务，以提供公共服务或把这些产品及服务转让给其他需要的人的各级政府机构。

5．国际市场

国际市场是指国外购买产品或服务的个人及组织，包括外国消费者、生产商、中间商及政府。

上述五种市场，每种又可以细分为若干不同的市场部分。这些顾客不同的、变化着的需求，要求企业以不同的方式提供不同的产品或服务，从而影响服装企业营销决策的制定和实施。

四、竞争者

企业不能独占市场，都会面对形形色色的竞争对手。在竞争性的市场上，除来自本行业的竞争外，还有来自代用品生产者、潜在加入者、原材料供应者、购买者等多种力

量。服装企业要想成功，必须在满足消费者需要和欲望方面比竞争对手做得更好。每个服装企业的产品在市场上都存在数量不等的业内产品竞争者。企业的营销活动时刻处于业内竞争者的干扰和影响的环境之下，服装企业必须加强对竞争者的研究，了解对本企业形成威胁的主要竞争对手及其策略，力量对比如何，知己知彼，扬长避短，采取适当而高明的战略与策略谋取胜利，以不断巩固和扩大市场，才能在顾客心目中强有力的确定其所提供产品的地位，以获取战略优势，如图 3-6 所示。

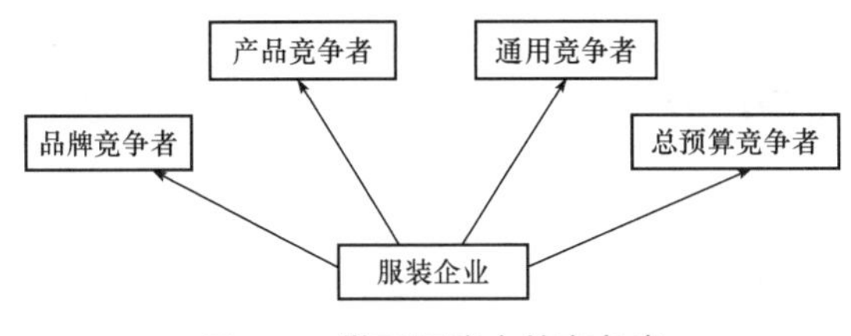

图 3-6　微观环境中的竞争者

五、公众

公众是指对本企业实现营销目标的能力具有实际或潜在利益关系或者影响力的群体及个人。公众对服装企业的态度，会对其营销活动产生巨大的影响，它既可以帮助企业树立良好的形象，也可能妨碍企业的形象。所以服装企业必须处理好与主要公众的关系，争取公众的支持和偏爱，为自己营造和谐、宽松的社会环境。

1．融资公众

融资公众是指影响企业融资能力的金融机构，如银行、投资公司、证券公司、保险公司等。

2．媒介公众

媒介公众主要是指报纸、杂志、广播电台和电视台等大众传播媒体。

3．政府公众

政府公众是指负责管理企业营销业务的有关政府机构。企业的发展战略与营销计划，必须和政府的发展计划、产业政策、法律法规保持一致，注意咨询有关产品安全卫生、广告真实性等法律问题，倡导同业者遵纪守法，向有关部门反映行业的实情，争取立法有利于产业的发展。

4．社团公众

社团公众包括保护消费者权益的组织、环保组织及其他群众团体等。

5．社区公众

社区公众是指企业所在地邻近的居民和社区组织。

6．一般公众

一般公众是指上述各种关系公众之外的社会公众。一般公众虽未有组织地对企业采取行动，但企业形象会影响他们的惠顾。

7．内部公众

企业的员工包括高层管理人员和一般职工，都属于内部公众。企业的营销计划，需要全体职工的充分理解、支持和具体执行。经常向员工通报有关情况，介绍企业发展计划，发动员工出谋献策，关心职工福利，奖励有功人员，增强内部凝聚力。员工的责任感和满意度，必然传播并影响外部公众，从而有利于塑造良好的企业形象。

第四节 服装市场营销环境分析与营销对策

一、营销环境的分析与评价

（一）环境威胁与市场机会的概念

服装市场营销环境是通过对服装企业构成威胁或提供机会而影响营销活动的。

环境威胁，是指环境中不利于企业营销的因素的发展趋势，对企业形成挑战，对企业的市场地位构成威胁。这种挑战可能来自国际经济形势的变化，如 2008 年爆发的全球金融危机，给世界多数国家的经济和贸易带来负面影响。挑战也可能来自社会文化环境的变化，如国内外对环境保护要求的提高，某些国家实施“绿色壁垒”，对某些服装企业生产不完全符合环保要求的服装产品的企业，无疑也是一种严峻的挑战。

市场机会，是指对企业营销活动富有吸引力的领域，在这些领域，企业拥有竞争优势。环境机会对不同企业有不同的影响力，企业在每一特定的市场机会中成功的概率，取决于其业务实力是否与该行业所需要的成功条件相符合，如企业是否具备实现营销目标所必需的资源，企业是否能比竞争者利用同一市场机会获得较大的“差别利益”。

（二）SWOT 分析法

在服装企业战略性营销分析中，流行一种简便易行的 SWOT 分析法。SWOT 分析法是一种能够较客观而准确地分析和研究一个单位现实情况的方法。利用这种方法可以从中找出对自己有利的、值得发扬的因素，以及对自己不利的、如何去避开的东西，发现存在的问题，找出解决办法，并明确以后的发展方向。根据这个分析，可以将问题按轻重缓急分类，明确哪些是目前急需解决的问题，哪些是可以稍微拖后的事情；哪些属于战略目标上的障碍，哪些属于战术上的问题。它很有针对性，有利于领导者和管理者在单位的发展上做出较正确的决策和规划。

“S”是指企业内部的优势（Strengths），“W”是指企业的劣势（Weaknesses），“O”表示来自企业外部的机会（Opportunities），“T”表示企业面临的外部威胁（Threats）。一般来说，分析企业的内外部状况通常是从这四个方面入手的。当前在运用 SWOT 分析法研究企业的战略性营销规划的发展时，就要强调寻找四个方面中与企业战略性营销密切相关的主要因素，而不是把所有关于企业优势、劣势、机会与威胁逐项列出和汇集。

运用 SW0T 分析方法，不仅可以分析本企业的实力与弱点，还可以用来分析主要竞争对手。通过企业与竞争对手在人力、物力、财力以及管理能力等方面的比较，做出企业的实力一弱点的对照表，结合机会一威胁的分析，最后确定服装企业的战略。

（三）威胁与机会的分析、评价

服装企业面对威胁程度不同和市场机会吸引力不同的营销环境，需要通过环境分析来评估环境机会与环境威胁。企业最高管理层可采用“威胁分析矩阵图”和“机会分析矩阵图”来分析、评价营销环境。

1．威胁分析

对环境威胁的分析，一般着眼于两个方面：一是分析威胁的潜在严重性，即影响程度；二是分析威胁出现的可能性，即出现概率，威胁分析矩阵如图 3-7 所示。

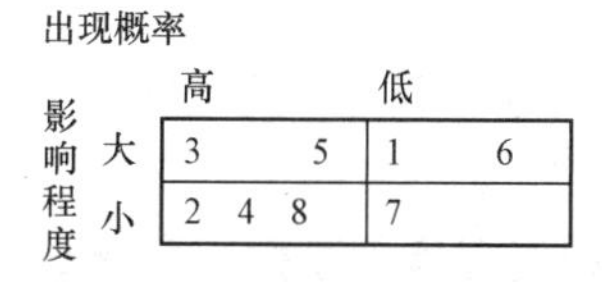

图 3-7　威胁分析矩阵

在图 3-7 中，处于 3、5 位置的威胁出现的概率和影响程度都较大，必须特别重视，要制订应对对策；处于 7 位置的威胁出现的概率和影响程度较小，企业不必过于担心，但应注意其发展变化；处于 1、6 位置的威胁出现概率虽小，但影响程度较大，必须密切注意监视其出现与发展；处于 2、4、8 位置的威胁影响程度较小，但出现的概率较大，也必须充分重视。

2．机会分析

机会分析主要考虑其潜在的吸引力（盈利性）和成功的可能性（企业优势）大小。机会分析矩阵，如图 3-8 所示。

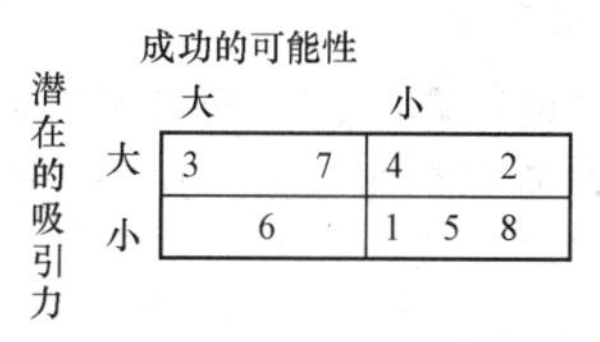

图 3-8　机会分析矩阵

在图 3-8 中，处于 3、7 位置的机会，潜在的吸引力和威胁的可能性都较大，有极大可能为企业带来巨额利润，企业应把握战机，全力发展；而处于 1、5、8 位置的机会，不仅潜在利益小，成功的概率也小，企业应改善自身条件，注视机会的发展变化，审慎而适时地开展营销活动。

通过对市场机会与环境威胁的分析，服装企业可以准确地找到自己面临的市场机会和环境威胁的位置，确定主攻方向。同时，对市场机会和环境威胁进行比较，分析是机会占主导地位还是威胁占主导地位，还可以确定企业的发展前景。如果将市场机会分析矩阵和环境威胁分析矩阵结合起来分析，就可以得出机会和威胁分析矩阵，如图 3-9 所示。

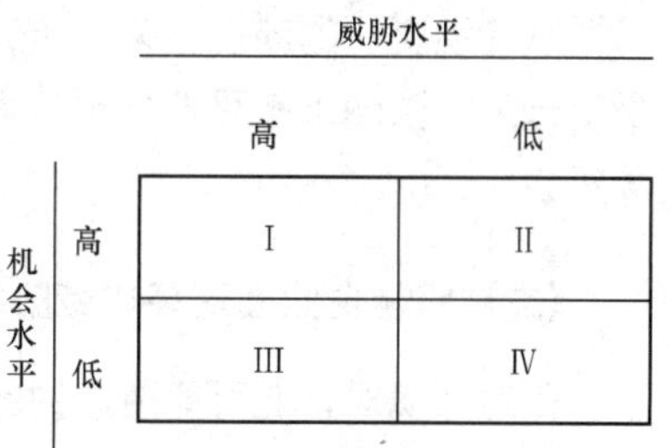

图 3-9　机会和威胁矩阵

在机会和威胁分析矩阵中，纵轴代表机会水平，横轴代表威胁水平，通过机会和威胁分析矩阵，可以归结出以下不同的四种环境状况。

区域Ⅰ：机会水平高，威胁水平也高，处于这种环境的企业称为“面临冒险环境的企业”。

区域Ⅱ：机会水平高，威胁水平低，处于这种环境的企业称为“面临理想环境的企业”。

区域Ⅲ：机会水平低，威胁水平也低，处在这种环境的企业称为“面临成熟环境的企业”。

区域Ⅳ：机会水平低，威胁水平高，处于这种环境的企业称为“面临困难环境的企业”。

企业处于何种环境状态在很大程度上是宏观环境造成的。因此，企业要经常监视和预测宏观环境的变化，并善于分析和识别由于环境发展变化而给企业造成的主要机会和威胁，以便及时采取适当的对策，使企业与环境变化相适应。

二、服装企业营销对策

（一）服装企业面对机会的对策

对市场机会的分析，还必须深入分析机会的性质，以便服装企业寻找对自身发展最有利的市场机会。

1．环境市场机会与企业市场机会

市场机会实质上是“未满足的需求”。伴随着需求的变化和产品生命周期的演变，会不断出现新的市场机会。但对不同企业而言，环境机会并非都是最佳机会，只有理想业务和成熟业务才是最适宜的机会。

2．行业市场机会与边缘市场机会

企业通常都有其特定的经营领域，出现在本企业经营领域内的市场机会，即行业市场机会，出现在不同行业之间的交叉与结合部分的市场机会，则称为边缘市场机会。一般来说，边缘市场机会的业务，进入难度要大于行业市场机会的业务，但行业与行业之间的边缘地带，有时会存在市场空隙，企业在发展中也可用以发挥自身的优势。

3．目前市场机会与未来市场机会

从环境变化的动态性来分析，企业既要注意发现目前环境变化中的市场机会，也要面对未来，预测未来可能出现的大量需求或大多数人的消费倾向，发现和把握未来的市场机会。

（二）服装企业面对环境威胁的对策

面对环境对企业可能造成的威胁，企业常用的方法有以下三种。

1．对抗策略

对抗策略，也称抗争策略，即试图通过自己的努力限制或扭转环境中不利因素的发展。如通过各种方式促使（或阻止）政府通过某种法令或有关权威组织达成某种协议，

努力促使某项政策或协议的形成以用来抵消不利因素的影响。

2．减轻策略

减轻策略，也称削弱策略，即企业力图通过改变自己的某些策略，达到降低环境变化威胁对企业的负面影响程度。

3．转移策略

转移策略，也称转变或回避策略，是指企业通过改变自己受到威胁的主要产品的现有市场或将投资方向转移来避免因环境变化对企业的威胁。它包含以下不同的“转移”：①企业原有销售市场的转移；②企业往往不仅仅限于目标市场的改变，而是常常做自身行业方面的调整；③企业依据营销环境的变化，放弃自己原有的主营产品或服务，将主要力量转移到另一个新的行业中。

拓展案例：优衣库品牌营销分析

教学案例：市场机会主义者的凤凰涅槃——破解暖倍儿在保暖内衣战国时代市场运作之密码

本章小结

1. 服装市场营销环境由能影响服装企业有效地为目标市场服务的能力的外部所有行动者和力量所组成，包括宏观环境和微观环境。服装市场营销宏观环境是指对服装企业营销活动提供机会或造成威胁的外部力量，主要包括人口环境、经济环境、自然环境、科学技术环境、政治与法律环境、社会文化环境。服装企业市场营销的微观环境主要由企业内部参与营销的各部门以及企业的供应商、营销中介、顾客、竞争者和公众组成。服装企业面临的宏观营销环境和微观营销环境会给企业带来各种直接或间接的影响，分析服装市场营销环境是服装企业的一项重要工作。

2. 服装企业处在复杂多变的市场营销环境中，环境变化会给企业带来有利的市场机会和不利的环境威胁。服装企业要能动地适应市场营销环境，对营销环境的监视和预测是营销成败的关键。服装企业要分析市场机会和环境威胁，对市场机会可采用及时利用、适时利用、果断放弃的对策；对环境威胁可采取对抗、减轻、转移的策略。

习 题

一、单项选择题

1. 在企业业务的主要类型中，把面临高机会和高威胁环境情况的业务单位称为（　　）。

A. 理想型业务单位　　B. 风险型业务单位

C. 困难型业务单位　　D. 成熟型业务单位

2. 当企业面临环境威胁时，通过各种方式以限制或扭转不利因素的发展，这就是（　　）策略。

A. 转移　　B. 减轻　　C. 对抗　　D. 竞争

3. 消费者未能得到满足的感受状态称为（　　）。

A. 欲望　　B. 需要　　C. 需求　　D. 愿望

二、判断题

1. 对环境威胁，企业只能采取对抗策略。（　　）

2. 顾客的购买动机是多种多样的。（　　）

3. 市场营销的间接环境是客观的，不可控的因素。（　　）

习题答案

第四章 服装消费行为分析

学习目标

1. 了解消费者市场的基本概念及相关的核心概念；
2. 了解影响消费者购买行为的主要因素；
3. 掌握服装消费者购买决策过程；
4. 能够运用所学知识对服装消费者的购买行为进行分析、评价。

案例导入

淑女日记服装店经营的技巧

现在服装行业竞争激烈，淑女日记能在竞争中获得竞争优势，除了对加盟服装店很多方面要下足功夫，工厂质量管控严格，新款出货速度快，保证优质货源外，最重要的就是为加盟服装店提供丰富的经营技巧和支持。那么，什么样的服装店经营技巧能够让服装店赚钱呢？

服装市场营销的基本特征是强调企业的经营活动必须以顾客需要的满足为导向，然而真正重视对顾客购买行为的全面分析却从 20 世纪 50 年代才真正开始。第二次世界大战以后，美国和西欧的经济向全面的买方市场发展，消费者在市场交换活动中的主动地位越来越明显，主要从经济学的角度研究企业营销活动的早期市场营销理论，已经很难解释当时市场中所出现的许多现象。这时从行为科学角度研究企业营销活动的购买者行为学派开始出现。社会学、心理学的研究方法开始用于市场营销的研究，从而使购买者行为的研究最终成为市场营销理论体系中的一个重要组成部分。购买者行为理论认为，服装企业在其营销活动中必须认真研究目标市场中消费者的购买行为规律及其特征。因为消费者的购买行为不仅受经济因素的影响，还会受到其他多种因素的影响，从而会产生较大的差异。即使具有同种类型需求的消费者，购买行为也会有所不同。所以，只有认真研究和分析了消费者的购买行为特征，才能有效地开展企业的营销活动，真正把握住企业的顾客群体，顺利实现同顾客之间的交换。

第一节　服装消费者购买行为

一、消费者市场

消费者市场也称最终产品市场，是指个人或家庭为生活消费而购买、租赁产品或服务的市场。它是市场营销学研究的主要对象，是所有商品的最终市场。无论是产业市场还是中间商市场，其最终的服务对象都是消费者市场，因此全面动态地了解消费者需求，掌握消费者市场的特征及其发展趋势是服装企业生存与发展的重要前提。

二、服装消费者的需求及其特点

1. 消费者需求概述

消费者需求是指人们为了满足物质和文化生活的需要，而对物质产品和服务的具有货币支付能力的欲望和购买能力的总和。

随着市场经济的迅猛发展，顾客至上已成为许多服装企业的服务理念。消费的需求就是销售者的市场，怎样把握这个市场，就成为各服装企业长期探究的问题。

从新产品创意的产生，创意的筛选，产品概念的形成，市场营销战略的制订，商业情况分析，产品的开发，市场信息试销，到最后产品的正式上市，这一系列环节都不是一个孤立的环节，它都与消费者的需求反映密切相关。也就是说，产品的研发都是离不开消费者需求反映的，离开了消费者需求的产品就不再是商品。

一个企业要使自己生产的产品达到好的销售水平，提高自己产品的市场占有率，扩大销售额，就要对消费者需求进行分析。这个分析首先就必须要了解消费者的需求心理，对于他们购买什么、何时购买、何处购买、由谁购买、为何购买、如何购买这一系列问题进行客观的市场调研分析，准确掌握消费者的需求特性，以利于企业更好地开展活动。

2. 服装消费者需求特点

根据市场综合分析，服装消费者需求存在着以下特征。

（1）服装产品品种需求的差异性。中国消费市场广大，人数众多。不同的民族、不同的地区存在着差异，同一民族、同一地区又因为性别、年龄、职业、知识层面、性格等不同，又存在着不同的消费嗜好，这就要求企业的销售产品要满足多品种、小批量的要求。

（2）服装产品档次需求的层次性。亚伯拉罕·马斯洛需求层次理论，把人们的需求分为生理需求、安全需求、社交需求、尊重需求和自我实现需求这五个层次的需求。由于经济因素的影响，人们的需求行为总是从低级需求向高级需求发展的。只有当低一级的需求得到满足时，人们才开始追求高一级的需求。在不同的层次，对需求的要求也各不相同。这就要求企业开发多品牌、不同档次的服装产品来满足大部分消费者的同时，还要抓住 VIP 消费者。

（3）服装消费者需求存在诱导性。消费者既不等于购买者也不等于使用者。正是由于这三者之间存在过渡，就使得消费者需求存在诱导性。消费者是一个笼统的概念，它集发起者、影响者、决策者、购买者、使用者五个角色于一体。在不同的品牌、品种、不同的销售时间、地点情况下，消费者（即购买者）存在很大的选择性。因为他们不仅仅是像使用者那样注重产品的功效，而更有可能因为产品的包装、价格、销售方式的不同，而发生购买行为的变化，这样就要求服装企业在产品销售时正确地采用产品组合策略、价格策略、渠道策略和促销方式对产品进行销售。

（4）服装消费者需求存在时代性。经济的快速发展和人民生活水平逐步地提高，使时尚成为大多数消费者追求的目标，特别是女性消费者，她们的消费理念就不是仅限于满足基本的物质需要，而是更多地追求享受性消费和智能性消费。这样就要求服装企业在产品开发时要注重创新意识，多开发新奇的产品，而不是复制旧的产品。

（5）服装消费者需求存在季节性。随着四季气候的周期变化，消费者消费需求也存在着周期的变化。当然这不排除部分消费者为了价格上差异，呈现出夏买棉袄、冬买凉鞋的情况，但这毕竟是少部分消费群体。服装本身的季节性和流行性的特点要求服装企业在产品定购上做好计划，通过一些现代的方法制定经济批量，做好仓储管理中的安全库存部分，确保服装企业能有效正常地运行。

另外，消费者的购买需求活动还是一个情绪上的过程。其分为悬念阶段（对新产品产生的不安情绪阶段）和定向阶段（对产品初步印象，进行定向的阶段）、强化阶段（对购买决策的制订阶段）和冲突阶段（对购买决定的行动表现阶段）。在这四个阶段中，销售者想要成功地推出自己的产品就必须抓住消费者的强化阶段。通过各种强化措施，刺激消费，根据消费者在购买动机上表现出的追求实用、追求健康、追求便利、追求廉价、追求新奇、追求美感、追求名望等的不同，掌握其购买特性，并对自己企业的销售方式、销售时间、销售地点、销售内容，进行科学的市场分析，从而达到业绩上的突破。

三、服装消费者的购买动机及其类型

1．服装消费者的购买动机

购买动机是使消费者做出购买某种商品决策的内在驱动力，是引起购买行为的前提，也就是引起行为的缘由。

动机分为两类，一类是生理性的，如肚子饿了会产生对食物的需要，口渴了会产生对水的需要。这些都属于生理需要，企业改变不了，也不是营销研究的对象，而只能去适应它。第二类是心理性动机。顾客想不想买，是可以通过营销努力来改变的，这是我们研究的重点。

2. 常见的服装消费者购买动机

（1）求实购买动机。求实购买动机是指消费者以追求商品或服务的使用价值为主导倾向的购买动机，注重实惠和实用原则，强调服装产品的效用和质量，讲求朴实大方、经久耐穿、使用便利，而不过分关心产品的造型、品牌和包装。

（2）求新、求异购买动机。求新、求异购买动机是指消费者以追求服装商品和服务的时尚、新颖、奇特为主导倾向的购买动机，注重服装产品的时髦和新奇，讲求产品的款式和社会流行样式。尤其在追求个性化的青年人中普遍存在这类动机。

（3）求美购买动机。求美购买动机是指消费者以追求商品欣赏价值和艺术价值为主要倾向的购买动机，注重产品的颜色、造型、款式、包装等外观因素，讲求服装产品的风格和个性化特征的美化、装饰作用及其所带来的美感享受。

（4）求名、求优购买动机。求名、求优购买动机是指消费者以追求名牌、高档商品，借以显示或提高自己的身份、地位而形成的购买动机，注重服装产品的社会声誉和象征意义，讲究产品与其生活水平、社会地位和个性特征的关联性。

（5）求廉、求利购买动机。求廉、求利购买动机是指消费者以追求商品和服务的价格低廉为主导倾向的购买动机，注重物美价廉，尤其注重服装产品的价格变动，而对服装产品的质量、花色、款式、品牌、包装等则不是十分挑剔。

（6）求方便购买动机。求方便购买动机是指消费者以追求商品购买和使用过程中的省时、便利为主导倾向的购买动机，注重购买过程的时间和效率，希望能快速、便捷地买到中意、适合需要的服装。

（7）模仿或从众动机。模仿或从众动机是指消费者在购买商品时自觉不自觉地模仿他人的购买行为而形成的购买动机。该动机通常在相关群体和社会风气的影响下产生，跟随他人购买特定品牌、特定款式的服装，而未顾及自身特点和需要，因此会有一定的盲目性和不成熟性。

需要指出的是，上述购买动机绝不是彼此孤立的，而是相互交错、相互制约的。在有些情况下，一种动机占据支配地位，其他动机起辅助作用；在另外一些情况下，可能是另外的动机起主导作用，或者是几种动机共同起作用。因此，在调查、了解和研究过程中，对消费者购买动机切忌做静态和简单的分析。

四、服装消费者购买行为

1. 服装消费者购买行为的含义

服装消费者购买行为是指消费者为满足其个人或家庭生活需求而发生的购买服装商品的决策过程。

消费者的购买行为是复杂的，其购买行为的产生是受到其内在因素和外在因素的相互促进及交互影响的。企业营销通过对消费者购买行为的研究，来掌握其购买行为的规律，从而制订出有效的市场营销策略，实现企业营销目标。

2. 服装消费者购买行为模式

消费者市场人数众多，购买品种成千上万，消费者因其个性、经历、需求等不同而

呈现出不同的购买行为，分析起来比较困难。对此，营销学家归纳出七个主要问题来描述消费市场。

对消费者购买行为规律的研究首先涉及消费者购买行为的基本模式，它主要要回答以下一些问题。

（1）形成购买群体的是哪些人？ 购买者（Occupants）
（2）他们要购买什么商品？ 购买对象（Objects）
（3）他们为什么要购买这些商品？ 购买目的（Objectives）
（4）哪些人参与了购买决策过程？ 购买组织（Organizations）
（5）他们以什么方式购买？ 购买方式（Operations）
（6）他们在什么时候购买？ 购买时间（Occasions）
（7）他们在哪里购买？ 购买地点（Outlets）

由于上述七种要素英文单词的开头字母都是O，所以有人将其简称为“7O”研究法。营销人员在制订针对消费者市场的营销组合之前，必须先研究消费者购买行为。

研究消费者购买行为的理论中最具有代表性的是“刺激—反应”模式。这是研究购买者行为最基本的方法。因为任何购买者的购买决策都是在一定的内在因素的促动和外在因素的激励之下而进行的。企业的营销活动要想获得成功，关键要看这些活动是怎样对消费者产生影响的，不同的消费者又各自会对其做出怎样的反应，而形成不同反应的原因又到底是什么。我们可从“刺激—反应”模式出发，去建立消费者的购买行为模式，如图4-1所示。

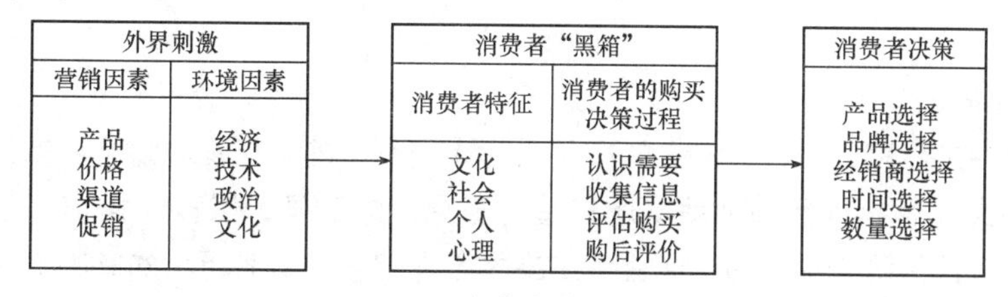

图4-1 消费者购买行为

从这一模式中我们可以看到，具有一定潜在需要的消费者，首先是受到服装企业的营销活动刺激和各种外部环境因素的影响而产生购买取向的；而不同特征的消费者对于外界的各种刺激和影响又会基于其特定的内在因素和决策方式做出不同的反应；从而形成不同的购买取向和购买行为。这就是消费者购买行为的一般规律。

在这一购买行为模式中，“外界刺激”是可以看得到的，购买者最后的决策和选择也是可以看得到的，但是购买者如何根据外部的刺激进行判断和决策的过程却是看不见的。这就是心理学中的所谓“黑箱”效应。购买者行为分析就是要对这一“黑箱”进行分析，设法了解消费者的购买决策过程以及影响这一决策过程的各种因素的影响规律。

第二节 影响消费者购买行为的主要因素

研究影响消费者购买行为因素，对服装企业开展有效的市场营销活动至关重要。影响消费者购买行为的非经济因素主要有外部因素和内部因素。外部因素主要有消费者所处的文化环境，消费者所在的社会阶层，消费者所接触的各种社会团体，以及消费者在这些社会团体中的角色和地位等；内部因素则是指消费者的个人因素和心理因素。个人因素包括消费者的性别、年龄、职业、教育、个性、经历与生活方式等，心理因素包括购买动机、对外界刺激的反应方式、学习方式以及态度与信念等。这些因素不仅在某种程度上决定消费者的决策行为，而且它们对外部环境与营销刺激的影响起到放大或抑制作用，如图 4-2 所示。

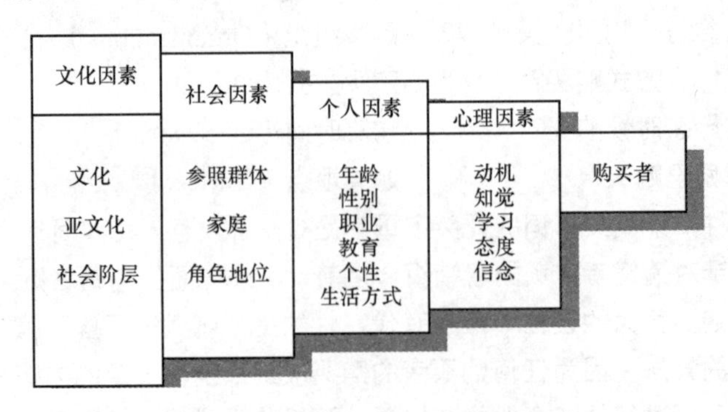

图 4-2　影响消费者购买行为的因素

一、文化因素

1. 文化概述

文化有广义与狭义之分。广义的文化是指人类创造的一切物质财富和精神财富的总和。狭义的文化是指人类精神活动所创造的成果，如哲学、宗教、科学、艺术、道德等。在消费者行为研究中，由于研究者主要关心文化对消费者行为的影响，所以将文化定义为一定社会经过学习获得的、用以指导消费者行为的信念、价值观和习惯的总和。文化具有动态性、群体性、社会性和无形性的特点。

文化通过对个体行为进行规范和界定进而影响家庭等社会组织。文化本身也随着价值观、环境的变化或随着重大事件的发生而变化。价值观是关于理想的最终状态和行为方式的持久信念，它代表着一个社会或群体对理想的最终状态和行为方式的某种共同看法。文化价值观为社会成员提供了关于什么是重要的、什么是正确的，以及人们应追求一个什么最终状态的共同信念。它是人们用于指导其行为、态度和判断的标准，而人们对于特定事物的态度一般也是反映和支持他们的价值观的。

文化价值观可分为有关社会成员间关系的价值观、有关人类环境的价值观以及有关自我的价值观三类。这些价值观对于消费者行为具有重要影响，并最终影响着服装企业营销策略的选择及其成败得失。有关社会成员之间关系的价值观反映的是一个社会关于该社会中个体与群体、个体之间以及群体之间适当关系的看法，其中包括个人与集体、成人与孩子、青年与老年、男人与妇女、竞争与协作等方面。

有关环境的价值观反映的是一个社会关于该社会与自然、经济以及技术等环境之间关系的看法，其中包括自然界、个人成就与出身、风险与安全、乐观与悲观等方面。

有关自我的价值观反映的是社会各成员的理想生活目标及其实现途径，其中包括动与静、物质与非物质主义、工作与休闲、现在与未来、欲望与节制、幽默与严肃等方面。

不同国家、地区或不同群体之间，语言上的差异是比较容易察觉的。但是易于为人们所忽视的往往是那些影响非语言沟通的文化因素，包括时间、空间、礼仪、象征、契约、友谊等。这些因素上的差异往往也是难以察觉、理解和处理的。对一定社会各种文化因素的了解将有助于营销者提高消费者对其产品的接受程度。

2．文化对消费行为的影响

文化对于人们行为的影响有一些突出的特征。

（1）具有明显的区域属性。生活在不同的区域人们的文化特征会有较大的差异，这是由于文化本身也是一定的生产和生活方式的产物。同一区域的人们具有基本相同的生产和生活方式，能进行较为频繁的相互交流，故能形成基本相同的文化特征。而不同区域的人们由于生产与生活方式上的差异，交流的机会也比较少，文化特征的差异就比较大。如西方人由于注重个人创造能力发挥，比较崇尚个人的奋斗精神，注重个人自由权益的保护；而东方人由于注重集体协作力量的作用，比较讲究团队精神，注重团体利益和领导权威性的保护。这种文化意识往往通过正规的教育和社会环境的潜移默化，自幼就在人们的心目中形成。然而，随着区域间人们交流频率的提高和交流范围的扩大，区域间的文化也会相互影响和相互交融，并可能对区域文化逐步地加以改变。

（2）具有很强的传统属性。文化的遗传性是不可忽略的。由于文化影响着教育、道德观念甚至法律等，是对人们的思想和行为发生深层次影响的社会因素，所以一定的文化特征就能够在一定的区域范围内得到长期延续。对某一服装市场的文化背景进行分析时，一定要重视对传统文化特征的分析和研究。此外，必须注意到的是，文化的传统性会引发两种不同的社会效应。一是怀旧复古效应，利用人们对传统文化的依恋，可创造出很多市场机会；二是追新求异效应，即大多数年轻人所追求的“代沟”效应。这将提醒我们在研究文化特征时必须注意多元文化的影响，同时又可利用这一效应创造出新的市场机会。

（3）具有间接的影响作用。文化对人们的影响在大多数情况下是间接的，即所谓的“潜移默化”。其往往首先影响人们的生活和工作环境，进而再影响人们的行为。一些企业注意到，通过改变人们的生活环境来影响人们的消费习惯的做法，往往十分见效。

3．亚文化

亚文化是一个不同于文化类型的概念。所谓亚文化，是指某一文化群体所属次级群体的成员共有的独特信念、价值观和生活习惯。每一亚文化都会坚持其所在的更大社会群体中大多数成员主要的文化信念、价值观和行为模式。同时，每一文化都包含着能为其成员提供更为具体的认同感和社会化的较小的亚文化。目前，国内、国外营销学者普遍接受的是按民族、宗教、种族、地理划分亚文化的分类方法。

（1）民族亚文化。几乎每个国家都是由不同民族所构成的。不同的民族，都各有其独特的风俗习惯和文化传统。

（2）宗教亚文化。不同的宗教群体，具有不同的文化倾向、习俗和禁忌。如我国有佛教、道教等，这些宗教的信仰者都有各自的信仰、生活方式和消费习惯。宗教能影响人们行为，也能影响人们的价值观。

（3）种族亚文化。白种人、黄种人、黑种人都各有其独特的文化传统、文化风格和态度。他们即使生活在同一国家甚至同一城市，也会有自己特殊的需求、爱好和购买习惯。

（4）地理亚文化。地理环境上的差异也会导致人们在消费习俗和消费特点上的不同。长期形成的地域习惯，一般比较稳定。自然地理环境不仅决定着一个地区的产业和贸易发展格局，而且间接影响着一个地区消费者的生活方式、生活水平、购买力的大小和消费结构，从而在不同的地域可能形成不同的商业文化。

不同的亚文化会形成不同的消费亚文化。消费亚文化是一个独特的社会群体，这个群体以产品、品牌或消费方式为基础，形成独特的模式。这些亚文化具有一些共有的内容，比如一种确定的社会等级结构；一套共有的信仰或价值观；独特的用语、仪式和有象征意义的表达方式等。消费亚文化对营销者比较重要，因为有时一种产品就是构成亚文化的基础，是亚文化成员身份的象征，如高级轿车。同时符合某种亚文化的产品会受到其他社会成员的喜爱。

4．社会阶层

社会阶层是由具有相同或类似社会地位的社会成员组成的相对持久的群体。每一个群体都会在社会中占据一定的位置，使社会成员分成高低有序的层次或阶层。社会阶层是一种普遍存在的社会现象，导致社会阶层的终极原因是社会分工和财产的个人所有。通过对消费者行为来分析社会阶层，可以了解不同阶层的消费者在购买、消费、沟通、个人偏好等方面具有哪些独特性，哪些行为是各社会阶层成员所共有的。

吉尔伯特和卡尔将决定社会阶层的因素分为经济变量、社会互动变量和政治变量三类。经济变量包括职业、收入和教育；社会互动变量包括个人声望、社会联系和社会化；政治变量则包括权力、阶层意识和流动性。

不同社会阶层消费者的行为在很多方面存在差异，比如支出模式上的差异；休闲活动上的差异；信息接收和处理上的差异；购物方式上的差异等。对于某些产品，社会阶层提供了一种合适的细分依据或细分基础，依据社会阶层可以制订相应的市场营销战略。具体步骤如下：首先，决定企业的产品及其消费过程在哪些方面受社会阶层的影响，然后将相关的阶层变量与产品消费联系起来。为此，除了运用相关变量对社会阶层分层以外，还要搜集消费者在产品使用、购买动机、产品的社会含义等方面的数据。其次，确定应以哪一社会阶层的消费者为目标市场。这既要考虑不同社会阶层作为市场的吸引力，也要考虑服装企业自身的优势和特点。再次，根据目标消费者的需要与特点，为产品定位。最后是制订市场营销组合策略，以达到定位目的。

需要注意的是，不同社会阶层的消费者由于在职业、收入、教育等方面存在明显差异，因此即使购买同一产品，其趣味、偏好和动机也会不同。比如同样是买牛仔裤，劳动阶层的消费者可能看中的是它的耐用性和经济性，而上层社会的消费者可能注重的是它流行程度和自我表现力。事实上，对于市场上的现有产品和品牌，消费者会自觉或不自觉地将它们归入适合或不适合哪一阶层的人消费。例如，在中国服装市场，消费者认为香奈儿、迪奥、古驰等世界服装名牌更适合上层社会消费，而罗蒙、太平鸟等品牌则更适合中下层社会的人消费。这些都表明了服装产品定位的重要性。

另外，处于某一社会阶层的消费者会试图模仿或追求更高层次的生活方式。因此，以中层消费者为目标市场的品牌，根据中上层生活方式定位可能更为合适。

二、社会因素

1．参照群体

参照群体是与消费者密切相关的社会群体，它与隶属群体相对应。参照群体又可分为直接参照群体和间接参照群体，见表4-1。

表4-1 参照群体分类

直接参照群体	间接参照群体
首要群体	向往群体
次要群体	厌恶群体

相关群体可分为三类：一是对个人影响最大的群体，如家庭、亲朋好友、邻居和同事等；二是影响较次一级的群体，如个人所参加的各种社会团体；三是个人并不直接参加，但影响也很显著的群体，如社会名流、影视演员、球星等，这些被称为崇拜性群体。这种崇拜性群体的一举一动常会成为人们模仿的样板，因此很多服装企业花高价请这些名人穿、用它们的产品，这可收到显著的示范效应。但是，相关群体对消费者的影响，因购买的商品不同也有所不同，对价值小和使用时不易被他人觉察的服装商品影响较小，而对价值大和使用时易为他人觉察的商品影响较大。

参照群体对其成员的影响程度取决于多方面的因素，主要有：①产品使用时的可见性，②产品的必需程度，③产品与群体的相关性，④产品的生命周期，⑤个体对群体的忠诚程度，⑥个体在购买中的自信程度。

参照群体概念在服装营销中的运用，表现为以下四种。

（1）名人效应。对很多人来说，名人代表了一种理想化的生活模式。正因为如此，服装企业花巨额费用聘请名人来促销其产品。研究发现，用名人做支持的广告较不用名人的广告评价更正面和积极，这一点在青少年群体上体现得更为明显。运用名人效应的方式多种多样，如可以用名人作为产品或公司代言人；也可以用名人做证词广告，即在广告中引述广告产品或服务的优点和长处，或介绍其使用该产品或服务的体验；还可以采用将名人的名字使用于产品或包装上等做法。

（2）专家效应。专家是指在某一专业领域受过专门训练，具有专门知识、经验和特长的人。医生、律师、营养学家等均是各自领域的专家。专家所具有的丰富知识和经验，使其在介绍、推荐产品与服务时较一般人更具权威性，从而产生专家所特有的公信力和影响力。当然，在运用专家效应时，一方面应注意法律的限制；另一方面，应避免公众对专家的公正性、客观性产生怀疑。

（3）普通人效应。运用满意顾客的说辞来宣传企业的产品，是广告中常用的方法之一。由于出现在荧屏上或画面上的代言人是与潜在顾客一样的普通消费者，使受众感到亲近，从而广告诉求更容易引起共鸣。例如，一些服装公司在电视广告中展示普通消费者或普通家庭如何使用广告中的产品，如何从产品的消费中获得美感等。

（4）经理型代言人。自 20 世纪 70 年代以来，越来越多的企业在广告中用公司总裁或总经理做代言人。

2．家庭

家庭是社会最基本的组织细胞，也是最典型的消费单位，研究影响购买行为的社会因素不能不研究家庭。家庭对购买行为的影响主要取决于家庭的规模、家庭的性质（家庭的生命周期）以及家庭的购买决策方式等。

不同规模的家庭有着不同的消费特征与购买方式。家庭也有其发展的生命周期，处于发展周期不同阶段的家庭，由于家庭性质的差异，其消费与购买行为也有很大的不同。

一般来说，家庭的生命周期可划分为八个主要阶段，如图 4-3 所示。

图 4-3　家庭的生命周期

（1）单身阶段。已参加工作，独立生活，处于恋爱、择偶时期。处于这一阶段的年轻人几乎没有经济负担，大量的收入主要花费在食品、书籍、时装、社交和娱乐上。

（2）备婚阶段。已确定未婚夫妻关系并积极筹备婚事，处于这一阶段的人们为构筑一个幸福的小家庭，购置成套家具、耐用消费品、高级时装和各种结婚用品，装修新房等成了他们除了工作以外的基本生活内容，从而使此阶段成为家庭生命周期中一个消费相对集中的阶段。

（3）新婚阶段。已经结婚，但孩子尚未出生。这一阶段家庭将继续添置一些应购未购的生活用品，如果经济条件允许，娱乐方面的花费可能增多。

（4）育婴阶段（满巢 1）。有 6 岁以下孩子的家庭。按照传统观念，有孩子的家庭才是完整的家庭，故称“满巢”。孩子诞生后将成为家庭消费的重点。因此，此阶段家庭会在哺育婴儿的相关消费上做比较大的投资。

（5）育儿阶段（满巢 2）。有 6 至 18 岁孩子的家庭。孩子在逐步长大成人，家庭的主要消费仍在孩子身上。所不同的是，此阶段孩子的教育费用将成为家庭消费的重要组成部分。除学费之外，各种课外学习与娱乐的开支也会大大增加。

（6）未分阶段（满巢 3）。有 18 岁以上尚未独立生活的子女的家庭。此时子女已经长大成人，但仍同父母住在一起。此阶段家庭消费的主要特点是家庭的消费中心发生了分化。父母不再将全部消费放在子女身上，也开始注重本身的消费；而子女随着年龄的增长，在消费方面的自主权开始增加；有些子女参加了工作，有了一定的经济来源，消费的独立性会显得更为明显。

（7）空巢阶段。孩子相继成家，独立生活。这一时期的老年夫妇家庭，由于经济负担减轻，他们的消费数量将减少，消费质量将提高。保健、旅游将成为消费的重点，社交活动也会有所增加。另外，在中国，一些老人经常会毫不吝惜地将钱花在第三代身上。

（8）鳏寡阶段。夫妻一方先去世，家庭重新回到单人世界，此时最需要的消费是医疗保健、生活服务和老年社交活动。

不同阶段的家庭有不同的需求特点，营销者只有明确自己的目标市场处于家庭生命周期的什么阶段，并据以发展适销的产品和拟定适当的营销计划，才能取得成功。

三、个人因素

除了文化和社会的差异之外，消费者的个人因素在其购买决策中也发挥着重要的作用。我们可以看到，在相同的社会和文化背景下，消费者的购买行为也存在着相当大的差异。生活在同一个家庭中的姐妹，有的喜欢在家看书，有的喜欢外出旅游；在同一单位工作的同事，有的花钱大方，有的十分节俭。这说明除了文化与社会的因素之外，消费者的个人因素对于其购买行为起着更为明显的作用。个人因素中包含年龄与性别、职业与教育、生活方式、人格特征等。

1．年龄与性别

年龄与性别是消费者最为基本的个人因素，具有较大的共性特征。了解不同年龄层次和不同性别消费者的购买特征，才能对不同的商品和顾客制定准确的营销方案。

例如，追求时髦的大都是年轻人，因为年轻人热情奔放，喜欢接收新事物；老年人一般比较稳健，不会轻易冲动，但相对也比较保守。男性与女性在购买内容和购买方式上的差异特别明显。购买商品时，大多数男士不挑不选，试了就买；而大多数女士则要反复挑选试穿，甚至还要讨价还价。

2．职业与教育

由于所从事的职业不同，人们的价值观念、消费习惯和行为方式存在着较大的差异。职业的差别使人们在衣、食、住、行等方面有着显著的不同。譬如，通常不同职业的消费者在衣着的款式、档次上会做出不同的选择，以符合自己的职业特点和社会身份。

例如，一个大学生，在学校期间喜欢穿运动衫，穿旅游鞋，背着登山背包，骑一辆山地跑车，显得青春焕发，朝气蓬勃；而毕业以后，进入大公司当了白领，立刻就西装革履，夹起了公文包，坐上了出租车，从衣着打扮到言谈举止都发生了很大的变化。这就是因为运动衫、登山包是大学生的身份象征，而西装革履和公文包则是公司白领的角色标志。这些在消费者的购买行为中会有强烈的表现。

受教育的程度越来越成为影响家庭收入高低的重要因素。受教育的程度部分地决定了人们的收入和职业，进而影响着人们的购买行为。同时它也影响着人们的思维方式、决策方式以及与他人交往的方式，从而极大地影响着人们的消费品位和消费偏好。

3．生活方式

生活方式是个体在成长过程中，在与社会因素相互作用下表现出来的活动、兴趣和态度模式。生活方式包括个人和家庭两个方面，两者相互影响。

生活方式与个性既有联系又有区别。一方面，生活方式很大程度上受个性的影响。一个具有保守、拘谨性格的消费者，其生活方式不大可能太多地包容诸如攀岩、跳伞、蹦极之类的活动。另一方面，生活方式关心的是人们如何生活、如何花费、如何消磨时间等外在行为，而个性则侧重从内部来描述个体，它更多地反映个体思维、情感和知觉特征。可以说，两者从不同的层面来刻画个体。区分个性和生活方式在营销上具有重要的意义。一些研究人员认为，在市场细分过程中过早以个性区分市场，会使目标市场过于狭窄。因此，他们建议，营销者应先根据生活方式细分市场，然后再分析每一细分市场内消费者在个性上的差异。如此，可使营销者识别出具有相似生活方式的大量消费者。

研究消费者生活方式通常有两种途径。一种途径是直接研究人们的生活方式，另一种途径是通过具体的消费活动进行研究。

4．人格特征

不同的消费者，由于个性的不同，他们的消费倾向和购买习惯也不同。就人的个性来说，分为外向与内向、细腻与粗犷、稳重与急躁、乐观与悲观、领导型与追随型、独立型与依赖型等。生活方式是指一个人在生活方面表现出来的活动、兴趣、看法的模式。具有不同的个性和不同生活方式的人对产品有不同的要求，企业在设计、生产、销售产品时，一定要充分考虑消费者个性及生活方式的差异性，以使产品更具有竞争力，见表4-2。

表4-2　个性与生活方式的关系

个性特征	欲望特征	生活方式
活跃好动	改变现状 获得信息 积极创造	不断追求新的生活方式 渴望了解更多的知识和信息 总想做些事情来充实自己
喜欢分享	和睦相处 有归属感 广泛社交	愿与亲朋好友共度好时光 想同其他人一样生活 不放弃任何与他人交往的机会
追求自由	自我中心 追求个性 甘于寂寞	按自己的意愿生活而不顾及他人 努力与他人有所区别 拥有自己的世界而不愿他人涉足
稳健保守	休闲消遣 注意安全 重视健康	喜欢轻松自在，不求刺激 重视既得利益的保护 注重健康投资

四、心理因素

心理是人的大脑对于外界刺激的反应方式与反应过程。正如我们一开始就指出的，消费者的购买行为模式在很大程度上就是建立在其对外界刺激的心理反应基础之上的。但我们可以发现，人们之间的心理状况是不相同的。这是因为除了天生就有的无条件反射之外，人的绝大多数心理特征都是在其生活经历中逐步形成的。而由于人们生活经历

的千差万别，所以人们的心理状况也就千变万化、各不相同了。这是使消费者购买行为变得十分复杂的重要原因。影响购买行为的心理因素主要包括动机、认知、学习、态度和信念等方面。

1. 动机

动机是一种无法直观的内在力量，它是人们因为某种需求产生的具有明确目标指向和即时实现愿望的欲求。动机是购买行为的原动力，需求是产生动机的基本原因，但需求并不等于动机，动机有其固有的表现形态。

马斯洛著名的“需求层次理论”说明了需求和动机在不同的环境条件下侧重点是不同的。从基本的生理需求出发，人们首先会产生寻求食物充饥和获得衣物御寒等最基本的动机；而当饥寒问题解决了以后，安全又会成为人们所关心的问题，人们不再不顾一切地去寻求食物等基本生活资料，即使甘冒风险，也绝不是出于生理的需求，而可能是为了更高层次需求的满足（如为了爱情或事业）；生活有了充分保障的人们又会把社交作为重要的追求，以满足其社会归属感；而有了一定社交圈的人又十分重视他人对其的尊重，重视在社会上的身份和地位；追求自我价值的实现是最高层次的需求和动机，人们会在各种需求已基本满足的前提下，努力按自己的意愿去做一些能体现自我价值的事情，并从中寻求一种满足感。马斯洛认为，低层次需求尚未得到满足的人一般不会产生高层次的动机，然而，这一结论似乎有些机械。事实上，人世间为理想而甘冒风险，为朋友而忍饥挨饿的例子并不在少数。但是，马斯洛的理论对于企业分析和研究市场却不失为重要的理论依据。例如，当我们分析顾客购买某种商品的动机时就应当弄清楚，他是为了满足自己的某种需求，还是为了送给朋友，以满足社交的需求。因为对于不同的需要，营销的策略和方法是很不一样的。

弗雷德里克·赫茨伯格的“双因素理论”对于需求动机的研究同样是很重要的。“双因素理论”认为，人们“不满意”的对立面不是“满意”，而是“没有不满意”；同样，“满意”的对立面也不是“不满意”，而是“没有满意”。即“没有不满意”只是人们对所获得的商品和服务的基本要求，但并非其购买的原因和动机，如人们选择到某地旅游是由于该地的宜人景色令人满意，而服务是否周到并非人们选择旅游点的主要原因。人们不会由于在服务上没有不满意而到一个不能满足其旅游欲望的地方去旅游。

从商业的角度思考，人们的购买动机又可分为本能动机和心理动机。

（1）本能动机。本能动机又是原始动机，它直接产生于本能需要，如“饥思食，渴思饮，困思眠，孤单思伴侣”等。本能动机是基本的，也是低层次的。

（2）心理动机。心理动机是人们通过复杂的心理过程形成的动机。心理动机又可分成以下三类。

①情感类心理动机。人们有高兴、愉快、好胜、好奇等情感和情绪，表现在购买动机上常有以下特征。

求新：注重新颖，追求时尚。

求美：注重造型，讲究格调，追求商品的艺术欣赏价值。

求奇：追求出奇制胜，与众不同。

②理智类心理动机。经过客观分析形成的心理动机，称为理智型动机。这种理智型购买动机在购买行为上表现为以下几个特点。

求实：注重质量，讲究效用。

求廉：注重商品的价格。

求安全：希望商品使用顺利，有可靠的服务保障。

③惠顾类动机。消费者基于经验和情感，对特定的商品、品牌、商店产生特殊的信任和偏爱，从而引起重复购买的动机，便称为惠顾类动机。

2．认知

认知是人们的一种基本心理现象，是人们对外界刺激产生反应的首要过程。人们不会去注意其没有认知的事物，不可能去购买没有认知的商品。只有觉察和注意到某一商品存在，并与自身需要相联系，购买决策才有可能产生。

认知是一种人的内外因素共同作用的过程，取决于两个方面：一是外界的刺激，没有刺激，认知就没有对象；二是人们的反应，没有反应，刺激就不能发挥作用。然而在实际生活中真正能使两者完全结合的并不多，原因是人们认知能力的局限，对外界刺激的接受只能是有选择的。具体而言，反映在三个方面，即选择性注意、选择性理解和选择性记忆。

（1）选择性注意。人们对外界的刺激源不会全都注意，有许多可能是视而不见，听而不闻。引发人们注意的因素主要有两个：一是人们的需要和兴趣，这是引发注意的内在因素；另一个是刺激的力度，这是引发注意的外在因素。如表 4-3 所示反映了外在刺激物的特征与认知的关系，说明除了了解消费者的需要和兴趣，有的放矢地进行刺激之外，调整刺激的方式和力度也是很重要的。

表 4-3　刺激物的特征与认知的关系

刺激物的特征	容易引起认知	不易引起认知
规模	大	小
位置	显著	偏僻
色彩	鲜艳	暗淡
动静	运动	静止
反差（对比）	明显	模糊
强度	强烈	微弱

（2）选择性理解。人们对所接受的刺激和信息的理解会有一定的差异，这是由于人们在接受外在刺激和信息前，已经形成了自己的意识和观念。他会以自己已有的意识和观念去理解外来的刺激和信息，从而产生不同的认识。如对于“红豆”这样一种标志物，大多数中国人可能都会联想到“相思”这样一种情感，因为他们熟知“红豆生南国，春来发几枝。愿君多采撷，此物最相思”的诗句。但对于大多数外国人来讲，“红豆”可能最多只意味着是一种好看的植物，而不可能产生爱情之类的联想。

（3）选择性记忆。记忆在商业活动中是很重要的，消费者能否对企业的广告和品牌记忆深刻，关系到企业的产品销路和市场竞争力。而人们在记忆方面同样是有选择的。

强化记忆的因素有三个方面，除了人们的兴趣、刺激的强度这两个引发注意的因素外，“记忆坐标”的因素是很重要的。所谓“记忆坐标”是指当人们接受某一信息同时接受的另一信息，它可成为人们记住某一信息的“坐标”。如利用某种谐音可使人们记住难记的电话号码；利用某种有特征的环境因素能让人们记住在此环境下发生的事情。积极创立各种记忆坐标是促使消费者记住企业和产品特征的重要方法。

从消费者行为角度来看，唤起认知的主要方法是销售刺激。销售刺激分为两种。第一种是商品刺激。刺激源是商品本身，它包括商品的功能、用途、款式、包装等。第二种是信息刺激。即除商品外各种引发消费者注意和产生兴趣的信息，包括通过广告、宣传、服务及购物环境等表现出来的语言、文字、画面、音乐和形象设计等。

3．学习

消费者的大多数行为都是学习得来的，通过学习，消费者获得了商品知识和购买经验，并用于未来的购买行为。消费者的学习方式大致有四种类型。

（1）行为学习。人们在日常生活中，不断学到许多有用的行为，如工作、读书、与人交往等。作为一个消费者，他要不断学习各种消费行为。行为学习的方式就是模仿。通过模仿，人们学会吃饭、喝咖啡、听音乐、看电视、唱卡拉 OK、跳舞等。模仿的对象是众多的。孩子模仿父母，学生模仿老师，观众模仿影视人物，还有人们之间的相互模仿等。

（2）符号学习。借助外界的宣传教育，人们了解了各种符号（如语言、文字、造型、色彩、音乐）的含义，从而通过广告、商标、装潢、标语、招牌与生产商和制造商进行沟通。

（3）解决问题方式的学习。人们通过思考和见解的不断深化来完成对解决问题方式的学习。思考就是对各种消费行为和各种体现现实世界的符号进行分析，从而形成各种意义的结合。思考的结果便是见解，见解是对问题中各种关系的理解。消费者经常思考如何满足自身的需要，思考的结果常被用于指导消费者行为。

（4）情感的学习。消费者的购买行为带有明显的情感色彩，如偏爱某个公司、某家商店、某种商品或劳务、某种品牌等。这些都源于消费者的感受。这种感受包括消费者自身的实践体会和外界的鼓励、支持、劝阻、制裁等因素。消费者这种感受的积累和定型便是情感学习的过程。

消费者的学习模型由内驱力、提示（线索）、反应、强化四个部分组成，如图 4-4 所示。其中，内驱力是指人们的心理紧张状态。内驱力分为原始驱力和衍生驱力。原始驱力是由生理需求造成的，如饥饿、口渴。衍生驱力是后天学来的，如寻找面包因为能够充饥，购买饮料因为能够解渴。提示又成为线索，是引导人们寻求满足方式的一种启示，例如人们饥饿的时候常会被饭店的招牌、食物的香味所吸引。

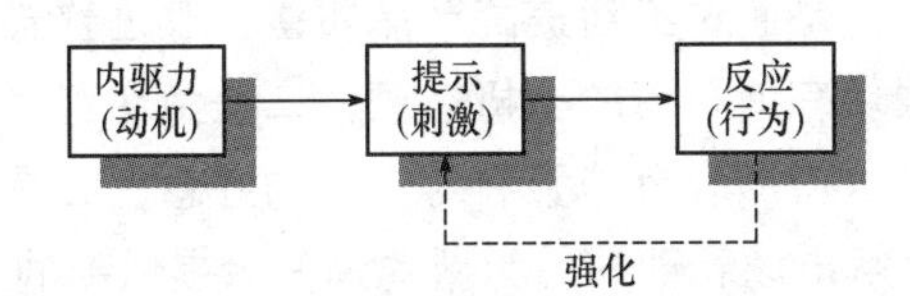

图 4-4　消费者的学习模型（刺激反应模式）

另外，企业还应充分重视形成质量认知的外在因素。这些因素有价格、商标知名度、出售场所等，企业应了解这些因素对消费者的相对重要程度，以及不同消费者在这些评价因素上存在的差异，并据此采取措施。比如，高品质的产品应有相应的价格、包装与之相符合，分销渠道的选择上应避免过于大众化，短期促销活动也应格外慎重。

因为以往学习的知识和经验告诉人们哪里是解决饥饿的去处，而且一些著名饭店的招牌或广告更能给人们以美味佳肴的提示。反应就是对提示采取的行动，反应有不同的层次，如婴儿饥饿反应是啼哭或做吸奶的动作，成年人饥饿会买各种喜欢的食品。强化就是使某种反应强化并稳定下来。强化的结果是对某种行为加以肯定，并能不断重复这一行为，如人们对某一品牌的商品产生“品牌忠实度”，就是刺激不断强化的结果。

4. 态度和信念

消费者的态度是消费者对有关事物的概括性评估，是以持续的赞成或不赞成的方法表现出来的对客观事物的倾向。态度带有浓厚的情感色彩，它往往是思考和判断的结果。信念是在态度得到不断强化的基础上所产生的对客观事物的稳定认识和倾向性评价。在信念指导下的行为往往不再进行认真的思考，而成为一种惯性。

态度具有以下三个明显特征。

（1）态度具有方向和程度。态度具有正反两种方向，正向即消费者对某一客体感到喜欢，表示赞成；反向即消费者对某一客体感到不喜欢，表示不赞成。所谓程度就是指消费者对某一客体表示赞成或不赞成的程度。

（2）态度具有一定的结构。消费者的态度是一个系统，其核心是个人的价值观念。各种具体的态度分布在价值观念这一中心周围，它们相对独立，但不是孤立存在，而是具有一定程度的一致性，都受价值观念的影响；它们处于不同的位置，离中心较近的态度具有较高的向心性，离中心较远的态度则具有较低的向心性。形成时间较长的态度比较稳定，新形成的态度则比较容易改变。

（3）态度是学来的。态度是经验的升华，是学习的结果，包括自身的学习和向他人的学习。消费者自身的经历和体会，如得到过的好处和教训都会建立和改变人们的态度；家人、朋友以及推销人员所提供意见和看法也是一种间接的经验，同样会对人们的态度产生正面或反面的影响。

相对态度而言，信念更为稳定。使消费者建立对自身产品的积极信念，应当是企业营销活动的主要目标，而消费者如果对竞争者的产品建立了信念，则会对企业构成很大威胁。从某种程度上讲，建立和改变消费者的信念就是对市场的直接争夺。

服装企业可采用两种策略来建立或改变消费者的态度和信念。

（1）适应策略。适应策略是通过适应消费者的需要来建立消费者的态度和信念，这种策略具体有四种做法：一是通过不断提高产品质量，改进款式，完善售后服务，不间断地做广告，以不断增强现有消费者的积极态度；二是为现有消费者提供新产品、新牌子，以满足他们的要求，以增加现有消费者对企业的好感；三是强调现有产品的特点，吸引新顾客；四是及时了解市场新动向，为新的消费者提供新的产品。

（2）改变策略。改变消费者的态度和信念，远比适应消费者的态度和信念困难得多，这种策略的做法主要有：突出强调企业产品的优点；尽量冲淡产品较弱属性的影

响，例如可以告诉消费者产品的某一些不足并不像他想象得那么严重，而且无伤大局；采取一些必要的补偿措施，如降低价格，实行“三包”等使消费者心理得到平衡。

出于趋利避害的考虑，消费者更倾向于接纳那些与其态度相一致的信息。当消费者对某种产品有好感时，与此相关的信息更容易被注意，反之则会出现相反的结果。因此，态度是进行市场细分和制订新产品开发策略的基础。

第三节　服装消费者购买决策过程

一、服装消费者购买决策过程的参与者

购买决策在许多情况下并不是由一个人单独做出的，而是有其他成员的参与，是一种群体决策的过程。消费者在选择和决定购买某种个人消费品时，常常会同他人商量或者听取他人的意见。

认识购买决策的群体参与性，对于服装企业营销活动有十分重要的意义。一方面，服装企业可根据各种不同角色在购买决策过程中的作用，有的放矢地按一定的程序分别进行营销宣传活动；另一方面，也必须注意到有些商品在购买决策中的角色错位，如男士的内衣、剃须刀等生活用品有时会由妻子决策和采购等，这样才能找到准确的营销对象，提高营销活动的效果。

一般来说，参与购买决策的成员大体可形成以下五种主要角色。

（1）发起者。即购买行为的建议人，首先提出要购买某种服装产品。

（2）影响者。对发起者的建议表示支持或者反对的人，这些人不能对购买行为的本身进行最终决策，但是他们的意见会对购买决策者产生影响。

（3）决策者。对是否购买，怎样购买有权进行最终决策的人。

（4）购买者。执行具体购买任务的人。其会对产品的价格、质量、购买地点进行比较选择，并同卖主进行谈判。

（5）使用者。服装产品的实际使用人。其决定了对其产品的满意程度，会影响购买后的行为和再次购买的决策。

这五种角色相辅相成，共同促成了购买行为，是服装企业营销的主要对象。必须指出的是，五种角色的存在并不意味着每一种购买决策都必须要五人以上才能做出，在实际购买行为中有些角色可在一个人身上兼而有之，如使用者可能也是发起者，决策者可能也是购买者。而且在非重要的购买决策活动中，决策参与的角色也会少一些。

二、服装消费者购买行为的类型

服装消费者的购买行为除了受动机的支配外，在具体购买活动中还受到诸如个人性格、修养、气质、情绪等个性的影响。因此，服装消费者的购买行为可划分为不同的类型。

服装消费者购买行为可按参与者介入程度和品牌间的差异程度划分为以下几种类型。

1．习惯性购买行为

习惯性购买行为是消费者对价格低廉、经常购买、品牌差异小的产品花最少的时间，就近购买的一种购买行为。它是最简单的购买行为，如购买便利品的行为。

针对习惯性购买行为服装企业应采取的营销策略有：

（1）产品改良，突出品牌效应。即增加产品新的用途与功能，保质保量，创立名牌。

（2）利用价格与销售促进吸引消费者试用。

（3）在居民区和人口流动性大的地区广设销售网点，使消费者随时随地购买。

（4）加大促销力度。利用销售促进吸引新顾客，回报老顾客；在广告宣传上力争简洁明快，突出视觉符号与视觉形象。

2．多样性购买行为

多样性购买行为是指消费者对产品品牌差异大，功效近似的产品，不愿多花时间进行选择，而是随意购买的一种购买行为。

针对多样性购买行为，服装企业应采取的营销策略有以下几点。

（1）采取多品牌策略，突出各种品牌的优势。多品牌策略是指企业在相同产品类别中同时为一种产品设计两种或两种以上互相竞争的品牌策略。此策略为宝洁公司首创，今天宝洁公司的洗发用品品牌众多，如飘柔、海飞丝、潘婷等。飘柔突出优势是柔顺头发，海飞丝突出优势是去头屑，潘婷是护理、营养头发。宝洁公司凭借强大的企业实力，多方位的广告宣传，使其品牌深入消费者心中，创造了骄人的业绩。

（2）价格拉开档次。

（3）占据有利的货架位置，扩大本企业产品的货架面积，保证供应。

（4）加大广告投入，树立品牌形象，使消费者形成习惯性购买行为。

3．协调性购买行为

协调性购买行为是指消费者对品牌差异小，不经常购买的单价高、购买风险大的产品，需要花费大量时间和精力去选购，购买后又容易出现不满意等失衡心理状态，需要商家及时化解的购买行为，如购买家用电器、旅游度假等。消费者购买此类产品往往是“货比三家”，谨防上当受骗。

针对协调性购买行为，服装企业应采取的营销策略有以下几点。

（1）价格公道、真诚服务、创名牌，树立企业良好形象。

（2）选择最佳的销售地点。即与竞争对手同处一地，便于消费者选购。

（3）采用人员推销策略，及时向消费者介绍产品的优势，化解消费者心中的疑虑，消除消费者的失落感。

4．复杂性购买行为

复杂性购买行为是指消费者对价格昂贵、品牌差异大、功能复杂的产品，由于缺乏必要的产品知识，需要慎重选择，仔细对比，以求降低风险的购买行为。消费者在购买此类产品的过程中，经历了收集信息、产品评价、慎重决策、用后评价等阶段，其购买过程就是一个学习过程。在广泛了解产品功能、特点的基础上，才能做出购买决策，如购买计算机、汽车、商品房等。

针对复杂性购买行为，服装企业应采取的营销策略有以下几点。

（1）制作产品说明书，帮助消费者及时全面了解本企业产品知识、产品优势及同类其他产品的状况，增强消费者对本企业产品的信心。

（2）实行灵活的定价策略。

（3）加大广告力度，创名牌产品。

（4）运用人员推销，聘请训练有素、专业知识丰富的推销员推销产品，简化购买过程。

（5）实行售后跟踪服务策略，加大企业与消费者之间的亲和力。

三、服装消费者购买决策过程的一般模型

服装消费者的购买决策是一个动态发展的过程。服装消费者购买决策过程可分为五个阶段：引起需要、收集信息、评估比较、购买决策和购后感受，如图 4-5 所示。

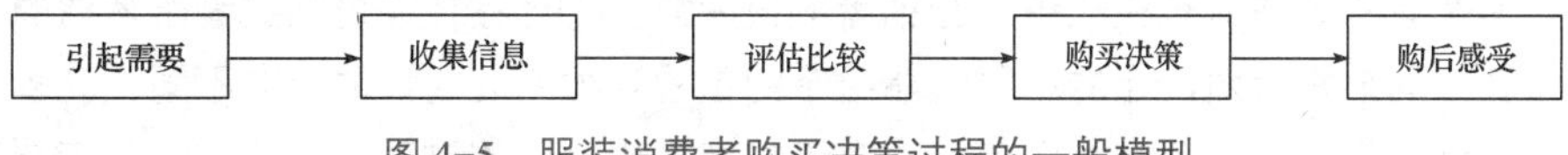

图 4-5 服装消费者购买决策过程的一般模型

1．引起需要

引起需要是购买者行为的起点。对商品的需要可能由内在的生理活动引起，也可能是受外界的某种刺激引起，如看到别人用新款手机，自己也想购买；或者是由内外两方面因素共同作用的结果。

作为营销者，要弄清是哪些因素刺激了消费者产生购买欲望，要不失时机地采取适当措施，唤起和强化消费者的需要。

2．收集信息

如果唤起的需要很强烈，可满足需要的商品易于到手，消费者就会希望马上满足他的需要。但在多数情况下，消费者的需要并非马上就能获得满足，他必须积极寻找或搜集信息，以便尽快完成从知晓到确信的心理程序，做出购买决策。

信息的来源可分为以下四种。

（1）个人来源。即从家庭、朋友、同事、邻居和熟人得到信息。

（2）商业来源。即从广告、推销员、经销商、包装和展览等得到信息。

（3）公共来源。即从报刊、电视等大众媒体的宣传报道，消费者组织的有关评论中得到信息。

（4）经验来源。即通过自己参观、试验和实际使用商品得来的经验。

商业来源是最多的信息来源，一般起通知作用；个人来源、公共来源、经验来源起评价作用，影响力最大的是经验来源。消费者筛选信息的过程，如图 4-6 所示。

营销者要想方设法使它的品牌进入潜在顾客的知晓组、可供考虑组和选择组。深入研究有哪些其他的品牌留在消费者的选择组中，以便制订具有竞争力的计划。

3．评估比较

消费者进行评估比较的目的是识别哪一种牌号、类型的商品最适合自己的需要。这是根据收集的信息资料，对商品属性做出的价值判断。

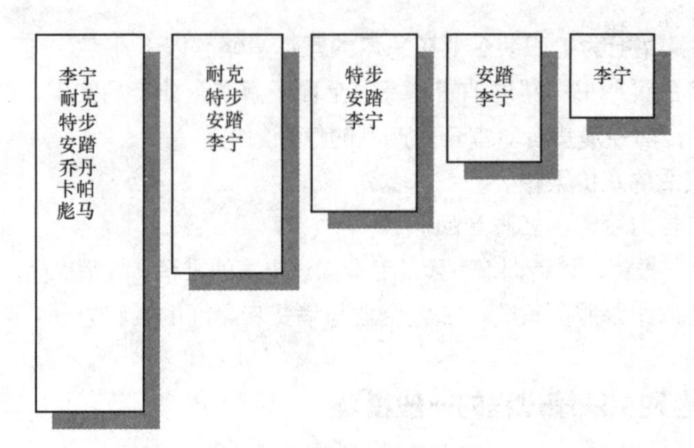

图 4-6　消费者筛选信息的过程

在消费者的评估比较过程中，营销者应该注意：①产品性能是购买者所考虑的首要问题，②不同消费者对产品的各种性能给予的重视程度不同或评估标准不同，③多数消费者的评选过程是将实际产品同自己理想中的产品相比较的过程。由此，营销者要注意了解并努力提高本企业产品的知名度，使其列入消费者比较评价的范围之内，才有可能被选为购买目标。同时，还要调查研究消费者比较评价某类商品时所考虑的主要方面，并突出进行这方面的宣传，以使对消费者的购买选择产生最大影响。

4．购买决策

经过评估比较阶段，消费者可能会形成某种购买意图。然而，在购买意图与购买决策之间，有两种因素会影响其做出购买决策，如图 4-7 所示。

（1）他人的态度。其他人如果在消费者准备进行购买时，提出反对意见或提出了更有吸引力的建议，会有可能使消费者推迟购买或放弃购买。

（2）意外的变故。在消费者准备进行购买时所出现的一些意外变故，也可能使消费者改变或放弃购买决策。如消费者家中有意外急需用钱，消费者突然失去工作或稳定的收入来源等，都是一些有可能改变消费者购买决策的突变因素。

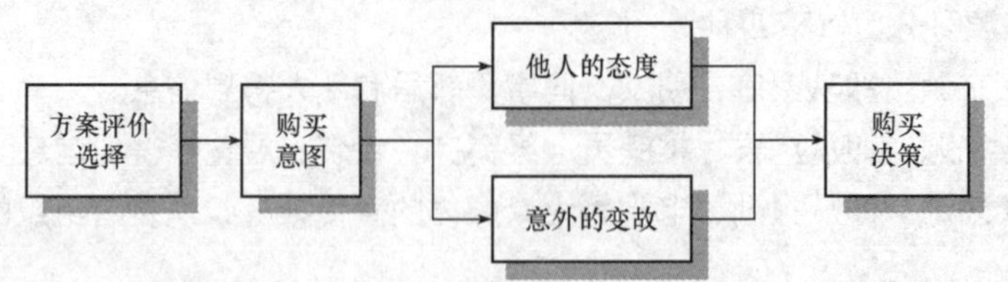

图 4-7　购买决策的影响因素

影响消费者进行最终购买决策的根本问题，是消费者对购买风险的预期。如果消费者认为购买之后会给其带来某些不利的影响，而且难以挽回，消费者改变或推迟购买的可能性就比较大。所以营销者必须设法降低消费者的预期购买风险，这样就可能促使消费者做出最终的购买决策。

5．购后感受

消费者购买了商品并不意味着购买行为的结束，因为其对于所购买的商品是否满意以及会采取怎样的行为对于企业目前和以后的经营活动都会带来很大的影响，所以重视

消费者购后的感受及行为并采取相应的营销策略同售前一样是很重要的。如图 4-8 所示展示了消费者购买后的感受及行为特征。

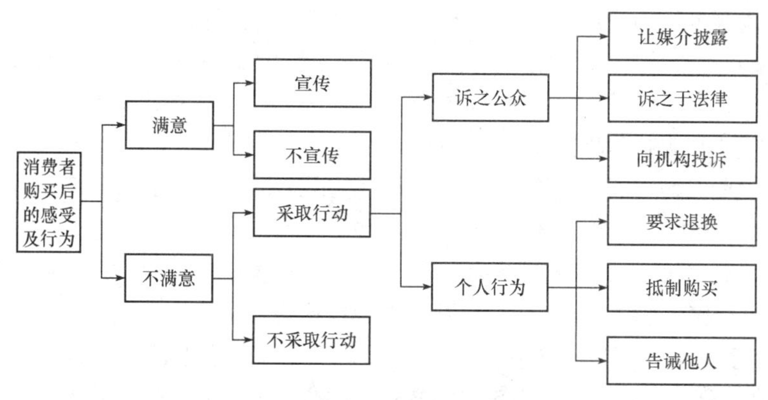

图 4-8 消费者购买后的感受及行为

购后感受主要有满意、基本满意和不满意三种情况。决定满意、不满意的是期望与实际效果之间的差距。也就是说，如果购后在实际消费中符合预期的效果，则感到基本满意；超过预期，则很满意；未达到预期，则不满意或很不满意。实际同预期的效果差距越大，不满意的程度也就越大。由此，营销者对其产品的广告宣传必须实事求是，符合实际，售后也要保持与消费者的沟通，以使购买者感到满意。

购买者购后感受是企业产品是否适销的一种极为重要的信息反馈，它关系到服装企业产品的市场命运。因为，它不仅涉及消费者本人是否继续购买，还涉及别人是否购买。消费者会把他的赞扬或不满告诉他周围的人，这种影响是非常大的。西方许多企业信奉的名言是："最好的广告是满意的顾客"。因此，营销者要注意及时收集信息，加强售后服务，采取相应措施，进一步改善消费者购后的感受和提高产品的适销程度。

在评价过程和抱怨过程后，消费者会产生某种程度的再购买动机。消费者可能强烈希望在未来避免选择该品牌，或者愿意将来一直购买该品牌，甚至成为该品牌的忠诚顾客。在后一种情况下，消费者对品牌形成偏爱并乐意重复选择该品牌。

营销战略并不总是以创造忠诚的顾客为目标。营销经理应该审视该品牌当前顾客与潜在顾客的构成，然后根据组织的整体目标来确定营销目标。在服装企业与顾客之间建立一种持久的信任关系，它被用来促进产品消费、重复购买和创造忠诚的顾客。

拓展案例：服装导购应该会的销售技巧

教学案例：老年人消费行为分析及企业的营销对策

本章小结

1. 购买者行为模式是指具有一定潜在需要的消费者首先是受到企业的营销活动刺激和各种外部环境因素的影响而产生购买取向的；而不同特征的消费者对于外界的各种刺激和影响又会基于其特定的内在因素和决策方式做出不同的反应，从而形成不同的购买取向和购买行为。

2. 消费者的购买行为不仅受到经济因素的影响，还会受到其他多种因素的影响，从而会产生很大的差异。影响消费者购买行为的非经济因素主要有外部因素和内部因素。外部因素主要有消费者所处的文化环境、消费者所在的社会阶层、消费者所接触的各种社会团体、以及消费者在这些社会团体中的角色和地位等。内部因素包括消费者的个人因素和心理因素。个人因素包括消费者的性别、年龄、职业、教育、个性、经历与生活方式等，心理因素包括购买动机、对外界刺激的反应、学习方式以及态度与信念等。这些因素从不同的角度影响着消费者购买行为模式的形成。

3. 消费者购买行为通常是一种群体决策行为，决策群体中一般包含发起者、影响者、决策者、购买者和使用者不同的角色。这五种角色相辅相成，共同促成了购买行为，是服装企业营销的主要对象。

4. 服装消费者购买行为可按参与者介入程度和品牌间的差异程度划分为习惯性购买行为、多样性购买行为、协调性购买行为和复杂性购买行为。服装消费者购买决策过程可分为引起需要、收集信息、评估比较、购买决策和购后感受五个阶段。

习　题

一、单项选择题

1. 在消费者收入一定的前提下，储蓄数量越大，则现实支出数量和市场购买力（　　）。

A. 越大　　B. 不变　　C. 越小　　D. 都不是

2. 对（　　）类型，市场营销者可采用销售促进和占据有利货架位置等方法，保障供应，鼓励消费者购买。

A. 习惯性购买行为　　B. 寻求多样化购买行为

C. 化解不协调购买行为　　D. 复杂购买行为

3. “需求层次理论”的首创者是（　　）。

A. 西格蒙德 · 弗洛伊德　　B. 亚伯拉罕 · 马斯洛

C. 宇野正雄　　D. 菲利普 · 科特勒

二、判断题

1. 从生产者来看，消费者购后行为不应包括在购买者的决策过程中。（　　）

2. 消费者的购买行为是由消费者的经济因素决定的。（　　）

3. 耐用消费品的使用寿命较长，消费者购买时一般是凭习惯购买。（　　）

习题答案

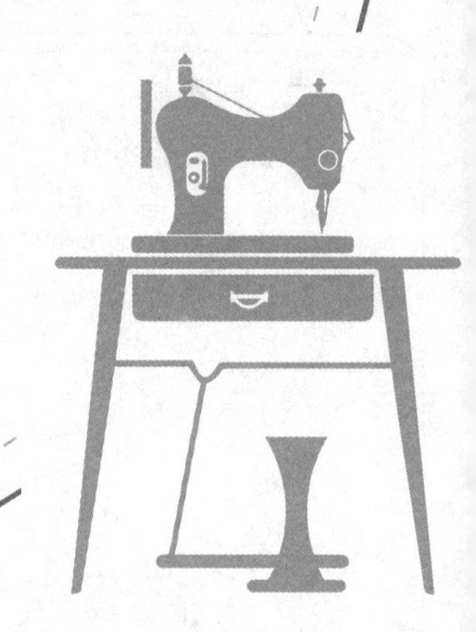

第五章 服装市场调查与预测

学习目标

1. 了解服装市场调查的概念、类型、步骤和调查机构；
2. 了解服装市场预测的概念、种类、内容和步骤；
3. 掌握市场调查的方法；
4. 掌握市场预测的方法。

案例导入

经过周密的市场调查和预测，湖南太子奶集团发现童装市场需求大，前景好，于是做出了大胆的跨行经营举动。

湖南太子奶集团

市场信息是一个企业赖以生存和发展的基础，是企业在市场经济环境下取得竞争优势的重要保障。市场经济活动中的各种消息、情报、数据和资料是企业制订生产计划和经营战略的前提。在服装行业，伴随着服装的设计、生产和销售过程中的服装市场信息，自然成为服装企业的重要资源，必须牢牢把握。

服装企业的经营决策要以掌握充分、准确的市场信息为基础。而市场信息在生成过程中经常处于分散、无序状态，必须经过有目的的收集、整理和加工分析，使之集中化、有序化，才能成为可用的信息，这就需要进行市场调查，并将调查获取的信息转化为服装企业经营者制订经营策略、落实营销方案提供依据。

第一节　服装市场调查

一、服装市场调查概述

有人说，21 世纪的竞争不是企业与企业的竞争，而是供应链与供应链之间的竞争。所以，对服装市场调查的理解，应从整个服装产业链来把握。其调查范围应包括服装生产前的原料市场调查、生产过程中同行业生产能力调查、同行业产品销售能力以及市场需求调查。

因此，服装市场调查应定义为：服装市场调查是运用科学的方法，有组织、有计划地系统、全面、准确、及时地收集、整理和分析服装市场现象的各种资料的活动过程。从事市场调查，要遵循一定的客观要求，做到实事求是、全面系统、深入反馈、勤俭节约，使调查工作既落到实处、讲求效果，又注重效率。

二、服装市场调查的类型与步骤

（一）服装市场调查的类型

服装市场信息涉及的内容很多，所以，服装市场调查的类型也多种多样。按照不同的分类方法，服装市场调查划分为不同的类型。

1．按调查的目的和功能划分

按照调查的目的和功能划分，服装市场调查可以分为探索性调查、描述性调查和因果性调查。

（1）探索性调查。探索性调查是为了使问题更明确而进行的小规模调查活动。这种调查特别有助于把一个大而模糊的问题表达为小而准确的子问题，并识别出需要进一步调研的信息。比如，某服装公司的市场份额去年下降了，公司无法一一查明原因，就可用探索性调查来发掘问题：是经济衰退的影响，是广告支出的减少，是销售代理效率低，还是消费者的习惯改变了等。总之，探索性调查具有灵活性的特点，适合于调查那些人们知之甚少的问题。在不能肯定问题性质时，也可用探索性调查。

（2）描述性调查。描述性调查是寻求对谁、什么事情、什么时候、什么地点这样一些问题的回答。它可以描述不同消费者群体在需要、态度、行为等方面的差异。描述的结果，尽管不能对“为什么”给出回答，但也可用作解决营销问题所需的全部信息。比如，某服装商店了解到该店 71% 的顾客主要是年龄在 18 ~ 44 岁的妇女，并经常带着家人、朋友一起来购买。这种描述性调查提供了重要的决策信息，使商店重视直接向妇女开展促销活动。在对有关情形缺乏完整的知识时可用描述性调查。

（3）因果性调查。因果性调查是调查一个因素的改变是否引起另一个因素改变的研究活动，目的是识别变量之间的因果关系，如预期价格、包装及广告费用等对销售额的影响。这项工作要求调研人员对所研究的课题有相当的知识，能够判断一种情况出现了、另一种情况会接着发生，并能说明其原因所在。在需要对问题严格定义时使用因果性调查。

2．按服装市场商品消费目的划分

按照服装市场商品消费的目的划分，服装市场调查可以分为服装消费者市场调查和服装生产者市场调查。

（1）服装消费者市场调查。这里所说的消费者，是指以满足个人生活需要为目的的服装商品购买者和使用者，也是服装商品的最终消费者。服装消费者市场调查的目的主要是了解消费者需求数量和结构及变化。而消费者的需求数量和结构的变化受到多方面因素的影响，如人口、经济、社会文化、购买心理和购买行为等。因此，对服装消费者市场进行调查，除直接了解需求数量及其结构外，还必须对诸多的影响因素进行调查。

（2）服装生产者市场调查。服装生产者市场调查是指为了满足服装加工制造等生产性需要而形成的市场（也称服装生产资料市场）的调查。这个市场上交易的商品是服装生产资料，如各种服装面料辅料、服装挂饰等。参加交易活动的购买者主要是服装生产企业，购买商品的目的是为了满足服装生产过程中的需要。服装产品的质量与价格跟服装原料质量、成本是密切相关的，只有符合标准的原料才能生产出更加优质的服装产品，因此，调查服装生产者市场是非常必要的。

3．按其他方式划分

（1）按照流通领域的不同环节来划分，服装市场调查可分为服装批发市场调查和服装零售市场调查，与服装生产者市场调查和服装消费者市场调查紧密联系在一起，形成服装市场调查体系。

（2）按照产品结构层次划分，服装市场调查可分为男装调查、女装调查、童装调查。也可分为运动装调查、职业装调查、休闲装调查等。

（3）按照调查空间范围划分，服装市场调查可分为国内市场调查和国际市场调查。其中，国内市场调查则包括全国性调查、地区性调查、城市调查和农村调查。

（4）按照调查时间划分，服装市场调查可分为经常性调查、定期调查和临时性调查。

（二）服装市场调查的步骤

服装市场调查是由一系列收集和分析市场数据的步骤组成。某一步骤做出的决定可能影响其他后续步骤，某一步骤所做的任何修改往往意味着其他步骤也可能需要修改。服装市场调查的步骤一般按如下程序进行。

1．确定问题与假设

由于服装市场调查的主要目的是收集与分析资料以帮助企业更好地做出决策，减少决策的失误，因此调查的第一步就要求决策人员和调查人员认真地确定和商定研究的目标。俗话说："对一个问题做出恰当定义等于解决了一半。"任何一个问题都存在着许

许多多可以调查的事情，如果不对该问题做出清晰的定义，那收集信息的成本可能会超过调查提出的结果价值。例如，某服装公司发现其销售量已连续下降达 6 个月之久，管理者想知道真正原因究竟是什么，是经济衰退、广告支出减少、消费者偏爱转变，还是代理商推销不力；市场调查者应先分析有关资料，然后找出研究问题并进一步做出假设、提出研究目标。假如调查人员认为上述问题是消费者偏爱转变的话，再进一步分析、提出若干假设。如，消费者认为该公司产品设计落伍、竞争产品品牌的广告设计较佳。

做出假设，给出研究目标的主要原因是为了限定调查的范围，并从将来调查所得出的资料来检验所做的假设是否成立，写出调查报告。

2．确定所需资料

确定问题和假设之后，下一步就应决定要收集哪些资料，这自然应与调查的目标有关。例如，消费者对本公司服装产品及其品牌的态度如何？消费者对本公司服装品牌产品的价格看法如何？本公司品牌的电视广告与竞争品牌广告，在消费者心目中的评价如何？不同社会阶层对本公司品牌与竞争品牌的态度有无差别？

3．确定收集资料的方式

第三步要求制订一个收集所需信息的最有效的方式，它需要确定的有数据来源、调查方法、调查工具、抽样计划及接触方法。

如果没有适用的现成资料（第二手资料），原始资料（第一手资料）的收集就成为必需步骤。采用何种方式收集资料，这与所需资料的性质有关。它包括实验法、观察法和询问法。前面例子谈到所需资料是关于消费者的态度，因此市场调查者可采用询问法收集资料。对消费者的调查，采用个人访问方式比较适宜，便于相互之间深入交流。

4．抽样设计

在调查设计阶段就应决定抽样对象是谁，这就提出抽样设计问题。其一，究竟是概率抽样还是非概率抽样，这具体要视该调查所要求的准确程度而定。概率抽样的估计准确性较高，且可估计抽样误差，从统计效率来说，自然以概率抽样为好。不过从经济观点来看，非概率抽样设计简单，可节省时间与费用。其二，一个必须决定的问题是样本数目，而这又需考虑到统计与经济效益问题。

5．数据收集

数据收集必须通过调查员来完成，调查员的素质会影响到调查结果的正确性。调查员以大学的市场学、心理学或社会学的学生最为理想，因为他们已受过调查技术与理论的训练，可降低调查误差。

6．数据分析

资料收集后，应检查所有答案，不完整的答案应考虑剔除，或者再询问该应答者，以求填补资料空缺。

资料分析应将分析结果编成统计表或统计图，方便读者了解分析结果，并可从统计资料中看出与第一步确定问题假设之间的关系。同时又应将结果以各类资料的百分比与平均数形式表示，使读者对分析结果形成清晰对比。不过各种资料的百分比与平均数之间的差异是否真正有统计意义，应使用适当的统计检验方法来鉴定。例如，两种收入家庭对某种服装产品的年消费支出，从表面上看有差异，但是否真有差异可用平均数检定法来分析。资料还可运用相关分析、回归分析等一些统计方法来分析。

7．调查报告

市场调查的最后一步是编写一份书面报告。一般而言，书面调查报告可分为专门性报告和通俗性报告两类。

专门性报告的读者是对整个调查设计、分析方法、研究结果以及各类统计表感兴趣者，他们对市场调查的技术已有所了解。而通俗性报告的读者主要兴趣在于听取市场调查专家的建议，例如一些服装企业的最高决策者。

三、服装市场调查的机构

市场调查机构是受企业委托，专门从事市场调查的单位或组织。服装市场调查机构则是受服装企业委托，专门从事服装市场信息调查的专业单位或部门组织。

市场调查机构规模有大有小，其隶属关系及独立程度也不一样，名称更是五花八门，但归纳起来，基本上有以下四类。

1．各级政府部门组织的调查机构

我国最大的市场调查机构为国家统计部门，国家统计局、各级主管部门和地方统计机构负责管理统一的市场调查资料，便于企业了解市场环境变化及发展，指导企业微观经营活动。此外，为适应经济形势发展的需要，统计部门还相继成立了城市社会经济调查队、农村社会经济调查队、企业调查队、人口调查队等调查队伍。除了统计机构外，中央和地方的各级财政、银行、工商、税务等职能部门也都设有各种形式的市场调查机构。

2．新闻单位、大学和研究机关的调查机构

这些机构也都开展独立的市场调查活动，定期或不定期地公布一些市场信息。

3．专业性市场调查机构

这类调查机构在国外的数量是很多的，它们的产生是社会分工日益专业化的表现，也是当今信息社会的必然产物。专业性市场调查机构主要有三种类型的公司如表 5-1 所示。

表 5-1　专业性市场调查机构

专业公司	主要职能
综合性市场调查公司	这类公司专门搜集各种市场信息，当有关单位和企业需要时，只需交纳一定费用，就可随时获得所需资料。同时，它们也承接各种调查委托，涉及面广、综合性强
咨询公司	这类公司一般是由资深的专家、学者和有丰富实践经验的人员组成，为企业和单位进行诊断，充当顾问。这类公司在为委托方进行咨询时，也要进行市场调查，对企业的咨询目标进行可行性分析。当然，他们也可接受企业或单位的委托，代理或参与调查设计和具体调查工作
广告公司的调查部门	广告公司为了制作出打动人心的广告，取得良好的广告效果，就要对市场环境和消费者进行调查。广告公司大都设立调查部门，经常大量承接广告制作和市场调查

近年来，我国也出现了许多专门从事经济信息调查、咨询服务公司，他们既有国有公司，也有集体、私营公司（集体和私营公司的不断发展趋势尤其引人注目）。它们承接市场调查任务，提供商品信息，指导企业生产经营活动，在为社会服务的同时，自身也取得了很好的经济效益。

4．企业内部的调查机构

目前国外许多大的服装企业和组织，根据生产经营的需要，大都设立了专门的调查机构，市场调查已成为这类企业固定性、经常性的工作。服装公司的营销中心往往都设有市场调查部门，进行定期或不定期市场行情跟踪和调查。

四、服装市场调查的内容

服装市场调查的内容十分广泛，而企业在实际运营中面临的问题也各不相同，则调查的内容也就不一样，企业可以根据调查目的和假设来确定市场调查的内容。而影响服装企业运营的环境包括企业内部和外部，所以，服装市场调查可以从宏观环境和微观环境上进行调查。

（一）服装市场宏观环境调查

市场宏观环境是影响服装企业的外部环境。服装企业的任何经营活动都处在这一环境中，宏观环境不以人的意志为转移，虽不易对服装企业某一项业务活动产生直接影响，但企业却不容忽视。企业身处其中，既可能面对机遇，也可能面对挑战，关键是企业要在对其充分了解的基础上抓住机遇，应对挑战，才能取得成功。其调查的内容包括政治环境、法律环境、经济环境、社会文化环境、科技环境、地理和气候环境。

1．政治环境调查

对政治环境的调查主要是调查影响服装企业生产运营的国内外各种国家制度和政策、国有化政策、政治和社会动乱、国家或地区之间的政治关系等。

2．法律环境调查

对法律环境的调查主要是了解国际国内各种经济合同法、商标法、专利法、广告法、环境保护法、进出口贸易法等多种经济法规和条例，这些都将对企业营销活动产生重要的影响。

3．经济环境调查

对经济环境的调查，主要可以从生产和消费两个方面进行调查。

（1）生产方面调查。生产决定消费，市场供应、居民消费都有赖于生产。生产方面调查主要是某一国家（或地区）的能源和资源状况、交通运输条件、经济增长速度及趋势产业结构、国民生产总值、通货膨胀率、失业率以及农、轻、重比例关系等。

（2）消费方面调查。消费对生产具有反作用，消费规模决定市场的容量，也是经济环境调查不可忽视的重要因素。消费方面调查主要是了解某一国家（或地区）的国民收入、消费水平、消费结构、物价水平和物价指数等。

4．社会文化环境调查

社会文化环境的调查主要是了解不同国家或地区的传统思想、道德规范、风俗习惯、宗教信仰、文化修养、艺术创造、审美观念、价值观念等，这些都直接影响人们对服装产品的需求和消费习惯。

5．科技环境调查

科学技术是第一生产力。及时了解服装新技术、新材料、新产品的状况，国内外服装科技总的发展水平和发展趋势，本企业所涉及的技术领域的发展情况，专业渗透范围、服装产品技术质量检验指标和技术标准等都是科技环境调查的主要内容。

6．地理和气候环境调查

各个国家和地区由于地理位置不同，气候和其他自然环境也有很大的差异，它们不是人为造成的，也很难通过人的作用去加以控制，只能在了解的基础上去适应这种环境。应注意对地区条件、气候条件、季节因素、使用条件等方面进行调查。气候对人们的服装消费行为有很大的影响，从而制约着服装产品的生产和经营。

（二）服装市场微观环境调查

服装市场微观环境既包括企业内部环境，也包括企业外部环境。它对服装企业的经营活动产生直接的影响。总的来看主要从服装市场需求调查、服装市场供给调查和服装市场营销活动调查三个方面对服装市场进行调查。

1．服装市场需求调查

市场是企业经营的出发点和归宿点，服装市场需求调查是服装市场调查中最基本的内容。它主要包括需求量调查、需求结构调查、购买动机和消费行为调查。

（1）需求量调查。需求量受到地区人口数量和可支配收入的影响。因此，在调查过程中着重地区人口总数和人均收入水平的调查。

（2）需求结构调查。需求结构是指消费者将其货币收入用于不同商品消费的比例，它决定消费者的消费投资方向。需求结构要受到地区人口构成、家庭规模构成、消费构成、收入人均增长状况、服装商品供应状况和服装价格变化等因素影响，因此，对需求结构的调查应从以上这几方面进行。

（3）购买动机和消费行为调查。购买动机是产生消费行为的前提。消费者购买动机调查的目的主要是弄清购买动机产生的各种原因，以便采取相应的诱发措施。一般购买动机要受到消费者的心理性格、个人偏好、宗教信仰、文化程度、消费习惯等主观因素影响，这也就是调查的主要内容。

消费者购买行为是消费者购买动机在实际购买过程中的具体表现，消费者购买行为调查，就是对消费者购买模式和习惯的调查，即通常所讲的“3W”“1H”调查，即了解消费者在何时购买（When）、何处购买（Where）、由谁购买（Who）和如何购买（How）等情况。通过对这几方面的调查与了解，服装经营者能够更好地选择和安排销售网点，合理安排营业时间和营业人员数量，或者适当调整营销渠道模式，从而做出正确的经营策略。

例如，某服装商场在对一周内的客流进行实测调查后发现，一周中客流量最多的是周日，最少的是周一；而在一天内，客流最高峰为职工上下班时间，即上午 11 时和下午 5 时；其他时间客流人数也均有一定的分布规律。据此，商场对人员做出了合理安排，做到忙时多上岗、闲时少上岗，让售货员能在营业高峰到来时，以最充沛和饱满的

精神面貌迎接顾客，从而取得了较好的经济效益和社会效益。

2．服装市场供给调查

服装市场供给是指全社会所有服装经营实体在一定时期内，对市场提供的可交换的服装商品的总量，它们是市场需求得以实现的物质保证。作为单个服装企业，在调查时，既要了解本企业的市场供给能力，也要了解竞争对手和整个市场的服装供给情况，做到知己知彼。

对服装市场供给的调查，可着重调查以下两个方面：

（1）服装商品供给来源及供应能力调查。本项调查主要包括原料的来源、成品的来源、本地区和国内外服装企业的技术装备水平、资金状况、管理水平、人员素质等情况的调查。

（2）服装商品供应范围调查。服装商品供应范围及其变化，会直接影响到商品销售量的变化。范围扩大意味着可能购买本企业商品的用户数量的增加，在正常情况下会带来销售总量的增加；反之，则会使销售总量减少。

3．服装市场营销活动调查

服装市场营销活动调查也要围绕营销组合活动展开。其内容主要包括竞争对手状况调查、产品实体调查、商品包装调查、服装产品生命周期调查、服装价格调查、服装销售渠道调查和服装促销活动调查。

（1）竞争对手状况调查。调查的内容主要包括：①有没有直接或间接的竞争对手，如有的话，是哪些；②竞争对手的所在地和活动范围；③竞争对手的生产经营规模和资金状况；④竞争对手生产经营商品的品种、质量、价格、服务方式及在消费者中的声誉和形象；⑤竞争对手技术水平和新产品开发经营情况；⑥竞争对手的销售渠道；⑦竞争对手的宣传手段和广告策略；⑧现有竞争程度（市场占有率、市场覆盖面等）、范围和方式；⑨潜在竞争对手状况。

通过调查，可将本企业的现有条件与竞争对手进行对比，为制定有效的竞争策略提供依据。

（2）产品实体调查。产品实体调查主要了解服装的款式、类型、色彩及搭配、面料、衬料及制作工艺的质量状况、产品的规格及实用性能等。对服装实体本身的调查，应根据不同的消费群体调查其对服装的不同要求，从而在产品用料、结构设计、工艺、色彩搭配等方面做到最切合需求。

（3）商品包装调查。包装不仅保护商品，而且它能够促进服装的销售。按照不同的包装类型，对包装调查的内容也多方面，如表 5-2 所示。

表 5-2　商品包装调查

包装种类		调查内容
销售包装	消费品包装	①包装与市场环境是否协调；②消费者喜欢什么样的包装外形；③包装应该传递哪些信息；④竞争产品需要何种包装样式和包装规格
	工业品包装	①包装是否易于储存、拆封；②包装是否便于识别商品；③包装是否经济，是否便于退回、回收和重新利用等

续表

包装种类	调查内容
运输包装	①包装是否能适应运输途中不同地点的搬运方式；②是否能够保证防热、防潮、防盗以及适应各种不利的气候条件；③运输的时间长短和包装费用为多少等

（4）服装产品生命周期调查。服装产品在不同的生命周期里表现出不同的市场特征，企业应通过对销售量、市场需求的调查，进而判断和掌握自己所生产和经营的产品，处在什么样的寿命周期阶段，以做出相应的对策。

（5）服装价格调查。服装价格调查的内容包括：①国家在商品价格上有何控制和具体的规定；②企业商品的定价是否合理，如何定价才能使企业增加盈利；③消费者对什么样的价格容易接受，以及接受程度，消费者的价格心理状态如何；④商品需求和供给的价格弹性有多大、影响因素是什么等。

（6）服装销售渠道调查。企业应善于利用原有的销售渠道，并不断开拓新的渠道。对于企业来讲，目前可供选择的销售渠道有很多，如批发商、零售商等，对于销往国际市场的服装商品，还要选择进口商。为了选好中间商，有必要了解以下几种情况：①企业现有销售渠道能否满足销售商品的需要；②企业是否有通畅的销售渠道，如果不通畅，阻塞的原因是什么；③销售渠道中各个环节的商品库存是否合理，能否满足随时供应市场的需要，有无积压和脱销现象；④销售渠道中的每一个环节对商品销售提供哪些支持，能否为销售提供技术服务或开展推销活动；⑤市场上是否存在经销某种或某类服装商品的权威性机构，如果存在，他们促销的商品目前在市场上所占的份额是多少；⑥市场上经营本商品的主要中间商，对经销本商品有何要求。

通过上述调查，有助于企业评价和选择中间商，开辟合理的、效益最佳的销售渠道。

（7）服装促销活动调查。服装产品的促销活动包括广告、公关活动、服装表演、销售促进等系统活动。促销活动调查是对促销活动的实际效果进行调查，为服装企业制订最优的促销组合提供依据。

广告调查是用科学的方法了解广告宣传活动的情况和过程，为广告主制订决策、达到预定的广告目标提供依据。广告调查的内容包括广告诉求调查、广告媒体调查和广告效果调查。

除了对服装广告进行调查外，服装企业根据需要还可对公共关系活动、降价、有奖销售、馈赠礼品、服装表演和优惠等措施进行调查。

五、服装市场调查的方法

服装市场调查的方法多种多样，下面就介绍五种调查方法。

（一）服装市场文案调查法

1. 文案调查法的概念

文案调查法又称间接调查法，是指利用服装企业内部和外部现有的各种信息、情报

资料，对调查内容进行分析研究的一种调查方法。

2．文案调查法的特点

（1）文案调查法是收集已经加工过的次级资料，而不是对原始资料的收集。

（2）文案调查法以收集文献性信息为主，具体表现为各种文献资料。我国目前以收集印刷型文献资料为主。

（3）文案调查法所收集的资料包括动态和静态两个方面，尤其偏重于从动态角度收集各种反映市场变化的历史与现实资料。

3．文案调查法的原则

文案调查法的特点和功能，决定了调查人员在进行文案调查时应遵循以下基本原则和要求。

（1）广泛性原则。即对现有资料的收集必须周详，要通过各种信息渠道，利用各种机会，采取各种方式大量收集各方面有价值的资料。

（2）针对性原则。即要着重收集与调查主题紧密相关的资料，善于对一般性资料进行摘取、整理、传递和选择，得到对企业生产经营有参考价值的信息。

（3）时效性原则。即要考虑所收集整理的时间是否能保证调查的需要。服装市场信息瞬息万变，信息一旦过时便毫无价值。所以要用最快的速度及时了解、收集、分析以保证各种资料的时间价值。

（4）连续性原则。即要注意所调查的资料在时间上是否连续。

4．文案调查法的渠道

文案调查法是围绕调查目的，收集一切可利用的现有资料。从企业经营的角度看，现有资料可分为服装企业内部资料和外部资料，这也是文案调查法的两个主要渠道。

内部资料是调查人员最先取得的资料，它主要来自企业的内部，如企业报表、总结、用户来函、订货单、合同、生产经营计划、客户名单、商品介绍、宣传材料等。

企业从外部收集现成信息的途径相当广泛，一般从一些机构和文献中收集，下面列出几种主要的机构。

（1）统计部门与各级政府主管部门公布的资料，包括有关服装行业的工业普查资料、统计资料汇编、商业地图等。

（2）纺织工业信息中心、服装信息咨询机构、服装行业协会提供的市场信息和相关行业情报。

（3）国内外有关服装类的书籍、报纸、杂志所提供的文献资料。

（4）有关服装生产和经营机构提供的信息。

（5）各国家和各地区电台、电视台提供的有关市场信息。

（6）各种国际组织、外国使馆、商会所提供的国际市场信息。

（7）国内外各种服装博览会、展销会、交易会、订货会等促销会议以及专业性、学术性经验交流会议上所发放的文件和材料等。

5．文案调查法的工作程序

文案调查法的工作过程，如图 5-1 所示。

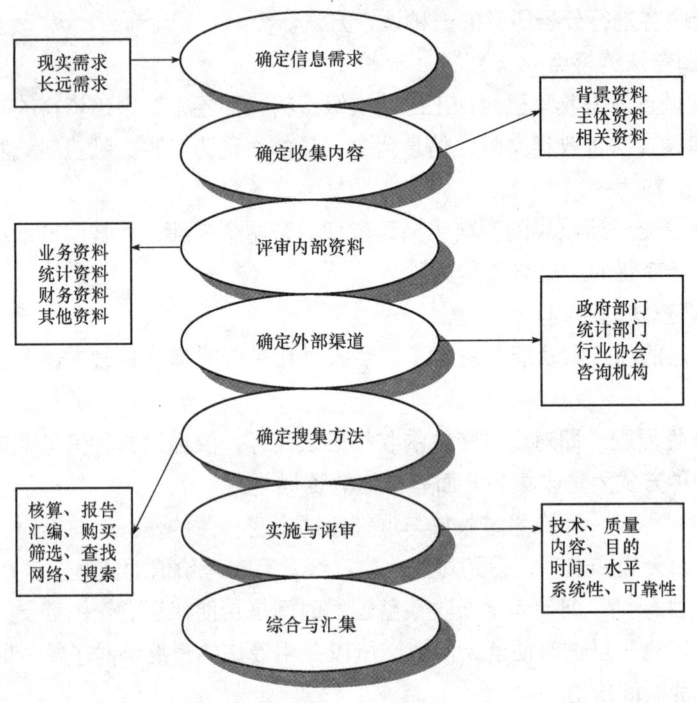

图 5-1 文案调查法的工作过程

（二）服装市场访问调查法

1．访问调查法的概念

访问调查法简称访问法或询问法，是指调查者以访谈询问的形式，或通过电话访谈、邮寄问卷、留置问卷、小组座谈、个别访问等询问形式向被调查者搜集市场调查资料的一种方法。

2．常用的访问调查法

（1）电话调查。调查者通过查找电话号码簿用电话向被调查者进行询问，而搜集市场调查资料的一种方法。它主要应用于民意测验和一些较为简单的市场调查项目。它可分为传统电话询问和计算机辅助电话询问两种形式。

1）传统电话询问。传统电话询问就是选取一个被调查者的样本，然后拨通电话，询问一系列的问题。调查员（也叫访员）用一份问卷和一张答案纸，在询问过程中用笔随时记下答案。

要求：有专门的场所或电话询问间，调查员应经过专门训练，问卷应简单明了。

传统电话询问的主要优点有以下几点。

①搜集市场调查资料速度快，费用低，可节省大量调查时间和调查经费。

②覆盖面广，可以对任何有电话的地区、单位和个人直接进行电话询问调查。

③可以免去被调查者的心理压力，易被人接受，尤其有些家庭不欢迎陌生人进入，电话询问可免除心理防范，能畅所欲言。特别对于那些难于见面的某些名人，采用电话询问尤为重要。

传统电话询问的主要缺点有以下几点。

①只能限于有电话的地区、单位和个人，电话普及率高才能广泛采用。在通信条件落后的地区，这种方法受到限制。

②无法观察到被调查者的表情和反应，也无法出示调查说明、图片等背景资料，只能凭听觉得到口头资料，不能使问题深入。

③对于回答问题的真实性很难做出准确的判断。

2）计算机辅助电话询问（CATI）。计算机辅助电话询问是使用一份按计算机设计方法设计的问卷，用电话向被调查者进行询问，并用计算机进行录入和统计。

基本程序如下。

①利用计算机问卷设计系统设计生成问卷。

②调查员用自动随机拨号系统进行电话询问和录入。

③管理员用自动询问管理系统进行过程管理。

④用简单统计系统进行数据统计与报告生成。

基本设备：安装 CATI 设备，其软件系统包括自动随机拨号系统、问卷设计系统、自动询问管理系统、自动数据录入和简单统计系统。

（2）面谈调查。这是调查者与被调查者面对面交谈的一种方法，是最直接的访问调查方法。面谈调查可以采用个人访问或召开座谈会的方式，两者的被调查者都应具有一定的代表性。面谈调查的过程是面谈双方互相作用、互相影响的过程，不仅访问者通过访问作用于被访问者，而且被访问者的回答也作用于访问者。访问者的人际交往能力是访问成功的关键，只有被访问者有了对访问者的基本信任，消除了紧张与疑虑，才能愉快、顺利地回答问题。因此，面谈调查有相当的难度，要求访问者能熟练掌握访谈技巧。面谈访问的过程，是访问者逐渐接近被访问者的过程。只有接近了被访问者，取得了访问的基本条件，访问活动才能顺利进行。

谈话是通向理解的坦途，人们渴望沟通理解，但在实际生活中有很多矛盾会影响这种沟通。访问者应该正视和克服这些矛盾，积极地交谈，通过谈话通向理解。一次成功的谈话，可以促使访问调查的成功。

面谈调查一般应做到以下几点。

①克服羞怯心理。羞怯是交谈中最容易出现的心理障碍。严重的羞怯甚至会影响交谈的顺利进行，访问者会脸红，心跳频率加快、出汗、语无伦次等，这些都会影响潜力的发挥。

②真诚是使谈话成功的第一要素。人与人之间的关系应该是真诚的。我们说话时，别人是在接受信息，不是专门找你的毛病。所以，与人交谈不必像出征的骑士，背负着那么重的铠甲，尽可以放下心理负担。

③了解对象。了解不同职业的人的不同要求、不同性格等，知己知彼，有的放矢。这样，说话成功的把握就大些。

④明确讲话的目的。要准确，清楚地传达信息。

⑤以微笑示人。微笑是面谈访问中必不可少的润滑剂。中国词汇中有关笑的词有 100 多个，但唯有微笑最受赏识。

面谈调查过程中接近被访问者的方法有以下几点。

①自然接近。即在共同活动中自然地接近了被访问者后，再说明访问意图。

②正面接近。即开门见山地直接介绍自己并说明访问的目的和内容等。在被访问者理解调查活动、不存在顾虑的情况下，采用正面接近的方法，可节省调查时间，提高工作效率。

③求同接近。即访问者主动寻找与被访问者的共同之处（如同学、同乡、有共同的兴趣或经历等），可以给接近被访问者带来一些方便。

④友好接近。即访问者以友好的态度关心被访问者，帮助其解决所面临的难题，以求顺利地接近对方。面谈调查可直接了解消费者的态度，真实性较强；可对调查提纲进行及时修改和补充，具有较大的灵活性；还可互相启发并向被调查者解释某些问题。但面谈调查也有缺点，如被调查者的主观偏见常常影响资料的准确性；成本费用较高；如果调查的范围较广，信息反馈不及时等。

（3）邮寄调查。这是将设计好的调查问卷以信函形式寄给被调查者，由被调查者填写意见后寄回的一种访问方法。这种调查方法的成本低，调查范围广，被调查者可以自由、充分地回答问题，使答复较为真实可靠。但这种方式也有缺点，如回收率较低，影响调查效果；如果调查问卷不为被调查者正确理解，会出现答非所问的现象；有些答卷者可能迟迟不寄回答案，收集信息的时间较长；有些答卷者也可能不是所要调查的对象等。

（4）留置调查。这是指将调查问卷当面交给被调查者，说明填写的要求并留下问卷，请被调查者自行填写，由调查人员定期收回的一种调查方法。这是介于个人访问法和邮寄调查法之间的一种调查方法，可以消除面谈法和邮寄调查法的一些不足。

留置调查的优点有以下几点。

①调查问卷回收率高。由于当面送问卷，说明填写要求和方法。澄清疑问，因此，可以减少误差，而且能控制回收时间，提高回收率。

②答案正确率高。被调查者有充分的时间来考虑问题，并不受调查人员的影响，能做出比较准确的回答。

（三）服装市场观察调查法

1. 观察调查法的概念与种类

观察调查法是指调查者到现场凭自己的视觉、听觉或借助摄录像器材，直接或间接观察和记录正在发生的市场行为或状况，以获取有关原始信息的一种实地调查法。按观察的形式不同可分为直接观察法和间接观察法，如图 5-2 所示。

（1）直接观察法。直接观察法是调查者直接深入调查现场，对正在发生的市场行为和状况进行观察和记录。主要观察方式如下。

①参与型观察。参与型观察是指调查者直接参与到特定的环境和被调查者对象中去，与被调查者一起从事某些社会经济活动，甚至改变自己的身份借以收集获取有关的信息，如“伪装购物法”或“神秘顾客法”。

②非参与型观察。非参与型观察又称局外观察，是指调查者以局外人的身份深入调查现场，从侧面观察、记录所发生的市场行为或状况，用以获取所需的信息，如供货现场观察、销售现场观察、使用现场观察。

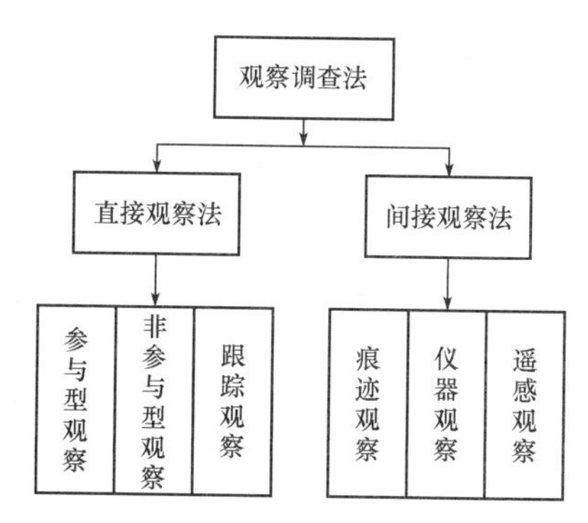

图 5-2　观察调查法的分类

③跟踪观察。跟踪观察是指调查员对被调查者进行连续性的跟踪观察，如商场顾客购物跟踪观察、女士着装跟踪观察、用户产品使用跟踪观察等。

（2）间接观察法。间接观察法是指对调查者采用各种间接观察的手段（痕迹观察、仪器观察等）进行观察，用以获取有关的信息。

①痕迹观察。痕迹观察是通过对现场遗留下来的实物或痕迹进行观察，用以了解或推断过去的市场行为，如食品橱柜观察法、垃圾清点观察法。

②仪器观察。仪器观察是指在特定的场所安装录像机、录音机或计数仪器等器材，通过自动录音、录像、计数等获取有关信息，如商场顾客流量自动测量、交通路口车流量自动测量、电视收视率自动测量等。

③遥感观察。遥感观察是指利用遥感技术、航测技术等现代科学技术搜集调查资料的方法，如地矿资源、水土资源、森林资源、农产品播种面积与产量估计、水旱灾害、地震灾害等均可采用遥感技术搜集资料。这种方法目前在服装市场调查中应用较少。

2．观察调查法的主要优缺点

（1）观察调查法的主要优点有直观可靠，简便易行，可发现新情况，新问题，可克服语言交流带来的干扰。

（2）观察调查法的主要缺点有时间长，费用高，受时间、空间和费用限制。只能观察表象，不能观察内在原因。对观察人员素质要求高。观察者素质不同，观察的结果也不同，易产生观察误差。

（3）观察调查法的注意事项。为减少观察者误差，在应用观察调查法时，应注意以下事项。

①为了使观察结果具有代表性，能够反映某类事物的一般情况，应注意选择那些有代表性的典型对象，在最适当的时间内进行观察。

②在进行现场观察时，最好不要让被调查者有所察觉，尤其是使用仪器观察时更要注意隐蔽性，以保证被调查者处于自然状态下。

③在实际观察和解释观察结果时，必须实事求是、客观公正，不得带有主观偏见，更不能歪曲事实真相。

④观察者的观察项目和记录用纸最好有一定的格式，以便尽可能详细地记录观察内容的有关事项。

⑤应注意挑选有经验的人员充当观察员，并进行必要的培训。

（四）服装市场实验调查法

1. 实验调查法的概念

实验调查法又称实验观察法，是通过实验设计和观测实验结果而获取有关的信息。即从影响调查问题的许多可变因素中，选出一个或两个因素，将它们置于同一条件下进行小规模实验，然后对实验观察的数据进行处理和分析，确定研究结果是否值得大规模推广。

2. 常用的实验调查法

在实际调查活动中，一般是通过不同的实验设计来得出调查结果，其形式多种多样。下面介绍几种常用的实验调查方法。

（1）事前事后对比实验。通过记录观察对象在实验前后的结果，了解实验变化的效果。观察对象只有一个实验单位，实验因素也只有一个。

【例 5-1】 某服装企业生产 A、B、C 三种产品，企业打算提高 A 产品价格，以刺激 B、C 两种产品的市场需求。在特定的商场实验一个月，实验前后均统计一个月的产品销售量，结果如表 5-3 所示。

表 5-3　A、B、C 三种服装产品销售测验统计

产品	销售价格 / 元		销售量 / 件		销售变动 / 件
	实验前	实验后	实验前	实验后	
A	80	100	3 000	2 000	−1 000
B	90	90	2 000	3 200	1 200
C	95	95	1 800	2 800	1 000
合计	——	——	6 800	8 000	1 200

实验测试表明，A 产品提价后，销售量下降 1 000 件，但 B、C 两种产品销售量分别增加了 1200 件和 1 000 件，表明 A 产品提价，对 B、C 两种产品的销售具有刺激作用，故 A 产品价格调整是成功的。

（2）控制组同实验组对比实验。设置控制组和实验组的条件应大体相同，控制组在实验前后均经销原产品，实验组在实验前后均经销新产品，然后对实验前后的观察数据进行处理，得出实验结果。

【例 5-2】 某服装公司新设计了一个电视广告，用乡村、小溪、流水等具有强烈艺术感染力、风土人情气息的广告形式，代替原有的、口号式的广告，并决定采用控制组同实验组对比的实验来观察效果。初步选定 6 个地区，其中 A、B、C 地区为控制组，D、E、F 地区为实验组（A 与 D、B 与 E、C 与 F 的市场规格、人口数量、经济发达程度、地区特征等具有相似性），控制组沿用原广告，实验组采用新设计广告，实验时间为 3 个月。经过 3 个月的实验，统计测量了新广告和原有广告的注意率结果如表 5-4 所示。

表 5-4　广告注意率实验结果测量表

控制组		实验组	
地区	原有广告注意率 /%	地区	新广告注意率 /%
A	45	D	70
B	44	E	65
C	46	F	68
平均	45	平均	68

通过表 5-4 的实验结果可以看出，新广告形式的平均注意率为 68%，比原来广告形式的注意率 45% 提高了 23%。而且逐个对比，D 比 A 提高了 25%，E 比 B 提高了 21%，F 比 C 提高了 22%，三个相似地区的实验组结果比类似地区的控制组效果显著。因此，推广使用新广告形式是可行的。

（3）控制组与实验组连续对比实验。为了消除非实验因素的影响，可采用控制组与实验组连续对比实验。控制组在实验前后均经销原产品，实验组在实验前经销原产品，实验期间经销新产品，然后通过数据处理得出实验结果。

【例 5-3】 某企业拟测度某种服装产品新包装的市场效果，选择 A、B、C 三家卖场为实验组，D、E、F 三家卖场为控制组，实验期为 1 个月，其销售量统计如表 5-5 所示。

表 5-5　某服装新包装销售测验统计　单位：件

组别	实验前	实验后	变动量
实验组	750（原包装）	1 018（新包装）	268
控制组	738（原包装）	813（原包装）	75

实验组的新包装服装产品比原包装产品在实验前后增加了 268 件，扣除控制组增加的 75 件和实验前两组的差异 12 件，实验结果表明新包装的服装产品比原包装的服装产品扩大销售了 181 件，改进后的新包装的市场效果是显著的。

3. 实验调查法的优缺点

（1）实验调查法的主要优点有：①实验调查法是在一种真实的或模拟真实环境下的具体调查方法，因而调查结果具有较强的客观性和实用性；②实验调查法可以主动地进行实验控制，以及较为准确地观察和分析某些现象之间的因果关系及其相互影响；③实验调查法可以探索在特定的环境中不明确的市场关系或行动方案；④实验结果具有较强的说服力，可以帮助决定行动的取舍。

（2）实验调查法的主要缺点有：①时间长、费用多；②具有一定的局限性，只能识别实验变量与有关因素之间的关系，而不能解释众多因素的影响；③具有一定的时间限制。

（五）服装市场网络调查法

1. 网络调查法的概念

网络调查法，是指企业利用互联网搜集和掌握市场信息的一种调查方法。网络调查法具有经济性、范围广、周期短、互动性、客观性和可靠性等特点。

2. 网络调查的方法

网络调查法按照采用的技术方法不同可分为站点法、电子邮件法、随机 IP 法和视讯会议法等；按照调查者组织调查样本的行为不同，可分为主动调查法和被动调查法。主动调查法是指调查者主动组织调查样本，完成有关调查；被动调查法是指被调查者被动地等待调查样本单位来访，完成有关调查。

（1）站点法。将问卷置于网络中供受访者自行填答后传回的方法。

（2）电子邮件法。通过向被调查者发送电子邮件，将调查问卷发送给一些特定的网上用户，由用户填写后又以电子邮件的形式反馈给调查者。

（3）随机 IP 法。随机产生一批 IP 地址作为抽样样本进行调查的方法，其理论基础是随机抽样。

（4）视讯会议法。视讯会议法是基于 Web 的计算机辅助访问（CAWI），它是将分散在不同地域的被调查者通过互联网视讯会议功能虚拟地组织起来，在主持人的引导下讨论所要调查的问题。

（5）在线访谈法。调查人员利用网上聊天室或 BBS 与不相识的网友交谈、讨论问题、寻求帮助来获取有关信息。

（6）搜索引擎。利用网络的搜索服务功能，通过输入关键词就可以搜索得到大量的现成资料。也可直接进入政府部门或行业管理网站，搜集有关的统计数据和相关资料。此外，搜索引擎还能够为市场调查策划提供许多相关的知识和信息支持及帮助。

网络调查法的优势体现在组织简单、费用低廉，调查结果的客观性高，快速传播与采用多媒体问卷相结合，采集信息的质量可靠，没有时空、地域限制，网络调查的周期大大缩短。

选择哪一种调查方法与调查目标、调查对象和调查员的素质等有直接关系。每一种调查方法其反馈率、真实性及调查费用都有不同特点。所以学习时应注意不同调查方式的特点、适用范围、需注意的问题，在实际操作时应注意各种方法之间的相互配合。

第二节　服装市场预测

一、服装市场预测概述

预测，是针对目前还不明确的事物，根据其过去和现在的已知情况，估计和推测未来可能出现的趋势。这种估计和推测，应该是在正确的理论指导下，通过广泛调查取得第一手资料或第二手资料，再运用定性分析和定量分析的方法，对市场今后的发展变化做出质的描述和量的估计。

市场预测与市场调查的区别在于，前者是人们对市场的未来的认识，后者是人们对市场的过去和现在的认识。市场预测能帮助经营者制订出适应市场的行动方案，使自己在市场竞争中处于主动地位。

（一）服装市场预测的含义

服装市场预测是指在对影响服装市场供求变化的诸因素进行调查研究的基础上，运用科学的方法，对未来市场服装商品供应和需求的发展趋势以及有关的各种因素的变化，进行分析、估计和判断。预测的目的在于最大限度地减少不确定性对预测对象的影响，为科学决策提供依据。例如，对服装企业的某个服装产品的需求情况的预测；销售发展变化情况的预测；对服装原料、服装设备、服装价格的预测；对消费者心理、习惯和购买状况变化的预测等。

（二）服装市场预测的基本原理

市场之所以可以被预测，首先是因为人们通过长期的认识，积累起丰富的经验和知识，可以逐步了解市场变化规律；然后，凭借各种先进的科学手段，根据市场发展历史和现状，推演市场发展的趋势，做出相应的估计和推测。具体而言，市场预测需要以下几条原理做指导。

1．惯性原理

任何事物的发展在时间上都具有连续性，表现为特有的过去、现在和未来这样一个过程。没有一种事物的发展与其过去的行为没有联系，过去的行为不仅影响到现在，还会影响到未来。因此，可以从事物的历史和现状推演出事物的未来。市场的发展也有一个过程，在时间上也表现为一定的连续性。尽管市场瞬息万变，但这种发展变化在长期的过程中也存在一些规律性（如竞争规律、价值规律等），可以被人们所认识。惯性原理是时间序列分析法的主要依据。

2．因果原理

任何事物都不可能孤立存在，都是与周围的各种事物相互制约、相互促进的。一个事物的发展变化，必然影响到其他有关事物的发展变化。比如，一个国家在一定时期内采用某种特定的经济政策，势必对市场发展产生某种影响。这时的政策是因，市场变化情况是果。过一段时间，国家根据市场发展变化的新情况，制定新的经济政策来刺激市场，或是稳定市场、限制市场，甚至改变市场发展方向等。市场情况成为因，经济政策又变为果。当然，一因多果或一果多因的现象也经常出现，但有其因就必有其果，这是规律。因此，从已知某一事物的变化规律，推演与之相关的其他事物的发展变化趋势，是合理的，也是可能的。投入产出分析法就是对因果原理的最好运用。

3．类推原理

许多事物相互之间在结构、模式、性质、发展趋势等方面客观存在着相似之处。根据这种相似性，人们可以在已知某一事物的发展变化情况的基础上，通过类推的方法推演出相似事物未来可能的发展趋势。例如，彩色电视机的发展与黑白电视机的发展就有某些类似之处，我们可以利用黑白电视机的发展规律类推彩色电视机的发展规律。类推原理在领先指标法中得到了很好的运用。

4．概率原理

任何事物的发展都有一个被认识的过程。人们在充分认识事物之前，只知道其中有些因素是确定的，有些因素是不确定的，即存在着偶然性因素。市场的发展过程中也存在必然性和偶然性，而且在偶然性中隐藏着必然性。通过对市场发展偶然性的分析，揭示其内部隐藏着的必然性，可以凭此推测市场发展的未来。从偶然性中发现必然性是通过概率论和数理统计方法，求出随机事件出现各种状态的概率，然后根据概率去推测预测对象的未来状态。

（三）服装市场预测的基本要求

市场预测的准确度越高，预测效果就越好。然而，由于各种主客观原因，预测不可能没有误差。为了提高预测的准确程度，预测工作应该具有客观性、全面性、及时性、科学性、持续性、经济性等基本要求。

1．客观性

市场预测是一种客观的市场研究活动，但这种研究是通过人的主观活动完成的。因此，预测工作不能主观随意地“想当然”，更不能弄虚作假。

2．全面性

影响市场活动的因素，除经济活动本身外，还有政治的、社会的、科学技术的因素，这些因素的作用使市场呈现出纷繁复杂的局面。预测人员应具有广博的经验和知识，能从各个角度归纳和概括市场的变化，避免出现以偏概全的现象。当然，全面性也是相对的，无边无际的市场预测既不可能也无必要。

3．及时性

信息无处不在，无时不有，任何信息对经营者来说，既是机会又是风险。为了帮助企业经营者不失时机地做出决策，要求市场预测快速提供必要的信息。过时的信息是毫无价值的。信息越及时，不能预料的因素就越少，预测的误差就越小。

4．科学性

预测所采用的资料，须经过去粗取精、去伪存真的筛选过程，才能反映预测对象的客观规律。运用资料时，应遵循近期资料影响大、远期资料影响小的原则。预测模型也应精心挑选，必要时还须先进行试验，找出最能代表事物本质的模型，以减少预测误差。

5．持续性

市场的变化是连续不断的，不可能停留在某一个时点上。相应地，市场预测需不间断地持续进行。在实际工作中，一旦市场预测有了初步结果，就应当将预测结果与实际情况相比较，及时纠正预测误差，使市场预测保持较高的动态准确性。

6．经济性

市场预测是要耗费资源的。有些预测项目，由于预测所需时间长，预测的因素又较多，往往需要投入大量的人力、物力和财力，这就要求预测工作本身必须量力而行，讲求经济效益。如果耗费过大，效益不高，将使市场预测声誉扫地。如果企业自己预测所需成本太高，可委托专门机构或咨询公司来进行预测。

（四）服装市场预测的种类

服装市场预测按不同的划分方法，有多种不同的分类，一般来说有以下几种不同的种类。

1．范围不同的预测

服装市场预测按照预测范围的不同划分，可分为宏观预测和微观预测。

（1）宏观预测。宏观预测是指从国民经济全局出发，对服装商品生产和流通总体的发展方向所做的预测，如社会服装商品零售总额预测、社会服装商品购买力预测等。

（2）微观预测。微观预测是指从服装企业角度出发，对影响企业经营的市场环境及企业经营的商品和市场占有率等方面的预测。

2．期限不同的预测

服装市场预测按照预测期限的不同划分，可分为短期预测、中期预测和长期预测。

（1）短期预测。短期预测是指一年或更短一些时间的市场变化预测，如年度预测、半年预测、季度预测等。它为制订年度、季度和月度计划提供依据。

（2）中期预测。中期预测是指一年以上、五年以内的市场变化预测。它是为实现五年计划和长期规划方案提供措施和依据的。

（3）长期预测。长期预测是指五年以上的预测。它可为企业制订长期规划和重大决策提供科学依据。

3．性质不同的预测

服装市场预测按照预测性质的不同划分，可分为定性预测和定量预测。

（1）定性预测。定性预测是对未来服装市场发展的大致方向或趋势做出预测，如某一服装经济指标是上升还是下降，是供过于求还是供不应求等。定性预测，主要靠人们的主观判断进行预测。

（2）定量预测。定量预测是指利用各种经济因素的统计数据或它们之间的数量依存关系来推测未来事件的发展程度。它主要是靠数学模型进行预测。定量预测按其预测数值的表现形式，又可分为点值预测和区间值预测。

①点值预测。点值预测是指预测数值表现为单个数值，如某服装流通企业预测下一年某款服装的销售量为 30 000 件。

②区间值预测。区间值预测是指预测数值表现为上限和下限两个数值所规定的区间，如某服装流通企业预测下一年某款服装的销售量在 25 000 件至 35 000 件之间。

4．综合程度不同的预测

服装市场预测按照预测商品综合程度的不同划分，可分为单项产品需求量预测、大类产品需求量预测和总体商品需求量预测。

（1）单项产品需求量预测。单项产品需求量预测是指对某单项服装产品（如衬衫、西服、皮衣等）按品牌、规格、质量、档次等分别预测其市场需求量。

（2）大类产品需求量预测。大类产品需求量预测是指对某一大类产品的预测，如对针织类服装的需求量预测、对纯毛类服装的预测、对纯棉类服装的预测等。

（3）总体商品需求量预测。总体商品需求量预测是指对服装消费需求的各种服装产品总量进行预测。

二、服装市场预测的内容

市场预测的内容非常广泛。不同的市场主体或不同的预测目的，决定了市场预测有不同的侧重点。服装企业所进行的预测，主要包括市场需求预测、市场资源预测和市场营销组合预测。

（一）服装市场需求预测

市场需求是指特定的时间、特定的地域和特定的顾客群体，对某种服装商品现实和潜在的需要量。对服装市场的需求预测，不仅包括服装需求量的预测，还包括服装商品的品种、规格、花色、型号、款式、质量、包装、品牌、商标、需求时间的预测等。市场需求受很多因素的影响，有市场主体外部的因素，如政治、法律、文化、技术、消费心理、消费习惯等；也有市场主体内部的因素，如服装目标市场的选择、销售价格的制订与变动、促销手段的选择与实施、营销方法的确定等。市场需求预测正是全面考察这些因素后对市场需要量进行的估计和推测。

（二）服装市场资源预测

市场需求和市场资源是构成市场活动的两个基本因素。满足市场需求，一方面要有充分的货币支付能力；另一方面要有充分的商品资源。否则，市场上就会出现商品购买力与商品供应量之间的不平衡，给企业的经营活动和国民经济的发展都带来不利的影响。

通过市场资源预测，可以预见市场的供需趋势，为服装企业确定生产规模、发展速度和质量水平等提供依据。还可以了解新产品开发和老产品更新换代的信息，帮助企业正确面对新产品对老产品的影响。在宏观方面，市场资源预测还能为调节供需平衡提供依据。

（三）服装市场营销组合预测

服装市场营销组合预测，是对企业的产品、价格、销售渠道和促销方式等营销因素所进行的预测。

1. 产品预测

现代产品，不仅是指产品的物质实体，还包含产品的商标、包装以及安装、维修、咨询等方面。服装产品组合是由产品线的不同宽深度和关联度所决定的生产策略。现代服装企业既要提高专业化程度，组织大批量生产，强化产品线的深度，又要实行多样化经营，适应市场变化的需要，扩大产品线的宽度。前者可以更加广泛地满足各种需要，甚至是特殊的消费需要，有利于占领更多的细分市场。后者有利于挖掘企业潜力，分散投资风险，不断占领新的市场。加强产品线的关联性，则可以增强企业的竞争地位，提高产品的市场占有率。开展产品组合预测，有利于企业制订正确的产品组合策略，提高企业在行业中的优势。

产品的商标，是现代整体产品的组成部分。人们购买某款服装产品，有时候是奔着其商标来的。因为他们认为该产品的质量信得过，价格也合理，还可以享受到良好的服务。产品的包装，除了能保护商品、方便运输外，还起着“无声的推销员”的作用。高质量的售后服务，能使用户得到更大的满足，促使其重复购买。对市场上将会受欢迎的商标、包装和售后服务进行预测，有利于合理运用营销手段，促进产品的销售。

2．价格预测

价格是市场营销活动最重要的内容。每个服装企业都需要了解竞争企业或竞争产品的价格，而且还必须注意到不同价格水平会导致不同的需求量。因此需要对竞争产品的成本和价格进行预测。企业的产品价格确定后，应当及时地调查价格是否偏高或偏低，是否对消费者与经营者都有利，与竞争对手相比，是否具有优势或主动性等。有条件的企业，还应当进行产品需求曲线的预测。当产品需求曲线呈非弹性的时候，提高产品价格可以增加企业收入；如果产品需求曲线呈弹性的时候，降低价格则可以增加企业收入。企业掌握这些情况，对产品价格的及时调整很有帮助。

3．销售渠道预测

销售渠道即商品流通渠道，是企业产品实现其价值的重要环节。它包括合理制订分销路线、选择与配置中间商、有效地安排运输与储存、适时地向用户提供适用的商品。如果企业销售渠道的数量多，商品流通的路线就广，市场占有率就高。消费品的销售渠道，可以在代理、批发和零售等中间商中选择一个或几个层次。生产资料的销售渠道一般不需要零售中间商。生产者选择销售渠道时，应对自身的条件、产品的情况和所处的市场进行综合分析，如企业的资本、商誉、服务和管理能力等；产品的单价高低、体积大小、易毁或易腐、通用或专用等；市场上同类商品的多少、潜在顾客的数量、购买者的习惯等。企业开展销售渠道的预测，就是要对这些影响因素的未来变化情况做出推测与判断，以确定相应的策略。

4．促销方式预测

促销是服装企业通过一定的方法或手段向消费者传递信息，从而促进消费者对产品或企业的了解，并影响消费者的购买行为。市场营销的实践表明，客户接受一种产品的前提，首先是接受消费这一产品的观念。通过多种媒介传递信息，说服客户，就能创造使用这种产品的社会氛围。促销方式主要有广告、人员推销、销售促进和公共关系四种具体形式。各种形式都有其自身的特性，相互之间又存在着一定的替代性。营销部门在大多数情况下都必须配合使用。企业开展促销方式的预测，就是要估计不同产品最适合的信息传递途径，推测顾客在不同促销方式下消费观念的变化，测算企业在各种促销组合下的经济效益。

上述营销要素各自的单体优势不一定能形成整体优势，单体优势之间还有一个整体优化问题，因此必须结合起来进行整体研究。将服装企业的产品、价格、销售渠道和促销方式结合起来，进行综合性的预测，是市场营销组合预测的关键。

三、服装市场预测的步骤

市场预测的程序就是开展预测工作的步骤，它是提高预测工作的效率和质量的重要保证。服装市场预测的步骤如图 5-3 所示。

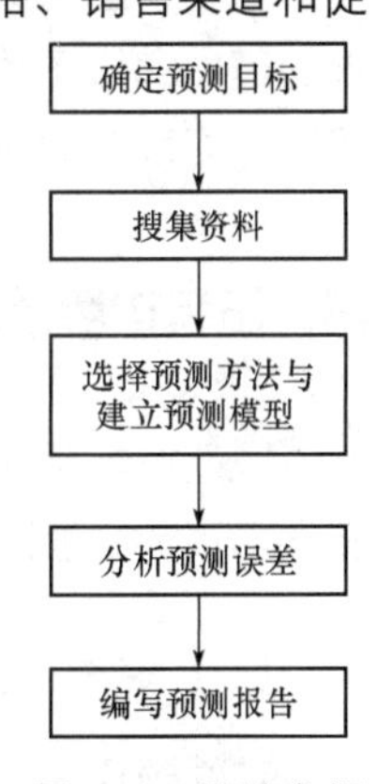

图 5-3 服装市场预测的步骤

1．确定预测目标

由于预测目标、对象、期限、精度、成本和技术力量等的不同，预测所采用的方法、资料数据收集也有所不同。明确预测的具体目标，是为了抓住重点，避免盲目性，提高预测工作的效率。例如，预测某款服装商品的需求量，就是一个具体的预测目标。确定了这个目标之后，才能为搜集市场商情资料、选择预测方案、配备技术力量和预算所需费用指明方向。只有根据服装企业经营活动的需要，制订预测工作计划，编制预算，调配力量，组织实施，才能以较少费用，取得满意的预测结果。

2. 搜集资料

资料是预测的依据，有了充分的资料，才能为市场预测提供可靠的数据。搜集有关服装市场中的各种资料，是进行服装市场预测重要的基础工作。如果某些预测方法所需的资料无法搜集或搜集的成本过高，即便有理想的预测方法也无法应用。广泛收集影响预测对象的一切资料，要注意资料的真实性和可靠性，剔除偶然性因素造成的不正常情况，是定量预测模型的基础条件。

3. 选择预测方法与建立预测模型

市场预测方法很多，但并不是每个预测方法都适合所有被预测的问题。预测方法选用是否得当，将直接影响预测的精确性和可靠性。根据预测的目的、费用、时间、设备和人员等条件选择合适的方法，是预测成功的关键。对同一个预测目标，一般应同时采用两种以上的预测方法，以资比较和鉴别预测结果的可信度。定量预测模型应该在满足预测要求的前提下，尽量简单、方便和实用。

4. 分析预测误差

预测是估计和推测，很难与实际情况百分之百吻合。预测模型又是简化了的数学模型，不可能包罗影响预测对象的所有因素，出现误差是不可避免的。产生误差的原因，一种可能是收集的资料有遗漏和篡改或预测方法有缺陷；另一种可能是工作中的处理方法失当，工作人员的偏好影响等。因此，每次预测实施后，要利用数学模型计算的理论预测值，与过去同期实际观察值相比较，计算出预测误差，估计其可信度。同时，还要分析各种数学模型所产生误差的大小，以便对各种预测模型做出改进或取舍。

以上几个预测步骤是相互密切联系的，在先后顺序上有时也可交叉进行。市场调研人员应当根据预测的目的要求和实际工作进程灵活掌握。

5. 编写预测报告

预测报告是对预测工作的总结，也是向使用者做出的汇报。预测结果出来之后，要及时编写预测报告。报告的内容，除了应列出预测结果外，一般还应包括资料的搜集与处理过程、选用的预测模型及对预测模型的检验、对预测结果的评价（包括修正预测结果的理由和修正的方法），以及其他需要说明的问题等。预测报告的表述，应尽可能利用统计图表及数据，做到形象直观、准确可靠。

四、服装市场预测的方法

服装市场预测的方法，总的来看可以从定性与定量进行预测。下面就这两方面对服装市场预测方法进行说明。

（一）定性预测法

定性预测法是指在服装市场预测中，预测者根据服装市场信息资料，不依托数学模型，而是运用经验和主观分析判断或者依靠集体智慧，进行综合分析，对未来服装市场

发展做出判断预测的一种方法。这种方法在社会经济生活中有广泛的应用，特别是在预测对象的影响因素难以分清主次，或其主要因素难以用数学表达式模拟时，预测者可以凭借自己的业务知识、经验和综合分析的能力，运用已掌握的历史资料和直观材料，对事物发展的趋势、方向和重大转折点做出估计与推测。定性预测的主要方法有专家预测法、营销人员意见综合预测法和购买意向调查预测法。

1．专家预测法

专家预测法是以专家为索取信息的对象，运用专家的知识和经验，考虑预测对象的社会环境，直接分析研究和寻求其特征规律，并推测未来的一种预测方法。它主要包括个人判断法、集体判断法和德尔菲法。

（1）个人判断法。个人判断法是用规定程序对服装专家个人进行调查的方法。这种方法是依靠个别专家的服装专业知识和特殊才能来进行判断预测的。其优点是能利用专家个人的创造能力，不受外界影响，简单易行，费用也不多。但是，依靠个人的判断，容易受专家的知识面、知识深度、占有资料是否充分以及对预测问题有无兴趣所左右，难免带有片面性。专家的个人意见往往容易忽略或贬低相邻部门或相邻学科的研究成果，专家之间的当面讨论又可能产生不和谐。因此，这种方法最好与其他方法结合使用，让被调查的专家之间不发生直接联系，并给时间让专家反复修改个人的见解，才能取得较好的效果。

（2）集体判断法。这种方法是在个人判断法的基础上，通过会议进行集体的分析判断，将专家个人的见解综合起来，寻求较为一致的结论的预测方法。这种方法参加的人数多，所拥有的信息量远远大于个人拥有的信息量，因而能凝集众多专家的智慧，避免个人判断法的不足，在一些重大问题的预测方面较为可行可信。但是，集体判断法的参与人员也可能会受到情感、个性、时间及利益等因素的影响，不能充分或真实地表明自己的判断。

因此，运用集体判断法，会议主持人要尊重每一位与会者，鼓励与会者各抒己见，使与会者在积极发言的同时要保持谦虚恭敬的态度，对任何意见都不应带有倾向性。同时还要掌握好会议的时间和节奏，既不能拖得太长，也不要草草收场；当话题分散或意见相持不下时，能适当提醒或调节会议的进程等。

（3）德尔菲法。德尔菲法是为避免专家会议法的不足而采用的预测方法。这种方法的应用始于美国兰德公司，在国外颇为流行。这一方法的特点是，聘请一批专家以相互独立的匿名形式就预测内容各自发表意见，用书面形式独立地回答预测者提出的问题，并反复多次修改各自的意见，最后由预测者综合进而确定市场预测的结论。

德尔菲法进行市场预测的步骤为以下几点。

①做好准备。准备好已搜集到的有关资料，拟定向专家小组提出的问题（问题要提得明确）。

②请专家做出初步判断。在做好准备的基础上，邀请有关专家成立专家小组，将书面问题寄发各专家（如有其他资料，也随同寄发），请他们在互不通气的情况下，对所咨询的问题做出自己的初次书面分析判断，按规定期限寄回。

③请专家修改初次判断。为使专家集思广益，对收到各专家寄回的第一次书面分析判断意见加以综合后，归纳出几种不同判断，并请身份类似的专家予以文字说明和评

论，再以书面形式寄发各专家，请他们以与第一次同样的方式，比较自己与别人的不同意见，修改第一次的判断，做出第二次分析判断，按期寄回。如此反复修改多次，直到各专家对自己的判断意见不再修改时为止。在一般情形下，经过三次反馈，即经过初次判断和两次修改，就可以使判断意见趋于稳定。

④确定预测值。即在专家小组比较稳定的判断意见的基础上，运用统计方法加以综合，最后做出市场预测结论。

2．营销人员意见综合预测法

这里所指的营销人员除了直接从事服装销售的人员，还包括管理部门的工作人员和销售主管等人员。营销人员意见综合预测法在实施过程中要求每一位预测者给出各自的销售额的“最高”“最可能”“最低”预测值，并且就预测的“最高”“最可能”“最低”出现的概率达成共识。

这种预测方法的具体做法是：假设第 i 位预测者（i=1，2，3，4，5，…，n）给出的预测值为 F_{ij}，其中 j=1 表示预测最高值，j=2 表示预测最可能值，j=3 表示预测最低值。最高预测值给出的概率是 P_1，最可能值给出的概率是 P_2，最低值给出的概率是 P_3。

若第 i 位预测者的意见权重为 W_i（i=1，2，…，n），则最终预测结果为

$$F_i=\sum W_i F_i$$

【例 5-4】　某服装公司销售经理和两位副经理对某公司的服装产品的销售量进行预测，得到的数据如表 5-6 所示，试求预测值。

表 5-6　预测数据表　　单位：万元

	最高销量	最可能销量	最低销量	权重
经理	2 720	2 510	2 350	0.6
副经理甲	1 900	1 800	1 700	0.2
副经理乙	2 510	2 490	2 380	0.2
概率	0.3	0.4	0.3	—

经理的预测值为

$$F_1=0.3\times2\,720+0.4\times2\,510+0.3\times2\,350=2\,525（万元）$$

副经理甲的预测值为

$$F_2=0.3\times1\,900+0.4\times1\,800+0.3\times1\,700=1\,800（万元）$$

副经理乙的预测值为

$$F_3=0.3\times2\,510+0.4\times2\,490+0.3\times2\,380=2\,463（万元）$$

最终预测值为

$$F=0.6\times2\,525+0.2\times1\,800+0.2\times2\,463=2\,367.6（万元）$$

3．购买意向调查预测法

购买意向调查预测法是一种在市场研究中最常用的市场需求预测方法。这种方法以问卷形式征询潜在的购买者未来的购买量，由此预测出市场未来的需求。由于市场需求是由未来的购买者实现的，因此如果在征询中潜在的购买者如实反映购买意向的话，那么据此做出的市场需求预测将是相当有价值的。在应用这一方法时，对生产资料和耐用消费品的预测较非耐用品精确，这是因为对非耐用消费品的购买意向容易受到多种因素

的影响而发生变化。

（二）定量预测法

我们知道定性预测法是预测者运用经验和主观分析判断或者依靠集体智慧进行预测从而得出预测结果，但在许多情况下，要科学、准确地对市场做出预测，还需要采用定量预测方法。定量预测也称统计预测，它是根据已掌握的比较完备的历史统计数据，运用一定的数学方法或数学模型进行科学的加工整理，借以揭示有关变量之间的规律性联系，用于预测和推测未来发展变化情况的一类预测方法。定量预测方法有很多，本书主要介绍简易平均法、移动平均法、直线趋势延伸法和季节指数法。

1．简易平均法

简易平均法是以观察期内时间序列的各期数据（观察变量）的平均数作为下期预测值的方法。简易平均法中的具体方法有很多，这里介绍最常用的简单算术平均法和加权算术平均法。

（1）简单算术平均法。简单算术平均法是以过去若干期的销售量或销售金额的算术平均值作为计划期间的销售预测值。其计算公式如下

$$\bar{X}=\frac{X_1+X_2+\cdots+X_n}{n}=\frac{\sum_{i=1}^{n}X_i}{n}\quad (i=1,\ 2,\ 3\cdots,\ n)$$

或简写为

$$\bar{X}=\frac{\sum X}{n}$$

式中，$\bar{X}$——历史资料的平均数，作为预测期的预测值；

X_i——历史资料的每个数据（销售量或销售额）；

n——历史资料的个数；

i——历史资料编号。

【例 5-5】 某服装企业 2016 年 1、2、3 月份服装销售额分别为 235 万元、240 万元、230 万元，预测 4 月份的销售额。

$$\overline{X_4}=\frac{235+240+230}{3}=235\text{（万元）}$$

用简单算术平均法进行市场预测时，需要一定的条件，只有当数据的时间序列表现出水平型趋势即无显著的长趋势变化和季节变动时，才能采用此方法进行预测。如果数列存在明显的长期趋势变动和季节变动时，则不宜使用。

（2）加权算术平均法。加权算术平均法是简单算术平均法的一种改进，它是对过去不同时期的数据按其对预测期的影响程度分别给以不同的权数，然后计算出加权算术平均数，作为预测期的预测值。其计算公式为

$$\bar{X}=\frac{X_1W_1+X_2W_2+\cdots+X_nW_n}{W_1+W_2+\cdots+W_n}$$

$$=\frac{\sum_{i=1}^{n}X_iW_i}{\sum_{i=1}^{n}W_i}\quad (i=1,\ 2,\ 3,\cdots,\ n)$$

或简写为

$$\bar{X}=\frac{\sum XW}{\sum W}$$

【例 5–6】 如【例 5–5】资料，分别赋予 1、2、3 月数据的权数依次为 1、2、3 时，预测 4 月份的服装销售额。

$$\overline{X_4}=\frac{235\times1+240\times2+230\times3}{1+2+3}\approx234.17\text{（万元）}$$

在统计计算中，用来衡量总体中各单位标志值在总体中作用（影响）大小的数值叫作权数。权数的确定对于使用加权算术平均法预测未来预测值是非常关键的。权数的大小往往凭预测者的经验来确定。一般而言，在剔除一些特殊的影响因素后，距离预测期越近的观察期数据对预测值的影响越大，所以对其数据给定的权数就越大；而距离预测期越远的观察期数据对预测值的影响越小，所给定的权数就越小。

加权算术平均法比简单算术平均法有一定的优越性，它没有把观察期的历史数据简单地等同对待，而是根据对各个数据的具体分析，区别对待，给予不同程度的重视。这种方法比较真实地反映时间序列的规律，考虑了事件的长期发展趋势。

2．移动平均法

移动平均法是取预测对象最近一组历史数据的平均值作为预测值的方法。这种方法不是仅取最近一期的历史数据作为下一期的预测值，而是取最近一组历史数据的平均值作为下一期的预测值。这一方法使近期历史数据参与预测，使历史数据的随机成分有可能互相抵消，平均之所含的随机成分就会相应减少。

移动平均法的“平均”是指对历史数据的“算术平均”，而“移动”是指参与平均的历史数据随预测值的推进而不断更新。当一个新的历史数据进入平均值时，要剔除原先参与预测平均的陈旧的历史数据，并且每一次参与平均的历史数据的个数是相同的。移动平均法分为一次移动平均法和二次移动平均法，本书介绍一次移动平均法，包括简单算术移动平均法和加权移动平均法。

（1）简单算术移动平均法。简单算术移动平均法是指将观察期的数据由远而近按一定跨越期进行一次移动平均，以最后一个移动平均值为确定预测值依据的一种预测方法。其计算公式为

$$\bar{X}_{t+1}=M_t^{(1)}=\frac{X_t+X_{t-1}+\cdots+X_{t-n+1}}{n}$$

$$=\frac{\sum_{i=1}^{n}X_i}{n}\quad(i=t,\ t-1,\ t-2,\cdots,\ t-n+1)$$

式中，$\bar{X}_{t+1}$——预测期第 $t+1$ 期的预测值；

X_i——观察期内时间序列的观察值；

$M_t^{(1)}$——时间序列中时间为 t 的一次移动平均值，即作为第 $t+1$ 期的预测值；

n——每一移动平均值的跨越期。

【例 5–7】 某服装公司根据 2016 年前 8 个月某款服装产品的销售额如表 5–7 所示，采用移动平均法预测 2016 年 9 月份的销售额情况。

表 5-7　移动平均法计算表　　单位：万元

月序数 t	实际销额（X_t）	n=3 移动平均预测				n=4 移动平均预测			
		$\bar{X}_{t+1}$	$X_t-\bar{X}$	绝对误差	均方误差	$\bar{X}_{t+1}$	$X_t-\bar{X}$	绝对误差	均方误差
1	68								
2	84								
3	76								
4	92	76	16	16	256				
5	72	84	−12	12	144	80	−8	8	64
6	64	80	−16	16	256	81	−17	17	289
7	76	76	0	0	0	76	0	0	0
8	83	70.7	12.3	12.3	151.3	76	7	7	49
9		74.3	——	——	——	71.5	——	——	——
		误差总计	0.3	56.3	807.3		−18	32	402

解：①选用 n=3 和 n=4，利用预测模型 $\bar{X}_{t+1}=M_t^{(1)}$ 且代入 t=N，N+1…，n−N+1 分别计算出当跨越期 n=3 和 n=4 时的一次移动平均值。

当 n=3 时，$\bar{X}_{3+1}=M_3^{(1)}=\frac{76+84+68}{3}=76$（万元），所以算得 2016 年 4 月份的一次移动平均值为 76 万元。后几个月以此类推。

当 n=4 时，$\bar{X}_{4+1}=M_4^{(1)}=\frac{92+76+84+68}{4}=80$（万元），所以算得 2016 年 5 月份的一次移动平均值为 80 万元。后几个月以此类推，如表 5-7 所示。

②计算 n=3 时预测值与实际值的误差、绝对误差、均方误差及其误差总和。n=3 时，2016 年 4 月份的实际销售额是 92 万元，一次移动平均算得的预测值是 76 万元，所以预测值与实际值的误差是 16 万元。在计算绝对误差和均方误差时，为方便计算，分别计算误差的绝对值和误差的平方。比较其误差会发现，跨越期越长，预测误差越小，越接近时间序列的平均数。结果如表 5-7 所示。

③确定预测值，n=3 时，第 9 个月的预测值为 74.3 万元；n=4 时，第 9 个月的预测值为 71.5 万元。一般来说，预测值与实际值的误差之和、绝对误差之和、均方误差之和越小，预测值越接近时间序列的平均数，预测越准确。比较 n=3 和 n=4 时的误差，显然 n=4 时预测值与实际值的误差较小，所以 2016 年 9 月份某服装公司的销售预测值为 71.5 万元。

（2）加权移动平均法。加权移动平均法就是根据同一个移动段内不同时间的数据对预测值的影响程度，分别给予不同的权数，然后再进行平均移动以预测未来值。

加权移动平均法不像简单算术移动平均法那样，在计算平均值时对移动期内的数据同等看待，而是根据越是近期数据对预测值影响越大这一特点，不同的对待移动期内的各个数据。对近期数据给予较大的权数，对较远的数据给予较小的权数，这样来弥补简单算术移动平均法的不足。其计算公式为

$$\bar{X}_{t+1}=M_t^{(1)}=\frac{X_tW_t+X_{t-1}W_{t-1}+\cdots+X_{t-n+1}W_{t-n+1}}{W_t+X_{t-1}+\cdots+W_{t-n+1}}=\frac{\sum X_iW_i}{\sum W_i}\quad(i=t,\ t-1,\ t-2\cdots,\ t-n+1)$$

式中，$\bar{X}_{t+1}$——预测期第 t+1 期的预测值；

$M_t^{(1)}$——时间序列中时间为 t 的一次移动平均值，即作为第 t+1 期的预测值；

X_i——观察期内时间序列的观察值；

n——每一移动平均值的跨越期；

W_i——与 X_i 相对应的相对数。

【例 5-8】 利用【例 5-7】数据，设 n=3，W_t=5，W_{t-1}=3，W_{t-2}=2，用加权移动平均法预测 2016 年 9 月份的销售额。

$$\bar{X}_9=M_8^{(1)}=\frac{X_8W_8+X_7W_7+X_6W_6^{104}}{W_8+W_7+W_6}=\frac{83\times5+76\times3+64\times2}{5+3+2}=77.1\text{（万元）}$$

3．直线趋势延伸法

直线趋势延伸法是指对具有线性变化趋势的时间序列拟合出直线方程，进行预测的方法。线性变化趋势的直观表现是时间序列呈增长趋势，而且增长幅度大致接近。直线方程为

$$Y_t=a+b_t$$

式中，Y_t——预测值；

t——时间变量；

a，b——a 表示 t=0 时，Y 的数值，即长期趋势的基期状态；b 表示 t 每变动一个单位 Y 的增减量。

运用最小二乘法确定的值，求出直线方程：

$$a=\frac{\sum Y_i-b\sum t_i}{n}$$

$$b=\frac{n\sum t_iY_i-\left(\sum t_i\right)\left(\sum Y_i\right)}{n\sum t_i^2-\left(\sum t_i\right)^2}$$

式中，t_i——时间序列的编号。

为简化计算，通常按 $\sum t_i=0$ 的原则编号，这样将上式简化为

$$a=\frac{\sum Y_i}{n}$$

$$b=\frac{\sum t_iY_i}{\sum t_i^2}$$

选取 t 值要分两种情况：当观察值个数 n 是奇数时，令中间观察值的 t=0，则 t 的间隔为 1，即取值为……-3，-2，-1，0，1，2，3……；当观察值个数 n 是偶数时，令中间两期观察值的 t 之和等于 0，t 的间隔为 2，即取值为……-5，-3，-1，1，3，5……。

【例 5-9】 某服装公司 2012—2018 年保暖内衣的销售量资料如表 5-8 所示，用直线趋势延伸法预测 2019 年该公司保暖内衣的销售量。

表 5-8 某公司保暖内衣年销售量表 单位：万件

	销售量（Y_i）	t_i	t_iY_i	t_i^2
2012	124	-3	-372	9
2013	138	-2	-276	4

续表

	销售量（Y_i）	t_i	t_iY_i	t_i^2
2014	167	−1	−167	1
2015	189	0	0	0
2016	205	1	205	1
2017	237	2	474	2
2018	259	3	777	9
Σ	1319	0	641	26

将表中计算结果代入上式，得出：

$$a=\frac{\sum Y_t}{n}=\frac{1319}{7}\approx 188.43$$

$$b=\frac{\sum t_iY_i}{\sum t_i^2}=\frac{641}{26}\approx 24.65$$

将 a，b 代入直线方程：Y_t=188.43+24.65t

由直线方程可得 2019 年的销售量为

t=4 时，Y_t=188.43+24.65×4=287（万件）

4．季节指数法

季节变动是指某些市场现象由于受自然气候、生产条件、生活习惯等因素的影响，在一定时间中随季节的变化而呈现出周期性的变化规律。服装产品的市场需求呈明显的季节性变动，而且这种波动是有规律地变化的。如 T 恤衫、羊毛衫、保暖内衣等受自然气候影响，形成市场需求量的季节性变动。

季节变动的主要特点是，每年都重复出现，各年同月（或季）具有相同的变动方向，变动幅度一般相差不大。因此，研究市场现象的季节变动，收集时间序列的资料一般应以月（或季）为单位，并且至少需要有 3 年或 3 年以上的有关市场现象各月（或季）的资料，才能观察到季节变动的一般规律性。

季节指数法，就是根据预测目标各年按月（或季）编制的时间数列资料，以统计方法测定出反映季节变动规律的季节指数，并利用季节指数进行预测的预测方法。因为服装产品具有明显的季节波动性，因此季节指数法经常被用于预测服装市场未来的供应量、需求量及价格变动趋势。

【例 5–10】 某服装企业羊绒衫的销售量 3 年内各季节的销售资料如表 5–9 所示。

表 5–9 2016—2018 年某企业羊绒衫各季节的销售情况 单位：万件

季节 年度	春季	夏季	秋季	冬季	各季平均	年销售总量
2016	67	23	76	129	73.75	295
2017	72	28	86	142	82	328
2018	80	35	94	179	97	388
总计	219	86	256	450	252.75	1011

解：（1）计算各年度季平均销售量，计算公式为

季平均销售量 = 全年销售量 /4

则 2016 年季平均销售量 =（67+23+76+129）/4=73.75（万件），2017 年、2018 年以此类推。

（2）计算各年各季的季节指数，计算公式为

某季的季节指数 = 某季的销售量 / 当年季平均销售量 100%

则 2016 年春季的季节指数 =67/73.75 × 100% ≈ 90.85%，以此类推计算出 3 年各季的季节指数。

（3）计算平均季节指数，其计算公式为

平均季节指数 = 各年同季季节指数之和 / 观察年数

则 3 年中，春季平均季节指数 =（90.85%+87.80%+82.47%）/3=87.04%，以此类推，夏、秋、冬季平均季节指数同理计算，结果填入表 5-10。

表 5-10　2016—2018 年季节指数与平均季节指数　　单位：%

季度 年度	春季	夏季	秋季	冬季
2016	90.85	31.19	103.05	174.92
2017	87.80	34.15	104.88	173.17
2018	82.47	36.08	96.91	184.54
平均季节指数	87.04	33.81	101.61	177.54

（4）计算预测年度某季的预测销售量，计算公式为

某季预测销售量 = 年预测销售量 /4 × 该季节平均季节指数

现预计 2019 年全年该企业羊绒衫销售量是 475 万件，各季节的销售量预测值为：

春季：475/4 × 87.04%=103.36（万件）

夏季：475/4 × 33.81% ≈ 40.15（万件）

秋季：475/4 × 101.61% ≈ 120.66（万件）

冬季：475/4 × 177.54% ≈ 210.83（万件）

拓展案例：S 品牌服装顾客满意度市场调查方案

教学案例：皮尔 · 卡丹服装市场调查与预测案例

本章小结

1. 服装市场调查与预测是服装市场营销学的重要内容之一，市场调查和市场预测是服装企业研究服装市场变化的重要方法。服装市场调查是服装市场预测的前提和基础，服装市场预测是服装市场调查的目的和延续。同时服装市场调查对市场预测的结果又可以起到验证和修正的作用。

2. 服装市场调查是运用科学的方法，有组织、有计划地系统、全面、准确、及时地收集、整理和分析服装市场现象的各种资料的活动过程。服装市场调查的步骤一般按如下程序进行：①确定问题与假设，②确定所需资料，③确定收集资料的方式，④抽样设计，⑤数据收集，⑥数据分析，⑦调查报告。服装市场调查可以从宏观环境和微观环境上进行调查。宏观环境调查的内容包括政治环境调查、法律环境调查、经济环境调查、社会文化环境调查、科技环境调查、地理和气候环境调查。微观环境调查的内容包括服装市场需求调查、服装市场供给调查、服装市场营销活动调查。

3. 服装市场调查的方法主要有服装市场文案调查法、服装市场访问调查法、服装市场观察调查法、服装市场实验调查法和服装市场网络调查法等。

4. 服装市场预测是指在对影响服装市场供求变化的诸因素进行调查研究的基础上，运用科学的方法，对未来市场服装商品供应和需求的发展趋势以及有关的各种因素的变化，进行分析、估计和判断。为了提高预测的准确程度，预测工作应该具有客观性、全面性、及时性、科学性、持续性、经济性等基本要求。服装企业所进行的预测，主要包括市场需求预测、市场资源预测和市场营销组合预测。服装市场预测的步骤一般包括：①确定预测目标，②搜集资料，③选择预测方法与建立预测模型，④分析预测误差，⑤编写预测报告。

5. 服装市场的预测方法主要包括定性预测法与定量预测法。其中定性预测法主要有专家预测法、营销人员意见综合预测法和购买意向调查预测法。定量预测法主要有简易平均法、移动平均法、直线趋势延伸法和季节指数法。

习　题

单项选择题

1. 以调查某一时期某种产品的销售量为何大幅度滑坡为目的的市场调查研究是（　　）调研。

A. 探索性　　B. 描述性　　C. 因果关系　　D. 预测性

2. 在各类调查方法中，最有代表性同时又能节省人力、物力、财力支出的方法是（　　）。

A. 重点调查法　B. 典型调查法　C. 全面调查法　D. 抽样调查法

3. 调研方法不包括（　　）。

A. 询问法　　B. 观察法　　C. 实验法　　D. 德尔菲法

4. 调查人员到现场直接记录被调查者的行为，从而获得有关市场信息的一种调查方法是（　　）。

A. 实验法　　B. 问卷法　　C. 抽样法　　D. 观察法

5. 电话调查通话时间不宜过长，下列哪种提问方式比较好？（　　）

A. “你觉得我们产品有什么优点？”

B. “你是否准备购买家用空调？”

C. “你对我们的微波炉有什么改进意见？”

D. “你的月收入处在哪一水平？”

习题答案

第六章 服装市场细分与市场定位

学习目标

1. 掌握服装市场细分与目标市场的选择；
2. 掌握目标市场的营销策略；
3. 掌握如何进行市场定位。

案例导入

Esprit 的市场定位和传播

Esprit 的成功就获益于准确的市场定位和传播。一直以来，Esprit 习惯用店堂内外的展示和服务传达企业文化，就像它的创始人从一名普通家庭妇女默默工作直到成功的经历一样。

服装企业无法用自己有限的资源，生产出品种繁多的服装以满足市场每一个顾客的需求。因此，如何从企业自身特色与能力出发来开发服装市场，已成为企业参与激烈竞争的重要砝码。而 STP 营销（市场细分、目标市场和产品定位）则是调节砝码的关键所在。STP 营销可以通过市场细分和目标市场的定位，明确最适合企业或品牌的发展方向，并且能够满足不同层次消费者的需求。

在市场细分的基础上，服装企业结合自身的情况进行目标市场的选择。在目标市场的设定过程中，企业必须与营销战略紧密结合。目标市场确定后，企业将确定自己的产品定位。

第一节　服装市场细分与目标市场的选择

一、服装市场细分及其作用

市场细分是营销学当中较为重要的要素。营销的一个基本理念是每一个产品不可能会满足所有消费者的需求，聪明的服装企业会根据消费者需求的差别将市场细分。确定目标消费者，使他们以自己的产品作为购买目标才是关键。因此，企业需要将产品定位在目标消费者所偏爱的个性上，并通过一系列营销流程向目标消费者传达这一定位信息，消费者注意到这一品牌并感知它就是所需要的，这样才能真正占据消费者的心，使所选定的目标市场真正成为自己的市场。

（一）市场细分的概念和发展阶段

市场细分的概念是美国市场营销学家温德尔·史密斯（Wendell Smith）在1956年提出来的。这是他在总结了企业营销活动实践的基础上提出来的新概念。他主张凡是市场上的产品或劳务的购买者超过两人以上者，这个市场就有被细分为许多个亚市场的可能。该观点顺应了第二次世界大战后美国众多产品由卖方市场转变为买方市场这一新的市场形势。此观点提出来后，立即受到工商企业家和理论界的重视，已成为市场营销理论的重要组成部分。

在西方发达国家，市场细分策略思想的形成大致经历了三个阶段。

1. 大量营销阶段（生产导向阶段）

在20世纪20年代以前，西方国家由于生产能力比较落后，商品供不应求，生产观念支配企业的经营管理，因此出现了大量营销阶段。当时的营销者们认为，只要顾客在市场上看到本企业的产品，而且价格比同类产品便宜，就一定会购买。采用这种大量营销的方法，其优点是可节省产品的生产和营销成本，取得规模经济效益；缺点是产品形式单一，不能满足市场多样化的需求，缺乏竞争力。

2. 产品多样化营销阶段（销售导向阶段）

企业生产经营多种不同规格、质量、特色和风格的同类产品，以适应各类顾客的不同需要，为顾客提供较大的选择范围。西方国家在20世纪20年代末到20世纪50年代以前处于此阶段。由于市场竞争激烈，企业逐步意识到产品多样化的潜在价值，开始实行产品多样化营销，使消费者有了较大的选择机会。但是，这种多样化营销并不是建立在市场细分的基础上，不是从目标市场的需要出发来组织生产经营的。

3. 目标市场营销阶段（需求导向阶段）

企业通过市场细分选择一个或几个细分部分作为自己的目标市场，专门研究其需求特点，有针对性地设计适当产品，确定适当价格，选用适当的分销渠道和促销渠道，开展营销活动。其市场环境表现为社会生产力发展迅速，产品供应量剧增，花色品种繁多，消费者对产品优中选优，是典型的买方市场。

目标市场营销由三个步骤组成：一是市场细分，二是目标市场选择，三是市场定位。

（二）服装市场细分的含义

服装市场细分是服装企业根据消费者需求的不同，把整个市场划分成不同的消费者群的过程。其客观基础是消费者需求的异质性。进行市场细分的主要依据是异质市场中需求一致的顾客群，实质就是在异质市场中求同质。

服装市场细分是服装市场营销管理中制订市场营销战略的重要步骤。它是服装市场定位、确立目标市场的重要前提。因此，可以说服装市场细分的目标不是为了分解，而是为了聚合，即在需求不同的市场中把需求相同的消费者聚合到一起。当然，细分市场并不是服装企业的目的，不能为了细分而细分，市场也不是划分得越细越好。服装市场细分的根本目的在于使企业有针对性地认知需求，以便于企业利用自己的特点和优势来满足特定需求。

（三）服装市场细分的作用

1．服装市场细分是制定市场营销战略的关键环节

服装市场细分化，有利于企业研究和掌握某个特定市场的特点，有针对性地采取各种营销策略，如产品策略、价格策略、流通渠道策略和广告策略等，以达到占领市场的目的。

服装市场营销战略包括选定目标市场和决定适当的营销组合两个基本观念。在实际应用上，有以下两种途径。

（1）从市场细分到营销组合，即先将一个异质市场细分为若干个“子市场”，然后从若干个“子市场”中选定目标市场，采取与企业内部条件和外部环境相适应的目标市场策略，并针对目标市场设计有效的市场营销组合。

（2）从营销组合到市场细分，即首先在已建立了营销组合后，对产品组合、分销、促销及价格等做出多种安排，将产品投入市场试销；然后依据市场反馈的信息，研究消费者对不同营销组合的反应有何差异，进行市场细分，选定目标市场；最后按照目标市场的需求特点，调整营销组合。

2．服装市场细分有利于发现市场营销机会

服装市场需求是瞬息万变的，在整体市场中各个细分市场的变化又是不同的。通过市场细分，服装企业可以较好地掌握每个细分市场的变化特点，及时调整市场营销策略，使企业有较强的应变能力。

市场营销机会是已出现于市场但尚未加以满足的需求。这种需求往往是潜在的，一般不易发现。运用服装市场细分的手段便易于发现这类需求，并从中寻找适合本企业开发的需求，从而抓住市场机会，使企业赢得市场主动权。例如，我国服装市场竞争较激烈，通过市场细分可以看出，竞争激烈的主要是青年服装市场和儿童服装市场，老年服装市场却很冷清。于是有些服装企业把目标市场放在老年服装市场上，生产出各式各样的老年服装，结果大获成功。这些“空档”市场，都是企业的市场营销机会。

3．服装市场细分能有效与竞争对手相抗衡

在服装企业之间竞争日益激烈的情况下，通过市场细分，有利于企业发现目标消费者群的需求特性，从而调整产品结构，增加产品特色，提高企业的市场竞争能力，有效地与竞争对手相抗衡。

4. 服装市场细分能有效地拓展新市场，扩大市场占有率

服装企业对市场的占有不是轻易就能拓展开来的，必须从小到大逐步拓展。通过市场细分，企业可先选择最适合自己占领的某些“子市场”作为目标市场。当占领这些“子市场”后再逐渐向外推进、拓展，从而扩大市场占有率。

5. 服装市场细分有利于企业扬长避短，发挥优势

每一个服装企业的营销能力对于整体市场来说都是有限的。所以，服装企业必须将整体市场细分，确定自己的目标市场，把自己的优势集中到目标市场上。否则，服装企业就会丧失优势，从而在激烈的市场竞争中遭受失败。特别是一些中小企业，更应该注意利用市场细分原理，选择自己的市场。

总之，市场细分是服装企业发现良机，发展市场营销战略，提高市场占有率的有力手段。服装市场细分对中小企业更有重要意义。中小企业资金少、资源薄弱，竞争优势不如大公司，但如果能通过服装市场细分找到一个尚未被大公司注意和占领的较小细分市场，找到力所能及的良机，见缝插针、拾遗补阙，那么便能在激烈的市场竞争中求得生存和发展。

二、服装市场细分的标准和原则

对于服装企业来说，细分的目的主要是选择有足够容量、高利润并且可操作性强的目标市场，因此在进行服装市场细分时，应广泛开展市场调研，收集消费者信息，听取专业人员的意见，分析竞争对手业绩，然后根据市场差异和发展趋势、竞争者的战略和策略以及企业自身的能力细分市场并确立企业的战略目标。

市场细分是建立在市场需求差异性基础之上的，因而形成消费者市场需求差异性的因素，就可以作为消费者市场细分的标准。影响消费者需求的差异性因素是多种多样、不断变化的，因此，市场细分的标准又叫市场细分变数。细分消费者市场所依据的变数可以概括为地理环境因素、人口统计因素、消费心理因素和行为因素。

1. 地理环境因素

按照消费者所处的地理位置和自然环境来细分市场。具体变数包括国家、地区、城市规模、气候及人口密度、交通条件等。处于不同地理位置的消费者，对同一类产品往往呈现出差别较大的需求特征，对企业营销组合的反应也存在较大的差别。例如，对防暑降温、御寒保暖之类的消费品按照不同气候带细分市场是很有必要的。地理细分对不同区域市场的识别和划分也有意义。企业可以根据产品在该区域上市的时间，将市场分为引入或发育期市场（1～5年）、成长期市场（6～11年）、成熟期市场（11年以上）。显然，这样的划分有利于企业识别不同阶段市场的特征，制订具有针对性的营销策略。就总体而言，地理环境中的大多数因素是一种相对静态的变量，但是，处于同一地理位置的消费者和用户对某一类产品的需求和偏好仍然会存在较大的差异。因此，企业营销还必须同时依据其他因素进行市场细分。

2. 人口统计因素

这是根据人口统计变数来细分市场。企业可以按人口统计资料所反映的内容，包括

年龄、性别、家庭人数、家庭生命周期、收入、职业、教育、宗教、种族和国籍等作为细分标准来细分消费者市场。长期以来，人口因素一直是消费者市场最主要的细分标准。这是因为消费者的欲望、偏好和使用率往往和人口变数有直接关系，而且人口变数比其他变数更容易衡量。进行人口细分时所依据的人口变数主要有以下几种：

（1）年龄与生命周期阶段。不同年龄与生命周期阶段消费者的需要和购买力有明显的差异。例如，儿童对玩具、少儿读物的需求最多；青少年对时装、旅游、娱乐的需求最多；而营养滋补品和医疗保健用品的需求者多为老年人等。玩具、服装、食品等市场均可按年龄细分。

以年龄划分市场必须注意人口分布在各个区段上并不均匀的问题，应根据人口普查的数据作为市场潜量的推算。

（2）家庭人口与家庭生命周期。家庭人口数量不同，在购买消费品的品种、数量、质量和购买习惯上也不一样。例如，规模大小不同的家庭所需日用品或家用电器的规格可能不同。家庭生命周期的不同，人们对商品的需求也不一样。如家庭中有子女与无子女，有年幼子女与成年子女，其需求特点就大不相同。

（3）性别。性别也是影响消费者行为的一个重要因素。在服装、美容美发、化妆品和洗涤用品等市场上因性别不同而产生的差异极其明显。因此，在上述行业中性别早已成为一个常用的细分变数，如表 6-1 所示。

表 6-1 购买决策的性别差别

	女性	男性
决策速度	做决定时感到不确定，容易被说服，决策速度慢	决定自己想要买什么，不易被说服，决策速度快
决策方式	在进行购买决策时考虑其他人的因素，具有公共性	在进行购买决策时，更多考虑自己的目的，且只关注关键利益

（4）收入。收入是市场细分的重要因素。收入不仅涉及购买能力从而影响总的市场潜量，同时还影响服饰产品的市场结构。消费者的实际收入直接影响他们的购买力、生活方式以及对未来的期望，因而对消费需求的数量、档次具有决定性影响。房地产、计算机、汽车和旅游等许多行业可以此为依据进行市场细分。企业在调研市场时，必须掌握不同消费者的个人收入、家庭收入、家庭人均收入状况及其对消费者需求的影响。

（5）职业与受教育程度。服饰作为一种表达个人社会地位、角色和成就的载体，是职业表现的主题之一。凭借穿着往往可以推断出此人的职业类型，如教师与影视演员对服装鞋帽和化妆品等产品的需求，必然有较大差异。

消费者受教育程度的不同也会形成不同的消费行为和需求特点。这是因为文化水平影响人们的审美观和价值观。

依据人口变数来细分市场，虽然可用单变数细分，但是在实际工作中多数企业通常采用多变数细分，即依据两个或两个以上的人口变数来细分市场。例如，某皮鞋公司以性别、年龄和收入三个变数将市场划分为多个细分层面，每个层面有更细致的划分。如在高档女用皮鞋的提供上，可以有以下细分选择：为高收入的年轻女性群体提供高档女鞋，为高收入的职业中年妇女提供高档女鞋，为富裕的年轻家庭妇女提供高档女鞋等。

再以年龄、家庭人口和收入为例，看人口变数对某产品需求的制约：某家具公司在市场调查中发现与家具销售关联最密切的人口变量有户主年龄、家庭规模和收入状况。如果依次把每一变数分为若干等级，可以形成不同的细分市场。企业在选择目标市场时，可以根据本企业的营销目标及预期利润，分别考虑各个细分市场的家庭数量、平均购买率、产品的竞争程度等因素。经过分析研究和预测，即可比较准确地评估出每个细分市场的潜在价值。

3．消费心理因素

消费心理因素即按照消费者的心理特征细分市场。消费者按不同的社会阶层、生活方式和个性特征组成了不同的群体，显示出迥然不同的心理特征。心理因素包括个性、购买动机、价值观念、生活格调和追求的利益等变量。比如，生活格调是指人们对消费、娱乐等特定习惯和方式的倾向性，追求不同生活格调的消费者对商品的爱好和需求有较大差异。许多服装企业越来越重视按照人们的生活格调来细分市场。消费者的个性、价值观念等心理因素对需求也有一定的影响，企业可以把个性、爱好、兴趣和价值取向相近似的消费者集合成群，有针对性地制订营销策略。在有关心理因素的作用下，人们的生活方式可以分为传统型、新潮型、奢华型、活泼型、社交型等不同类型。追求的利益是指消费者在购买过程中对产品不同效用的重视程度。

消费者的心理因素影响着消费者的购买趋向，并左右其购买行为。心理因素比较抽象，较难把握，对服装市场细分的影响越来越重要。

4．行为因素

所谓行为因素细分是指企业按照消费者购买或使用某种产品的时机、消费者所追求的利益、使用者情况、消费者对某种产品的使用率、消费者对品牌的忠诚程度、消费者对产品的态度等行为变数来细分消费者市场。随着消费者收入水平的不断提高以及新产品的不断问世，按这一标准细分市场越来越重要。

（1）购买时机。按消费者需求、购买和使用时机细分市场，如泳衣夏天畅销，羽绒服则适宜秋冬市场。企业通过这种行为细分，抓住有利时机开展营销活动，会收到很好的效果。

（2）消费者追求的利益。消费者购买或使用物品时强调利益和效用，如农村妇女选购服装一般要求服装价廉耐穿，都市人讲究舒适，少女则比较强调款式与色彩的表现力。

（3）使用者情况。许多商品的市场都可以按照使用者情况来细分，如未使用者、曾经使用者、潜在使用者、初次使用者和经常使用者等。一般来讲，实力雄厚的大企业应着重吸引潜在使用者，以扩大市场阵地；而中小企业力量薄弱，应注意吸引经常使用者，以巩固市场；同时，也要根据自己的实力去争取潜在使用者。企业应密切注意需求动向，按使用状况细分市场，并制订营销组合策略。

（4）使用率。企业可以把消费者分为少量使用者、中度使用者和大量使用者三个细分市场。值得注意的是，大量使用者的人数占消费者总数的比例较小，而所消费的商品数量却在消费总量中占较大比重，少量使用者反之。这是企业应重点开发的目标市场。

（5）忠诚度。服装消费者中不少人是品牌忠诚者，他们有自己明确的品牌倾向定

位；有的则只是追逐名牌却不知道品牌的理念和内涵；有的处于游离状态，可有可无。

（6）态度。消费者态度一般可分为热爱、肯定、不感兴趣、否定和敌对五种类型。针对这五种不同态度的消费者，企业应分别采取相应的营销措施。对持否定、敌对态度的顾客，应仔细分析原因所在，通过恰当的手段改变其态度，但不要强行推销；而对那些持热爱、肯定态度的顾客，要不断鼓励与巩固；对不感兴趣的顾客要尽量争取。

三、服装目标市场的选择

服装企业在其经营领域中不可能满足所有消费者的产品需要，如何选择目标市场是企业营销战略的最关键问题。企业确定目标市场是在市场细分的基础上，根据自己的力量、特长和拥有的资源，结合营销目标规划企业经营的领域、产品投放市场的计划及范围。

企业根据消费者需求行为进行市场细分，再从这些市场机会中选择若干特定目标作为营销对象。并不是所有的市场机会都能被企业利用和把握，这种特定类型目标市场的设定和定位与确定市场营销的战略重点有关。

四、市场细分的原则

从企业市场营销的角度看，无论消费者市场还是产业市场，并非所有的细分市场都有意义。所选择的细分市场必须具备一定的条件，有以下几点。

（1）市场细分是目标市场设定和定位的前提条件。

（2）目标市场设立后，要确定与该目标市场消费需求相吻合的市场营销组合。

（3）只有确立目标市场和市场营销组合，才能制订合适的市场营销战略。

服装企业设立目标市场是一项战略性工作，一旦确定以后需要长期投入，以便树立与目标市场相一致的声誉和形象，一般不宜多变。

第二节　目标市场的确定与战略

市场细分与目标市场是既有联系又有区别的两个概念。市场细分是将整个市场划分为若干个具有明显差异的子市场；而目标市场是企业为开展营销活动所选择的特定细分市场。市场细分是目标市场选择的前提和条件，目标市场的选择是市场细分的目的和归宿。

一个企业不可能满足所有消费者，而只可能满足市场中一部分消费者的需求。而且，并非所有的细分市场对企业都具有吸引力。企业必须根据自身的人、财、物、产、供、销的条件，即根据本企业的市场相对优势来选择目标市场。有时各个子市场之间会有矛盾，目标并非都一致。企业必须从经济效益上对细分市场进行评价、取舍，避免效率下降和人力、物力、财力等资源的浪费。

一、评估与选择目标市场

（一）服装企业目标市场的评估

目标市场是企业决定作为自己服务对象的有关市场（顾客群）。它可以是某个细分市场或若干细分市场集合，也可以是整个市场。因此，企业必须对每一个细分市场的获利性进行评估。

1．企业的规模和发展潜力

对于小企业来说，要想进入大市场，还缺乏足够的资源，况且小企业在大市场上很难与大企业相抗衡；而小市场对于大企业来说，又不值得涉足。市场发展潜力的大小，关系到企业营业收入和利润，发展潜力大的市场往往会招来竞争者争夺，获利机会也就随之减少。

2．细分市场结构的吸引力

吸引力主要和长期获利率有关。一个市场也许具有适当的规模和发展潜力，但从获利观点来看不一定具有吸引力。市场是否具有长期的吸引力主要取决于五种力量，即现实竞争者、潜在竞争者、替代产品、购买者和供应者。企业必须充分估计这五种力量对长期获利率的影响。

细分市场可能具备理想的规模和发展特征，然而从赢利的观点来看，它未必有吸引力。

3．企业目标和能力

某些细分市场虽然有较大吸引力，但是不能推动企业实现发展目标，甚至分散企业的精力，使之无法完成其主要目标，这样的市场应考虑放弃。另外，还应考虑企业的资源条件是否适合在某一细分市场经营。如果不符合，也应该放弃。

参照以上标准进行比较，然后选择符合企业目标、资源和能力的目标市场。重点考虑企业规模的大小，目标市场是否有足够的购买力，足以使企业实现预期销售额并与企业实力匹配；市场成长的潜力，即市场有无尚待满足的需求、充分的发展余地和空间；企业的竞争优势和市场地位。

服装企业通过细分的市场进行评估以后，可以发现一些良好的市场机会，这时企业就要决定选择哪些具体的细分市场作为自己服务的目标市场。

（二）服装企业目标市场的范围选择

服装企业在评估不同的细分市场以后，可以根据自身情况，决定为多少个子市场服务，即选择目标市场的范围。一般来说，目标市场主要有五种范围模式。

1．市场集中化

市场集中化是指企业选择一个细分市场集中营销，是最简单的方式。服装企业通过密集营销可以更加了解细分市场的需要。企业集中力量只生产或经营某一种产品、供应某一类市场，因此便可在该细分市场建立巩固的市场地位。如果细分市场补缺得当，服装企业的投资便可获得高报酬。这种模式的优点是企业可以集中力量了解这个细分市场的特点，实行专业生产和经营；缺点是经营风险较大。一般适合实力较弱的中小企业

使用。

2．产品专业化

服装企业集中生产一种产品并向各类顾客销售这种产品。面对不同的子市场，产品的式样、档次有所不同。这种模式的优点是能分散企业的经营风险，即使其中某个子市场失去了吸引力，企业还能在其他市场获利；缺点是一旦产品有了替代品，就会给企业造成威胁。

3．市场专业化

企业专门为满足某个顾客群体的各种需要而服务。企业以所有产品供应给某一类顾客群，产品在性能上有所区别，如企业专门为学校实验室生产经营各种实验室用品。这种模式有利于与顾客建立稳固的关系。

4．选择性专业化

企业选择若干个细分市场，其中每个细分市场在客观上都有吸引力，并且符合企业的目标和资源。但在各细分市场之间很少有或者根本没有任何联系，然而每个细分市场都有可能赢利。这种多细分目标市场优于单细分目标市场，因为这样可以分散公司的风险，即使某个细分市场失去吸引力，企业仍可继续在其他细分市场获取利润。这种模式有利于分散企业经营风险。

5．全方位进入

公司为所有顾客群供应其需要的各种产品。为了占据市场领先地位，实力强大的企业常采用这种模式，如可口可乐公司、IBM 公司等。

二、市场进入与营销策略

服装企业进入目标市场，一般有三种策略可以选择。

1．无差异性营销策略

无差异性营销策略是指企业不考虑或有意忽视各个细分市场的特性，将产品的整个市场视为一个目标市场，用单一的营销策略开拓市场，即用一种产品和一套营销方案吸引尽可能多的购买者的营销策略。在 20 世纪 60 年代前，美国可口可乐公司一直奉行典型的无差异性营销策略，以单一的品种、标准的瓶装和统一的广告宣传，长期占领世界非酒类饮料市场。在大量生产、大量销售的产品导向时代，多数企业采用无差异性营销策略经营。实行无差异性营销策略的另一种情况是企业经过市场调查之后，认为某些特定产品的消费者需求大致相同或较少差异，因此可以采用大致相同的市场营销策略。从这个意义上讲，它更加符合现代市场营销理念，如图 6-1 所示。

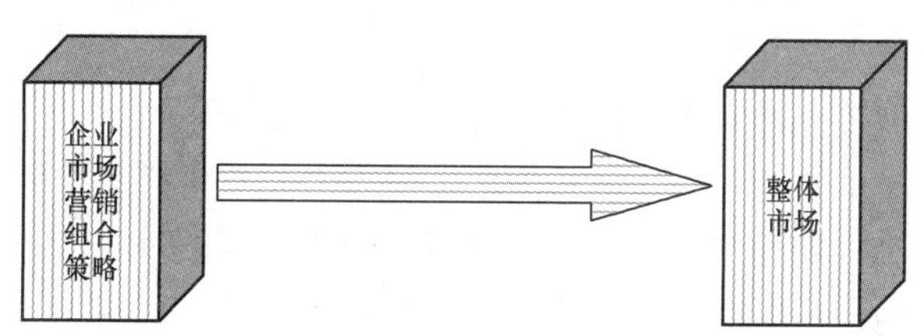

图 6-1　无差异性营销策略

无差异性营销策略的优点：有利于大批量生产和经营，销售渠道单一，生产成本、管理费用、销售费用相对较低，有利于提高企业的利润。

无差异性营销策略的缺点：由于只生产单一的产品，难以满足消费者的多种需求，不能适应瞬息万变的市场形势，应变能力较差。一旦市场上出现竞争对手时，企业往往失去优势，从而获利机会也会减少。

本策略适用于刚起步的企业，可以在刚刚开始时采用无差异性营销策略，等到取得一定成功和发展后，再选择其他营销策略。

2．差异性营销策略

差异性营销策略是指企业将整体市场划分为若干细分市场，针对每一细分市场制订一套独立的营销方案。比如，服装生产企业针对不同性别、不同收入水平的消费者推出不同品牌、不同价格的产品，并采用不同的广告主题来宣传这些产品，就是采用的差异性营销策略，如图 6-2 所示。

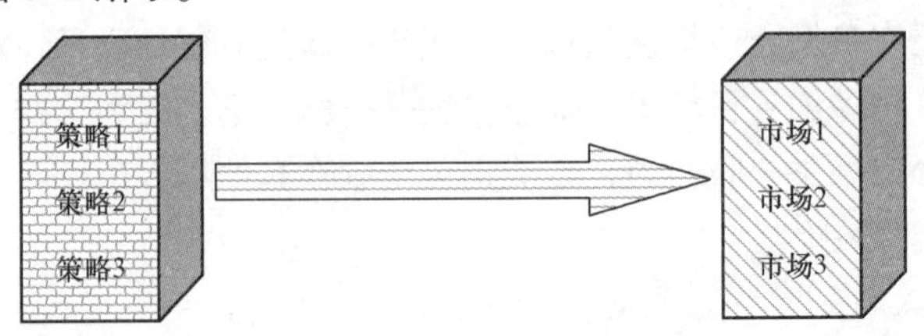

图 6-2　差异性营销策略

差异性营销策略的优点：可以有针对性地满足具有不同特征的顾客群的需求，提高产品的竞争能力，扩大商品销售量；同时，通过强有力的市场营销组合来增强竞争力，提高市场占有率。

差异性营销策略的缺点有以下几点。一是增加营销成本。由于产品品种多，管理和存货成本将增加；由于公司必须针对不同的细分市场发展独立的营销计划，会增加企业在市场调研、促销和渠道管理方面的营销成本。所以，无差异性营销策略的优势方面在差异性营销策略中基本上转化为劣势方面。二是可能使企业的资源配置不能有效集中，市场效益并不具有保证，甚至在企业内部出现资源争夺的现象，使拳头产品难以形成优势。企业在市场营销中有时需要进行“反细分”或“扩大顾客的基数”，作为对于差异性营销策略的完善和补充。

3．密集性营销策略

密集性营销策略是指将整体市场分割为若干细分市场后，只选择其中某一细分市场作为目标市场。其指导思想是把企业的人、财、物集中用于某一个或几个小型市场，不求在较多的细分市场上都获得较小的市场份额，而要求在少数较小的市场上得到较大的市场份额。这种策略适合资源稀少的小企业，如图 6-3 所示。

密集性营销策略的优点：由于目标集中，可以大大节省营销费用，增加盈利；又由于生产、销售渠道和促销的专业化，也能够更好地满足这部分特定消费者的需求，使企业更易于取得优越的市场地位。

密集性营销策略的缺点：一是市场区域相对较小，企业发展受到限制；二是潜伏着较大的经营风险，如果目标市场的需求情况突然发生变化，目标消费者的兴趣突然转移

（这种情况多发生于时髦商品）或是市场上出现了更强有力的竞争对手，企业就可能陷入困境。

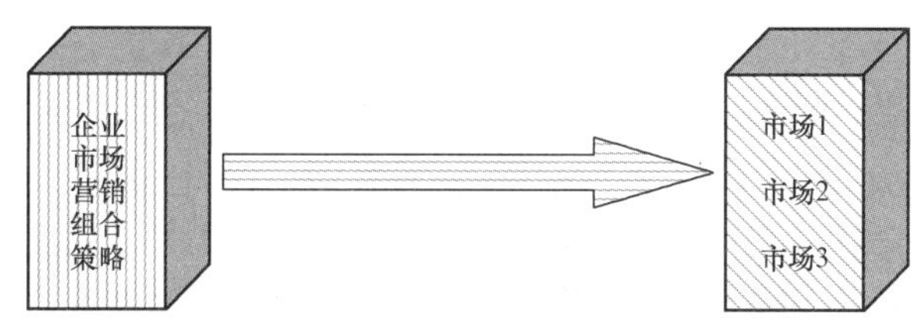

图 6-3 密集性营销策略

三、影响目标市场策略选择的因素

以上三种营销策略各有利弊，它们各自适用于不同的情况。企业在具体运用时，必须全面考虑各种因素，权衡得失，慎重选择。

1. 企业资源

企业资源包括企业的人力、物力、财力和生产、技术、营销能力等。如果企业实力强，就可以采取差异性营销策略。如果企业实力较弱，宜采取无差异性营销策略或密集性营销策略。

2. 产品同质性

产品同质性是指在消费者眼里，不同企业生产的产品在性能、特点等方面的差异性大小。如米面、盐、食油、白糖等产品，虽然由于原材料和加工不同，使得产品质量上存在差别，但是这种差别不十分明显，因此可视为“同质”产品，应采取无差异性营销策略，竞争将主要集中在价格上；反之，对于家用电器、服装、照相机、化妆品、汽车等商品，因品质差异较大，消费者选购时十分注意商品的特性、功能、价格等，产品选择性强，消费者常常要反复比较、评价，然后选择，对售后服务要求也很高。这类产品应实行差异性营销策略或密集性营销策略。

3. 市场同质性

市场同质性是指市场上所有消费者对某些产品的需求欲望、兴趣爱好的程度相似，且对营销刺激的反应相同。市场同质性高，意味着各细分市场相似程度高，不同顾客对同一营销方案的反应大致相同。此时，企业可考虑采取无差异性营销策略。反之，市场需求差别大，消费者挑选性又强，宜采用差异性营销策略。

4. 产品所处生命周期的不同阶段

产品生命周期有介绍期、成长期、成熟期和衰退期阶段。对处于不同生命周期阶段的产品，应采用不同的营销策略。处于介绍期和成长期的新产品，同类竞争品不多，竞争不激烈，营销的重点是启发和巩固消费者的偏好，企业可采用无差异性营销策略。当产品进入成长期或成熟期时，同类产品增多，市场竞争随之加剧，消费者需求日益多样化，无差异性营销策略则完全失效，企业可考虑采用差异性营销策略。当产品步入衰退期时，为保持市场地位，以维持和延长产品的生命周期，避免或减少企业损失，可考虑采用密集性营销策略。

5．竞争者的市场营销策略

企业在选择目标市场策略时，还要充分考虑竞争者尤其是主要竞争对手的营销策略。如果竞争对手实力强大，并实行无差异性营销策略时，无论企业本身实力大小，应采用差异性营销策略；如果竞争对手采用了差异性营销策略，而本企业采用了无差异性营销策略，则无法有效地投入竞争，很难赢得较大的市场份额。因此必须采用密集性营销策略。当然，这只是一般原则，并没有固定模式可循，营销者在实际工作中应根据竞争双方的力量对比和市场具体情况灵活运用。

6．竞争者的数目

当市场上同类产品的竞争者较少，竞争不激烈时，可采用无差异性营销策略。当竞争者较多，竞争激烈时，可采用差异性营销策略或密集性营销策略。

第三节　市场定位

企业在市场细分的基础上选择了自己的目标市场，并确定了目标市场营销战略，这就明确了企业的服务对象和经营范围，接下来将面临的课题是市场定位。

市场竞争日趋激烈，品牌层出不穷，产品间的差异性越来越小，同质性越来越高，占有市场份额日益困难。服装企业要使自己的品牌能吸引消费者，不被商品大潮所淹没，就要制造差异、与众不同，使消费者易于将其与其他品牌区分开来，即为企业树立形象，为产品赋予特色，以独到之处取胜。这种形象和特色可以是实物方面的，也可以是心理方面的，或两者兼而有之，如质优、价廉、豪华、名牌、服务周到、技术超群等，都可作为定位观念。

一、市场定位概述

所谓市场定位就是企业根据目标市场上同类产品竞争状况，针对顾客对该类产品某些特征或属性的重视程度，为本企业产品塑造强有力的、与众不同的鲜明个性，并将其形象生动地传递给顾客，求得顾客认同。市场定位的实质是使本企业与其他企业严格区分开来，使顾客明显感觉和认识到这种差别，从而在顾客心目中占据与众不同的有价值的位置。

二、如何进行市场定位

市场定位的主要任务就是在市场上，让企业、产品与竞争者的有所不同，是企业向社会和公众、顾客的承诺。企业首先应当具备履行承诺的能力。

市场定位作为一种竞争策略，显示了一种产品或一家企业同类似的产品或企业之间的竞争关系。定位方式不同，竞争态势也不同。

1．避强定位

这是一种避开强有力的竞争对手的市场定位。企业不与对手直接对抗，将自己置定

于某个市场“空隙”，发展目前市场上没有的特色产品，拓展新的市场领域。这种定位的优点是能够迅速地在市场上站稳脚跟，并在消费者心中尽快树立形象。由于这种定位方式的市场风险较小，成功率较高，常被多数企业所采用。

2．对抗性定位

这是一种与在市场上占据支配地位的，也就是与最强的竞争对手“对着干”的定位方式。企业选择与竞争对手重合的市场位置，争取同样的目标顾客，彼此在产品、价格、分销、供给等方面稍有差别。显然，这种定位有时会产生危险，但不少企业认为能够激励自己奋发上进，一旦成功就会取得巨大的市场优势。实行对抗性定位，必须知己知彼，尤其应清醒估计自己的实力，不一定试图压垮对方，只要能够平分秋色就已经取得巨大的成功。否则，这种定位可能会成为一种非常危险的战术，将企业引入歧途。

3．重新定位

重新定位是对销路少、市场反应差的产品进行二次定位。这种重新定位旨在摆脱困境，重新获得增长与活力，寻求重新获得竞争力和增长的手段。不过，重新定位也可作为一种战术策略，并不一定是因为陷入了困境，相反，可能是由于发现产品新的市场范围引起的。例如，专为青年人设计的某种款式的服装在中老年消费者中也流行开来，该服装就会因此而重新定位。

实行市场定位应与产品差异化结合起来。正如上述，定位更多地表现在心理特征方面，它使潜在的消费者或用户对一种产品形成了特定的观念和态度；产品差异化是在类似产品之间造成区别的一种策略。因而，产品差异化是实现市场定位目标的一种手段。

三、市场定位的效用

1．定位是制订营销策略的依据

企业要实行目标市场营销，第一步是进行市场细分；第二步是选择对本企业最有吸引力的细分部分作为自己的目标市场；第三步是在目标顾客心目中树立产品形象，做好市场定位工作。定位工作做好了，才能更准确地实施营销组合策略。即围绕所要树立的形象设计相应产品——制订合适的价格——选择最有效的分销渠道——有针对性地广告宣传。

2．定位能引起消费者特别注意

人的一生中时刻面临着许多刺激物，从商业广告来说，西方人平均每天见到的广告超过 1 500 条，不可能都引起注意，绝大多数一闪即逝，留不下什么印象。然而企业通过定位，给产品描绘一个鲜明的有别于竞争对手的形象，再把定位信息传递给消费者，就使差异性清楚凸现在消费者面前，引起消费者注意，并产生联想。若定位正符合顾客的需要，那么品牌就可以长驻消费者心中。

3．定位形成竞争优势

在这个时代，单凭质量上乘或价格低廉已难以获得竞争优势，形成优势的关键不是企业对一件产品本身做了些什么，而是在消费者心目中做了些什么。

拓展案例：“Lee”牌牛仔裤

教学案例：ZARA 的成功启示

本章小结

1. 服装市场需求是瞬息万变的，消费需求是十分复杂的。任何一个实力强大的企业，都很难充分满足整体市场中每一个消费者的需求，因此就要进行市场细分，争取用最少的经营费用获得最大的经营效益。细分消费者市场可以地理环境因素、人口统计因素、消费心理因素和行为因素四大类变数作为细分依据。

2. 细分市场后，接下来选择目标市场。企业在评估细分市场时，要考虑到各细分市场的规模和发展潜力、市场盈利的可能性以及企业的资源与目标，据此来决定为多少个子市场服务。归纳起来主要有五种范围模式：市场集中化、产品专业化、市场专业化、选择性专业化和全方位进入。在确定目标市场模式后，一般有三种目标市场营销策略可供企业选择：一是无差异性营销策略，二是差异性营销策略，三是密集性营销策略。最后实施市场定位，可运用避强定位、对抗性定位和重新定位。

习　题

一、单项选择题

1. 按消费者的收入、职业等来细分市场，这种方法属于（　　）。
   A. 人口细分　　B. 地理细分　　C. 行为细分　　D. 心理细分
2. 同一细分市场的顾客需求具有（　　）。
   A. 绝对的共同性　　B. 较多的共同性
   C. 较少的共同性　　D. 较多的差异性
3. 下列关于细分市场评价的描述中，正确的是（　　）。
   A. 细分市场潜量是指在一定时期内，各细分市场中的消费者对某种产品的最大需求量
   B. 最有吸引力的细分市场是进入壁垒低、退出壁垒高的市场

C. 细分市场的投资回报能力一定是强的

D. 一般来说，细分市场被分得越细越好，说明企业发展前景光明

二、判断题

1. 市场细分实际上是对产品进行分类。（　　）

2. 选择目标市场，就是评选出一个或几个细分的小市场，作为企业进军的目标。（　　）

3. 市场定位是企业明确其潜在的竞争优势、选择相对的竞争优势以及显示其独特的竞争优势的过程。（　　）

习题答案

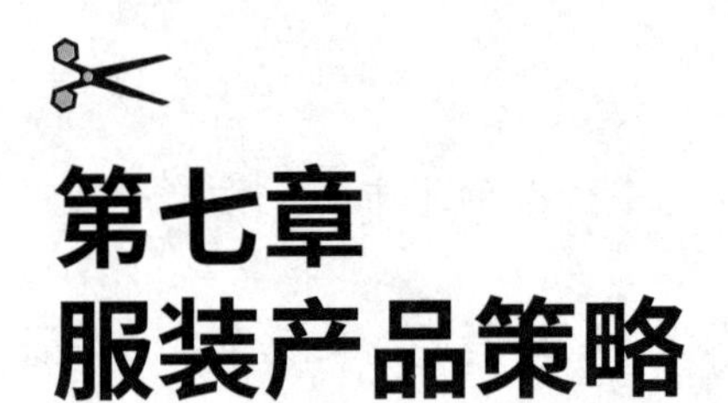

第七章 服装产品策略

学习目标

1. 了解服装产品组合的相关概念、新产品开发程序；
2. 掌握服装产品组合的策略、产品生命周期各阶段的特征及营销策略。

案例导入

邻家女孩这次联手可口可乐的跨界营销，为业内所称道，是否能持续带来惊喜，创造跨界奇迹，值得期待。

可口可乐昵称藏玄机，“邻家女孩”玩跨界

所谓产品策略，是指企业制订经营策略时，首先要明确企业能提供什么样的产品和服务去满足消费者的要求，也就是要解决产品策略问题。它是市场营销组合策略的基础，从一定意义上讲，企业成功与发展的关键在于产品满足消费者需求的程度以及产品策略正确与否。这里的产品是指非物质形态的服务，即实体产品的转移以及转移过程中相应的辅助性服务。

第一节 服装产品组合的概念与策略

一、产品的概念

产品是企业经过生产过程而产生的有形物品，用以满足消费者的需求和欲望。服装产品除了服装实体之外，还包括服装的品牌、款式、花色和服务等。在这种观念下，服装产品包含三个层次，即核心产品、形式产品和附加产品。

市场营销学认为，广义的产品是指人们通过购买而获得的能够满足某种需求和欲望的物品的总和。它既包括具有物质形态的产品实体，又包括非物质形态的利益，这就是“产品的整体概念”。

物质产品包括实体及其品质、特色、式样、品牌、包装、商标，即产品实体和产品外观，是可以触摸的有形产品，是一种自然属性。它能满足消费者对使用价值的需要。

非物质形态的服务，包括不提供物质产品而能使需求得到满足的劳务和各种服务，以及能够给消费者带来的心理上的满足感和信任感的产品形象等。

产品策略是整个营销组合的基础。市场营销的其他策略都是围绕产品策略展开的，产品策略在很大程度上决定着市场营销的成败。企业间的市场竞争集中体现在产品上，消费者最终也是从产品上感受到企业的风格与实力，以及对企业是否满意。产品整体概念包含三个层次：核心产品、形式产品和附加产品，如图 7-1 所示。任何一个想要在市场中取胜的企业都必须首先树立产品的整体概念，然后根据市场需求和自身能力确定产品组合。

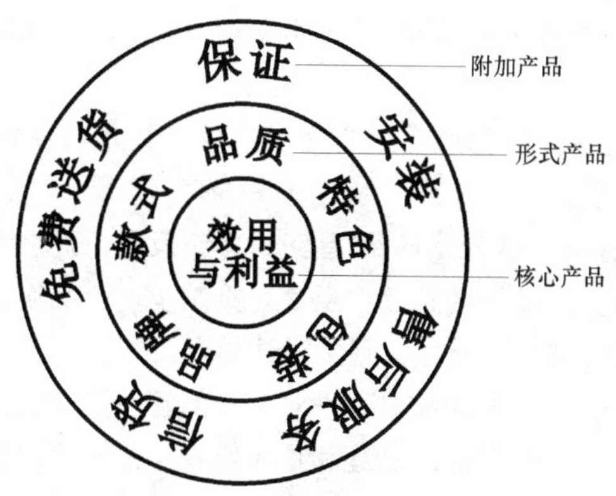

图 7-1 产品整体概念的三层含义

1．产品的实质

产品的实质是消费者购买某种产品时所追求的利益，是消费者真正购买的东西，在产品整体概念中属于最基本的层次。

2．产品的形体

产品的形体，即有形产品，是直接提供给消费者的产品实体和外在质量。

3．产品的附加利益

产品的附加利益是消费者购买产品形体所获得的全部附加服务和利益，给消费者需求以更大的满足。它泛指产品知识、免费送货、保养和投诉等售前售后服务，是源于人们对市场需求认识的深化。

产品整体化表现了以满足消费者需求为中心，衡量某一产品效用价值好坏的标准，不是掌握在生产者或经营者手里，而是掌握在消费者手中。随着生产的发展和消费结构的变革，产品整体概念的三层含义之间的比重必将发生变化。也就是说，企业的产品要赢得消费者的好评，除了生产适销对路、质优价廉的产品外，更重要的在于满足消费者需求的程度及提供的服务。

二、服装产品组合的相关概念

产品组合是指一个企业生产或经营的全部产品线、产品项目的组合方式。它包括宽度、长度、深度和密度四个变数。

产品线是一组密切相关的产品，它们有类似的功能，能满足顾客同质的需求，只是在规格、档次、款式等方面有所不同，产品线又由若干产品项目组成，每一产品系列是一条产品线。

产品项目构成产品线，产品项目即那些品牌、规格或价格档次有所不同的单个品种，如“A 型男装”。

产品组合的宽度，也称产品组合广度，是指一个企业生产经营的产品线（或大类）的多少。

产品组合的长度是指企业所有产品线中的产品项目总和。如以产品项目总数除以产品线数就可得到产品线的平均长度。

产品组合的深度是指企业各条产品线中每种产品所提供的花色、口味、规格的多少。

产品组合的密度是指各产品线在最终使用、生产技术和销售等方面的相互关联程度，也称产品组合相关度。

产品组合的宽度越大，说明企业的产品线越多；反之，产品线越少。产品组合的深度越深，企业产品的规格、品种就越多；反之，则越少。产品组合的密度越大，宽度越窄，则产品组合的关联性越大；反之，则关联性越小。

产品组合的宽度、长度、深度和关联性对企业的营销活动会产生重大影响。一般而言，增加产品组合的宽度，即增加产品线和扩大经营范围，可以使企业获得新的发展机会，更充分地利用企业的各种资源，也可以分散企业的投资风险。增加产品组合的长度和深度，会使各产品线具有更多规格、型号和花色的产品，更好地满足消费者的不同需要和偏好，增强行业竞争力。增加产品组合的关联性，可以发挥企业在其擅长领域的资源优势，避免进入不熟悉行业可能带来的经营风险。因此，产品组合决策就是企业根据市场需求、竞争形势和企业自身能力对产品组合的宽度、长度、深度和关联性方面做出的决策。

三、服装产品组合的策略

企业在进行产品组合时，涉及三个层次的问题需要做出抉择：①是否增加、修改或剔除产品项目，②是否扩展、填充和删除产品线，③哪些产品线需要增设、加强、简化或淘汰，以此来确定最佳的产品组合。

三个层次问题的抉择应该遵循既有利于促进销售，又有利于增加企业的总利润这个基本原则。

产品组合的四个因素和促进销售、增加利润都有密切的关系。一般来说，拓宽、增加产品线有利于发挥企业的潜力，开拓新的市场；延长或加深产品线可以适合更多的特殊需要；加强产品线之间的一致性，可以增强企业的市场地位，发挥和提高企业在有关专业上的能力。

1. 扩大产品组合策略

扩大产品组合策略包括开拓产品组合的广度和加强产品组合的深度。开拓产品组合的广度即增加其产品线，加强产品组合的深度则在原有产品线中增加新的产品项目，扩展经营范围，生产经营更多的产品以满足市场需要。此外，企业还可能发展与原有产品线毫不相关的产品。

扩大产品组合策略可以使企业充分利用人、财、物等资源，利用剩余生产能力，降低成本，增加企业竞争力，同时，还可以减少季节性和市场需求的波动，分散企业经营的风险，增强经营的稳定性。

一般当企业预测现有产品线的销售额和盈利率在未来几年要下降时，往往就会考虑这一策略。这一策略可以充分利用企业的人力等各项资源，深挖潜力、分散风险，增强竞争能力。当然，扩展策略也往往会分散经营者的精力，增加管理困难，有时会使边际成本加大，甚至由于新产品的质量、功能等问题，影响到企业原有产品的信誉。

2. 缩减产品组合策略

缩减产品组合策略是企业从产品组合中剔除那些获利小的产品线或产品项目，集中经营那些获利最多的产品线和产品项目。企业运用本策略取消一些产品系列或产品项目，集中力量实行高度专业化，试图从生产经营较少的产品获得更多的利润。

缩减产品组合策略可使企业集中精力对少数产品改进品质，降低成本，删除得不偿失的产品，提高经济效益。当然，这也会导致企业失去了部分市场，增加企业的风险。

3. 改进现有产品策略

企业不增加全新的产品，而是在现有产品组合中有选择地改进已有产品，来适应新的市场或满足消费者不断变化的需求。

4. 产品线差异策略

每个公司的产品线只是该行业整个范围的一部分，如果公司超过现有的范围来增加它的产品线长度，这就叫作产品线延伸。它具体有向下延伸策略、向上延伸策略和双向延伸策略。

（1）向下延伸策略。向下延伸是企业原来生产高档产品，后来决定增加低档产品。采取向下延伸策略主要是因为高档产品在市场上受到竞争者的威胁，本企业产品在该市场的销售增长速度趋于缓慢，企业得向下延伸寻找新的经济增长点。同时，某些企业也出于填补产品线空缺，防止新的竞争者加入，也实施这一策略。

向下延伸策略的优势是显而易见的，既可以节约新品牌的推广费用，也可以使新产品搭乘原品牌的声誉便车，很快得到消费者认可。同时，企业又可以充分利用各项资源。

必须指出的是，向下延伸策略并不是一方灵丹妙药，处理不好也可能弄巧成拙，陷入困境。因为推出低档产品会使企业在原高档市场的投入相对减少，使该市场相对萎缩；由于向下延伸，侵犯了低档市场竞争者的利益，可能刺激新竞争对手的种种反击；经销商可能不愿意经营低档次产品，以规避经营风险等。

高档产品向下延伸是一把“双刃剑”，既可能低成本拓展业务，也可能陷入陷阱。最大的陷阱是损害原品牌的高品质形象。

（2）向上延伸策略。向上延伸是指企业原来生产低档产品，后来决定增加高档产品。企业采取这一策略的原因是市场对高档产品需求增加，高档产品销路广、利润高；希望自己生产经营产品的档次更全、占领更多市场；提高产品的市场形象。

向上延伸策略也有可能带来风险：一是可能引起原来生产高档产品的竞争者采取向下延伸策略，从而增加自己的竞争压力；二是市场可能对该企业生产高档产品的能力缺乏信任；三是原来的生产、销售等环节没有足够的技能和经验。

（3）双向延伸策略。双向延伸即原来生产经营中档产品，现在同时向高档和低档产品延伸，一方面增加高档产品，另一方面增加低档产品，扩大市场阵地。

由于市场需求和竞争形势的变化，产品组合中的各个项目必然会在变化的市场环境下发生分化，一部分产品获得较快的成长，一部分产品继续取得较高的利润，另有一部分产品则趋于衰落。企业如果不重视新产品的开发和衰退产品的剔除，则必将出现不健全、不平衡的产品组合。为此，企业需要经常分析产品组合中各个产品项目或产品线的销售成长率、利润率和市场占有率，判断各产品项目或产品线销售成长上的潜力和发展趋势，以确定企业资金的运用方向，做出开发新产品和剔除衰退产品的决策，调整其产品组合。所以，所谓产品组合的动态平衡是指企业根据市场环境和资源条件变动的前景，适时增加应开发的新产品和淘汰应退出的衰退产品，从而随着时间的推移，企业仍能维持住最大利润的产品组合。可见，及时调整产品组合是保持产品组合动态平衡的条件。动态平衡的产品组合也称最佳产品组合。

产品组合的动态平衡，实际上是产品组合动态优化的问题，只能通过不断开发新产品和淘汰衰退产品来实现。产品组合动态平衡的形成需要综合性地研究企业资源和市场环境可能发生的变化，各产品项目或产品线的成长率、利润率、市场占有率将会发生的变化，以及这些变化对企业总利润率的影响。对一个产品项目或产品线众多的企业来说这是一个非常复杂的问题，目前系统分析方法和电子计算机的应用，已为解决产品组合最优化问题提供了良好的前景。

5．新型营销策略

新型营销策略包括网络营销、社交电商和自媒体营销。

（1）网络营销。网络营销是基于互联网和社会关系网络连接企业、用户及公众，向用户与公众传递有价值的信息和服务，为实现顾客价值及企业营销目标所进行的规划。同时，网络营销也是指组织或个人基于开发便捷的互联网络，对产品、服务所做的一系

列经营活动，从而达到满足组织或个人需求的全过程。网络营销是企业整体营销战略的一个组成部分，是建立在互联网基础之上借助于互联网特性来实现一定营销目标的营销手段。网络营销是以现代营销理论为基础，借助网络、通信和数字媒体技术实现营销目标的商务活动，是科技进步、顾客价值变革、市场竞争等综合因素促成，是信息化社会的必然产物。

随着互联网影响的进一步扩大，人们对网络营销理解的进一步加深，以及出现的越来越多网络营销推广的成功案例，人们已经开始意识到网络营销的诸多优点并越来越多地通过网络进行营销推广。网络营销不单单是一种营销手段，更是一种文化，引导媒体进入一个新的模式。

（2）社交电商。在当前以互联网为依托进行社交活动日趋普遍，在很多互联网用户日常生活中，微博、微信成为其不可或缺的组成部分。利用互联网平台，将分享、沟通、讨论等社交化的元素转化为社交电商，社交电商是不同于传统个人电商，通过微信系统平台的社交资源来发展的电商模式，是借助微博、微信等网络社交平台对商品内容进行传播分享，引导用户对商品购买或消费的行为，实现多元化的营销。受到正品防伪的影响，社交电商的用户在移动端的数据后台，可以通过全面优化服务来实现高效对接服务，这样就能让顾客体验到与众不同的高质量服务。社交电商和微商既可以使用社交电商平台提供的功能在社交电商平台的闭环内实现交易，也可以通过社交电商平台招募或微商雇佣的第三方开发者或服务商在社交工具提供的部分或全部交易服务接口进行定制化、深度化开发，创建个性化的交易环境，以实现社交电商平台的资源投入与用户需求的平衡。社交电商的特点有：

①黏性大、互动性强。相对单纯性电子商务，社交电商具有鲜明社交性质。

②用户细分精确。通过社交网站群组划分，商家即可轻易地接触到大量用户层，对用户兴趣、爱好和习惯等信息有所了解，进而可制订更精确的营销计划。

③商业潜力巨大。在社交网络上，汇集了大量真实人群，丰富的人脉资源给社交电商发展带来了巨大的商业潜力。

（3）自媒体营销。自媒体的概念最早出现在 2002 年，国外学者将其称为“媒体 3.0”，其中媒体 1.0 指的是传统媒体形式，而 2.0 则指的是新型媒体形式，也就是借助于卫星实现的全球新闻信息收发和播放的形式。而第一个对自媒体的定义进行详细解释的时间是在 2003 年 7 月，由美国新闻学会提出，其认为自媒体就是经由普通的民众借助数字化、网络化以及全球信息体系，对各种新闻事件进行采访、传播、评论等，借以反映普通民众对于现代新闻事件的真实看法和客观报道。自媒体时代是指以个人传播为主，以现代化、电子化手段，向不特定的大多数或者特定的个人传递规范性及非规范性信息的媒介时代。

自媒体新闻传播有着非常广阔的社会覆盖面，自媒体平台的这种开放性，使得社会中的任何个体都可以参与进来，源自不同阶层、不同职业领域等人群都可以对同一个新闻事件表达自身的观点态度，有助于新闻内容从多角度、多层次的分析。而自媒体新闻中所表现出的个性化特征，其表现的形式也是多样性的，同一个新闻内容可以由不同的自媒体媒介进行发布传播，从而使得自媒体新闻具有更多的传播群体。在这种背景下，自媒体营销应运而生，人们可以通过微博、微信朋友圈、贴吧论坛、博客等社交网络平台进行产品信息的传播，进行交易。自媒体的营销必须建立在诚信为本的基础上，本着为顾客服务的理念进行真实产品信息的传播是自媒体营销的关键。

第二节　服装产品生命周期策略

一、产品生命周期的基本概念

产品生命周期（Product Life Cycle，PLC），是指产品的市场寿命，即一种新产品从开始进入市场到被市场淘汰的整个过程。产品生命周期分为引入期、成长期、成熟期和衰退期四个阶段，如图 7-2 所示。

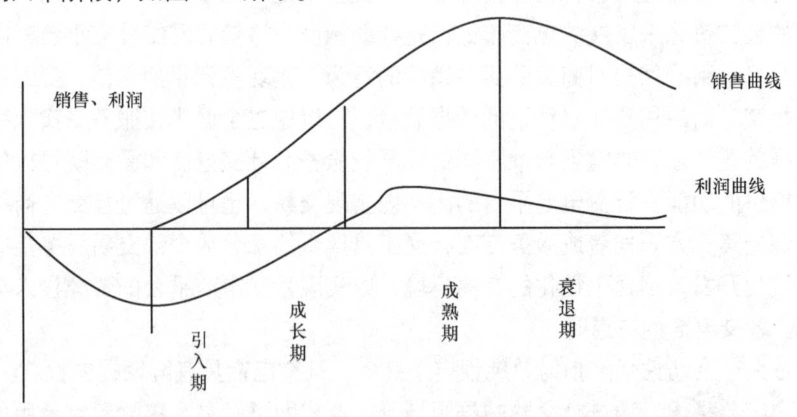

图 7-2　产品生命周期

一种产品进入市场后，它的销售量和利润都会随时间推移而改变，呈现一个由少到多、由多到少的过程，就如同人的生命一样，由诞生、成长到成熟，最终走向衰亡，这就是产品的生命周期现象。也就是说，所谓产品生命周期，是指产品从进入市场开始，直到最终退出市场为止所经历的市场生命循环过程。也是产品的经济寿命，是产品从开发、上市，在市场上由弱到强，又从盛到衰，直到退出市场所经历的市场生命循环过程。一种产品处于研制阶段时，可以说处于胚胎时期，一旦进入市场就开始了自己的市场生命，当它被市场淘汰时，就意味着市场生命终止。决定和影响市场生命的主要因素是社会的需求状况和新技术、新产品的发展情况。

领会产品生命周期含义，要注意把握：①产品有一个有限的生命周期；②产品销售经过不同的阶段，每一阶段都对销售者提出了不同的挑战；③在产品生命周期的不同阶段，产品利润有高有低；④在产品生命周期的不同阶段，需要不同的营销、财务、制造、购买和人事策略。

正确理解产品的生命周期应该注意以下几个问题。

（1）产品的生命周期不同于产品的使用寿命。产品的使用寿命是指产品从投入使用到损坏或消失所经历的时间，与产品的自然属性和使用强度有关。产品的生命周期和产

品的使用寿命不能混为一谈。

（2）市场营销中研究的产品生命周期。严格讲是指产品形式的生命周期。产品种类、产品形式、产品品牌的生命周期各不相同，其中产品种类的生命周期是最长的，产品形式的生命周期次之，产品品牌的生命周期最短。

（3）在不同国家、不同地区，同一产品可能处于生命周期的不同阶段。

二、产品生命周期各阶段的特征

在产品生命周期的不同阶段中，销售量、利润、购买者、市场竞争等都有不同的特征。

1. 引入期

引入期也称导入期，这一阶段，产品刚投入市场，消费者还不太了解，产品生产的工艺不成熟，质量不稳定，销售渠道和服务不适应消费者的需求，销售量不大；生产批量小，成本较高；广告费用大；利润较少甚至亏损，企业承担的风险最大；没有或只有极少的竞争对手，有利于企业的产品定位和发展市场空间。

2. 成长期

消费者对产品已相当熟悉，有的已经产生偏爱；产品生产工艺成熟且大批量生产；成本大幅度下降，销售量急剧上升，利润增长较快；大批竞争者纷纷介入，竞争开始激烈；建立了比较理想的营销渠道。

3. 成熟期

潜在的购买者已加入了购买的行列，市场需求逐渐饱和，产品销售量达到最高点并处于相对稳定状态；产品的生产技术成熟，生产批量大，成本低，薄利多销，利润达到最高点；很多同类产品进入市场，竞争更加激烈，具有规模和品牌实力的企业市场占有率逐渐提高，一些企业被挤出市场；更新的产品陆续出现，销售增长缓慢，成熟后期，销售增长趋于零，甚至出现负数。

4. 衰退期

消费者的需求已经发生转移，产品销售量明显下降，甚至停滞不前；市场上产品供过于求，价格进一步下跌，企业生产量下降，获取的利润也很微薄甚至出现负利润；竞争日益淡化，一些竞争者的同类产品纷纷退出市场。

产品生命周期各阶段的特征概括如表 7-1 所示。

表 7-1 产品生命周期各阶段的特征

特征	引入期	成长期	成熟期		衰退期
			前期	后期	
销售量	低	快速增长	继续增长	有降低趋势	下降
利润	微小或负	增长	高峰	逐渐下降	低或负
购买者	爱好新奇者	较多	大众	大众	后随者
竞争	甚微	兴起	增加	甚多	减少

三、产品生命周期的优缺点

产品生命周期的优点是产品生命周期提供了一套适用的营销规划观点。它将产品分成不同的策略时期，营销人员可针对各个阶段不同的特点而采取不同的营销组合策略。此外，产品生命周期只考虑销售和时间两个变数，简单易懂。

产品生命周期的缺点有以下几点。

（1）产品生命周期各阶段的起止点划分标准不易确认。

（2）并非所有的产品生命周期曲线都是标准的 S 型，还有很多特殊的产品生命周期曲线。

（3）无法确定产品生命周期曲线到底适合单一产品项目层次还是一个产品集合层次。

（4）该曲线只考虑销售和时间的关系，未涉及成本及价格等其他影响销售的变数。

（5）易造成“营销近视症”，认为产品已到衰退期而过早将仍有市场价值的好产品剔除出了产品线。

（6）产品衰退并不表示其无法再生。通过合适的改进策略，公司可以再创产品新的生命周期。

四、产品生命周期各阶段的营销策略

典型的产品生命周期的四个阶段呈现出不同的市场特征，企业的营销策略也就以各阶段的特征为基点来制订和实施。

（一）引入期的营销策略

引入期的特征是产品销售量少，促销费用高，制造成本高，销售利润很低甚至为负值。根据这一阶段的特点，企业应努力做到投入市场的产品要有针对性；进入市场的时机要合适；设法把销售力量直接投向最有可能的购买者，使市场尽快接受该产品，以缩短介绍期，更快地进入成长期。

在产品的引入期，一般可以由产品、分销、价格和促销四个基本要素组合成各种不同的市场营销策略。仅将价格高低与促销费用高低结合起来考虑，包括以下四种策略。

1. 快速撇脂策略

以高价格、高促销费用推出新产品。实行高价策略可在销售额中获取最大利润，尽快收回投资；高促销费用能够快速建立知名度，占领市场。实施这一策略须具备以下条件：产品有较大的需求潜力；目标顾客求新心理强，急于购买新产品；企业面临潜在竞争者的威胁，需要及早树立品牌形象。一般而言，在产品引入阶段，只要新产品比替代的产品有明显的优势，市场对其价格就不会那么计较。

2. 缓慢撇脂策略

以高价格、低促销费用推出新产品。目的是以尽可能低的费用开支获得更多的利润。实施这一策略的条件是：市场规模较小，产品已有一定的知名度，目标顾客愿意支付高价，潜在竞争的威胁不大。

3．快速渗透策略

以低价格、高促销费用推出新产品。目的在于先发制人，以最快的速度打入市场，取得尽可能大的市场占有率。然后再随着销售量和产量的扩大，使单位成本降低，取得规模效益。实施这一策略的条件是：该产品市场容量相当大；潜在消费者对产品不了解，且对价格十分敏感；潜在竞争较为激烈；产品的单位制造成本可随生产规模和销售量的扩大迅速降低。

4．缓慢渗透策略

以低价格、低促销费用推出新产品。低价可扩大销售，低促销费用可降低营销成本，增加利润。这种策略的适用条件是：市场容量很大；市场上该产品的知名度较高；市场对价格十分敏感；存在某些潜在的竞争者，但威胁不大。

（二）成长期的营销策略

新产品经过市场引入期以后，消费者对该产品已经熟悉，消费习惯已形成，销售量迅速增长，这种新产品就进入了成长期。进入成长期以后，老顾客重复购买，并且带来了新的顾客，销售量激增，企业利润迅速增长，在这一阶段利润达到高峰。随着销售量的增大，企业生产规模也逐步扩大，产品成本逐步降低，新的竞争者会投入竞争。随着竞争的加剧，新的产品特性开始出现，产品市场开始细分，分销渠道增加。企业为维持市场的继续成长，需要保持或稍微增加促销费用，但由于销售量增加，平均促销费用有所下降。针对成长期的特点，企业为维持其市场增长率，延长获取最大利润的时间，可以采取下面几种策略。

（1）改善产品品质。如增加新的功能、改变产品款式、发展新的型号、开发新的用途等。对产品进行改进，可以提高产品的竞争能力，满足顾客更广泛的需求，吸引更多的顾客。

（2）寻找新的细分市场。通过市场细分，找到新的尚未满足的细分市场，根据其需要组织生产，迅速进入这一新的市场。

（3）改变广告宣传的重心。把广告宣传的重心从介绍产品转到建立产品形象上来，树立产品品牌，维系老顾客，吸引新顾客。

（4）适时降价。在适当的时机，可以采取降价策略，以激发那些对价格比较敏感的消费者产生购买动机和采取购买行动。

（三）成熟期的营销策略

进入成熟期以后，产品的销售量增长缓慢，逐步达到最高峰，然后缓慢下降。产品的销售利润也从成长期的最高点开始下降。市场竞争非常激烈，各种品牌、各种款式的同类产品不断出现。

对成熟期的产品，宜采取主动出击的策略，使成熟期延长，或使产品生命周期出现再循环。为此，可以采取以下三种策略。

（1）市场调整。这种策略不是要调整产品本身，而是通过发现产品的新用途、寻求新的用户或改变推销方式等，使产品销售量得以扩大。

（2）产品调整。这种策略是通过产品自身的调整来满足顾客的不同需要，吸引有不同需求的顾客。

（3）市场营销组合调整。通过对产品、定价、渠道和促销四个市场营销组合因素加以综合调整，刺激销售量的回升。常用的方法包括降价、提高促销水平、扩展分销渠道、提高服务质量等。

（四）衰退期的营销策略

衰退期的主要特点是产品销售量急剧下降，企业从这种产品中获得的利润很低甚至为零，大量的竞争者退出市场，消费者的消费习惯已发生改变等。面对处于衰退期的产品，企业需要进行认真的研究分析，决定采取什么策略，在什么时间退出市场。产品生命周期不同阶段的营销策略如表 7-2 所示。

表 7-2　产品生命周期不同阶段的营销策略

	引入期	成长期	成熟期	衰退期
产品策略	确保产品的核心产品层次	提高质量，改进款式、特色	改进工艺，降低成本，产品改进	有计划地淘汰滞销品种
促销策略	介绍商品	品牌宣传	突出企业形象	维护声誉
分销策略	开始建立与中间商的联系	选择有利的分销渠道	充分利用并扩大分销网络	处理淘汰产品的存货
价格策略	撇脂价或渗透价	适当调价	价格竞争	削价或大幅度削价

通常有以下四种策略可供选择。

（1）继续策略。继续沿用过去的策略，仍按照原来的细分市场，使用相同的分销渠道、定价及促销方式，直到这种产品完全退出市场为止。

（2）集中策略。把企业能力和资源集中在最有利的细分市场和分销渠道上，从中获取利润。这样有利于缩短产品退出市场的时间，同时又能为企业创造更多的利润。

（3）收缩策略。抛弃无希望的顾客群体，大幅度降低促销水平，尽量减少促销费用，以增加目前的利润。这样可能导致产品在市场上的衰退加速，但也能从忠实于这种产品的顾客中得到利润。

（4）放弃策略。对于衰退比较迅速的产品，应该当机立断，放弃经营。可以采取完全放弃的形式，如把产品完全转移出去或立即停止生产；也可采取逐步放弃的方式，使其所占用的资源逐步转向其他的产品。

第三节　服装产品开发策略

一、服装产品的概念

在当今激烈竞争的市场上，产品日新月异，企业要想长久地占领市场，仅靠现有产品是绝对不行的，必须不断更新换代，推陈出新，才能适应不断变化的市场需求，以及科学技术的快速发展和产品市场生命周期日益缩短的要求。因此，开发新产品越来越成为企业生存与发展的重点问题。

服装是文化的外溢，是时代精神的反映。服装行业经营者对服装产品内涵及外延的正确把握尤为重要，是其成功的关键。

1．服装

服装是日常穿着的各类衣、裤、裙、袍等物品的总称。

2．时装

时装是目前使用较广泛、较为流行的一个概念，是属于服装大类中的一个分支，是指在一定时期、地区最流行、最新颖的装束，不论其式样造型、面料的色彩和纹样、附属品的搭配，都应能反映当时、当地的社会潮流和穿着风貌，并有着浓郁的时代气息；是一种时尚的，富有时代感的服装。时装一般可分为高级时装和普通时装。

3．成衣

成衣是指按照标准号型、尺码规格批量生产的成品服装，是服装生产工业化的结果。服装商店中出售的服装都是成衣，成衣包括传统款式造型的服装，如西装、衬衣等；也包括时髦款式的流行时装。

二、服装产品开发的过程与意义

企业生存和发展的关键在于不断开发服装新产品，不断开拓新市场。在激烈的市场竞争中，在服装工艺技术、服装面料日新月异的时代，一个企业如果不积极发展新产品，就没有能力适应环境的变化，就不可能在竞争中取得优势。

1．服装产品开发的过程

服装产品的开发是一个漫长的过程，涉及很多环节，如流行色的确定，经过纺织到服装等，最后到消费者手中。服装产品的开发过程可以分成四个阶段：①流行色确定，②面料与纱线确定，③服装款式与型号确定，④媒体的宣传。

2．服装新产品开发的意义

发展新产品是企业制订产品组合的重要途径之一。企业的生存与发展关键在于是否重视产品创新。随着市场需求的变化和纺织科学技术的不断发展，服装产品也会不断地得到更新和改良。对于企业来说，服装新产品开发具有极其重要的意义。

（1）更好地满足现在和潜在的消费者需求。消费结构的变化加快，消费选择更加多样化，产品生命周期日益缩短。

（2）增加企业的竞争能力、盈利水平和经济实力。

（3）开发新产品，可以减少企业的风险。如果企业不开发新产品，则当产品走向衰落时，企业也同样走到了生命周期的终点。相反，企业如能不断开发新产品，就可以在原有产品退出市场舞台时利用新产品占领市场。

（4）有利于树立企业的形象，主导市场的流行潮流。市场竞争的加剧迫使企业不断开发新产品。企业只有不断创新、开发新产品，才能在市场上占据领先地位，增强企业的活力。

企业要想得到新产品，并不意味着必须由企业独立完成新产品的创意到生产的全过程。除了自己开发外，企业还可以通过购买专利、经营特许、联合经营，甚至直接购买现成的新产品等方式来开发、获得新产品。

三、服装新产品开发程序

服装新产品开发是一项难度大的工作，需要掌握流行信息，运用灵感和想象，从设计造型式样到选择材料、颜色等方面都需要整体配合。另外，还要考虑消费者心理需求、当地的风俗习惯和审美标准、服装企业的生产条件等。从确定开发方向、组织实施，到最后开发完成，要经历以下六个阶段。产品开发程序如图 7-3 所示。

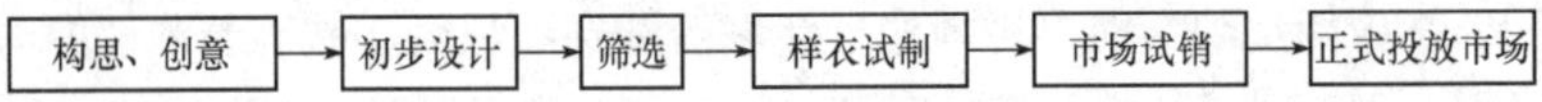

构思、创意 → 初步设计 → 筛选 → 样衣试制 → 市场试销 → 正式投放市场

图 7-3 产品开发程序

1．构思、创意阶段

设计新产品的目的是满足消费者需要，由于消费者审美标准千差万别，除了通过调查研究，收集消费者的需求特征和即将流行的造型式样、颜色和面料、当地的风俗习惯、服装配件、体型特征等信息进行产品构思外，新产品创意还源于顾客、竞争对手、企业的推销人员和经销商、企业高层管理人员、市场研究公司、广告代理商等。按照市场营销的概念，顾客需求和欲望是寻找新产品创意的起点。据美国专家调查，新产品有 60% ~ 80% 来自顾客的建议，不仅要把顾客合理的要求作为构思的源泉，还要注意一些听起来不甚合理的要求。另外，在构思过程中还要注意收集以下几个方面的资料：①新产品的消费者群体，②消费者在什么时候、什么地点以什么形式穿此服装，③消费者的消费水平及市场相似服装供求情况，④企业的技术情况、生产能力等。

2．初步设计阶段

服装初步设计阶段包括：①绘制服装效果图，②产品外形结构，③工艺制作说明。

3．筛选阶段

在选择评审各种设计方案时，其具体标准可归纳为希望成功的评定标准和风险分析两个方面。

(1) 希望成功的评定标准，包括：①设计构思是否符合市场需求；②款式是否符合当前潮流，选料和配色是否恰当；③结构及工艺是否合理；④加工技术条件是否合理，成批生产原材料供应有无保证；⑤结算出成本，制订初步价格，分析产品的经济效益。

(2) 风险分析，包括：①销售风险和供应风险，②市场消费者接受的风险和市场占有率风险，③被新的竞争产品取代的风险和被仿制的风险。

4．样衣试制阶段

新产品设计完成后，先要试制出样衣来试探市场的反应。

5．市场试销阶段

由于新产品在销售过程中，会有许多意想不到的事情发生，所以首先要进行试销。试销的目的在于了解经销商和消费者对于经营、使用和再购买该产品的情况、市场反应和市场的大小。通过试销，企业可以获得不少有价值的信息。市场试销的规模决定于两

个方面。一是投资费用和风险大小。对于投资费用大和风险大的新产品，规模应大一些。二是市场试销费用和时间。市场试销费用大和时间长的新产品，规模应小一些。

6．正式投放市场阶段

新产品进行市场试销成功且通过技术鉴定后，就可正式进行批量生产，全面推向市场。而企业在此阶段应做好以下决策。

（1）何时推出新产品。何时推出新产品是指企业要决定在什么时候将新产品投放市场最适宜。如果新产品是替代老产品的，就应该尽快将老产品卖掉，然后再将新产品推出，以免影响老产品销售，造成损失。如果新产品的需求有一定的季节性，就应该在销售旺季刚开始时将新产品推出。

（2）何地推出新产品。何地推出新产品是指企业要决定在什么地方（某一地区、某些地区、全国市场或国际市场）推出新产品最适宜。应该在市场购买力高、有潜力、企业在该地区的声誉好、投放成本较低、容易进入市场的地区投放，然后再逐渐扩展到其他地区。

（3）向谁推出新产品。向谁推出新产品是指企业要把它的分销和促销目标面向最优秀的顾客群体。应当以早期使用者、能够较多使用的消费者、在社会上影响力较大的消费者为投放的最佳对象，利用他们来带动其他消费者。

（4）如何推出新产品。企业管理部门要制订开始投放市场的市场营销战略。

四、服装新产品采用者的类型

在服装新产品的市场扩散过程中，由于个人性格、文化背景、受教育程度和社会地位等因素的影响，不同的消费者对服装新产品接受的快慢程度不同。

1．创新采用者

他们富有个性，受过高等教育，勇于冒险，性格活跃，消费行为很少听取他人意见，经济宽裕，社会地位较高。该类采用者约占全部潜在采用者的 2.5%。广告等促销手段对他们有很大的影响力。

2．早期采用者

这类消费者一般也受过较高的教育，富于探索，对新事物比较敏感，并且有较强的适应性，经济情况良好。他们对早期采用新产品具有自豪感。该类采用者约占全部潜在采用者的 13.5%。他们对广告及其他渠道传播的新产品信息很少有成见，促销媒体对他们有较大的影响力。

3．早期大众

这类人群一般较少有保守思想，受过一定的教育，有较好的工作环境和固定的收入，对社会中有影响的人物特别是自己所崇拜的“舆论领袖”的消费行为具有较强的模仿心理，他们不甘落后于潮流，但由于他们特定的经济地位所限，在购买高档产品时，一般持非常谨慎的态度。他们常常是在征询了早期采用者的意见后才采纳新产品。这类采用者的采用时间较平均采用时间要早，约占有 34% 的市场份额。

4．晚期大众

属于较晚跟上消费潮流的人，其工作岗位、受教育水平及收入状况往往比早期大众略差，他们对新事物、新环境多持怀疑态度，对周围的一切变化抱观望的态度，他们的购买行为往往发生在产品成熟阶段。这类采用者的采用时间较平均采用时间稍晚，约占有 34% 的市场份额。

5．落后采用者

这些人受传统思想束缚很深，思想非常保守，怀疑任何变化，对新事物、新变化多持反对态度，固守传统消费行为方式。这类采用者是采用创新产品的落伍者，约占有 16% 的市场份额。

第四节　服装品牌策略

品牌是企业更重要、更长久的资产，品牌的知晓率、美誉度、忠诚度、认知形象、认知品质以及诸如专利、商标和渠道关系等其他资产越高，品牌的资产价值也就越高。在服装行业国际化、竞争同质化的大背景下，服装产品的质量与创新已不是获取持续竞争优势的关键因素，而系统性、战略性品牌的塑造与管理才是建立顾客忠诚、赢得市场竞争地位的核心因素。因此，服装企业应把品牌管理作为一种重要的营销工具。

一、服装品牌的内涵与架构

（一）品牌的一般定义

品牌的英文单词是 Brand，源自古挪威文 Brandr，意思是“烧灼”。人们用这种方式来标记家畜等需要与其他人相区别的私有财产。在物品上做记号最早出现于古希腊，陶土上的记号有标明物品的产地及主人的作用。到了中世纪的欧洲，手工艺匠人用这种打烙印的方法在自己的手工艺品上烙下标记，以便顾客识别产品的产地和生产者。这就产生了最初的商标，并以此为消费者提供担保，同时向生产者提供法律保护。

在《牛津大辞典》里，品牌被解释为“用来证明所有权，作为质量的标志或其他用途”，即用以区别和证明品质。随着时间的推移，商业竞争格局以及零售业形态不断变迁，品牌承载的含义也越来越丰富，甚至形成了专门的研究领域——品牌学。

（1）一般意义上的定义。现代营销学之父菲利普·科特勒教授认为，品牌是一个名称、名词、符号或设计，或者是它们的组合，其目的是识别某个销售者或某群销售者的产品或劳务，并使之同竞争对手的产品和劳务区别开来。

（2）作为品牌战略开发的定义。品牌是通过以上这些要素及一系列市场活动而表现出来的结果所形成的一种形象认知度、感觉、品质认知，以及通过这些而表现出来的客户忠诚度，总体来讲它属于一种无形资产。所以这时候品牌是作为一种无形资产出现的。

（3）品牌是企业或品牌主体（包括城市、个人等）一切无形资产总和的全部浓缩，而“这一浓缩”又可以特定的“符号”来识别；它是主体与客体、主体与社会、企业与消费者之间相互作用的产物。

从服装企业的角度看，“品牌是为识别某一企业或企业集团的商品或服务，体现与同行竞争者的商品的区别而采用的名称、图案及其组合”。品牌不应单纯被看作是一个名称，服装企业应把它视作服装营销的核心，并努力将其培养成一个企业的象征。不论企业的规模大小，品牌都是企业与最终消费者进行沟通和信息传递的有效工具。

从消费者的角度看，品牌是具有某种共性（如风格、理念、商品特征、背景等）的一类服装产品集合体的代称，包含了对某种价值和特征的认可以及对产品的态度。

（二）服装品牌的架构

1. 品牌的内涵构造

品牌的内涵构造可以划分为三个层次，如图 7-4 所示。

第一个层次：核心层。作为物的存在的产品本身，即物品的价值。它包括质量、性能、材料、尺寸和价格等属性。

第二个层次：中间层。赋予产品的名称、语言、符号、设计和色彩等表现要素。

第三个层次：品牌形象。它包括消费者对品牌的印象、形象、情感和评价等整体意识，即通常所称的品牌形象部分，可称为意识价值。

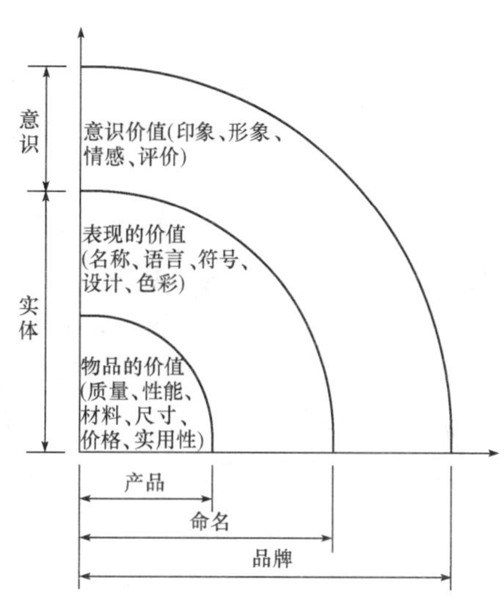

图 7-4 品牌的内涵构造

2. 品牌的意识价值

市场营销的目标之一就是培育在意识上具有价值的品牌。不具有这种价值的商品，便不能称之为品牌商品。品牌意识上的价值，是指消费者与商品之间的某种精神联系，这种联系决定了消费者相应的消费行为。不同的意识价值暗示着消费者所持有的不同态度以及采取的不同行为。品牌意识上的价值可以超越物质而在意识层面存在。

当与同属商品群共同要素相区别的意识与价值得到认可，“从物品独立出来”的意识存在就开始形成，即商品开始意识化。这种意识化具有各种心理表现特征，对消费者行动具有重大影响。

二、服装品牌的特征

1. 品牌是专有的

品牌用以识别生产或销售者的产品或服务。品牌拥有者经过法律程序的认定，享有品牌的专有权，有权要求其他企业或个人不能仿冒、伪造。这一点也是指品牌的排他性，然而我们国家的企业在国际竞争中没有很好地利用法律武器，没有发挥品牌的专有权，近年来我们不断看到国内的金字招牌在国际市场上遭遇的尴尬局面，如“红塔山”在菲律宾被抢注，人们应该及时反省，充分利用品牌的专有权。

2．品牌是企业的无形资源

由于品牌拥有者可以凭借品牌的优势不断获取利益，可以利用品牌的市场开拓力形成扩张力，资本内蓄力不断发展，因此可以看到品牌的价值。这种价值并不能像物质资产那样用实物的形式表述，但它能使企业的无形资产迅速增大，并且可以作为商品在市场上进行交易。

我国的品牌创造虽起步较晚，但国内的名牌发展较为迅速。2018 年 6 月《中国 500 最具价值品牌》揭晓，国家电网以 4 065.69 亿元的品牌价值荣登 2018 年度最具价值品牌榜首，海尔以 3 502.78 亿元的品牌价值位列第三位。

品牌作为无形资产其价值可以有形量化，同时品牌作为商品交易，比如有以品牌入股形式组建企业，有的以品牌的号召特许经营，更有加盟到名牌门下，以图发展。

3．品牌转化具有一定的风险及不确定性

品牌创立后，在其成长的过程中，由于市场需求的不断变化，企业的品牌资本可能壮大，也可能缩小，甚至某一品牌在竞争中退出市场。品牌的成长由此存在一定风险，对其评估也存在难度。品牌风险的出现，有时是由于企业的产品质量出现意外，有时是由于服务不过关，有时则是由于品牌资本盲目扩张，运作不佳，这些都会给企业品牌的维护带来难度，也会导致企业品牌效益的评估存在不确定性。

4．品牌的表象性

品牌是企业的无形资产，不具有独立的实体，不占有空间，它最原始的目的就是让人们通过一个比较容易记忆的形式来记住某一产品或企业，因此，品牌必须有物质载体，需要通过一系列的物质载体来表现自己，使品牌有形化。品牌的直接载体主要是文字、图案和符号，间接载体主要有产品的质量、产品服务、知名度、美誉度和市场占有率等。没有物质载体，品牌就无法表现出来，更不可能达到品牌的整体传播效果。

5．品牌的扩张性

品牌具有识别功能，代表一种产品、一个企业，企业可以利用这一优点展示品牌对市场的开拓能力，还可以帮助企业利用品牌资本进行扩张。

三、服装品牌的作用

1．品牌——产品或企业核心价值的体现

品牌——消费者或用户记忆商品工具不仅要将商品销售给目标消费者或用户，而且要使消费者或用户通过使用对商品产生好感，从而重复购买、不断宣传。消费者或用户通过品牌本身及对品牌产品的使用来获得满足感，就会围绕品牌形成消费经验，存储在记忆中，为将来的消费决策形成依据。一些企业更为自己的品牌树立了良好的形象，赋予了美好的情感，或代表了一定的文化，使品牌及品牌产品在消费者或用户心目中形成了美好的记忆。

2．品牌——识别商品的分辨器

品牌的建立是由于竞争的需要，用来识别某个销售者的产品或服务的。品牌设计应具有独特性，有鲜明的个性特征（包括品牌的图案、文字等），与竞争对手相区别，代表本企业的特点。同时，互不相同的品牌各自代表着不同形式、不同质量、不同服务的

产品，可为消费者或用户购买及使用提供借鉴。通过品牌人们可以认知产品，并依据品牌选择购买。例如，人们购买汽车时有这样几种品牌：奔驰、沃尔沃、大众、宝马等。每种汽车品牌代表了不同的产品特性、不同的文化背景、不同的设计理念、不同的心理目标，消费者和用户便可根据自身的需要，依据产品特性进行选择。

3．品牌——质量和信誉的保证

企业设计品牌、创立品牌、培养品牌的目的是希望此品牌能变为名牌，于是在产品质量上下功夫，在售后服务上努力。同时品牌代表着企业，企业从长远发展来看，必须注重其产品质量，特别是名牌产品、知名企业。于是，品牌（特别是知名品牌）就代表了一类产品的质量档次，代表了企业的信誉。比如耐克，作为世界知名的运动鞋品牌，其人性化的设计、高科技的原料、高质量的产品为人们所称道。因此，品牌代表的是企业的信誉、产品的质量。

4．品牌——企业竞争的武器

树品牌、创名牌是企业在市场竞争的条件下逐渐形成的共识，人们希望通过品牌对产品、企业加以区别，通过品牌形成品牌追随，通过品牌扩展市场。品牌的创立、名牌的形成正好能帮助企业实现上述目的，使品牌成为企业的有力竞争武器。品牌，特别是知名品牌的出现，使用户形成了相当的忠诚度、信任度、追随度，由此使企业在与对手竞争中拥有了后盾基础。品牌还可以利用其市场扩展的能力，带动企业进入新市场，从而使新产品打入市场；品牌可以利用品牌资本运营的能力，通过一定的形式（特许经营、合同管理等）进行企业的扩张。总之，作为市场竞争的武器，品牌常常为企业带来意想不到的效果。

5．品牌——企业的“摇钱树”

品牌以质量取胜，常附有文化、情感内涵，所以品牌给产品增加了附加值。同时，消费者对品牌有一定的信任度、追随度，因此企业可以为品牌制订相对较高的价格，获得较高的利润。一些知名品牌在这一方面表现最为突出，如耐克运动鞋，比同等的李宁运动鞋、安踏运动鞋价格上要高出几百元。由此可见，品牌特别是知名品牌能给企业带来较大的收益。如今，品牌作为无形资产，已为人们所认可。

四、服装品牌在市场营销中的作用与意义

1．品牌的首要功能在于方便消费者进行产品选择，缩短消费者的购买决策过程

选择知名的品牌，对于消费者而言无疑是一种省事、可靠又减少风险的方法。尤其在大众消费品领域，同类产品中可供消费者选择的品牌一般都有十几乃至几十个。面对如此众多的商品和服务提供商，消费者是无法通过比较产品服务本身来做出准确判断的。这时，在消费者的购买决策过程中就出现了对产品的“感觉风险”（即认为可能产生不良后果的心理风险）的影响。这种“感觉风险”的大小取决于产品的价值高低、产品性能的不确定性以及消费者的自信心等因素。消费者为了回避风险，往往偏爱拥有知名品牌的产品，以坚定购买的信心。而品牌在消费者心目中是产品的标志，它代表着产品的品质和特色，而且同时它还是企业的代号，意味着企业的经营特长和管理水准。因此，品牌缩短了消费者的购买决策过程。

2．造就强势品牌能使企业享有较高的利润空间

在传统的市场竞争中，当消费者形成鲜明的品牌概念后，价格差异就会显得次要。当给不同品牌赋予特殊的个性时，这种情况就更为明显。

曾有调查表明，市场领袖品牌的平均利润率为第二品牌的四倍，而在英国更是高达六倍。强势品牌的高利润空间尤其在市场不景气或削价竞争的条件下表现出了重要的作用。事实上，这种优势不仅仅得益于通常人们认为的规模经济，更重要的是来自消费者对该品牌产品价值的认同，也就是对价格差异的认同。

3．品牌可以超越产品的生命周期，是一种无形资产

由于需求的变更和竞争的推动，除了少数产品，绝大多数产品不会长久地被消费者接受。一般而言，产品都有一个生命周期，会经历从投放市场到被淘汰退出市场的整个过程，包括引入期、成长期、成熟期和衰退期四个阶段。

但是品牌却不同，它有可能超越生命周期。一个品牌一旦拥有广大的忠诚顾客，其领导地位就可以经久不变，即使其产品已历经改良和替换。我们所熟悉的一些海外著名品牌也都有着悠久的历史，如吉列（始于 1895 年）、万宝路（始于 1924 年）、可口可乐（始于 1886 年）、雀巢（始于 1938 年）。同样，我国的不少老字号在今天的市场竞争中依然有着品牌优势，如同仁堂等。

由此可知，品牌的概念比产品本身要广泛得多。它可以随着市场变换加以调整，只要能跟得上市场变化和消费进步，通过改进或创新产品以及保持品牌个性始终如一，可使品牌长期延续下去。

也正是因为品牌可以超越生命周期，因此就使品牌从开始依附在产品身上慢慢地发展到与具体产品相对独立开来，并可使消费者长期积累对它的认同和偏好，从而使品牌作为一种无形资产成为可能。它本身也可以作为商品参与市场交易。而且，品牌与产品的相对独立就导致了品牌延伸的出现，同一品牌拥有众多类别的产品，品牌成为产品的核心。

五、服装品牌命名的原则

1．合法

合法是指能够在法律上得到保护，这是品牌命名的首要前提，再好的名字如果不能注册就得不到法律保护，就不是真正属于自己的品牌。在 2000 年的保暖内衣大战中，“南极人”品牌就是由于缺乏保护，而被数十个厂家共享，一个厂家所投放的广告费为大家做了公共费用，非常可惜。大量厂家对同一个品牌开始了掠夺性的开发使用，使得消费者不明就里、难分彼此，面对同一个品牌，却是完全不同的价格、完全不同的品质，最后消费者把账都算到了“南极人”这个品牌上，逐渐对其失去了信任。

米勒公司推出了一种淡啤酒，取名为 Lite，即清淡的英文 light 的变异，生意兴旺，其他啤酒厂纷纷仿效，也推出以 Lite 命名的淡啤酒。由于 Lite 是直接描绘某类特定产品的普通词汇，法院判决不予保护，因此米勒公司失去了对 Lite 的商标专用权。由此可见，一个品牌合法即能受到保护是多么重要。

2．尊重文化与跨越地理限制

由于世界各国、各地区消费者，其历史文化、风俗习惯、价值观念等存在一定差异，使得他们对同一品牌的看法也会有所不同。一个词语在这一个国家是非常美好的意思，可是到了另一个国家其含义可能会完全相反。

我国的绝大多数品牌，由于只以汉字命名，在走出国门时，便让当地人莫名所以。有一些品牌采用汉语拼音作为变通措施，被证明也是行不通的，因为外国人并不懂拼音所代表的含义。例如长虹，以其汉语拼音 CHANGHONG 作为附注商标，但 CHANGHONG 在外国人眼里却没有任何含义。而海信则具备了全球战略眼光，注册了“Hisense”的英文商标，它来自 High Eense，是高灵敏、高清晰的意思，这非常符合其产品特性。同时，High Sense 又可译为“高远的见识”，体现了品牌的远大理想。

可以说，品牌名称已成为国内品牌全球化的一道门槛，在中国品牌的国际化命名中，由于对国外文化的不了解，使得一些品牌出了洋相。“芳芳”牌化妆品在国外的商标被翻译为“FangFang”，而 Fang 在英文中是指“（蛇的）毒牙”，如此一来，还有谁敢把有毒的东西往身上摸，芳芳化妆品的受挫也就是情理之中的事情了。当然，除了国内品牌，国际品牌在进入不同的国家和地区时也有犯错的时候。Whisky 是世界知名的酒类品牌，进入香港和内地，被译成“威士忌”，被认为“威严的绅士忌讳喝它”，所以绅士们自然对它有所顾忌。而 Brandy 译成“白兰地”，被认为是“洁白如雪的兰花盛开在大地上”，意境优美之极，自然绅士们更愿意喝它。

3．简单易记忆

为品牌取名，也要遵循简洁的原则。越单纯、明快的名称越易于被消费者接受。根据调查，企业名称越短越利于传播，4 个字的名称平均认知度为 11.3%，8 个字的名称认知度则只有 2.88%。今天，我们耳熟能详的一些品牌，莫不如此，青岛、燕京、小天鹅、方太、圣象等，都非常简单好记。IBM 是全球十大品牌之一，身为世界上最大的计算机制造商，它被誉为“蓝色巨人”。它的全称是国际商业机器公司（International Business Machines Corporation），这样的名称不但难记忆，而且不易读写，在传播上首先就自己给自己制造了障碍。于是，国际商业机器公司设计出了简单的 IBM 的字体造型对外传播，终于造就了其高科技领域的领导者形象。

名字是打造品牌中最不可忽视的要素。“旺旺”仅凭这个名字每年赚得盆满钵满。就空调产品来说，格力不仅中文名字比对手的名字好听，其英文名“GREE”也高人一筹，简短、有力，与“索尼 SONY”颇有异曲同工之妙，天生具有成为世界级品牌的模样。

4．上口易传播

发音响亮、朗朗上口的名称，比那些难发音或音韵不好的名称容易传诵。吉普（Jeep）汽车的车身都带有 GP 标志，并标明是通用型越野车，Jeep 即是通用型的英文 General Purpose 首字缩写 GP 的发音。但有另一种来源之说，称其源于一部连环画中的一个怪物，这个怪物总是发出“吉一普，吉一普”的声音。这个名字非常容易发音和易于传播。

5．正面联想

金字招牌“金利来”，原来取名“金狮”，在香港人说来便是“尽输”，香港人非常讲究吉利，面对如此忌讳的名字自然无人光顾。后来，曾宪梓先生将 Goldlion 分成两部分，前部分 Gold 译为金，后部分 lion 音译为“利来”，取名“金利来”之后，情形大为改观，吉祥如意的名字立即为金利来带来了好运。可以说，“金利来”能够取得今天的成就，其美好的名称功不可没。

6．暗示产品属性

有一些品牌，人们可以从它的名字中一眼就看出它是什么类型的产品，例如脑白金、五粮液、雪碧、高露洁等。“劲量”用于电池，恰当地表达了产品持久强劲的特点；“固特异”用于轮胎，准确地展现了产品坚固耐用的属性。它们中的一些品牌，甚至已经成为同类产品的代名词，让后来者难以下手。

需要指出的是，与产品属性联系比较紧密的这类品牌名大多实施了专业化策略。如果一个品牌需要实施多元化战略，则其品牌名与产品属性联系越紧密，则对其今后的发展越不利。

7．预埋发展管线

品牌在命名时就要考虑到，即使品牌发展到一定阶段时也要能够适应。对于一个多元化的品牌，如果品牌名称和某类产品联系太紧，就不利于品牌今后扩展到其他产品类型。通常，一个无具体意义而又不带任何负面效应的品牌名比较适合于今后的品牌延伸。

例如索尼，不论是中文名还是英文名，都没有具体的内涵，仅从名称上不会联想到任何类型的产品，这使得该品牌可以扩展到任何产品领域而不至作茧自缚。

六、服装品牌策略

品牌策略是企业依据产品状况和市场情况，最合理、有效地运用品牌，以达到预期的营销目的。企业品牌决策的主要内容如图 7-5 所示。

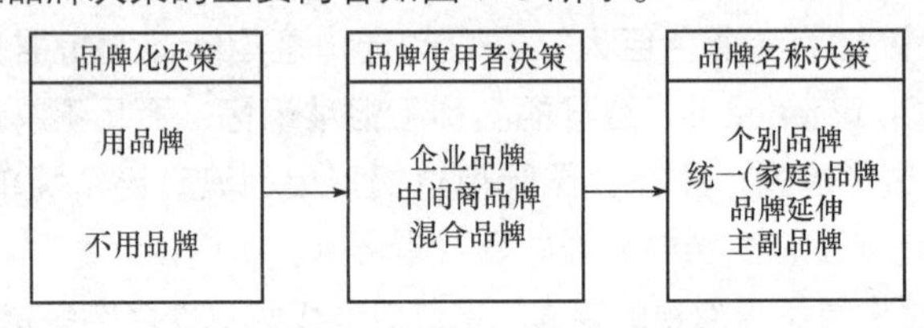

图 7-5　企业品牌决策的主要内容

1．品牌化决策

企业首先要决定是否给产品建立一个品牌。并不是所有的产品都必须使用品牌，但市场上大多数产品都是使用品牌的。使用品牌，特别是运作比较成功的品牌，它给企业带来的益处是不可低估的。

产品有可能是没有品牌的，因为建立品牌必然要付出相应的费用（包括设计费、制作费、注册登记费、广告费等），增加企业经营总成本，并且当品牌不受顾客欢迎时，企业还要承担相应的风险。所以出于对产品的特征和生产者降低成本的考虑，有些产品有可能不使用品牌，而只注明产地或生产厂家的名称。一般来说，以下几种情况可以不

使用品牌。

（1）产品技术要求简单，不会因为企业不同而形成产品的不同特点，如电力、煤炭、自来水等。

（2）顾客习惯上不认品牌购买的产品，如打火机、白纸等。

（3）小范围生产、销售、没有明确技术标准的产品，如土特产、手工艺品等。

（4）企业临时性或一次性生产的产品，如接受外来的加工业务等。

2．品牌使用者决策

品牌使用者决策是指在决定使用品牌后，对要使用谁的品牌做出的决策。一般有三种选择。

（1）企业品牌。企业品牌，也称生产者品牌，即企业使用属于自己的品牌。

（2）中间商品牌。中间商品牌，也称经销商品牌，即企业把产品销售给中间商，由中间商使用它自己的品牌将产品转卖出去。

（3）混合品牌。混合品牌，即企业对一部分产品用自己的品牌，而对另一部分产品用中间商的品牌。

中间商品牌能得到长足的发展，其原因在于以下几点。

（1）较低的制造成本、简易的包装、交易环节和营业费用的减少使商品价格低廉。

（2）大型零售商业本身拥有覆盖面广、物流通畅的销售网络，商品分销具有无可比拟的优势。

（3）零售企业处于与顾客接触的最前沿，能够及时准确地把握市场需求，推进产品设计和开发。

3．品牌名称决策

产品走向市场必须有一个名称，企业如何为产品命名，一般有以下几种策略可供选择。

（1）个别品牌策略。个别品牌策略是企业给它的不同产品分别冠以不同的品牌。如上海牙膏厂生产的“美加净”“中华”等不同品牌的牙膏。其优点是可以针对消费者不同的需求，设计不同品牌形象，有利于严格区分不同档次的产品，显示企业的雄厚实力；尤其对于那些生产或销售许多不同类型产品的企业而言，企业的整个声誉不至于受其某种商品的声誉的影响，从而增强企业的竞争力，提高市场占有率，同时增强抗风险能力。当某个品牌得不到消费者的青睐时，尚有其他品牌在做支撑。一个生产高档产品的企业在推出低档产品时，如果低档产品另外有自己的品牌，则企业不会因低档产品的推出而影响到高档产品品牌的声誉。其缺点是广告和促销费用较高，而且多个品牌使得统一的企业形象难以建立。

（2）统一品牌策略。统一品牌策略也叫家族品牌，即生产者的各种产品使用相同的品牌推向市场。如美国通用电气公司所有产品只用一个品牌——GE。

使用这一策略的优点在于推出新产品可以省去命名的麻烦，可以节省发展多产品的各种费用，节省广告费；能以同一品牌众多产品来显示企业实力；新产品上市可以借助已有品牌的信誉更容易打入市场；如果企业的整体形象比较好，则其各种产品均可从中受益。其缺点是家庭品牌中一个成员出了问题，很容易“株连”其他成员，甚至影响品牌声誉；档次质量不同的产品难以区分，令消费者感觉不便。因此，使用统一品牌的企业，必须对所有产品的质量严加控制。

（3）分类品牌策略。分类品牌策略是企业对所有产品在分类的基础上分别使用不同品牌的策略。如法国欧莱雅集团公司拥有不同价位的产品线，兰蔻等面对富有阶层，美宝莲、欧莱雅则走大众路线。这种策略实际上是前两种策略的一种折中，它既可以区分在需求上具有显著差异的产品类别，又可以反映出强强联合的产品优势，对于多角度经营企业尤其适用。

（4）主副品牌策略。通常以企业名称作为主品牌，同时给各产品打上一个副品牌，以副品牌来突出产品的个性形象。例如，"海尔－小神童"洗衣机，副品牌小神童表达了"体积小、计算机控制、全自动、智能型"等特点和优势，但消费者对它的认可，主要是基于对海尔品牌的信赖。这种策略可以使新产品与老产品统一化，进而享受企业的整体信誉，同时，各种不同的新产品分别使用不同的品牌名称，又可以使新产品个性化。

4. 品牌延伸策略

品牌延伸策略是指企业利用已经成功的品牌推出改良产品或新产品。如耐克从运动鞋起步，后来逐步扩大到运动服和其他运动产品。这种策略的优点是可以降低广告宣传费用，有利于新产品投入市场，也有利于企业创名牌。但若推出的新产品不好，就会影响到原来产品的形象。

5. 多品牌策略

多品牌策略是指同一企业在同一种产品上设立两个或多个相互竞争的品牌。如美国的宝洁公司，它在洗发水等产品上都同时使用海飞丝、飘柔、潘婷等多个品牌。

多品牌策略可以给企业带来几个方面的好处：多种不同的品牌只要被零售商店接受，就可以占用更大的货架面积，而竞争者所占用的货架面积当然会相应减小；可以吸引喜好新牌子的消费者；使组织内部直接产生竞争，有利于提高企业的工作效率和管理效率；可以满足不同的细分市场的需要，为提高总销售量创造条件。其存在的风险是使用的品牌量过多，导致每种产品的市场份额较小，使企业资源分散，而不能集中到少数几个获利水平较高的品牌上来。

6. 重新定位策略

重新定位策略是指全部或部分调整或改变品牌原有市场定位的做法。由于市场环境的变化，品牌往往需要重新定位。品牌的重新定位策略一般需要改进产品性能、产品外观或广告宣传。

拓展案例：ABC 童装联合新浪思考：网媒垄断时代的品牌营销

教学案例：服装产品策略

本章小结

1. 所谓产品策略，是指企业制订经营战略时，首先要明确企业能提供什么样的产品和服务去满足消费者的要求，也就是要解决产品策略问题。它是市场营销组合策略的基础，从一定意义上讲，企业成功与发展的关键在于产品满足消费者需求的程度以及产品策略正确与否。这里的产品是指非物质形态的服务，即实体产品的转移以及转移过程中相应的辅助性服务。

2. 产品是企业经过生产过程而产生的有形物品，用以满足消费者的需求和欲望。产品含义一般理解为具有某种使用价值的实体，如衬衫、连衣裙、西装等具有一定的形状，并各自具有不同的使用价值，能满足消费者某一物质内容的消费需要。

3. 产品整体化表现了以满足消费者需求为中心，衡量某一产品效用价值好坏的标准，不是掌握在生产者或经营者手里，而是掌握在消费者手中。随着生产的发展和消费结构的变革，产品整体概念的三层含义之间的比重必将发生变化。也就是说，企业的产品要赢得消费者的好评，除了生产适销对路、质优价廉的产品外，更重要的在于满足消费者需求的程度及提供的服务。

4. 产品组合是指一个企业生产或经营的全部产品线、产品项目的组合方式。它包括宽度、长度、深度和密度四个变数。

5. 服装新产品开发是一项难度大的工作，需要掌握流行信息，运用灵感和想象，从设计造型式样到选择材料、颜色等方面都需要整体配合。另外，还要考虑消费者的心理需求、当地的风俗习惯和审美标准、服装企业的生产条件等。从确定开发方向、组织实施，到最后开发完成，要经历构思、创意阶段、初步设计阶段、筛选阶段、样衣试制阶段、市场试销阶段、正式投放市场阶段。

6. 品牌在市场营销中的作用与意义：品牌的首要功能在于可以方便消费者进行产品选择，缩短消费者的购买决策过程；造就强势品牌，能使企业享有较高的利润空间；品牌可以超越产品的生命周期，是一种无形的资产。

7. 品牌策略是企业依据产品状况和市场情况，最合理、最有效地运用品牌，以达到预期的营销目的。企业品牌决策的主要内容包括品牌化决策、品牌使用者决策、品牌名称决策、品牌延伸策略、多品牌策略和重新定位策略。

习 题

一、单项选择题

1. 产品销售量达到顶峰并开始下降，利润稳中有降，此时产品处于市场生命周期的（　　）。

A. 引入期　　B. 成长期　　C. 成熟期　　D. 衰退期

2. 企业研究产品生命周期的目的是为了（　　）。

A. 使新产品能迅速进入成熟期　　B. 努力延长产品的投入期

C. 使消费者尽快接受新产品　　D. 减少新产品开发的失败

3. 企业决定同时经营两种或两种以上互相竞争的品牌，这种决策称为（　　）。

A. 品牌质量决策　　B. 家庭品牌决策

C. 品牌扩展决策　　D. 多品牌决策

二、判断题

1. 任何产品都会经历产品生命周期的四个阶段。（　　）
2. 品牌策划成功的关键是品牌名称的设计。（　　）
3. 营业推广适用于品牌忠诚度较弱的消费者。（　　）

习题答案

第八章 服装价格策略

学习目标

1. 了解服装产品价格的构成；
2. 掌握服装产品的定价方法；
3. 熟悉服装产品定价策略。

案例导入

美国内衣品牌维多利亚的秘密（Victoria's Secret，简称VS）可以称为时尚界的神话。它不仅是一个内衣品牌，同时还是全球最有名、最令女人为之疯狂的时尚品牌之一。伴随着维多利亚的秘密不断风靡世界，成为全球性感内衣的风向标，其母公司（LTD）股价也在不断创出历史新高。这些年来，VS如何引导了美国内衣行业的革命，又如何稳步行进在成功之路？

著名内衣品牌维多利亚的秘密营销之谜

第一节　服装产品价格的构成

价格是市场营销组合中十分敏感、活跃的因素。在市场经济条件下，服装价格对市场供求和消费者购买行为有着重要的影响。一方面，价格的高低关系到企业的盈利水平和经济效益，因而影响着企业的产量和市场供应量；另一方面，价格的高低还影响着消费者的购买行为和产品的需求量。同时，价格还是一种重要的竞争手段，服装企业之间对产品价格的变化特别敏感，适当的价格能够提高产品竞争能力和市场占有率。因此，无论是生产者、消费者还是竞争对手，对服装产品的价格都十分关注。

服装产品价格的构成包括服装出厂价格的构成和服装商业价格的构成两个方面。

一、服装出厂价格的构成

服装的出厂价格是指服装生产企业出售服装产品的价格。其构成内容主要包括服装生产企业的各种制造成本、费用以及企业利润，其中制造成本和费用的计算依据主要是企业的财务成本。

二、服装商业价格的构成

服装商业价格是指服装商业企业销售服装商品的价格，包括批发价格和零售价格。服装商业价格的构成要素主要包括进价成本、经营费用、管理费用、财务费用、商业利润和税金。在服装的商业价格中各个构成部分所占的比例往往存在较大的差异。

在传统的市场营销观念中，企业往往采用机械的模式，利用服装产品的生产成本来确定服装销售价格水平，忽视市场需求对价格的影响。一方面，以生产成本作为制订服装产品市场价格的依据，没有从根本上转变生产型的经营观念，所制订的价格往往脱离消费者的接受水平；另一方面，如果制订服装价格只考虑有形的生产成本，忽视了营销成本或交易成本，就很难提高服装产品的资本密集程度，也就摆脱不了服装营销在低水平上延伸的局面。在现代市场营销实践中，企业定价的成功与否依赖于有效的市场营销组合，服装产品的定价必须与企业产品、分销渠道、促销手段等营销因素互相配合。

企业必须把定价作为整体经营战略的一个组成部分，应该重点考虑的是在现有市场接受的价格水平下维持怎样的成本才能实现利润目标。如西班牙的服装品牌ZARA，就是采用按需设计的模式，在保证产品质量的前提下，尽量减少服装中与时尚无关的细枝末节，最大限度地降低成本，以提高利润。

第二节　服装产品的定价方法及运用

随着经济体制市场化改革的不断推进和价格改革的深化，企业已成为价格的决策主体。企业只有正确运用定价方法，研究定价技巧，制订价格策略，才能实现公平竞争，

降低交易成本，提高经济效益。在给产品定价时，可供选择的定价方法有多种，每种方法都有其优缺点和适用范围。如果企业能够根据自己的定价目标、产品特性、市场需求、购买对象等因素来选择恰当的定价方法，并实施有效的营销组合策略，产品很快就能打开销路。

当了解了影响产品的价格因素后，在给产品定价时就应对这些因素给予综合的考虑，重点抓住一两个因素，这样定价就有了依据。不过，这还只是停留在定性分析上，要确定产品价格的量值，还需要使用一定的服装产品的定价方法。

一、服装产品的定价方法

(一) 成本导向定价法

成本导向定价法是以产品的成本为依据，分别从不同的角度制订对企业最有利的价格的定价方法。它包括总成本加成定价法、盈亏平衡定价法、目标投资收益率定价法和边际贡献定价法。

1．总成本加成定价法

总成本加成定价法包括顺加法和倒扣法

（1）顺加法。顺加法是按照单位产品成本加上一定百分比的加成来制订产品销售价格的。这种方法是我国一种传统的产品定价方法。具体操作方法是先计算生产销售产品的全部成本，再加上一定的预期利税总额确定产品价格。计算公式为

$$\begin{aligned}\text{单位产品销售价} &= \text{单位产品成本} + \text{单位产品成本} \times \text{加成率}\\ &= \text{单位产品成本} \times (1 + \text{加成率})\end{aligned}$$

$$\text{加成率} = \frac{\text{计划售价} - \text{成本}}{\text{成本}} \times 100\%$$

例如，某厂生产某品牌服装，单位成本为 50 元，加成率为 40%，则每件服装的售价为 50×（1+40%）= 70（元）。

顺加法的优点主要是成本资料直接可得，计算简便。这种方法的基础原则是“将本求利，水涨船高”。但这种方法只是从保证卖方利益出发而定价的，忽视了市场需求者的利益。它比较适用于销量与单位成本相对稳定，供求双方竞争不甚激烈的商品定价。

（2）倒扣法。这种方法主要应用于零售企业，公式中的单位产品成本就是指零售企业的进价。计算公式为

$$\text{单位产品销售价} = \frac{\text{单位产品成本}}{1 - \text{毛利率}}$$

$$\text{毛利率} = \frac{\text{售价} - \text{进价}}{\text{售价}} \times 100\%$$

例如，某零售企业购进一批高档手表，每只手表的进价为 1 600 元，计划毛利率为 30%，则每只手表的销售定价为 1600÷（1−30%）= 2286（元）。

加成率、毛利率的确定因行业和产品特性的不同而有所差别，大众商品的加成率、毛利率较低，时尚、名牌、季节、新鲜易腐产品的加成率、毛利率较高，服务行业的加

成率、毛利率也比较高。

2．盈亏平衡定价法

盈亏平衡定价法，也称保本定价法、收支平衡定价法，它是按照生产某种产品的总成本和销售收入维持平衡的原则制订产品的保本价格。计算公式为

$$单位产品保本价格=\frac{固定成本总额+变动成本总额}{预期销售量}$$

$$=\frac{固定成本总额}{预期销售量}+单位产品变动成本$$

盈亏平衡定价法是企业无利润可言，只是在市场不景气时企业为了维持生产不得已而采取的定价方法。采用这种方法的关键在于正确预测市场的销售量，如果销售量预测不准确，则依此计算出来的保本价格也不会准确。

3．目标投资收益率定价法

目标投资收益率定价法，也称目标利润定价法，它是以投资额为基础再加上投资收益来制订价格的方法。计算公式为

$$单位产品价格=\frac{总固定成本+目标收益}{预期销售量}+单位产品变动成本$$

$$目标收益=投资总额\times投资收益率$$

例如，某商品的固定成本为 100 万元，计划销售量为 10 万件，单位变动成本为 5 元，该商品的投资收益率若定为 10%，求该商品的销售价格应为多少?

解：企业目标投资收益额为 =（1 000 000+5 × 100 000）× 10%=150 000（元）

目标投资收益的单位商品销售价格（保利价格）为

$$单位商品销售价格=\frac{1\,000\,000+150\,000}{100\,000}+5=16.5（元）$$

这种方法更全面地考虑了企业投资的经济效益，能够保证企业在一定时期内收回投资，有利于企业的发展。但是，与盈亏平衡定价法一样，市场需求的预测是否准确直接影响着商品定价的准确性。同时，以这样的盈利价格能否达到预期销售量也很难把握。

4．边际贡献定价法

边际贡献定价法包括边际成本定价法和变动成本加成法。

（1）边际成本定价法。边际成本是指每增加或减少单位产品所引起的总成本变化量。由于边际成本与变动成本比较接近，而变动成本的计算更容易一些，所以在定价实务中多用变动成本代替边际成本，而将边际成本定价法称为变动成本定价法，也叫边际贡献定价法。

采用边际成本定价法时，是以单位产品变动成本作为定价依据和可接受价格的最低界限。在价格高于变动成本的情况下，企业出售产品的收入除完全补偿变动成本外，还可用来补偿一部分固定成本，甚至可能提供利润。

边际成本定价法改变了售价低于总成本便拒绝交易的传统做法。在竞争激烈的市场条件下具有极大的定价灵活性，对于有效地应对竞争、开拓新市场、调节需求的季节差异、形成最优产品组合可以发挥巨大的作用。但是，过低的成本有可能被指控为从事不正当竞争，并招致竞争者的报复，在国际市场则易被进口国认定为“倾销”，产品价格会因“反倾销税”的征收而畸形上升，使结果适得其反。

（2）变动成本加成法。边际贡献就是销售收入减去变动成本后的差额。这种定价方法不计算固定成本，要点是只要价格大于单位产品变动成本，这样的价格就是生产企业可以接受的价格。

$$单位产品边际贡献 = 价格 - 单位产品可变成本$$

$$价格 = 单位产品可变成本 + 单位产品边际贡献$$

例如，某企业的年固定成本为 100 万元，每件产品的可变成本为 50 元，计划边际贡献为 40 万元，当销售量预计可达 10 000 件时，其价格为

$$价格 = 50+\frac{400\ 000}{10\ 000} = 90（元/件）$$

（二）需求导向定价法

需求导向定价法是以消费者对产品价值的理解和需求强度为基础来制订价格的方法。它是以目标市场的消费者所能接受的价格来定价的，因而能够适应市场需求及其变化情况。

1．理解价值定价法

它是以消费者对商品价值的感受及理解程度作为基本依据的定价方法。定价时，把买方的价值判断与卖方的成本费用相比较，侧重考虑前者，因为消费者购买商品时总会在同类商品之间进行比较，选购那些既能满足其消费需要，又符合其支付标准的商品。消费者对商品价值的理解不同，会形成不同的价格限度，这个限度就是消费者宁愿付货款而不愿失去这次购买机会的价格。如果价格刚好定在这一限度内，消费者就会顺利购买。

为了加深消费者对商品价值的理解程度，从而提高其愿意支付的价格限度，企业定价时首先要做好商品的市场定位，拉开本企业商品与市场上同类商品的差距，突出商品的特征；并综合运用各种营销手段，加深消费者对商品的印象，使消费者感到购买这些商品能获得更多的相对利益，从而提高他们接受价格的限度；企业则据此提出一个可销售价格，进而估算在此价格水平下商品的销售量、成本及盈利状况，最后确定实际价格。

理解价值定价法的关键和难点是获得消费者对有关商品价值理解的准确资料。企业如果过高估计消费者的理解价值，其价格就可能过高，难以达到应有的销售量；反之，若企业低估了消费者的理解价值，其定价就可能低于应有的水平，使企业收入减少。因此，企业必须通过广泛的市场调研，了解消费者的需求偏好，根据产品的性能、用途、质量、品牌和服务等要素，判定消费者对商品的理解价值，制订商品的初始价格。然后在初始价格的基础上预测可能的销售量，分析目标成本和销售收入，在比较成本与收入、销售量与价格的基础上，确定该定价方案的可行性，并制订最终价格。

2．需求差异定价法

所谓需求差异定价法，是指产品价格的确定以需求为依据，首先强调适应消费者需求的不同特性，而将成本补偿放在次要的地位。这种定价方法，对同一商品在同一市场上制订两个或两个以上的价格，或使不同商品价格之间的差额大于其成本之间的差额。其好处是可以使企业定价最大限度地符合市场需求，促进商品销售，有利于企业获取最

佳的经济效益。

3．逆向定价法

这种定价方法主要不是考虑产品成本，而是重点考虑需求状况。依据消费者能够接受的最终销售价格，逆向推算出中间商的批发价和生产企业的出厂价格。逆向定价法的特点是价格能反映市场需求情况，有利于加强与中间商的良好关系，保证中间商的正常利润，使产品迅速向市场渗透，并可根据市场供求情况及时调整，定价比较灵活。

（三）竞争导向定价法

竞争导向定价法是指企业通过研究竞争对手的生产条件、服务状况、价格水平等因素，依据自身的竞争实力、参考成本和供求状况来确定产品价格的一种定价方法。它的主要方法有随行就市定价法、产品差别定价法、密封投标定价法和拍卖定价法。

1．随行就市定价法

这是根据平均定价水平作为本企业定价标准的一种定价方法。这种方法用于企业难以对顾客和竞争者的反应做出准确的估计，自己又难以另行定价的情况。随行就市是依照现有本行业的平均定价水平定价，这样就容易与同行业和平共处，并且易于集中本行业的智慧，获得合理的收益，少担风险。在竞争十分激烈的同一产品市场上，消费者对行情很清楚，企业彼此间也十分了解，价格稍有出入，顾客就会涌向价廉的企业。一家跌价，别家会跟着跌价，需求却不增加；一家提价，别家不一定提价，销售量则下降。所以，随行就市定价法是一种很流行的方法。随行就市定价法，主要应用于品质相同或相近的产品的定价。

2．产品差别定价法

从根本上来说，随行就市定价法是一种防御性的定价方法，在避免价格竞争的同时，也抛弃了价格这一竞争“利器”。产品差别定价法则反其道而行之，它是指企业通过不同的营销努力，使同种同质的产品在消费者心目中树立起不同的产品形象，进而根据自身特点，选取低于或高于竞争者的价格作为本企业的价格。因此，产品差别定价法是一种进攻性的定价方法。

产品差别定价法的运用，首先要求企业必须具备一定的实力，在某一行业或某一区域市场占有较大的市场份额，消费者能够将企业产品与企业本身联系起来。其次，在质量大体相同的条件下实行差别定价是有限的，尤其对于定位为“质优价高”形象的企业来说，必须支付较大的广告、包装和售后服务方面的费用。因此，从长远来看，企业只有通过提高产品质量，才能真正赢得消费者的信任，才能在竞争中立于不败之地。

3．密封投标定价法

密封投标定价法是一种竞争性的定价方法，又称招标定价法。在国内外，许多大宗商品、原材料、成套设备和建筑工程项目的买卖和承包等，往往采用发包人招标、承包人投标的方式来选择承包者，确定最终承包价格。一般来说，招标方只有一个，处于相对垄断地位，而投标方有多个，处于相互竞争地位。标的物价格由参与投标的各个竞争者在相互独立的条件下来确定。买方通常选择报价最低的投标者中标，中标价就是承包价格。这种定价的方法包括以下三个步骤。

（1）招标。由买方发布招标公告，提出征求什么样的商品和服务及其具体条件，引导卖方参加竞争。

（2）投标。卖方根据招标公告的内容和要求，结合自己的条件，考虑成本、盈利以及其他竞争者可能的报价，向买方密封提出自己的书面报价。

（3）开标。买方在招标期限内积极进行选标，审查卖方的投标报价、技术力量、工程质量、信誉高低、资本大小和生产经验等，从而选择承包商，并到期开标。

当然，参加投标企业的定价也是有一定限度的。即使是一个迫切希望中标的企业，底价也不能低于边际成本劳而无获，同时企业也不能只图盈利，底价过高，反而不能中标。因此，参加投标的企业应当计算期望利润，然后根据最高期望利润确定底价。期望利润可以根据不同方案估计的中标率和利润来计算。

4．拍卖定价法

拍卖定价法是由卖方预先发布公告，公布时间、地点、拍卖物、拍卖起步价等，经买方看货后，卖方通过拍卖市场公开叫价，买方相互竞争，将商品卖给出价最高者的一种定价销售方式。拍卖定价法主要用于品质不易标准化的商品的定价，如各类藏品、土地、房屋，或不能长期保存、季节性强、淘汰周期短的各类商品。

二、各种定价方法的运用

企业定价方法很多，企业应根据不同的经营战略和价格策略、不同的市场环境和经济发展状况等选择不同的定价方法。

（1）从本质上说，成本导向定价法是一种卖方定价导向。它忽视了市场需求、竞争和价格水平的变化，有时候与定价目标相脱节。此外，运用这一方法制订的价格均是建立在对销售量主观预测的基础上，从而降低了价格制订的科学性。因此，在采用成本导向定价法时，还需要充分考虑需求和竞争状况，来确定最终的市场价格水平。

（2）需求导向定价法是以市场需求为导向的定价方法，价格随市场需求的变化而变化，不与成本因素发生直接关系，符合现代市场营销观念要求，企业的一切生产经营以消费者需求为中心。

（3）竞争导向定价法是以竞争者的价格为导向的。它的特点是价格与商品成本和需求不发生直接关系；商品成本或市场需求变化了，但竞争者的价格未变，就应维持原价；反之，虽然成本或需求都没有变动，但竞争者的价格变动了，则相应地调整其商品价格。当然，为实现企业的定价目标和总体经营战略目标，谋求企业的生存或发展，企业可以在其他营销手段的配合下，将价格定得高于或低于竞争者的价格，并不一定要和竞争对手的产品价格完全保持一致。

第三节　服装产品定价策略

服装企业无论采用成本导向定价法，还是采用需求导向定价法，在实际运用中，还可以根据市场环境、产品特点、交易条件和消费者心理等因素采取适当的定价策略，对一种定价方法做出灵活调整，使企业的服装价格更容易被消费者所接受，以获得更高的利润。

一、新产品定价策略

新产品价格就是指产品处于导入期的价格。新产品的定价合理与否关系到新产品的开发与推广。在确定新产品的价格时，最重要的是充分考虑消费者愿意支付的价格。服装企业在推出新款服装上市时，价格定位十分重要。一方面，它影响服装消费者对服装新产品的接受程度；另一方面，也影响了新产品的盈利能力。常见的新产品定价技巧和策略有撇脂定价策略、渗透定价策略和满意定价策略。

1. 撇脂定价策略

撇脂定价策略是一种高价策略，是新产品刚投入市场时，企业将产品价格定得比成本高出很多，尽可能在产品生命周期的最初阶段获得最大利润，尽快回收投资。撇脂是从鲜奶中提取乳酪，取其精华，因此而得名。

采用撇脂定价策略的优点是高价格高利润，能迅速收回投资。随着产品销售量的扩大，成本降低，可降价空间大。当竞争者加入时，可调低价格，巩固和进一步扩大市场，树立企业形象，创造名牌产品。其缺点是定价较高，会限制需求，销路不易扩大；产品获利大，易诱发竞争，给企业造成较大的压力；高价高利的时期也比较短。

实行撇脂定价策略的条件是：①企业的产品同市场上现有产品相比有明显的差异，优势显著，能赢得顾客的喜爱；②短期内没有替代品或替代品少，如受保护的专利品；③短期内竞争者不易进入市场以同样价格参与竞争。

2. 渗透定价策略

渗透定价策略是一种低价策略，是新产品刚投放市场时，企业把价格定得相对较低，以利于被市场所接受，迅速打开销路，扩大市场占有率。新产品低价投入市场，薄利多销，犹如向海绵注水，故此得名。

采用渗透定价策略的优点是低价薄利不易诱发竞争，能有效抑制竞争者的加入；能快速扩大产品销路；随着销售量的增加，产品单位成本可因生产批量的扩大而降低，从而提高竞争力。其缺点是：投资回收期长；当企业提价销售时，消费者反感力强。

实行渗透定价策略的条件是：①产品差异性小，价格需求弹性大，低价能迅速扩大销售量和提高市场占有率；②产品市场已被他人领先占领，为了挤进市场只好低价销售；③潜在市场大，对新进入者有较大的吸引力。

3. 满意定价策略

满意定价策略是一种温和、中价定价策略，是新产品刚投放市场时，企业把价格定在一个比较合理的水平，使消费者比较满意，企业又能获得适当的利润。这种策略兼顾了生产者、中间商及消费者的利益，使各方面都感到满意。即使当企业处于优势地位，本可采用高价时，但为了博得顾客的好感和长期合作，仍然选择中价，这样可赢得各方尊重。

满意定价策略的优点是价格比较稳定，在正常情况下能实现企业盈利的目标，并赢

得中间商和消费者的广泛合作。其缺点是应变能力差，不适合复杂多变和竞争激烈的市场环境。

运用这一策略的具体定价方法一般是采用反向定价法，即企业先通过调查，拟出消费者易于接受的零售价，然后反向推算出其他环节的价格。

二、弹性定价策略

弹性定价策略是依据价格的需求弹性的不同来确定合理的销售价格。价格的需求弹性是指市场需求对价格变化的反应程度。价格的需求弹性的计算公式为

$$\text{价格的需求弹性} = \frac{\text{需求量变化的百分比}}{\text{价格变化的百分比}}$$

一般以 E_p 表示价格的需求弹性：

当 $E_p = 1$ 时，需求量的变动幅度与价格的变动幅度相同，这时企业无论调低调高价格其总收益是不变的。

当 $E_p > 1$ 时，需求量变动的幅度大于价格变动的幅度，属价格弹性充足的产品。这时企业调低价格，虽然价格下降了，但是价格的降低会使销售量上升较多，从而导致企业总收益的增加。

当 $E_p < 1$ 时，需求量变动的幅度小于价格变动的幅度，属弹性不足的产品。这时如果企业调低价格，由于销售量上升幅度不大，反而会使企业利润减少，因此这时调高价格会使总收益增加。

三、折扣定价策略

折扣定价策略是指企业根据产品的销售对象、成交数量、交货时间、付款条件等因素的不同，给予不同价格折扣的一种定价决策，其实质是减价策略。服装市场上的折扣定价表现为服装生产企业对服装经销商的折扣和服装零售商对顾客的折扣。

服装生产企业对服装经销商的折扣主要是在买方以现金支付货款或买方购买的批量较大时，卖方给买方一定的优惠。这是一种舍少得多、鼓励消费者购买、提高市场占有率的有效手段。

折扣定价策略主要包括现金折扣、数量折扣、交易折扣、季节折扣和折让。

1. 现金折扣

这是对按约定日期或者说提前以现金付款的购买者，根据其所购买商品原价给予一定优惠的策略。采用现金折扣一般要考虑三个因素：折扣率、给予折扣的时间期限、付清全部货款的期限。折扣率的高低一般由买方付款期间利率的高低、付款期限的长短和经营风险的大小来决定，这一折扣率必须提供给所有符合规定条件的消费者。现金折扣在许多行业已成习惯，其目的是鼓励消费者提前偿还欠款，加速资金周转，减少坏账损失。

2. 数量折扣

数量折扣是指根据购买数量的多少，分别给予不同的折扣，购买数量越多，折扣就

越大。这种折扣必须提供给所有的消费者，但不能超过销售商大批量销售所节省的费用。数量折扣的实质是将大量购买时所节约的费用的一部分返还给购买者，其目的是鼓励消费者大量购买或集中购买，期望顾客与本企业建立长期商业关系。数量折扣的关键在于合理确定给予折扣的起点、档次及每个档次的折扣率。

数量折扣可以分为累计数量折扣和非累计数量折扣两种。

（1）累计数量折扣。规定顾客在一定期间内，购买商品累计达到一定数量或一定金额时，按总量大小给予不同的折扣。这可以鼓励顾客经常向企业采购，成为可信赖的长期顾客。

（2）非累计数量折扣。顾客每次购买的数量达到折扣标准时就给予相应的折扣，这是鼓励大量购买的一种策略。

数量折扣的作用非常明显，折扣使企业单位产品利润减少而产生的损失完全可以从销售量的增加中得到补偿。此外，销售速度的加快使企业资金周转次数增加，流通费用下降，产品成本降低，从而促使企业总盈利水平上升。

运用数量折扣策略的难点是如何确定合适的折扣标准和折扣率。如果享受折扣的数量标准定得太高，则只有很少的顾客才能获得优待，绝大多数顾客将感到失望；购买数量定得太低，比例不合理，企业的盈利水平就得不到提高。因此，企业应结合产品特点、销售目标、成本水平、资金利润、需求规模、购买频率、竞争者以及传统商业惯例等因素来制订科学的折扣标准和比例。

3．交易折扣

交易折扣是指企业根据各类中间商在市场中的不同地位和功能给予不同的折扣，故又称功能折扣。折扣的大小随行业与产品的不同而有所区别，一般给予批发商的折扣较大，给予零售商的折扣较小，对工业使用者可能另定一种折扣。通常的做法是先定好零售价，然后再按相应的折扣制订各环节的价格。

4．季节折扣

季节折扣是生产季节性产品的企业对在消费淡季购买产品的顾客提供一定的价格折扣，目的在于鼓励顾客在淡季采购，以减少企业的仓储费用和资金占用。这一策略主要用于常年生产、季节销售的产品。季节折扣率的确定应考虑成本、储存费用、基价和资金利息等因素。

5．折让

通常采用的折让有三种形式。

（1）推广让价。中间商为产品提供各种推广活动，如刊登地方性广告、布置专门橱窗等。为此，生产企业乐意给予津贴或减价作为报酬。

（2）运费让价。对较远的顾客，销售企业为顾客送货困难大，便减价或补运费给顾客以弥补部分运费或全部运费，这样有利于扩大市场的范围。

（3）回扣和津贴。回扣是间接折扣的一种形式，是指购买者在按价格目录将货款全部付给销售者以后，销售者再按一定比例将货款的一部分返还给购买者。津贴是企业为特殊目的，对特殊顾客以特定形式所给予的价格补贴。如当中间商为企业产品刊登地方性广告、设置样品陈列窗等在内的各种促销活动时，生产企业给予中间商一定数额的资助或补贴。又如，“以旧换新”，将旧货折算成一定的价格，用新产品的价格减旧货

价格，顾客只付余额，以刺激消费者需求，促进产品的更新换代，扩大新一代产品的销售，这也是一种津贴的形式。

四、服装组合定价策略

服装的组合是服装生产企业依靠原有生产某种品牌产品的能力，开发出一系列或一整套的服装产品。产品组合定价策略主要包括产品线定价、互补品定价、附带产品定价、副产品定价和成组产品定价。

1．产品线定价

企业一般都不只生产经营单一产品，而是生产经营一系列产品，并且使产品的品种、档次、规格、花色、式样和等级多样化。因为产品之间存在差异，在价格上也应有所区别。定价时，首先确定某种产品为最低价格，它在产品线中充当招徕价格，以吸引顾客购买产品线中的其他产品；其次，确定产品线中某种产品为最高价格，它在产品线中充当品牌质量象征和收回投资的重要角色；最后，根据其他产品的成本、特色、质量等分别定价。

在许多行业，企业为产品线的产品定价时，使用的是已经成熟的等级定价法。如经营服装的商店，一般都会有高、中、低三种等级的服装，以便满足不同阶层顾客的需求。

对于服装产品系列，其产品间差异性不是很大，并带有较强的相关性，这样通过有效的组合定价，企业往往能获得更大的利润。

通过这种定价策略，使其产品成为一个整体，既保持了产品的形象又提高了盈利水平。

2．互补品定价

互补品是指需要配套使用的产品，如计算机硬件与软件、剃须刀架与刀片等。生产经营互补品的企业，对互补品的定价，一般把成本高、购买频率低的主件产品的价格定得相对低一些，即有意识地降低盈利水平，扩大销售；把成本低、购买频率高的附件产品的价格定得相对高一些，即有意识地升高盈利水平，借此获取利润。互补品的市场需求表现为甲产品价格下降，而引起乙产品需求的增加。

3．附带产品定价

附带产品是指与主要产品密切联系，但又可独立使用的产品。如饭店经营的主要产品是饭菜，同时又可经营酒水饮料，消费者到饭店吃饭，除了消费饭菜，还可能消费酒水。对于这类附带产品，企业采用的一般定价策略是一高一低，利用低价格吸引顾客，利用高价格增加盈利。饭店可把饭菜定低价而把酒水定高价，以吸引顾客前来吃饭；也可以相反，以吸引顾客前来喝酒。

4．副产品定价

副产品是指在同一生产过程中，使用同种原料，在生产主要产品的同时附带生产出来的非主要产品。如肉类加工、石油化工、制糖等行业，在生产过程中都有副产品生成。由于副产品价值相对较低，所占比重较小，因此对副产品的定价一般不会太高，能收回成本、有微利即可。

5．成组产品定价

企业将生产经营的产品组合在一起成套销售，一方面便于顾客购买，另一方面可以扩大销售额。如化妆品组合、学生用具组合、名贵药材组合、手机套餐和旅游套餐等。对这些成套产品的定价，其价格应低于分别购买其中每一件产品价格的总和。

五、促销定价策略

企业可以利用特定的时间、场合、事件，将服装价格下调，以吸引更多的顾客，甚至可以把一部分服装作为“牺牲”的对象，以超低价销售，并诱导消费者购买其他正常定价的商品。

六、心理定价策略

心理定价策略是根据心理学的原理，以强化消费者某种购买心理动机而采取的销售策略。它主要包括尾数定价、整数定价、声望定价、招徕定价和习惯定价。

1．尾数定价

尾数定价就是给商品一个带有零头的数作为结尾的非整数价格。尾数定价会给消费者价格低、定价认真的感觉，认为有尾数的价格是经过认真核算才产生的，消费者对定价容易产生信任感。尾数定价一般用于中低价的日用消费品，而名牌、高质量的商品不宜采用，否则会影响其声誉。

2．整数定价

整数定价是指企业在给产品定价时以整数结尾。这种策略适用于高档商品、名牌商品、礼品和消费者对性能不太了解的商品。因为在现代商品交易中，生产者众多，花色品种各异，购买高档名牌商品的消费者往往有显示自己身份地位的心理动机，他们对商品的质量和价格非常重视，认为“一分价钱一分货”，价格越高，质量越好，越能显示自己的身份。在这种情况下，采用整数定价，可以抬高商品身价，这比尾数定价更能刺激顾客的购买欲。运用整数定价策略时，如果商品的价格在整数分界线以下，应将其提高到分界线以上。

3．声望定价

声望定价是指企业针对消费者“价高质必优”的心理，对在消费者心中享有一定威望、声誉和被信任的产品制订较高的价格。购买声望定价商品的顾客，一般对价格是不介意的，只在乎商品能否显示其身份和地位，商品的商标、品牌以及价格能否炫耀其“豪华”。因此，定价较高，不仅能增加盈利，还给予顾客心理上的满足，有利于销售。

这种策略主要适用于刚进入市场的新产品、质量容易被鉴定的产品、高档日用品和耐用消费品及装饰品等。企业在使用这种策略时应慎重，一般商品不以高质量做保证而盲目采用此法，可能会影响企业的声誉，失去市场。

4．招徕定价

招徕定价就是将少数商品降价，有的商品降低的价格甚至低于成本，以刺激顾客购买。近年来，越来越多的零售商利用节假日和换季时机举行“酬宾大减价”等活动，把

部分商品按原价打折出售，吸引顾客，从而带动其他商品的销售。

5．习惯定价

市场上许多产品由于销售已久，形成一种习惯价格或便利价格，消费者习惯于按此价格购买。对此类产品，任何企业要进入市场，必须依照习惯价格定价，这就是习惯定价。采用习惯定价的产品，纵使成本降低，降价也易引起消费者对产品质量的怀疑；若产品成本升高，也不要轻易升价，宁可在产品内容、包装、容量等方面进行调整，因为升价会导致消费者的不满。若要升价，也要尾随市场领导者之后。

七、差别定价策略

差别定价策略是指企业出售同一种产品，在不存在任何成本和费用差异的情况下，以不同价格卖给顾客的策略。差别定价包括顾客差别定价、产品形式差别定价、产品部位差别定价和时间差别定价。

1．顾客差别定价

企业在推销产品时，根据顾客身份的不同，制订不同的产品或服务价格。如同种产品卖给生产者做生产资料，其价格要比卖给居民做消费品得低；同一列车座位，售给学生或军人的票价要比售给一般顾客的票价低；健身俱乐部和宾馆，对一般顾客按正常价格收费，而对持会员卡的长期顾客给予优惠价。这种定价的依据是国家政策、消费目的、消费水平和消费量。

2．产品形式差别定价

对于同一品质的产品，根据其款式、结构、颜色、式样、需求群体和需求量等方面的不同确定不同的价格。如不同花色的布匹、不同款式的手表，尽管品质一样，但都可以定不同的价格。这种策略定出来的价格，价格差异不反映成本差异。

3．产品部位差别定价

企业对于处在不同位置的产品或服务分别制订不同的价格。如同一剧院，前、中、后排的票价是前高后低；飞机和轮船的普通舱票价低，豪华舱票价高；火车中铺、上铺的票价比下铺得低。

4．时间差别定价

同种产品在不同时间，销售价格可以不同。最明显的是鲜活产品、食品、季节性产品等。

企业对产品的定价，除采用各种定价方法外，还应当按照当时市场和产品的特点、消费心理、销售条件等，利用种种策略和技巧，吸引购买者，扩大市场销售，实现自己的定价目标。制订价格需要一套策略和技巧。定价方法侧重于产品的基础价格。定价技巧和策略侧重于根据市场的具体情况，从定价目标出发，运用价格手段，使其适应市场的不同情况，实现企业的营销目标。

拓展案例：定价策略的案例

拓展案例：皮尔·卡丹在中国

本章小结

1. 在市场经济条件下，服装价格对市场供求和消费者购买行为有着重要的影响。一方面，价格的高低关系到企业的盈利水平和经济效益，因而影响着企业的产量和市场供应量；另一方面，价格的高低还影响着消费者的购买行为和产品的需求量。同时，价格还是一种重要的竞争手段，竞争服装企业之间对产品价格的变化特别敏感，适当的价格能够提高产品竞争能力和市场占有率。因此，无论是生产者、消费者还是竞争对手，对服装产品的价格都十分关注。

2. 服装产品的定价方法有成本导向定价法、需求导向定价法和竞争导向定价法。

3. 不同的定价方法各有利弊，服装企业定价时必须考虑三种导向的合理结合。在实际运用中，企业还可以根据市场环境、产品特点、交易条件和消费者心理等因素采取适当的定价策略，对一种定价方法做出灵活调整，使企业的服装价格更容易被消费者所接受，以获得更高的利润。这些定价策略包括：新产品定价策略、弹性定价策略、折扣定价策略、服装组合定价策略、促销定价策略、心理定价策略、差别定价策略。

4. 企业对产品的定价，除采用各种定价方法外，还应当按照当时市场和产品的特点、消费心理、销售条件等，利用种种策略和技巧，吸引购买者，扩大市场销售量，实现自己的定价目标。制订价格需要一套策略和技巧。定价方法侧重于产品的基础价格，定价技巧和策略侧重于根据市场的具体情况，从定价目标出发，运用价格手段，使其适应市场的不同情况，实现企业的营销目标。

习　题

一、单项选择题

1. 若要使购买者对定价工作增强信任感，同时感觉产品价格低廉，最好采用（　　）策略。

A. 尾数定价　　B. 整数定价　　C. 安全定价　　D. 特价品定价

2. 某企业欲运用需求价格弹性理论，通过降低产品价格提高其销售量，一般情况下，这种策略对下列（　　）类产品效果明显。

A. 产品需求缺乏弹性　　B. 产品需求富有弹性

C. 生活必需品　　D. 名牌产品

3. 有些服务企业在给顾客提供第一次服务时要价很低，希望借此能获得更多的生意，而后来生意则要较高的价格，这种服务定价技巧是(　　)。

A. 偏向定价法　B. 牺牲定价法　C. 差别定价法　D. 阶段定价法

二、判断题

1. 企业要想扩大产品的销售量，就应把产品的价格定得低一些，以达到“薄利多销”的目的。（　　）

2. 一般来说，如果把产品大量批发给中间商，则价格应当定得高一些；如果直接销售给消费者，价格就要定得低一些。（　　）

3. 当竞争者价格变动时，企业应马上跟进。（　　）

习题答案

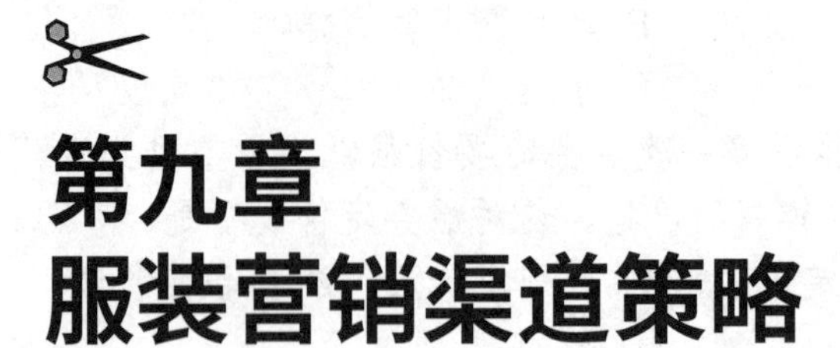

第九章 服装营销渠道策略

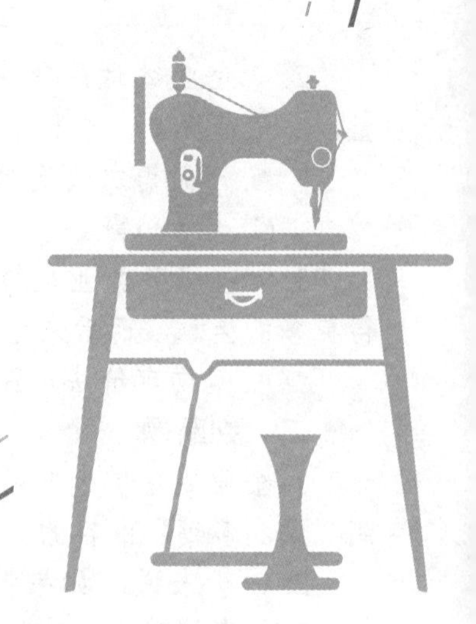

学习目标

1. 掌握服装营销渠道的基本概念；
2. 掌握如何设计服装营销渠道；
3. 了解服装营销渠道的功能；
4. 掌握服装连锁经营的管理。

案例导入

网络购物的突飞猛进式发展在为消费者带来便捷之余，也无疑加剧了身处其中企业间的竞争，但京东商城的营销方式向来是出奇制胜的，可以用“潮”印象吸引眼球。

京东商城

第一节　服装营销渠道概述

一、服装营销渠道的定义

服装营销中的渠道，是指服装产品或服务从服装供应商到消费者手中的流通路径，人们也常常将它比喻为链条。在市场竞争激烈的情况下，供应商如何选择和建设渠道，关系到产品能否有效销售的问题，即渠道建设的好坏会影响企业产品的竞争能力和企业的市场反应能力。科学的渠道安排和控制，能有效降低产品的销售成本和价格，提高销售效率和销售量，使产品在渠道中快速地流通。科学的渠道建设还能及时准确地捕捉市场信息，从而能及时并且准确地满足消费者需求，提高消费者的满意度。

美国现代营销学之父菲利普・科特勒说："营销渠道是指某种货物或劳务从生产者向消费者移动时，取得这种货物或劳务所有权或帮助转移其所有权的所有企业或个人。"简单地说，营销渠道就是商品和服务从生产者向消费者转移过程的具体通道或路径。

二、服装营销渠道的结构

服装营销渠道的结构，可以分为长度结构（层级结构）、宽度结构以及广度结构三种类型。三种渠道结构构成了渠道设计的三大要素或称为渠道变量。进一步说，渠道结构中的长度变量、宽度变量及广度变量完整地描述了一个三维立体的渠道系统。

1．长度结构（层级结构）

营销渠道的长度结构，又称层级结构，是指按照其包含的渠道中间商（购销环节），即渠道层级数量的多少来定义的一种渠道结构。在通常情况下，根据包含渠道层级的多少，可以将一条营销渠道分为零级渠道、一级渠道、二级渠道和三级渠道。

（1）零级渠道。零级渠道又称直接渠道，是指没有渠道中间商参与的一种渠道结构。零级渠道，也可以理解为是一种分销渠道结构的特殊情况。在零级渠道中，产品或服务直接由服装生产者销售给服装消费者。

（2）一级渠道。一级渠道包括一个渠道中间商。在工业品市场上，这个渠道中间商通常是一个代理商、佣金商或经销商；而在消费品市场上，这个渠道中间商则通常是零售商。

（3）二级渠道。二级渠道包括两个渠道中间商。在工业品市场上，这两个渠道中间商通常是代理商及批发商；而在消费品市场上，这两个渠道中间商则通常是批发商和零售商。

（4）三级渠道。三级渠道包括三个渠道中间商。这类渠道主要出现在消费面较宽的日用品中，比如肉食品及包装方便面等。在 IT 产业链中，一些小型的零售商通常不是大型代理商的服务对象，因此，便在大型代理商和小型零售商之间衍生出一级专业性经销商，从而出现了三级渠道结构。

2．宽度结构

渠道的宽度结构，是根据每一层级渠道中间商数量的多少来定义的一种渠道结构。渠道的宽度结构受产品的性质、市场特征、用户分布以及企业分销战略等因素的影响。渠道的宽度结构分成以下三种类型。

（1）密集型分销渠道。密集型分销渠道也称广泛型分销渠道，是指制造商在同一渠道层级上选用尽可能多的渠道中间商来经销自己的产品的一种渠道类型。密集型分销渠道，多见于消费品领域中的便利品，比如牙膏、牙刷、饮料等。

（2）选择性分销渠道。选择性分销渠道是指在某一渠道层级上选择少量的渠道中间商来进行商品分销的一种渠道类型。在IT产业链中，许多产品都采用选择性分销渠道。

（3）独家分销渠道。独家分销渠道是指在某一渠道层级上选用唯一的渠道中间商的一种渠道类型。在IT产业链中，这种渠道结构多出现在总代理或总分销一级。同时，许多新品的推出也多选择独家分销渠道的模式，当市场广泛接受该产品之后，许多公司就从独家分销渠道模式向选择性分销渠道模式转移。

3．广度结构

渠道的广度结构，实际上是渠道的一种多元化选择。也就是说，许多公司实际上使用了多种渠道的组合，即采用了混合渠道模式来进行销售。比如，有的公司针对大的行业客户，公司内部成立大客户部直接销售；针对数量众多的中小企业用户，采用广泛的分销渠道；针对一些偏远地区的消费者，则可能采用邮购等方式来覆盖。

概括地说，渠道结构可以笼统地分为直销和分销两大类。其中直销又可以细分为几种，比如制造商直接设立的大客户部、行业客户部或制造商直接成立的销售公司及其分支机构等。此外，还包括直接邮购、电话销售、公司网上销售等。分销则可以进一步细分为代理和经销两类。代理和经销均可选择密集型、选择型和独家型等方式。

三、服装营销渠道的模式与类型

（一）服装营销渠道的模式

由于个人服装消费者与服装生产型用户消费的主要商品不同，消费目的与购买特点等具有差异性，我国服装企业的营销渠道构成分为两种模式：服装消费品营销渠道模式和服装生产资料分销渠道模式。

1．服装消费品营销渠道模式

服装消费品营销渠道模式，如图9-1所示，概括起来有以下五种模式。

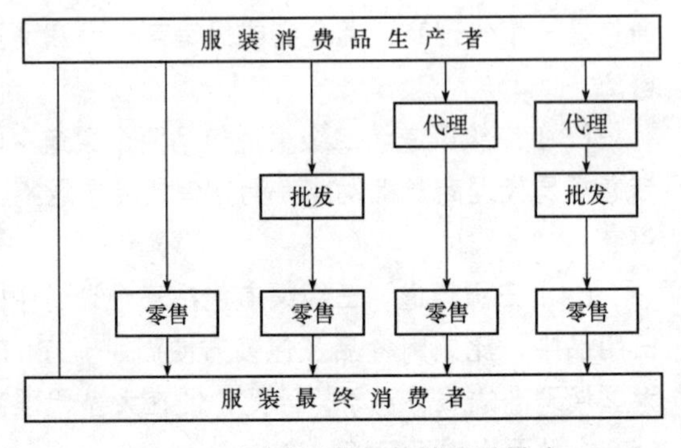

图9-1　服装消费品营销渠道模式

（1）服装生产者—服装消费者。这种模式是服装生产企业自己派推销员，或者开展邮购、电话购货等以销售本企业生产的服装产品。这种类型的渠道，由服装生产者把服装产品直接销售给最终服装消费者，没有任何服装中间商的

介入，是最直接、最简单和最短的服装销售渠道。

（2）服装生产者—服装零售商—服装消费者。这种模式被许多耐用服装消费品和服装选购品的服装生产企业所采用，即由服装生产企业直接向大型零售商店供货，零售商再把服装商品转卖给服装消费者。

（3）服装生产者—服装批发商—服装零售商—服装消费者。这种模式是服装消费品销售渠道中的传统模式，为大多数中、小型服装企业和服装零售商所采用。过去我国大部分消费品，一般是由一级批发商（称为一级采购供应站）再分配至二级批发商（称为二级采购供应站），然后至三级批发商（称为批发商店或批发部），最后至零售给消费者。

（4）服装生产者—服装代理商—服装零售商—服装消费者。许多服装生产企业为了大批量销售服装产品，通常通过代理商、经纪人，由他们把产品转卖给服装零售商，再由服装零售商出售给服装消费者。

（5）服装生产者—服装代理商—服装批发商—服装零售商—服装消费者。这种模式是一些大服装企业为了大量推销服装产品，常经服装代理商，然后通过批发服装商卖给服装零售商，最后销售至服装消费者手中。

2．服装生产资料分销渠道模式

服装生产资料分销渠道模式，如图 9–2 所示，可以有以下四种。

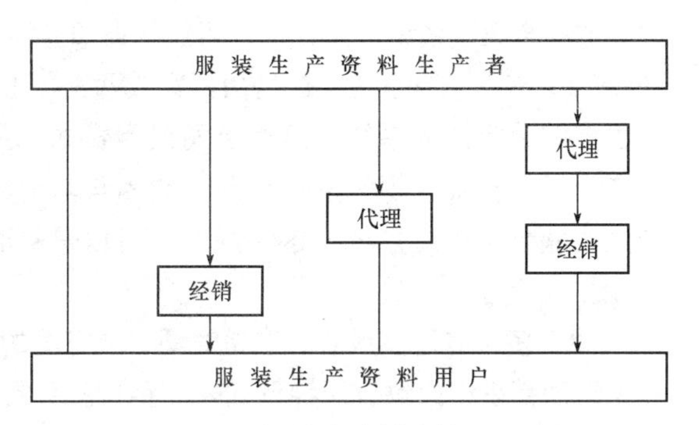

图 9–2　服装生产资料分销渠道模式

（1）服装生产者—服装生产资料用户。这种渠道模式在生产资料销售中占有主要地位，尤其是生产大型服装机器设备的企业。

（2）服装生产者—服装生产资料经销商—服装生产资料用户。这种渠道模式常为生产普通服装机器设备及附属设备的企业所采用。

（3）服装生产者—服装代理商—服装生产资料用户。这种渠道模式通常被没有设置专门的服装销售部门的企业所采用。

（4）服装生产者—服装代理商—服装生产资料经销商——服装生产资料用户。这种渠道模式与第三种模式基本相同，只是由于某种原因，不宜由服装代理商直接卖给服装用户而需经服装经销商这一环节。

（二）服装营销渠道的类型

1．传统渠道系统

传统渠道系统是指由独立的服装生产商、批发商、零售商和消费者组成的分销渠道。传统渠道系统成员之间的系统结构是松散的。由于这种渠道的每一个成员均是独立的，他们往往各自为政，各行其是，都为追求其自身利益的最大化而激烈竞争，甚至不惜牺牲整个渠道系统的利益。在传统渠道系统中，几乎没有一个成员能完全控制其他成员。传统渠道系统正面临严峻的挑战。

2. 整合渠道系统

整合渠道系统是指在传统渠道系统中，渠道营销成员通过不同程度的一体化整合形成的分销渠道。整合渠道系统主要包括以下几种系统。

（1）垂直渠道系统。这是由服装生产者、批发商和零售商纵向整合组成的统一系统。该渠道营销成员或属于同一家公司，或将专卖特许权授予其合作成员，或有足够的能力使其他成员合作，因而能控制渠道营销成员行为，消除某些冲突。在美国，这种垂直渠道系统已成为消费品市场的主要力量，其服务覆盖了全美市场的 70% ~ 80%。

垂直渠道系统有以下三种主要形式。

①公司式垂直渠道系统。即由一家服装公司拥有和管理若干工厂、批发机构和零售机构，控制渠道的若干层次，甚至整个分销渠道，综合经营生产、批发和零售业务。公司式垂直渠道系统又分为两类：一类是由大工业公司拥有和管理的，采取工商一体化经营方式；另一类是由大型零售公司拥有和管理的，采取工商一体化方式。

②管理式垂直渠道系统。即通过渠道中某个有实力的成员来协调整个产销通路的渠道系统。如名牌服装产品制造商皮尔・卡丹、范思哲、古驰，以其品牌、规模和管理经验优势出面协调批发商、零售商的经营业务和政策，采取共同一致的行动。

③合同式垂直渠道系统。即不同层次的独立的服装制造商和中间商，以合同为基础建立的联合渠道系统。如批发商组织的自愿连锁店、零售商合作社、特许专卖机构等。

（2）水平渠道系统。这是由两家或两家以上的服装公司横向联合，共同开拓新的营销机会的分销渠道系统。这些公司或因资本、生产技术，营销资源不足，无力单独开发市场机会；或因惧怕承担风险；或因与其他公司联合可实现最佳协同效益，因而组成共生联合的渠道系统。这种联合，可以是暂时的，也可以组成一家新公司，使之永久化。

（3）多渠道营销系统。这是对同一或不同的细分市场，采用多条渠道的分销体系。多渠道营销系统大致有两种形式：一种是服装制造商通过两条以上的竞争性分销渠道销售同一商标的产品；另一种是服装制造商通过多条分销渠道销售不同商标的差异性产品。此外，还有一些公司通过同一产品在销售过程中的服务内容与方式的差异，形成多条渠道以满足不同顾客的需求。多渠道营销系统为制造商提供了三个方面利益：扩大产品的市场覆盖面、降低渠道成本和更好地适应顾客要求。但该系统也容易造成渠道之间的冲突，给渠道控制和管理工作带来更大难度。

四、服装营销渠道的设计

（一）影响服装营销渠道设计的因素

有效的服装营销渠道设计，应以确定服装企业所要达到的市场为起点。从原则上讲，服装目标市场的选择并不是渠道设计的问题。事实上，服装市场选择与渠道选择是相互依存的。有利的服装市场加上有利的渠道，才可能使企业获得利润。服装营销渠道设计问题的中心环节，是确定到达目标市场的最佳途径。而影响服装营销渠道设计的主要因素如表 9-1 所示。

表 9-1　服装营销渠道设计应该考虑的因素

因素		渠道长度		渠道宽度		因素		渠道长度		渠道宽度	
		长	短	宽	窄			长	短	宽	窄
产品	价值	低	高	低	高	企业	企业实力	弱	强	强	弱
	属性	稳定	不稳	不稳	稳定		管理能力	弱	强	强	弱
	体积重量	小	大	小	大		控制愿望	小	强	小	强
	技术性	弱	强	弱	强	中间商	积极性	高	低	高	低
	通用化	高	低	高	低		经销条件	低	高	低	高
	寿命周期	后期	前期	后期	前期		开拓能力	强	弱	弱	强
市场	市场规模	大	小	大	小	环境	经济形势	好	差	好	差
	市场分布	分散	集中	分散	集中		国家政策法规	依法设计分销渠道			

1．服装市场顾客特性

服装营销渠道设计受顾客人数、地理分布、购买频率、平均购买数量以及对不同促销方式的敏感性等因素的影响。当顾客人数多时，服装生产者倾向于利用每一层次都有许多服装中间商的长渠道。但服装购买者人数的重要性又受到地理分布的修正。例如，服装生产者直接销售给集中于同一地区的 500 个顾客所花的费用，远比销售给分散在 500 个地区的 500 个顾客少。而服装购买者的服装购买方式又修正服装购买者人数及其地理分布的因素。如果顾客经常小批量购买，则需采用较长的市场营销渠道为其供货。因此，少量而频繁的订货，常使得服装制造商依赖服装批发商为其销售货物。同时，这些相同的服装制造商也可能越过服装批发商而直接向那些服装订货量大且订货次数少的大顾客供货。此外，服装购买者对不同促销方式的敏感性也会影响渠道选择。

2．服装产品特性

服装的内在因素往往相互对立。服装既是一门艺术，又是一门科学，它非常个性化，但同时又是不可思议的大众化。服装的这些对立因素相互吸引并激发了公众购买服装的欲望。

3．服装中间商特性

在设计服装营销渠道时，还必须考虑执行不同任务的服装市场营销中间机构的优缺点。例如，由服装制造商代表与顾客接触，花在每一位顾客身上的成本比较低，因为总成本由若干个顾客共同分摊。但服装制造商代表对顾客所付出的努力则不如服装中间商的推销员。一般来讲，中间商在执行运输、广告、储存及接纳顾客等职能方面，以及在信用条件、退货特权、人员训练和送货频率方面，都有不同的特点和要求。

4．服装的竞争特性

服装生产者的渠道设计，还受到服装竞争者所使用渠道的影响，因为服装行业的生产者希望在与竞争者相同或相近的经销处与竞争者的产品抗衡。例如，服装生产者就希望其品牌和竞争品牌摆在一起销售。有时，竞争者所使用的市场营销渠道反倒成为生产者所避免使用的渠道。

5．服装的企业特性

企业特性在渠道选择中扮演着十分重要的角色，主要体现在以下几个方面。

（1）总体规模。企业的总体规模决定了其市场范围、较大客户的规模以及强制中间商合作的能力。

（2）财务能力。服装企业的财务能力决定了哪些市场营销职能可由自己执行，哪些应交给中间商执行。财务能力弱的服装企业，一般都采用“佣金制”的分销方法，并且尽力利用愿意并且能够吸收部分储存、运输以及融资等成本费用的中间商。

（3）产品组合。服装企业的产品组合也会影响其渠道类型。服装企业产品组合的宽度越大，则与顾客直接交易的能力越大；产品组合的深度越大，则使用独家专售或选择性代理商就越有利；产品组合的关联性越强，则越应使用性质相同或相似的市场营销渠道。

（4）渠道经验。企业过去的渠道经验也会影响渠道的设计。曾通过某种特定类型的中间商销售产品的企业，会逐渐形成渠道偏好。

（5）营销政策。现行的市场营销政策也会影响渠道的设计。例如，对最后购买者提供快速交货服务的政策，会影响到生产者对中间商所执行的职能、最终经销商的数目与存货水平以及所采用的运输系统的要求。

6．服装环境特性

例如，当经济萧条时，服装生产者都希望采用能使顾客以廉价购买的方式将其产品送到市场的方式。这也意味着使用较短的渠道，并免除那些会提高产品最终售价但并不必要的服务。

（二）服装营销渠道的设计流程

服装生产者在设计其市场营销渠道时，需要在理想渠道与可用渠道之间进行抉择。一般来讲，新服装企业在刚刚开始经营时，总是先采取在有限市场上进行销售的策略，以当地市场或某一地区的市场为销售对象。因其资本有限，只得选用现有服装中间商。而在一地区市场内，服装中间商的数目通常是很有限的，所以到达市场的最佳方式也是可以预知的。问题是如何说服现有可用的服装中间商来销售其产品。

新服装企业一旦经营成功，它可能会扩展到其他新市场。这家服装企业可能仍利用现有的服装中间商销售其产品，虽然它可能在不同地区使用各种不同的服装市场营销渠道，但是在较小的服装市场，它可能直接销售给服装零售商；而在较大的服装市场，它需通过服装经销商来销售服装产品。总之，服装生产者的渠道系统，必须因时因地灵活变通。

服装营销渠道的设计问题可从决策理论的角度加以探讨。一般来讲，要想设计一个有效的渠道系统，必须经过确定服装渠道目标与限制、明确各种渠道交替方案、设计服装营销渠道系统步骤和设计服装营销渠道结构。

1．确定服装渠道目标与限制

如前所述，服装营销渠道设计问题的中心环节是确定到达目标市场的最佳途径。每一个服装生产者都必须在顾客、产品、中间商、竞争者、企业政策和环境等所形成的限制条件下确定其渠道目标。所谓服装渠道目标，是指服装企业预期达到的顾客服务水平

以及中间商应执行的职能等。

2．明确各种渠道交替方案

在确定了服装渠道的目标与限制之后，渠道设计的下一步工作就是明确各主要渠道的交替方案。渠道的交替方案主要涉及三个基本问题：一是服装中间的商类型，二是服装中间商的数目，三是渠道成员的特定任务。

（1）服装中间商的类型。服装企业首先必须明确可以完成其渠道工作的各种中间商的类型。

（2）服装中间商的数目。在每一种渠道类型中的不同层次，所用服装中间商数目的多少，受企业追求的市场展露程度影响。市场展露程度可分为密集分销、选择分销和独家分销。

①密集分销。是指制造商尽可能地通过许多负责任的、适当的批发商、零售商推销其产品。消费品中的便利品和产业用品中的供应品，通常采取密集分销，使广大消费者和用户能随时随地买到这些日用品。

②选择分销。是指制造商在某一地区仅仅通过少数几个精心挑选的、最合适的中间商推销其产品。选择分销适用于所有产品。但相对而言，消费品中的选购品和特殊品最适于采取选择分销。

③独家分销。是指制造商在某一地区仅选择一家中间商推销其产品，通常双方协商签订独家经销合同，规定经销商不得经营竞争者的产品，以便控制经销商的业务经营，调动其经营积极性，占领市场。

（3）渠道成员的特定任务。每一个服装生产者都必须解决如何将产品转移到目标市场这一问题。当渠道问题被视为“市场营销工作”分派时，可从下列四种市场营销工作的组合来看究竟有多少交替方案可供使用。假设：T 为运输，即将产品运送至目标市场的工作；A 为广告，即通过广告媒体通知并影响购买者的工作；S 为储存，即准备接受订货的物品存储工作；K 为接触，即寻找购买者并与购买者协商交易条件的推销工作。再假设每一中间商可负责完成一项或多项工作，而目前所使用的渠道结构为生产者（P）—批发商（W）—零售商（R）—消费者（C）。

以此为基础，来研究某一特定层次零售商（R）及其所完成的工作。当 R 负责完成运输、广告、储存及接触四项工作时，则以 TASK 表示。当 R 只负责广告和接触两项工作时，则以 OAOK 表示。当 R 不负责任何工作时，则以 OOOO 表示。如果列举所有可能分派给 R 的工作，则将有 16 种组合可供参考如表 9-2 所示。

表 9-2　列举分派任务的组合

完全不负责	负责一项工作	负责两项工作	负责三项工作	负责四项工作
OOOO	TOOO	TAOO	TASO	TASK
	OAOO	TOSO	TAOK	
	OOSO	TOOK	TOSK	
	OOOK	OASO	OASK	
		OAOK		
		OOSK		

暂时假设上述可能性都合理，即从事上述任何工作都与零售商的身份相符合。同样，可以假定生产者和批发商从事 16 种组合中的任何一种工作，并假定每一种渠道层次都能独立地选择其负责的市场营销工作，而不受其他层次的影响，则将有 4 096 种不同的市场营销渠道可供选择。可以任意选择一种（生产者、批发商和零售商都仅负责两项工作）：

TAOO/P　TOSO/W　OAOK/R

在这种渠道中，生产者（P）所从事的市场营销工作仅限于运输所生产的产品，并为这些产品做广告。储存工作由中间商（W）负责，此外，他还负责运输工作。由此可知，该中间商是仓储代理商，属于辅助商的范畴，而不是提供完全服务的批发商。最后，R 负责进一步的广告（也许与生产者合作）以及与顾客接触的工作。

以下是另一种形式的渠道：

TOSO/P　OOOO/W　OAOK/R

在这里，生产者（P）变为私人品牌的厂家，即没有自己的品牌，自己所生产的产品将来要用别人的品牌，所以只从事生产、储存与运输；中间商（W）则省略掉，而零售商（R）则负责广告与接触。邮购商店的许多种产品都通过这种市场营销渠道销售。

在 4 096 种市场营销渠道类型中，有许多类型是不能采用的，所以必须取消。如：

OOOK/P　OOOK/W　OOOK/R

这种市场营销渠道类型的主要问题是：三个层次的机构均致力于最后顾客的接触工作，渠道冲突就不免要发生。

有些服装渠道类型因其不经济、不合法或不稳定，也应予以剔除。其结果必然是在市场营销工作分派上可行的渠道可能很少，而且还必须做进一步仔细的评估。

3. 设计服装营销渠道系统步骤

我们将服装营销渠道设计过程分为 5 个阶段，共 14 个步骤。

第 1 个阶段：当前环境分析，共有 4 个步骤。

步骤 1：审视公司渠道现状；

步骤 2：目前的渠道系统；

步骤 3：搜集渠道信息；

步骤 4：分析竞争者渠道。

第 2 个阶段：制订短期的渠道对策，共有 2 个步骤。

步骤 1：评估渠道的近期机会；

步骤 2：制订近期进攻计划。

第 3 个阶段：渠道系统优化设计，共有 4 个步骤。

步骤 1：最终用户需求定性分析；

步骤 2：最终用户需求定量分析；

步骤 3：行业模拟分析；

步骤 4：设计“理想”的渠道系统。

第 4 个阶段：限制条件与差距分析，共有 2 个步骤。

步骤 1：设计管理限制；

步骤 2：差距分析。

第 5 个步骤：渠道战略方案决策，共有 2 个步骤。

步骤 1：制订战略性选择方案；

步骤 2：最佳渠道系统的决策。

4．设计服装营销渠道结构

营销渠道结构的三大要素包括渠道中的层次数、各层次的密度和各层次的中间商种类。渠道层次是指为完成企业的营销渠道目标而需要的渠道长短的数目，渠道密度是指同一渠道层次上中间商数目的多少，中间商种类是指有关渠道的各个层次中应分别使用哪几种中间商。

五、服装营销渠道的管理

对服装营销渠道的管理，就是要运用科学的技术和手段，在保证完成分销目标和任务的前提下，尽可能地减少渠道中的人力、物力和财力的消耗。

（一）渠道冲突的原因

渠道内不同层次之间、渠道内同一层次的不同成员之间以及企业不同渠道之间，都可能产生渠道冲突。其原因在于渠道成员对资源的需求和利益的分配上，当大家都希望多分得利益、少承担任务时，冲突就产生了。我们把冲突的原因归结为以下几点。

（1）目标不一致。当渠道系统内各成员的组织目标出现不一致甚至矛盾时，就会产生冲突。

（2）资源与成果分配的冲突。当渠道成员在分配稀缺资源或渠道成果出现对立时就会发生冲突。

（3）决策领域不一致。当某个渠道成员侵犯其他成员的决策权时就会发生冲突。

（4）职能冲突。当渠道成员对各自的职责有不同认识，或某个成员进行无视、威胁其他成员的行为，或从事违反系统职责规定的行为，或从事其他成员所不期望的职能行为时就会发生冲突。

（5）认识不同。当渠道系统出现新的情况或变化时，各个渠道成员的认识是不同的，这种认识上的不同也会导致渠道冲突。

（6）沟通不畅。当某个渠道成员不向其他渠道成员及时传递重要信息，或在信息传递过程中出现失误或偏差，从而不能准确地传递信息时也会发生渠道冲突。

（二）渠道冲突的解决方式

（1）生产商绕过中间商直接销售引起的冲突。渠道冲突的解决方法是制订铁的政策，要求生产商不再直接销售；识别出可直接销售货物的客户，与中间商达成协议；进行直接销售，但把利益让与委任的中间商，满足他们。

（2）生产商把某些产品交给新型渠道，扩大销售，引起的冲突。渠道冲突的解决方法是把市场分解，使不同的产品对准不同的渠道；为不同的中间商开发不同的产品。

（3）因生产商在每个地区委任较多的中间商引起的冲突。渠道冲突的解决方法是以地区的购买力为基础，委任一组中间商，并把这种政策告诉中间商；指派经销商领袖；

鼓励现有中间商到新区组建分支机构。

（4）中间商对渠道中不同中间商所得利益不公平性引起的冲突。渠道冲突的解决方法是将利益同中间商的功能联系起来。

（5）生产商认为中间商不忠诚，对于生产商的产品和计划支持很少，引起的冲突。渠道冲突的解决方法是设计更多的方案，听取渠道成员的意见；根据中间商的服务水平，进行内部调整。

（6）生产商拒绝中间商分享有关最终客户的信息，引起的冲突。渠道冲突的解决方法是给予渠道这种资料；与中间商联合进行市场调研；相信中间商，让中间商与生产商分享有关资料。

（三）销售渠道的评价

对一条渠道进行综合评价时，应该着重分析通过该渠道流往消费者手中的商品流量和回收资金的现金流量。

1．商品流量评价

具体的评价指标可以采用年销售量或月销售量。相应的主要评价指标包括销售增长率、市场占有率、计划执行率、平均误差以及销售趋势等。

2．现金流量评价

评价销售渠道的一个重要指标，就是该渠道实现的现金流量，或称为净收入。它主要包括总销售额、销售费用和销售利润率等指标。

3．中间商评价

对中间商的评价一般还应包括合作态度、回款速度、库存水平、终端的数量、网络的覆盖面、提供的服务、促销的配合程度及顾客投诉的处理能力等。

（四）销售渠道的物流管理

物流是指商品实体从生产地点转移到消费使用地点的全过程。除了商品实体流通的意义外，广义上的物流还包括流通加工、包装、仓储以及物流信息等内容。对商品销售渠道的物流管理一般是指商品的运输管理和仓储管理。

一个成熟品牌无论从品牌的字体、颜色、产品风格，还是从品牌的终端形象推广上，都保持高度的统一性。因此，服装系列产品推出后，货场陈列必须由公司统一培训后整体执行。陈列管理是一项系统工程，是服装走向品牌化道路的必需条件，必须引起服装企业及销售商的高度重视。

（五）中间商的管理

企业销售网的工作是否得力，是否能取得产品市场和创造产品形象，很大程度上取决于中间商推销本企业产品的热心程度和努力程度，争取中间商，维持老客户，控制中间商的经营行为，消除不利因素，将是市场营销机构的一项重要任务。对中间商渠道的管理工作，主要包括选择中间商、培训中间商、评价中间商、激励中间商、参与中间商的管理工作。其中，参与中间商的管理工作包括销售计划及销售政策的制订、库存管理、零售覆盖与支持、产品分销、产品促销、售后服务。

第二节 服装营销渠道的构成与功能

一、服装营销渠道的构成

（一）服装营销渠道的成员

服装营销渠道是由拥有产品所有权并承担相应风险的企业和作为渠道终端的消费者构成，其基本成员包括四类。

1．服装生产商

服装生产商是指提供服装产品的生产企业，是服装销售渠道中最关键的因素。它不仅是服装销售渠道的源头和起点，而且是服装营销渠道的主要组织者和渠道创新的主要推动者。

2．服装中间商

服装中间商是指从事服装批发零售业务及代理业务的商业企业，包括生产商的销售机构、批发商、代理商和零售商等。

3．服装消费者

服装消费者是销售渠道的最后一个环节，也是服装产品服务的对象。

4．其他辅助商

辅助商是指其他一些支持渠道业务的成员，如运输公司、仓储公司、保险公司、银行、咨询公司和广告公司等。

（二）服装营销的中间渠道

各类服装中间商，就像是在厂家和消费者之间的一座桥梁，通过自身广泛的销售网络，把厂家的服装产品配送给零售终端，再销售到消费者手中，同时，又把市场的供求情况及时传达给厂家。服装营销的中间渠道主要包括服装批发商、服装零售商和服装代理商。

1．服装批发商

服装批发商是指向服装生产企业购进产品，然后转售给服装零售商、产业用户或各种非营利组织，不直接服务于个人消费者的商业机构，位于商品流通的中间环节。

2．服装零售商

服装零售商是指将服装商品直接销售给最终消费者的中间商，是相对于服装生产者和服装批发商而言的，处于商品流通的最终阶段。服装零售商的基本任务是直接为最终消费者服务，它的职能包括购、销、调、存、加工、拆零、分包、传递信息和提供销售服务。在地点、时间与服务方面，方便消费者购买，它又是联系服装生产企业、服装批发商与服装消费者的桥梁，在分销途径中起到重要作用。服装零售商是分销渠道的最终环节。面对个人服装消费者市场，是分销渠道系统的终端，直接联结服装消费者，完成服装产品最终实现价值的任务。

3. 服装代理商

服装代理商是和服装经销商截然不同的概念。代理是代企业打理生意，不是买断企业的产品，而是厂家给一定额度的一种经营行为，货物的所有权属于厂家，而不是商家。他们同样不是自己用产品，而是代企业转手卖出去。所以代理商，一般是指赚取企业代理佣金的商业单位。代理商一般会按照级别划分，但划分标准不一，有按区域划分，也有按佣金金额划分各级别的责任和权限不同，一般级别越高其考核要求也越高。

（三）服装营销终端

营销终端是指企业产品在销售渠道中，处于直接面对消费者的卖场，属于企业营销渠道中最前线的一环。我国目前的服装营销终端主要包括服装批发市场、大型百货商场、服装专卖店、服装超市与折扣店、店中店和特色服装店。

1. 服装批发市场

服装批发市场不仅面对零售商还可以直接面对消费者销售，从而成为服装营销终端的一部分。

2. 大型百货商场

百货商场是我国传统的购物场所，其良好的购物环境、齐全的商品品种、优良的服务措施和商业信誉，使其占据了我国服装营销第一渠道的地位。

3. 服装专卖店

服装专卖店是由服装生产企业或其代理商在各个销售区域设立的专门经营其一条产品线或某个品牌产品的专业卖场。服装专卖店的特点是统一品牌管理、统一装修形象、统一经营模式和统一产品配送。开设服装专卖店不仅可以扩大品牌的影响力，还可以提高销售额。目前的专卖店是以连锁加盟的形式出现的，所以发展十分迅速。

4. 服装超市与折扣店

服装超市与折扣店正成为服装销售市场上一道新的风景线。超市供应的服装往往不强调流行，而是以实惠的价格和质量的保证来吸引消费者。

5. 店中店

店中店是高档或著名品牌服装经营者在大型的购物中心中开设专卖店的销售模式。

6. 特色服装店

特色服装店一般是指规模较小的沿街服装店，店铺主要开设在人流较为集中的街市和服装一条街上。

二、传统的营销渠道成员——批发商和零售商

（一）服装批发商的定义及作用

服装批发商是指服装生产企业制造产品，然后转售给其他批发商、零售商和各种非营利组织，不直接服务于个人消费者的商业机构，位于商品流通的中间环节。服装生产企业可以越过他们，将服装直接销售给零售商和最终消费者。但是，如果批发商能更有效地执行推销和促销任务，使服装生产企业能以较小的成本接近较多的顾客；能保持一

定的库存从而减少供应商和顾客的仓储成本及风险；能向买方快速送货；准许赊购或提早订货、按时付款；能向其供应商提供有关竞争者的情况并能经常帮助零售商改进其经营活动等，服装生产企业更愿意与他们合作。

（二）服装批发商的类型

服装批发商是服装销售渠道中的一个重要环节。现在，服装批发商主要有服装商业批发商、服装代理商以及服装生产者自营营销组织。

1．服装商业批发商

服装商业批发商是指专门从事服装批发经营活动的企业。他们批量买下服装商品的所有权，然后再批量销售。他们是批发商中最重要也是最接近传统模式的部分。

服装商业批发商根据其承担的职能和提供的服务是否完全来划分，可以分为两种类型。

（1）完全职能或完全服务批发商。完全职能或完全服务批发商是指从事服装商品购销服务的全部职能。

（2）有限职能或有限服务批发商。有限职能或有限服务批发商为了减少成本费用，降低批发价格，只执行批发商业的一部分职能和提供一部分服务商业批发商。这些商业批发商又可以分为三种类型：

①邮购批发商。邮购批发商是指那些全部批发业务采取邮购方式的批发商。他们经营品牌店、专卖店等形式，其顾客是边远地区的小零售商等。

②货车批发商。他们从生产者那里把货物装上货车后，立即运送给各零售商店、品牌专卖店和专卖店等顾客。所以这种批发商不需要仓库和商品库存。

③直运批发商。他们拿到顾客的订货单，就向制造商进货，并通知生产者将货物直运给顾客。所以，直运批发商不需要有仓库和商品库存，只要有一间办公室或营业厅就可以了，因而，这种批发商又叫作“写字台批发商”。

服装商业批发商根据经营范围的大小来划分，可以分为两种类型。

（1）品牌专营批发商。品牌专营批发商是指所经营某单一服装品牌的批发业务。

（2）综合批发商。综合批发商是指经营两个以上服装品牌的商业批发商。

服装商业批发商还可以根据供货的地区划分，可以分为当地服装批发商、区域服装批发商和全国服装批发商。

2．服装代理商

（1）服装代理商的本质。服装代理商与独立服装批发商的主要区别在于他们对服装没有所有权，他们没有经营服装，而是在买卖双方之间起媒介作用，促成交易，从中挣取佣金。服装代理商是独立自主经营的企业，不是所代理企业的雇员，所以他们的报酬是佣金，而非薪金。他们赚取的佣金大约占销售额的2%～6%，而非批发商的经营利润。由于没有独立投资，他们在服装分销过程中不承担风险。

（2）服装代理商的选择。目前在发达国家，服装代理商作为销售渠道的特殊形式已被广泛采用，尤其在服装等生产部门，通过代理商销售的比例相当大。因此，生产商在选择销售代理时应进行详细地考察。

①充分发挥和认识代理商的作用。有人认为，选择一个合适的服装代理商比选择一

个好的服装市场更为重要。国外有人甚至认为，“选好代理商，厂家可以高枕无忧了”，这些足以证明代理商在服装行业中的重要性。

②尽量选择服装行业比较发达地区的代理商。选择服装经营场地比较发达地区的代理商，可以发挥其多方面的优势：一是可以很好地发挥其促销作用或辐射作用，打开销售市场；二是可以让消费者有选择的余地，买到更好的服装；三是可以更好地接近顾客，了解服装市场行情；四是运送服装方便，可以节省费用，降低经营成本。

③要选择在服装市场上和社会上有影响力的代理商。这样意味着他有宽广的网络，有较好的经营模式和较高的声誉以及良好的人际关系。这样的代理商，对委托人而言，就是很好的资源，可以充分发挥代理商应有的作用。

④要选择具有服务能力的代理商。现代服装代理要求代理商有相关的配套服务设施和服务项目。例如，仓库设施、运输工具、信息传播和售前售后服务等。代理商具有良好的服务能力，可以维护和改善委托人的形象，提高生产商的信誉。

⑤要选择具有融资能力的代理商。代理商的融资能力包括代理商具有良好的财产状况和具备承担风险的财力，并有远见、有魄力，敢于投资。委托人如果能够选择具有良好融资能力的代理商，就可以减少风险，扩大市场，加快服装行业的发展。

⑥要选择具有良好的管理水平的代理商。代理商具有较好的管理水平，可以调动服装行业人员的主动性与积极性，可以更好地开拓市场。

选择服装代理商要慎重行事，不能急于求成，要做详细的调查研究。调查了解情况的方式多种多样，如要求回答一个问题或填写一些表格，或通过政府和民间的商业机构进行了解。同时，最好派人去进行实地调查了解。在调查中与当地业者建立联系，然后再进一步考察，待时机成熟，再进行选择。

3. 服装生产者自营营销组织

随着服装生产企业规模的日趋集中和激烈，服装行业中由服装生产企业自营销售组织呈现上升的趋势，尤其体现在服装批发领域。

(1) 服装生产企业自营营销组织的优势，包括以下内容。

①有利于服装生产企业制订灵活的销售策略。通过服装生产企业自营营销组织，服装生产者可以向消费者传递消息，消费者也可以向服装生产商反馈信息。这样服装生产企业就可以对商品销售过程中的问题进行解决，再制订出很好的销售策略。

②进入市场谈判成本低，速度快。服装生产企业如果借助中间商销售服装，必须在寻找中间商过程中花费不菲的费用。而且鉴于服装产品的时尚性、季节性，在进行市场推广时，时间是保证服装推广成功的重要因素。服装生产企业自营营销组织在进入市场方面具有一定的优势。

③节省佣金支出。服装生产企业使用代理商必须花费一定的佣金，佣金的数额与产品的性质、代理商的讨价还价能力等因素有密切的联系，一些大的代理商在价格谈判上具有较强的能力。因此，服装生产企业自营营销组织可以节省佣金支出。

④自营营销组织对服装生产企业的忠诚度高。由于代理商销售企业的服装主要是从自身能否获利为出发点，而且服装代理商同时销售几个品牌的服装，这些服装在销售的过程中难免有竞争，代理商在推销某种服装时往往不会向服装生产企业自营营销组织那样积极，而后者是服装企业的一个组成部分，是企业的一个销售部门，与企业有着紧密

的利益关系。

⑤市场独立性强，不易受大型代理商的限制。服装生产企业借助与少数大的代理商销售产品，久而久之对代理商形成依赖，导致企业的市场能力萎缩，代理商在与企业打交道的时候形成主导地位，这样从多个方面影响企业，在不知不觉中取得了控制权，这对企业来说，是一大危险。

（2）服装生产企业自营营销组织的劣势，包括以下内容。

①成本高。组建销售组织是一项很复杂的工作，服装企业要构造比服装代理商效率高的销售组织需要投入很大费用，而如今服装企业更注重现金，所以将大量的现金投入销售组织是有很大的风险的。

②对服装生产企业的管理能力要求高。销售组织是一项很专业化的工作，服装生产企业自营营销组织，不能向引进生产设备一样完全符合自己的要求，必须结合企业的实际情况制订适合的管理制度。

③在销售中容易产生惰性和企业腐败。认为营销终端是企业产生利润的唯一部门，是企业产生腐败的地方，这样就逐渐导致企业的衰败。

此外，服装生产企业自营营销组织不易形成规模效益，信息反馈渠道也较单一。

（三）服装零售商的定义及作用

服装零售商是指以服装零售活动为主营业务的机构和个人。服装零售商是相对于服装生产企业和批发而言的。有服装零售行为的单位和个人并不都是零售商。服装零售商首先是经营的一种类型，该经营者的基本业务范围必须是零售。因此，对一些服装批发零售兼营的机构来说，只有服装销售量主要来自零售活动的商业单位，才能称为服装零售商。

服装零售商的作用主要有以下几个方面。

（1）直接为最终消费者服务。服装零售交易主要是通过营业员与消费者直接接触，在单独分散的状态下完成的。营业员的业务素质与服务水平，不仅影响当次交易的成败，而且对吸引潜在顾客的能力都有重大影响。

（2）最终实现产品价值。通过服装零售交易，服装产品通过流通进入消费环节，从而实现其价值。服装企业生产商的劳动消耗这时才在真正的意义上得到补偿，服装再生产过程才能顺利进行。

（3）服装生产者和消费者是沟通信息的重要纽带。由于服装零售商，直接接触消费者，对消费者的需求及消费倾向最了解、反应也最为灵敏。服装企业通过服装零售商，一方面可以不断地向消费者输出商品信息；另一方面可以将消费者的信息及时反馈回来，更好地适应市场需要，组织生产经营活动。

（4）适应市场，保障供应。由于广大服装消费者的服装大部分都是通过零售环节获得的，庞大的服装零售大军成为服装营销的重要组成部分。适应消费者不断变化的需求，服装零售商不断地调整业态，改善经营，使服装消费者需求不断地得到满足。

（5）提供综合服务。除了服务员的礼貌接待外，服装零售现场还通过温馨、舒适的环境，给顾客以享受。服装零售商也在努力提高服装配套项目，以迎合消费者的需要。

（四）服装零售商的类型

由于购买服装的顾客十分零散，因此服装零售商的数量众多，通常会超过服装生产企业和服装批发企业之和。其经营业态也是多种多样，以下主要是对服装零售形式的一些介绍。

1．百货商场服装部

服装通常是百货商场的主要经营大类之一，具有一定规模的百货商场都划分出专业的服装楼层，并且区分出男装、女装、童装、运动装、休闲装等专区。有一些分类更为细致的商场，针对买点的主力军——女装，还按年龄进一步分为少女装、淑女装、成熟装等专区。在各专区中还按品牌进行划分，形成品牌专营或专卖等。

2．超级市场服装部

超级市场是以规模大、成本低，消费者自我服务的形式零售。其经营目的是为了满足顾客日常生活的需要，商品的品质一定要有保障，但对档次没有较高的要求。超市中的服装部通常不是超市主要的经营项目，服装的品种较少，一般放置在日用品专区的位置，主要销售日常的内衣、睡衣、袜子和基本不具品牌效应的休闲装。像家乐福、沃尔玛超市等，在内部也设有品牌专柜，但一般是不知名的小品牌。

3．折扣服装店

折扣服装店是一种专门以低于服装标准价格，以折扣形式销售服装类产品的服装店。它与服装专卖店、百货商场中偶尔的打折不同，这类服装店常年以折扣的形式销售，如专业的反季节服装折扣店，夏天专卖皮革、羽绒服等冬季服装，冬天却专卖纱裙、T 恤等夏季服装。这些服装不是次品，只是反季节销售，以低折扣价格吸引顾客。

4．减价服装店

减价服装店的大多数服装是在季末从厂家或有多余存货的其他零售商手中购买的。其型号或是不全，颜色和款式或是不流行，也可以是残次品。总之，减价零售能以原价的 1/5 或 1/4 买来，再向消费者低价销售。

5．服装专业店

服装专业店是指专门经营服装销售的服装店。

6．服装专卖店

服装专卖店是指服装生产企业商自开的服装商店，主要销售自有服装品牌的服装。

服装专卖店与服装专业店有所不同，主要区别与两者的所有权关系不同、销售的服装品牌不同，因此服装的齐全程度也有差异。

（1）专业店是专业化程度较高的零售商店，归属于独立的商业经营单位，他们经营的唯一目的是获取利润。专卖店通常是由生产商或与生产商有亲密关系的公司创办经营的，目的不仅获取利润，而且宣传自己的服装品牌形象。

（2）专业店常常以商品品类和商品品牌为取舍对象。专业店并不排斥品牌，所以可以更为广泛地征集服装，使某一类服装的规格、花色、品种十分齐全，满足更多顾客的需要。专卖店只卖自己品牌的服装，所以花色、号型都有限，集客能力也弱于专业店。

三、服装营销渠道的功能及功能分析

（一）服装营销渠道的功能

1．销售与促销

服装销售是最终目的，也是唯一目的。建立好的营销渠道可以促进产品的分销，改善销售的通路质量。

2．仓储与服务

服装营销渠道的成员，即各个服装营销公司，能够作为服装厂的仓储和发货配送的延伸，如果没有这些成员，服装企业就要建设巨大的仓库来储备产品，以满足消费者的需求，所以渠道的成员实际上起到了仓储与服务的功能。

3．融资

融资就是投资，商业客户拿资金来运作服装企业的产品，对服装厂家来说实际就是融资。如果不依靠分销商的合作，一个服装企业要运作同样一件事情可能需要几倍、几十倍的资金。

4．风险承担

我们知道越到营销终端，单位的个数越多，比如服装厂和专卖店。但是，总有一些服装厂和专卖店资金拖欠比较严重，如果仅仅依靠服装厂和专卖店的话，势必面临贷款的风险，但要通过商业覆盖就可以让商业来分担一部分风险。此外，依靠销售渠道能够缓解价格涨落造成的影响，即发挥滞后效应，如果没有中间的分销商，价格的稍微变化就会直接在终端消费者和厂家之间传达。

5．信息传递

通过营销渠道，服装企业能够收集很多信息。每个服装营销企业需要什么货，每个服装营销企业进了多少货，都有现成的数据，分销商在向服装企业提供这些数据时，也就是替服装企业收集了需要的信息，从这些信息中可以判断自己的产品是留作库存了还是真正消化了。

（二）服装营销渠道的功能分析

营销渠道对于一个服装企业有着非常重要的作用，综合来说，主要体现在以下六个方面。

1．防范经营风险

在现有的市场环境下，一个服装企业不能防范经营风险，也就是卖了货，开了票，款却收不回来，不能形成良性循环，那么这个服装企业就不能继续运作下去。所以对任何服装企业来说，防范经营风险都是营销渠道的第一功能。

2．企业的覆盖

在成本不变的情况下，服装企业产品覆盖率越高，销售的范围越广，销售额也就越大。所以服装企业要在成本允许的条件下，尽可能覆盖更多的市场。但是，要注意做到企业实力与市场机会的平衡，在实力不够的情况下，要首先覆盖目标市场，再逐步扩展到其他市场。

3．流向清晰

营销渠道的功能之一就是流向清晰，也就是某个产品进入商业之后，从商业流向服装销售企业。对于商品的进货量、销售对象、库存量等数据，服装企业都应该通过销售渠道了解清楚，做到流向清晰。

4．有利的促销

有利的促销是指深度市场的开发，通过商业合作，在目标销售市场之外，能够扩大自然消化量，从而相对地降低成本，绝对地提高销售量。

5．规范市场

通过营销功能和商业作用，还能有效地确定市场流向，规范市场秩序，平衡市场价格，保证市场的畅通。如果离开营销渠道，各个市场之间就不能及时准确地交流信息，容易导致整个市场的运行出现阻碍。

6．降低通路成本

通路成本包括直接成本和运作成本两大部分。直接成本主要包括商业客户返利和奖励；运作成本主要包括差旅费、交际费及电话费。降低通路成本能有效地帮助服装企业良性运作。

四、我国的服装营销渠道

我国服装商品的营销渠道是随着市场经济的发展而形成的一种多渠道的结构模式。在不同时期，服装的营销渠道也呈现出明显的差异性。

1．较早期的渠道结构

我国较早期的服装营销渠道是由服装生产企业——一级批发站——二级批发站——三级批发站、零售商——消费者共同构成的。

2．目前的渠道结构

从目前情况看，全国已形成了以浙江绍兴轻纺城、浙江义乌小商品市场、福建石狮服装市场、广东虎门富民时装城、广东西樵轻纺城、广州站前路服装批发市场、浙江桐乡羊毛衫市场等一批一级批发市场。而以这些市场为基础，在内地其他地区发展起来多个二级和次级批发市场，再以次级批发市场为核心，辐射到周边省市和地区，由数百万批发和零售商组成的销售网络，覆盖了全国各地，形成了多层次的批发零售农村市场体系。

3．渠道发展的趋势

在服装销售的各种渠道中，服装生产企业——总经销（代理）商——二级分销商——零售店——消费者，这种传统的渠道模式是以往比较常见的。然而，这样的销售网络却存在着许多问题，因此为了适应服装市场快速多变的需求，服装的销售渠道发展呈现出以下趋势。

（1）渠道开始由金字塔式向扁平化方向转变。传统的销售渠道体制呈金字塔式，因其强大的辐射力，为厂家产品占领市场发挥了巨大的作用。但是，在供过于求、竞争激烈的市场营销环境下，传统的渠道存在着许多不可克服的缺点。因而，许多企业正将销售渠道由金字塔式向扁平化方向转变。

（2）渠道重心开始由大城市向地、县市场下沉。以往许多企业是以大城市作为重点开发的目标市场，在大城市，至少是在省会城市设立销售机构。随着社会的发展，渠道重心逐渐向地、县市场转移。

（3）服装特许经营模式发展迅速。特许经营是指特许者将自己所拥有的商标（包括服务商标）、商号、产品、专利和专有技术、经营模式等以特许经营合同的形式授予被特许者使用。被特许者按合同规定，在特许者统一的业务模式下从事经营活动，并向特许者支付相应的费用。成功的特许经营是一种双赢的模式。

（4）时装产品对渠道的快速反应提出了新要求。快速反应需要生产商、渠道成员、零售商的密切配合。在追赶时尚的过程中，寻求利润的最大化，其关键点就是根据零售商的销售信息，依靠灵活的生产企业与渠道进行生产和交货。因此，纵向一体化的企业实施快速反应较为容易成功。

第三节　服装连锁经营管理

一、服装连锁店的概念及种类

1．服装连锁店的概念

所谓连锁店，国际连锁店协会给下的定义是："以同一资本直接经营管理 11 个以上商店的零售业或饮食业的组织形式。"我国学者的定义是："连锁店是在一个企业集团领导下，分散在不同地区，经营同类产品的若干商店所组成的一种新型的商业组织形式。"

2．服装连锁店的种类

（1）直营连锁店。直营连锁店是指总公司直接经营的连锁店，即由公司总部直接经营、投资、管理各个零售点的经营形态。公司总部采取纵深式的管理方式，直接下令掌管所有的零售点，零售点也必须完全接受公司总部指挥。直营连锁的主要任务是"渠道经营"，意思是指透过经营渠道的拓展从消费者手中获取利润。因此，直营连锁店实际上是一种"管理产业"。

这是大型垄断商业资本通过吞并、兼并或独资、控股等途径，发展壮大自身实力和规模的一种形式。本质上是处于同一流通阶段，经营同类商品和提供相同服务，并在同一经营资本及同一总部集权性管理机构统一领导下进行共同经营活动。所有权和经营权集中统一于总部。其所有权和经营权的集中统一表现在所有成员企业必须是单一所有者，归一个公司、一个联合组织或单一个人所有；由总部集中领导、统一管理，如人事、采购、计划、广告、会计和经营方针都集中统一；实行统一核算制度；各直营连锁店经理是雇员而不是所有者；各直营连锁店实行标准化经营管理。

直营连锁店的人员组织形式是由总公司直接管理。直营连锁店的组织体系，一般分为三个层次：上层是公司总部负责整体事业的组织系统，中层是负责若干个分店的区域性管理组织和负责专项业务，下层是分店或成员店。这样的组织形式具有统一资本、集中管理、分散销售的特点。

（2）自由连锁店。自由连锁店是企业之间为共同利益而结成的一种合作关系，是现有的独立零售商、批发商或制造商之间的横向或纵向的经济联合形式。我国的自由连锁指的是连锁销售。

（3）特许经营。特许经营一词译自英文 Franchising，目前国内对“Franchising”这个词的翻译和理解大致有两种。一种译为特许经营。把特许经营组织与连锁店、自由连锁、合作社等并列，属于所有权不同的商店的范畴。这种译法与西方市场营销学的界定是一样的，是一种常用的翻译方法。另一种译为特许连锁。这种译法认为特许连锁是连锁店的一种组织形式，与公司连锁、自由连锁并列为连锁的三种类型。在中华人民共和国国务院令485号颁布的《商业特许经营管理条例》第三条为本条例所称商业特许经营（以下简称特许经营），是指拥有注册商标、企业标志、专利、专有技术等经营资源的企业（以下称特许人），以合同形式将其拥有的经营资源许可其他经营者（以下称被特许人）使用，被特许人按照合同约定在统一的经营模式下开展经营，并向特许人支付特许经营费用的经营活动。

虽然不同国家、不同组织对特许经营有不同的定义，但一般而言，特许经营有如下特征。

①特许经营是特许人和受许人之间的契约关系。

②特许人将允许受许人使用自己的商号或商标或服务标记、经营诀窍、商业和技术方法、持续体系及其他工业或知识产权。

③受许人自己对其业务进行投资，并拥有其业务。

④受许人需向特许人支付费用。

⑤特许经营是一种持续性关系。

特许经营是指特许权人与被特许人之间达成的一种合同关系。在这个关系中，特许权人提供或有义务在诸如技术秘密和训练雇员方面，维持其对专营权业务活动的利益；而被特许人获准使用由特许权人所有的或者控制的共同的商标、商号、企业形象和工作程序等，但由被特许人自己拥有或自行投资相当部分的企业。

二、服装连锁经营的优势

1．产品线丰富

原来服装企业大多产品线单一，如做女装的以女装为主、做休闲的以休闲为主、做内衣的以文胸、保暖、美体为主。这样单一的产品线，以专卖店或专柜的形式销售，消费者在选择时，因为品牌单一、产品线单一，选择的余地不大。而采用连锁销售模式，则以多品牌、丰富的产品系列来弥补，并提升连锁店的赢利能力。

服装连锁以大卖场的形式出现，集合各大品牌，在产品线上结合男装、女装、休闲、内衣和鞋袜类，丰富的产品系列，能让消费者减少消费选择的时间与精力。也就是说，在进入该终端卖场时只是涉及服装类的，都能在一个终端店得到满足，而不需再像以前那样，这一家买一件内衣，那一家买一件衣服。另外，这种规模经营，能减少经营者的费用投入，以扩大利润空间。

2．高度统一的品牌形象

在以特许加盟的经营模式中，企业的品牌形象与终端店所体现的品牌形象，难以达到统一。这是因为，在终端执行中，总会因为各种原因，导致品牌形象不统一，这对于品牌建设来说，是一种致命的打击。连锁店的形象是以店的品牌出现的，以店的品牌推动商品品牌形象的发展。在这种情况下，企业的商品品牌形象，其责任重心将由企业转移到终端身上，这样，能减少企业的营运投入。而终端店在资源优势的基础上，在全国各地都以统一的店面形象出现，广告宣传也高度统一，这些对于连锁店的形象塑造提供了有利的条件。因此，在店面形象的拉动之下，集中资源优势，能形成规模效应，带动企业与终端渠道商的发展。

3．保证终端稳定发展

在现阶段服装经营管理上，常常在旺季因为拿不到货，而使利润降低；滞销季节，因为货品的积压，而造成大量的库存，给营运资金的周转造成困难，这是现阶段专卖店存在的问题。如果以连锁模式经营，在采购上，用集中采购的方式与科学的物流配送，来保证货品及时到位。一般来说，如果以连锁模式经营，会自己组建物流配送中心，这会彻底地改变旺季拿不到货的局面，因此，能保证终端稳定发展。

4．执行政策彻底

连锁模式经营的出现，打破了以往资源重复浪费、无序、破坏性的竞争局面，而以一种销售平台，集合各种品牌进行资源整合，以集中优势资源来抢占市场。这种有计划性、统一性和集约性的营运方式，一方面，能降低营运的成本，从而使产品价格具有竞争优势；另一方面，高度统一的管理，也能以最少的资源，最大化地提升品牌形象。

三、服装连锁经营的控制与管理

（一）服装特许经营的风险

特许经营也并非一定会成功。如果加盟总部决策失误，那么加盟店也必然受到损害；同样，如果加盟店经营失败，不仅会损害整个企业产品在消费者心中的形象，还会降低整个连锁体系的声誉。

（1）对于加盟商来说，有时总部过分标准化的产品和服务，未必适合加盟店当地的实际情况，也会造成加盟店的失败。另外，加盟店发展速度过快，总部的物流系统和后勤服务等跟不上，也是导致加盟店失败的重要原因。

（2）对于加盟总部来说，一方面，加盟店的个别不法行为也会对加盟总部造成巨大损害。另一方面，还有的加盟店店主不能胜任店长的工作，而总部又不能像直营店一样辞退换人，这也会影响加盟店的发展。

（二）服装加盟的误区

服装特许经营可以说是服装企业加盟总部与加盟商的双向选择的结果。一般而言，加盟总部对加盟商的选择相对比较容易把握，往往加盟总部也有一套自身选择的标准，如需要一定的资金、必要的管理知识、较强的事业心、善于与人合作等基本要求。但加盟商在选择加盟总部时，往往由于所掌握信息的不对等性，造成选择的盲目性，容易导致损失，如只看货是否新颖，只看形象店的销售情况，加盟费越低越好，换货率越高越好，订货制优于配货制。

总之，经营时间久、加盟店铺多的服装加盟总部一般都是值得信赖的，因为这说明该总部在货品、服务和经营管理方面都相对成熟，可以给予加盟商足够的支持。

（三）服装连锁店的管理与控制

服装连锁店作为服装销售渠道的终端，是服装品牌营销成功的基础与保障。零售终端卖场就像一面镜子，企业各个核心环节出现的问题都可以在终端卖场中体现出来。服装终端的销售好坏，直接影响到厂家和中间商的经营效益，因此，做好服装销售终端的管理工作具有十分重要的意义。

1．服装店铺营业员的培训

（1）兼职人员。人员短缺是店铺常面临的问题。通常店铺在高峰时段（来客数量多的时段）都会雇用兼职人员，以缓和人力的不足，而且兼职人员的费用也相对较低。再者，兼职人员也是日后专职人员的最佳人选。

兼职人员的工作内容为实务性的操作，故培训时间较短，时间为 2 ～ 3 小时即可，如标价机的使用，补货时应注意的基本事项，基本的清洁管理概念。

（2）正式营业人员。正式的营业人员除了学习实务操作外，还须学习一些观念性的课程，应涵盖以下内容。

①经营理念。店铺运作顺畅的必要条件，是经营者与员工的经营理念必须一致。因此，经营者在店铺营业员训练时，应将经营理念导入课程中。

②顾客应对技巧。有技巧且适时与顾客应对，是与顾客建立情感最佳的方法，其内容可涵盖各种常用礼貌用语应用时机、仪态、顾客抱怨处理和促销技巧等。

③设备的操作、维护及清洁。一般生产经营设备，是指冰箱、招牌、照明设备等直接或间接与销售有关的设备，指导营业人员正确的使用方法，并经常做一些基本的清洁及维护，以延长其寿命。

④收银机的操作、维护及简易故障排除。操作收银机要求速度要快，误打率为零，并熟悉其各项功能。对于不曾操作收银机的新进人员，应将此课程列入首要的训练。

⑤商品陈列技巧。商品陈列技巧直接影响到商品回转率，经营者须灌输营业员商品陈列的观念，如商品陈列的目的及原则、各类商品最佳的陈列位置等。

⑥店铺安全管理。经营者必须提高员工对在工作中所可能发生的意外灾害的防范技巧，如防抢、防偷、防骗及搬运商品时应注意事项等。

⑦报表制作。报表是经营者管理职员的工具之一，因此应指导营业员填写基本的报表，如交班日报表、现金记录表、误打、销退和自用记录表等。

⑧简易的包装技巧。

⑨简易 POP 制作。

2．服装店铺店长的培训

（1）角色融入培训。如果说连锁店的一个分店就是一个独立作战的堡垒，那么店长则是这个堡垒的最高指挥官。如果他连自己所扮演的角色都不清楚，那么最后肯定是全

军覆没。店长扮演着多重角色，如赢利责任人、店务管理者、企业文化和制度的执行者及传达者。

（2）经营管理培训。一个合格的店长最直接的体现就是营业额的上升，所以要培训店长的经营管理能力。比如，通过调查顾客的购买单价，为今后收集、采购商品或进行变价做一个数据参考；通过客流量的多少进行适当的人员分配等。同时，店长必须要掌握营业额，要懂得营业额是显现于外的，而毛利额、纯利润却是内在的数字。

（3）商品管理培训。主要是商品进、销、存的管理培训。例如，商品按哪种分类方式比较方便，不同商品的季节性更替集中在哪几个时段等；同时，还需要了解产品库存的状况，每天销售的状况；顾客退货的数量及种类；哪些商品销售得比较好，哪些商品不太受顾客青睐，来货的时间等，这些都需要店长了然于胸，才能形成一种全局观。

（4）销售技巧培训。店长也要做活动者的工作，也就是店长自己也是一个售卖员。店长是整个店面的代表，如果店长的销售技巧不够娴熟或者不能服众，那么其他店员就觉得一没有榜样，二没有信心，那么销售量将会是相当的糟糕。店长销售技巧的培训相当关键，一个拥有良好销售技巧的店长，对外可以招揽更多的顾客，对内可以作为员工效仿的榜样。

（5）行政能力培训。店长除了在销售能力上鹤立鸡群外，同时，他也是整个店面的执行者，必须具备一定的行政能力和卓越的管理才能，公正、公平地处理员工之间的关系和正确的业绩评估。从全局出发，根据员工的性格特点进行科学分工和严格督导，激励员工的工作热情，灵活、冷静地处理突发事件，是店长必须具备的基本能力。

（6）卖场运作培训。卖场就是一个大舞台，店长就是一位导演，导演必须运用好各种道具，比如商品的陈列做到新颖独特又不失本貌；海报张贴既能装饰现场，又能诠释主题；音乐播放既能渲染气氛，又不影响购物环境；促销既能吸引顾客购买，又要把握好尺度。卖场运作是店长真正能力的体现，他必须协调好每个员工的工作，做到杂而不乱，乱而不惊。

（7）服务理念培训。市场上，同种的店面很多，不同种的店面更多，服务不好，会直接导致营业额的下降。对店长来说，除了硬件必须过硬外，软件首推服务。店长必须牢固服务至上的思想，从而带动整个店面的服务水平。

（8）员工教育培训。店长要学会用恰当的方法教育员工，提高员工的综合素质，从而提高整个店面的综合运营水平。对店长来说，主要是怎样进行员工的培训，采用什么样的方法。店长对员工进行教育培训的目的就在于此。所以店长一定要掌握培训员工的系统方法，使之在今后的工作中能够更好地和顾客进行沟通协调。

（9）团队精神培训。一个店面的运营和成长，也要依靠团队的力量来完成。作为店长，首先要以身作则，用人格魅力和实际行动来带领大家，以主人翁的态度，严谨的工作作风，塑造良性竞争的工作氛围，激励员工为了店面的明天齐心协力，同舟共济。

3. 服装店铺的货品管理

在服装店铺的货品管理过程中，有以下五个需要遵循的货品管理原则。

（1）“适品”原则。众所周知，国内服装消费市场是非常庞大的。对于国内一般的服装品牌而言，能够同时在按地域划分出来的北方市场和南方市场中，都取得优异的销售业绩是非常困难的。因此，大多数服装品牌在区域市场的选择上都做出了取舍，在北方市场或者南方市场上各有侧重。之所以会形成这样的状况，是因为我国幅员辽阔，南、北方消费群体由于欣赏眼光、体型、体征和气候条件以及生活习惯等因素形式了差异巨大的消费习惯。

从我国的服装销售市场的状况出发，服装店铺进行货品管理时，首先需要遵循“适品”原则。所谓“适品”，是指店铺应该选择适当的商品进行销售。为确保货品达到“适当”的要求，应考虑同品牌下不同的产品，在不同地域市场中的销售状况、表现出来的适应性以及所在地域目标顾客的消费习惯等因素。

（2）“适所”原则。“适所”是指服装店铺的货品应与适当的销售场所相匹配。对应不同店铺类型的服装销售，相应的货品管理特点如下。

①专卖店。服装品牌的专卖店包括形象店、旗舰店等，目前的趋势是店铺的面积越来越大。在类似专卖店这种面积较大的店铺中，顾客停留的时间相对比较长。为了充分利用顾客逗留的时间，这类店铺应尽量提高货品的丰富性，实现货品的“细店化”。

②商场专柜。相比之下，由于受到商场整体规模的约束和影响，商场专柜的经营面积不可能特别大。在相对较小的店铺中，顾客停留的时间比较短，主要产生的是即时性的、刺激性的购买行为。因此，在商场专柜这样小面积的店铺中，店铺越小，货品种类应越集中，以利用特色鲜明的货品在最短的时间内，激发目标顾客的购买欲望。

（3）“适量”原则。所谓“适量”，是指对应服装店铺中货品的每一个款式都应该有适当的数量。在“适量”这个问题中，服装店铺应关注配货的数量、补货的数量以及相应的控制环节。

（4）“适价”原则。“适价”是指服装店铺中的货品价格应该比较适中，所有货品价格所分布的“价格带”比较适当。在把握“适价”原则时，应注意两个方面的内容：根据店铺的定位，价格带应相对比较集中；在相对集中的基础上，服装店铺的货品应包括一定数量的高价商品。

之所以在店铺的货品中需要安排一些高价商品，是因为在消费者的直观感觉中，高价格对应高档次。因此，一定数量的高价商品在某种程度上代表了服装品牌的档次。另外，高价商品的成功出售还会分别对于店铺的导购以及顾客产生不同的心理影响：具有高价商品的销售经验，店铺导购将在以后的工作中对于高价商品的销售更加有信心；以高价商品为标杆，顾客会提高对于同品牌内其他价格商品的心理承受能力。

（5）“适时”原则。“适时”，即服装店铺在经营货品管理时，应把握好货品销售与时间的配合问题。对于处于销售生命周期不同阶段的货品，应运用不同的、与时间段相配套的货品管理方法。

4. 服装店铺的日常管理

（1）员工准则。员工应具有强烈的服务意识与服务观念，具备高尚的职业道德，以自身的良好表现共同塑造良好的品牌形象。员工应遵守国家法律法规，遵守店铺管理制度。如遇不明事项应服从店长领导，与同事和睦相处，对新进员工应亲切、公平对待。员工应保守店铺的机密，不得对外泄露任何有关店铺的销售数据，不得利用职务之便图谋私利。员工对待工作与顾客应谦恭诚恳，满腔热情。遇事不可推诿，不可意气用事，更不可故意刁难顾客。员工有义务完善各项工作及服务品质，提高工作绩效。员工应爱惜店内财物，控制各项费用与支出，杜绝浪费现象。员工应恪尽职守，非经核准不得阅

览不属于本职范围内的数据。员工有违反上述准则条例的，将依据奖惩条例予以处罚。

（2）员工的仪容仪表。员工的头发要整齐、清洁、头饰要与工服、发型搭配得当。女同事按公司化妆标准化妆，不可留长指甲。男同事不可留胡子。制服要干净、整洁，不能有异味。

（3）工牌与工服。工服是店铺的形象。在规定穿工服的时间内，员工必须统一穿工服。如员工因保管不善而造成工服的破损或丢失，须按规定进行赔偿。工作时间内必须佩戴工牌，员工要注意个人的仪容仪表。员工在离职时必须退回工服。凡利用工牌在外做不正当的事情，将视情节严重给予处罚。未按公司或店铺要求穿着工服的，初犯者处以口头警告，严重者处以书面警告。

（4）店铺制度。工作时需严格遵守店铺的仪容仪表着穿规定，提供优良的服务，以客为先。必须遵守劳动纪律，自觉遵守轮班制度。依时上下班，不准无故迟到、早退、旷工。如需请假，须提前一天向店长申请经批准后方可生效。

（5）洁身自爱，防盗防窃。工作时间，须将个人物品存放在指定地点。未经同意，不得向外泄露店铺的一切资料（尤其是销售额），否则将根据行政管理制度予以处罚。工作时，要保持口腔卫生，不准喝酒和吃有异味的食物。营业中不准吸烟、吃零食。严禁私用、盗窃公司货品及其他物品，违者按有关规定给予处罚。不准以任何理由拒绝上司合理的工作安排，必须尊重上司。工作时间严禁在工作场所说笑、打闹、争吵、赌博、吸烟、酗酒、追逐、大声喧哗、当堂整理着装、化妆及一切有损公司或店铺形象的行为。工作时间严禁利用公司电话做私人用途，不得将店铺电话随便告诉无关之人。工作时间不能擅自离岗或随便串岗。严禁擅自修改、泄露、盗窃公司或店铺计算机数据，违者严厉处罚。工作时间不准代他人存放物品，如遇到顾客购买的商品需暂存时，需做好登记。员工在个人利益与店铺利益发生冲突时，应以店铺利益为先。

四、服装连锁经营在我国的发展

（一）我国服装连锁经营的起源与现状

1984 年 8 月意大利纺织金融集团以商标特许形式在北京落户的皮尔·卡丹专卖店的开业，被视为中国连锁经营的开端。20 世纪 90 年代初期和中期，国际著名的特许经营企业大举进入我国商界。服装特许经营的品牌开始为人们所熟知，如皮尔·卡丹、鳄鱼、佐丹奴等。与此同时，国内的一些企业也开始追随特许经营展开连锁加盟。

我国连锁经营真正进入规模性的发展已经有几年了，从发展现状来说整个势头较好，服装零售连锁之路上，出现了百家争鸣的现象。不同的服装零售连锁都在以各自不同的连锁模式，进行着服装零售连锁的尝试和突破，同时，他们也在各自的连锁模式中创造了各自的成功。

我国服装连锁发展表现良好，主要表现在以下四个方面。

1．经营规模化

近年来服装行业发展迅猛，无论是中国著名品牌还是新生品牌，都采取直营连锁或特许经营的经营模式扩展市场，规模效益明显，市场份额不断扩大，市场地位日益凸现。但是经营模式还模仿国外专业经营，整体连锁体系的管理水平、盈利能力有待进一步提高。

2．日益注重品牌

服装企业越来越注重自己的品牌建设，品牌服装都希望进行全国连锁经营。近年来，服装需求出现了追求高品质的倾向，消费者受品牌理念和流行趋势的影响进一步增强。顺应市场的变化，企业品牌意识凸显，更加注重在产品定位、广告定位和品牌宣传等方面的攻势，一些中高档品牌服装，特别是市场上占有率高的品牌服装，连锁经营发展较快，销售量增幅较大。

3．区域品牌初具规模

一批已经具备了一定规模、实力和品牌的集群企业现已成为区域品牌的形象代表，它们以自己的企业品牌影响力有效地提升了区域品牌效应。

4．国际化多品牌战略显现

据媒体报道，郑永刚（杉杉控股有限公司董事局主席）公开声称到2010年，杉杉控股有限公司服装板块至少要拥有30个不同风格和定位的品牌，且其中60%为国际品牌，要做成一个服装品牌的帝国。苗鸿冰（北京白领时装有限公司董事长）、周少雄（七匹狼实业股份有限公司董事长）等也各自开始了多品牌战略的实战。中国著名服装品牌都从战略上瞄准不同消费层，实施产品的多样化定位，打造不同的品牌，以充分吸纳不同顾客群，拓宽自己的经营领域，提升经营业绩。

（二）服装行业连锁经营的发展趋势

预计未来，居民需求档次的划分将日益清晰，中低档为主的需求倾向将转向以中高档需求为主，消费差距继续拉大；在品牌需求方面，中高档品牌需求也呈快速增长之势，少数品牌争霸市场的格局将被多品牌竞争格局所取代；行业面临着越来越激烈的竞争，改善企业内部以及整个供应链各个环节的管理、调度及资源配置，迅速适应客户的新需求和市场新机遇的能力，已成为企业赢得竞争胜利的决定性因素；经营模式迅速与国际接轨，特许经营将超过正规直营连锁形式，成为商业企业扩展市场的主要形式。我国的服装行业连锁经营的发展趋势主要表现为以下三个方面。

1．连锁经营“电子化”

连锁经营企业将广泛采用高新技术而成为知识经济时代最具凝聚力的商业组织形式。在信息化时代，企业对资金管理、人力资源管理、物流配送管理、市场营销管理、客户关系管理等需要采用高科技的信息技术手段，建立完善的信息管理软件系统，实现管理的科学化和数字化。

2．竞争的内容和手段丰富

蓝海战略将成为主要的竞争方式，表现为集约式的价值竞争取代粗放式的价格竞争；流通领域企业间单独依靠价格、拼数量创业品牌打“持久战”“拼优惠条件”等的竞争将被视市场需求变化，不断开展营销创新、品牌创新以及开发不同获利定位的高价值、附加价值的商品或优良投资环境等集约式竞争所取代。

3．管理形式多样

品牌竞争、服务质量竞争是第一位，而在这种竞争的后面是企业对自有知识产权和

基础管理模式建设的竞争。管理制度、管理技术、服务手段和人力资源的系统化、标准化建设将是服装连锁企业的工作重心。

（三）服装行业销售新渠道

找到一种新的、成本更低的、效率更高的销售渠道是许多企业亟待解决的问题。不断变化的渠道环境也会对企业的渠道战略提出新的要求。就服装销售渠道而言，已经出现了一些新的销售渠道来取代原有的销售渠道。

1．新兴服装城

新兴服装城是一个独立完善、配套齐全的服装产业体系。它集服装、面辅料、服饰配件、产品开发和市场营销等一系列完整的行业体系于一身。

选择进入大型服装城销售时，要注意以下几点：①服装城的位置，②其他品牌进入的情况，③自己商铺的位置，④进入的成本，⑤配套设施，⑥专业化。

2．服装销售联营体

服装销售联营体就是服装生产厂商与经销商将双方各自的优势资源结合起来合作，共同在当地成立一个相对独立的服装销售机构，一起来运作当地市场。

联营模式将厂家与中间商双方的利益绑在一起，可以有效地解决诸如断货、管理不到位、资金短缺、各自为政等加盟与自营模式中常见的一些问题，但联营体也会出现由于利益分歧、成员过多、管理混乱最后导致解体的问题。

因此，要做好服装销售联营体，必须注意以下几个问题：①资源投入问题，尤其是增加投资问题；②责任、权力、利益的分配问题；③品牌推广的问题；④管理监控和人事安排的问题；⑤违约问题。

3．服装展览会

随着经济的发展，各种展览会越来越多，其中时尚类的展会在展览行业中所占比例越来越大。不少服装品牌正把服装展览会看作是业务拓展的重要渠道之一。展览会除了具有市场推广功能外，还有着一定的销售功能，因为在展览会上聚集了众多的品牌和买家，可以谈合作意向，达成经销合同，也可以寻找到加盟商等，其影响力不可小视。此外，不少展览会也吸引了众多的普通消费者，不仅可以现场销售，还有利于推广品牌形象。

服装企业在选择参加各种展览会时，必须注意以下几个问题：①服装展览会的影响力和覆盖面，②参展的成本，③展厅的设计，④后续服务。

4．服装邮购

服装邮购有两种形式：一种是产品目录，另一种是直接邮寄。

邮购渠道与传统渠道相比，最大的优势就是能为消费者提供极大的便利性。另外，商品的独特性与价格的合理性也是竞争的关键。但服装邮购的一个很大的缺点，就是消费者在购买之前是无法触摸、感觉和试用试穿所购买的商品。

作为邮购零售商，在为消费者提供购物的空间便利性的同时，还必须做好以下工作：①如果自己不生产商品，必须管理好供应商的供货；②自行建立面对特定销售目标的零售目录或小册子；③邮寄名单的确定；④订单的履行和运输；⑤要有缺货清单；⑥退货的处理。

5．服装网上销售

随着家庭计算机的普及和互联网的发展，网上营销、电子商务已经成为企业营销活动的重要组成部分。服装的网上销售也变得日益普及了。当然，网上销售也存在一定的问题，如缺乏亲身的实际产品体验、交易的不可控性、网上价格的开放性、产销协调的问题、配送渠道的问题和对原有销售渠道的冲击等。

服装企业进行网上销售时，应从以下几点着手：①建立网站，搭建信息与交易平台；②网址宣传，扩大市场的影响力和与目标顾客的接触；③网上信息的更新与维护；④网上交易的实施与服务；⑤信息的处理；⑥其他物流渠道的配合。

拓展案例：美特斯 · 邦威的连锁店管理

教学案例：杉杉品牌营销案例

本章小结

1. 服装营销中的渠道，是指服装产品或服务从服装供应商到消费者手中的流通路径，人们也常常将它比喻为链条。在市场竞争激烈的情况下，供应商如何选择和建设渠道，关系到产品能否有效销售的问题，即渠道建设的好坏会影响企业产品的竞争能力和企业的市场反应能力。科学的渠道安排和控制，能有效降低产品的销售成本和价格，提高销售效率和销售量，使产品在渠道中快速地流通。科学的渠道建设还能及时准确地捕捉市场信息，从而能及时并且准确地满足消费者需求，提高消费者的满意度。

2. 有效的服装营销渠道设计，应以确定服装企业所要达到的市场为起点。从原则上讲，服装目标市场的选择并不是渠道设计的问题。

3. 营销渠道的管理，就是运用科学的技术和手段，在保证完成分销目标和任务的前提下，尽可能地减少渠道中的人力、物力和财力的消耗。

4. 所谓连锁店，国际连锁店协会给下的定义是：“以同一资本直接经营管理11 个以上商店的零售业或饮食业的组织形式”。我国学者的定义是：“连锁店是在一个企业集团领导下，分散在不同地区，经营同类产品的若干商店所组成的一种新型的商业组织形式”。

习 题

一、单项选择题

1. 消费品中的选购品和特殊品最易于采用（　　）。

A. 直接分销　　B. 选择分销　　C. 密集分销　　D. 独家分销

2. 分销渠道的同一个层次中使用同样类型中间商数目的多少，被称为分销渠道的（　　）。

A. 长度　　B. 宽度　　C. 深度　　D. 关联性

3. 当生产量大且超过了企业自销能力的许可时，其渠道策略应为（　　）。

A. 直接渠道　　B. 专营渠道　　C. 间接渠道　　D. 以上都不是

二、判断题

1. 销售渠道中只经过一个层次中间商的为长渠道。（　　）

2. 体积庞大、笨重的产品一般宜选择较短的分销渠道。（　　）

3. 直接销售渠道能使生产企业更好地集中人力、物力和财力。（　　）

习题答案

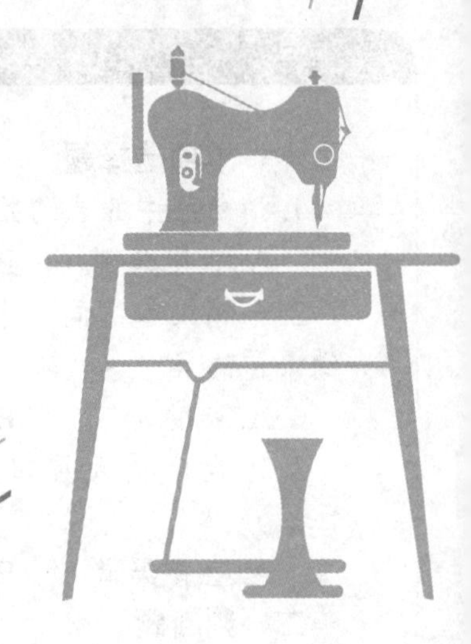

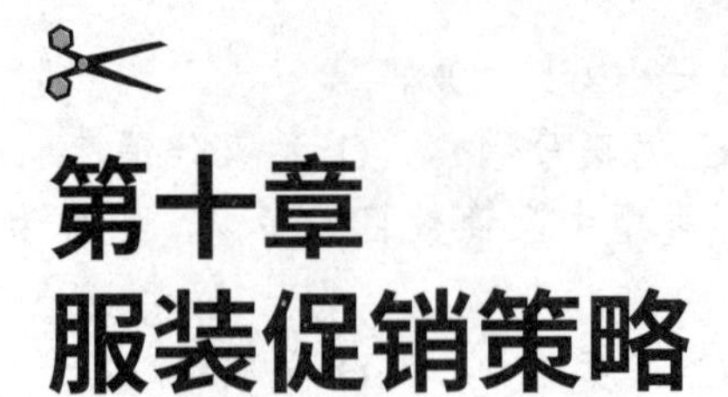

第十章 服装促销策略

学习目标

1. 掌握促销的概念及促销方式；
2. 掌握服装促销组合决策；
3. 理解服装广告策略；
4. 理解人员推销策略；
5. 掌握营业推广的方式；
6. 掌握服装商品陈列的基本知识。

案例导入

从 2008 年就进入了中国市场的这个法国殿堂级奢侈品牌，或许正经历一个销售上的重要“引爆点”。当一些奢侈品牌向更大众、更年轻的目标群体狂奔时，Goyard 正默默接住这些品牌曾经的一批 VIP。

低调的小众奢侈品牌

Goyard 迎来“引爆点”

在社会化大生产和商品经济条件下，一方面，服装生产者不可能完全清楚谁需要什么商品、何地需要、何时需要、什么价格消费者愿意并能够接受等；另一方面，广大服装消费者也不可能完全清楚什么商品由谁供应、何地供应、何时供应、价格高低等。服装企业必须利用广告、宣传报道、人员推销等促销手段，通过沟通把流行款式、面料性能等产品信息传递给消费者和用户，以增进其了解、信赖并购买本企业产品，达到扩大销售的目的。随着服装企业竞争的加剧和产品的增多，在买方市场上的广大消费者对服装商品要求更高，挑选余地更大，因此企业与消费者之间的沟通更为重要，服装企业更需加强促销，利用各种促销方式使广大消费者和用户加深对其产品的认识，使消费者愿多花钱来购买其产品。服装企业不仅要给产品制订具有竞争力的价格和选择合理的分销渠道，更重要的是想办法建立消费者、经营者和生产商之间的联系——先是引起消费者对产品的注意，进而产生兴趣，激发他们的需求和欲望，最终促成购买，这就要依靠市场营销策略中的促销策略。

销售促进（Sales Promotion，简称 SP）是市场竞争过程中的一把利剑。市场锋线的促销，作用在于对产品施加推力，使产品能够更快地进入市场和扩大市场。我们看到，在市场上并非每一个服装公司都做广告，但是每一个服装公司都无一例外地开展促销。所以，我们在占领和扩大市场时，不能忘记使用促销这一有力武器。

第一节 服装促销概述

促销是促进产品销售的简称，它有广义和狭义两层含义。广义的促销是指企业运用各种沟通方式、手段，向消费者传递商品（服务）与企业信息，实现双向沟通，使消费者对企业及其商品（服务）产生兴趣、好感与信任，进而做出购买决策的活动。它与产品策略（Product）、价格策略（Price）、渠道策略（Place）、员工/消费者策略（People）、过程策略（Process）并称为 6P 策略。广义的促销主要包括人员推销、广告、营业推广和公共关系。狭义的促销也称销售促进，是指在广告、人员推销、公关宣传之外所做的一切能刺激顾客购买或经销商交易的行销活动，主要包括消费者促销、通路促销、业务人员促销（激励）。

一、服装促销的定义及要素

1. 服装促销的定义

服装促销是指服装企业利用各种有效的方法和手段，使消费者了解和注意企业的产品、激发消费者的购买欲望，并促使其实现最终的购买行为。

促销是服装企业市场营销的一个重要策略。服装企业主要通过人员推销、广告、营业推广等活动把有关产品的信息传递给消费者，激发消费者的需求，甚至创造消费者对产品的新需求。通过这样的策略，向企业外部传递信息，与中间商、消费者及各种不同的社会公众进行沟通，树立良好的产品形象和企业形象，使消费者最终认可企业的产品，实现企业的营销目标。

2. 服装促销的要素

服装促销的要素包括以下五个方面。

（1）促销主体。促销主体就是主动开展营销活动的组织或个人，即服装企业或经销商等。

（2）促销客体。促销客体即促销活动的对象，是促销活动信息传递的受众，也是企业的目标市场——消费者。

（3）促销内容。促销内容是服装企业通过促销活动向消费者推广介绍和传递沟通的信息内容。它可以是企业的信息，也可以是产品、服务或构思的信息。

（4）促销目的。促销的目的是通过信息沟通赢得信任、诱导需求、影响欲望、促进购买。

（5）促销方式。促销方式是企业向消费者传播、沟通信息的媒介。促销的方式分为人员促销和非人员促销两类。人员促销，也就是人员推销，是企业运用推销人员与消费者面对面的接触和交流来传递信息、推销商品或服务，促成消费者购买行为的一种促销活动。非人员促销，是企业通过一定的媒体传递产品或服务的有关信息，以促使消费者产生购买欲望、实施购买行为的一系列促销活动，包括广告、公共关系和营业推广等方式。

二、服装促销的作用

促销策略是服装企业市场营销活动的重要组成部分。服装企业通过各种促销活动，沟通和传递信息，激发消费者的购买行为。消费者购买行为的产生，需要是“内因”，促销只是“外因”，这是一个大前提。总体来说，促销起的只是催化、加速、促成、激励的作用。这些作用概括起来主要有以下四个方面。

（1）传递供给信息，指导顾客消费。促销可以帮助企业把已经进入市场或即将进入市场的产品或服务的有关信息传递给目标市场的购买者，以引起他们的注意，从而使在市场上正在寻找卖主的潜在顾客成为现实顾客。一种商品在即将进入市场，或者已经进入市场以后，企业为了使更多的消费者了解这种产品，就需要及时向消费者传递有关企业状况、产品特点、价格、服务方式和内容等相关信息，以此诱导消费者对产品产生需求欲望并采取购买行为。

（2）突出产品特点，激发消费需求。有效的促销活动通过介绍产品（尤其是新产品）的性能、用途、特征等，能够诱导和激发需求，在一定条件下还可以创造需求。与众不同、独树一帜，是多数企业成功的秘诀，而市场经济的快速发展又使商品质量、花色品种向同质化方向发展。有些同类产品差别小，消费者不易分辨，假冒伪劣产品以假乱真，消费者更是无法分辨，在这种情况下，企业需要通过促销，向消费者宣传和说明自己产品与同类产品的差别，以便于消费者了解本企业产品的特点。

（3）强调心理促销，激励购买行为。促销活动其实是“攻心为上”，强调心理战术的促销活动。“心动”是前提，只有“心动”才可能“行动”，无论哪一种促销方式，从本质上来说，都是一种“打动人心”的活动。消费者一般对新产品具有抗拒心理。由于使用新产品的初次消费成本是使用旧产品的一倍（对新产品一旦不满意，还要花同样

的价钱去购买旧产品，这等于花了两份的价钱才得到了一个满意的产品，所以许多消费者在心理上认为买新产品代价高），消费者就不愿冒风险对新产品进行尝试。但是，促销可以让消费者降低这种风险意识，降低初次消费成本，而直接去接受新产品。

（4）树立企业形象，赢得顾客信任。促销活动有时并不以立即产生购买行为为目的，它可能是通过促销活动树立企业及其产品在市场上的良好形象，给消费者留下深刻的印象，一旦消费者产生购买欲望与需求时，就会马上联想到企业的产品。

三、服装促销组合

（一）服装促销组合概述

1．服装促销组合的定义

服装促销组合，是一种组织促销活动的策略思路，主张服装企业运用广告、人员推销、公关促销和营业推广四种基本促销方式组合成一个策略系统，使服装企业的全部促销活动互相配合、协调一致，最大限度地发挥整体效果，从而顺利实现企业目标。

善于经营的服装企业，不仅要努力开发适销对路的产品，制订具有竞争力的价格和选择合理的分销渠道，而且要及时有效地将产品或劳务的信息传送给目标顾客，沟通生产者、经营者与消费者之间的联系，激发消费者或客户的欲望和兴趣，进而满足其需要，促使其实现购买行为。

2．服装促销组合方式的特点

服装促销组合体现了现代市场营销理论的核心思想——整体营销。促销组合是一种系统化的整体策略，四种基本促销方式则构成了这一整体策略的四个子系统。每个子系统都包括一些可变因素，如表 10-1 所示，即具体的促销手段或工具，某一因素的改变意味着组合关系的变化，也就意味着一个新的促销策略。

表 10-1 服装促销组合方式的特点

促销方式	特　点	简　评
广告	告知、公众性、渗透性、表现性	广告对树立企业的长期形象有利
人员推销	直接、沟通	人员推销是双向沟通，推销过程实际上是建立人际关系的过程
营业推广	吸引、刺激、短期	与日常营业活动紧密结合，在促销活动中最具创造力
公关促销	可信度高、传达力强、戏剧性	公共关系是一种软广告，往往能起到事半功倍的效果

（1）广告。广告是指企业按照一定的预算方式，支付一定数额的费用，通过不同的媒体对产品进行广泛宣传，促进产品销售的传播活动。

（2）人员推销。人员推销是指企业派出推销人员或委托推销人员，直接与消费者接触，向目标顾客进行产品介绍、推广，促进销售的沟通活动。

（3）营业推广。营业推广是指企业为刺激消费者购买，由一系列具有短期诱导性的营业方法组成的沟通活动。

（4）公关促销。公关促销是指企业通过开展公共关系活动或通过第三方在各种传播媒体上宣传企业形象，促进与内部员工、外部公众良好关系的沟通活动。

当然，随着服装营销理论和实践的不断进步，促销的方式也在不断地更新和变化。如“企业赞助”，这是企业广告和公关相结合的一种新的促销方式，企业赞助的范围也很广泛，它在企业促销中起着越来越重要的作用。

企业赞助最主要的支出是在体育类项目上，还包括慈善和艺术活动、巡回音乐会、电影以及节日庆典和展览会之类的年度活动。

（二）服装促销组合决策

服装促销组合决策，就是决定如何选择和组合应用上述几种沟通方式，以达到服装企业有效进行促销的目的。服装企业营销沟通组合应体现整体决策思想，形成一个完整的促销组合策略。

1. 确认服装促销对象

成功的服装促销实践证明，准确确认促销对象，是服装企业开展促销活动的首要问题。它不仅是服装企业整个促销决策的重要组成部分，还是企业确定促销目标、设计促销内容、选择渠道、规划组合及检测促销效果等工作的重要前提和基础。在产品促销中，促销对象主要是服装企业产品的销售对象。这个问题主要通过服装企业目标市场的可行性研究与服装市场营销调研来解决。通过这两项工作，服装企业可以界定其产品的销售对象是现实购买者还是潜在购买者，是消费者个人、家庭还是社会团体。如服装的销售对象是哪一类消费者，彩电的销售对象是哪一类家庭，生产资料的销售对象是哪一类的工业用户等。实际上明确了服装企业产品的销售对象，也就确认了服装促销的目标对象。

2. 确定服装促销目标

在不同时期和不同的市场环境下，服装企业开展的促销活动都有着特定的促销目标。所谓服装促销目标，是指服装企业的促销活动所要达到的目的。例如，在一定时期内，某服装企业的促销目标是在某一市场激发消费者的需求，扩大企业的市场份额；而另一服装企业的促销目的则是加深消费者对企业的印象，树立企业的形象，为其产品今后占领市场、提高市场竞争力奠定基础。显然，这两个企业的促销目的不同，因此，促销组合决策就不应该一样。前者属于短期促销目标，为了近期利益，它宜采用广告促销和营业推广相结合的方式。后者属于长期促销目标，其公关促销具有决定性意义，辅之以必要的人员推销和广告促销。在决策中，企业还须注意，服装企业促销目标的选择必须服从企业营销的总体目标，不能单纯地为了促销而促销。

3. 设计服装促销信息

服装促销目标必须通过促销信息传递来实现，因此，服装企业必须设计有效的促销信息。企业在设计有效促销信息时，必须重点研究信息内容的设计。诉求一般分为理性诉求、感性诉求和道德诉求三种方式。理性诉求的重点是试图说明该产品能为目标对象带来何种利益。一般机器、设备等生产资料，运用理性诉求较好，因为产业购买者对理性诉求的反应较为显著。感性诉求是试图引起目标对象的情感，如喜爱、荣耀等情感，以激发消费者的购买行为。这种诉求通常应用在生活消费品的信息内容设计中。道德诉求是试图让信息接收者感到什么是对的和适当的，通常用于劝说人们支持某些社会活

动，如为“希望工程”义捐等。

4．选择沟通渠道

服装企业在促销活动中，传递促销信息的沟通渠道主要有两类：人员沟通渠道与非人员沟通渠道。人员沟通渠道是指两个或两个以上的人之间的直接沟通，主要包括企业的销售人员与目标购买者之间的接触、有关专家向目标购买者当面推荐、亲朋好友及俱乐部会员对目标购买者的建议等三种具体形式。人员沟通渠道之所以有沟通效果，主要在于当事人可直接说明，同时也能得到反馈，且可利用良好的“口碑”来扩大企业及产品的知名度与美誉度。一般来说，当企业的产品价格昂贵、风险大或不经常购买时，或者企业的产品代表拥有显著的社会地位，人员的影响力显得尤其重要，运用人员沟通渠道最为适宜。非人员沟通渠道是指不以人员的接触或互动来传递信息，其方式包括媒体、气氛与事件，也称大众媒体沟通。在一般情况下，人员沟通渠道比大众沟通渠道更有效。大众传播沟通与人员沟通是相辅相成的，只有将两者有机结合才能达到更好的效果。

5．确定服装促销的具体组合

促销组合决策的关键是确定促销的具体组合，即根据不同的情况，将人员推销、广告、营业推广和公共关系四种促销方式进行适当搭配，使其发挥整体的促销效果。企业在决定促销组合时应考虑以下因素来确定促销组合。

（1）服装产品的属性。产品从其基本属性角度来看，可分为生产资料和生活资料。生产资料采用以人员推销为主的促销组合，因为生产资料产品技术性较强，购买者数量较少，但购买数量大且金额较高；生活资料采用以广告为主的促销组合，因为生活资料市场购买者人数众多，产品技术性较简单，标准化程度较高。无论是在生产者市场还是在消费者市场上，公关促销和营业促销都处于次要地位。当然，也不能把所有问题都绝对化。

（2）服装产品的价格。通常产品技术性能复杂、价格较高的产品销售，应以人员推销为主，辅以其他沟通方式的促销组合；一般化的、价格较低的产品，应以广告沟通为主，辅以其他沟通方式的促销组合。

（3）服装产品的寿命周期。在产品寿命周期的不同阶段有不同的促销目标，因而应采取不同的促销组合策略。在产品引入期阶段，新产品首次打入市场，应以沟通为主，重点宣传产品的性质、牌号、功能和服务等，以引起消费者对新产品的注意。在产品成长期阶段，市场已经发生了变化，消费者已对产品有所了解，仍采用以广告为主的促销组合，但广告宣传应从一般介绍产品转而着重宣传企业产品特色，树立品牌，使消费者对企业产品形成偏好。这时应增加促销费用，并配合人员推销，以扩大销售渠道。在产品成熟期阶段，产品已全部打入市场，销售从鼎盛转而呈下降趋势。这时，广告促销仍不失为一种重要方式。但其他促销方式应配套使用，尤其应重视营业推广方式。在产品衰退期阶段，同行竞争已到了白热化程度，替代产品已出现，消费者的兴趣已转移，这时企业应削减原有产品的促销费用，少量采用提示性广告，对于一些老用户，营业推广方式仍要保持。

（4）服装目标市场的特点。服装目标市场在销售范围大、涉及面广的情况下，应以广告促销为主，辅以其他沟通方式。目标市场相对集中，销售范围较小，需求量较大的，应以人员沟通为主，辅以其他沟通方式。如果目标市场消费者文化水准较高、经济收入宽裕，应较多运用广告和公关沟通为主的促销组合；反之，应多用人员推销和营业推广为主的促销组合。

(5)“推”或“拉”策略。在服装促销中，企业一般采用“推”策略或“拉”策略。“推”策略是把中间商作为主要的促销对象，把产品推进分销渠道，推上最终市场。“拉”策略是把消费者作为促销对象，引导消费者购买，从而拉动中间商进货。两者不同的促销策略采用的是不同的促销组合，“推”策略采用的是以人员推销为主的促销组合，而“拉”策略采用的是以广告为主的促销组合。不同的企业对两种策略有不同的偏好，有些偏重“推”策略，有些偏重“拉”策略。

6．确定服装促销预算

开展促销活动必须花费一定的费用，这些费用必须事先预算。一般来说，人员推销、广告促销、公关促销和营业推广的费用是依次递减的。当然，服装促销费用与促销效益并不一定呈正比关系，企业应从自己的经济实力和宣传期内受干扰程度大小的状况决定促销组合方式。如果企业促销费用宽裕，则可几种促销方式同时使用；反之，则要考虑选择耗资较少的促销方式。

总之，企业应对不同促销方式各有侧重，灵活运用，并制订实施的先后顺序，分清轻重缓急，以求取得最佳的效果。

第二节　服装广告策略

如今广告已成为企业促销不可缺少的方式之一。现代商业活动离不开广告，“酒香不怕巷子深”的传统观念在市场经济的今天早已被证明是行不通的。服装企业开展广告活动是市场竞争的直接结果，是服装企业决定参与市场竞争的标志。从某种意义上来说，广告就是服装企业进入市场的宣战书。广告对服装企业在开拓市场，促进销售、改善企业公关形象，提高企业的整体竞争力和社会影响力上有着十分重要的作用，是连接企业、社会与消费者之间的桥梁。

在服装企业经营中，广告在促进产品销售、改善企业形象方面起着极其重要的作用。因而，制订广告促销决策成为企业决策的重要内容。广告促销决策涉及建立广告目标，制订广告预算决策、媒体决策以及广告效果评价等一系列活动。

一、服装广告的定义

广告在现代市场营销中占有重要的地位，已经成为服装企业促销活动的先导。广告一词源于拉丁文，原意是“我大喊大叫”。随着社会经济的发展，广告的内容与外延不断地得到丰富和延伸。广义的广告，是指与外界接触的一种手段，它包括政治广告、商业广告、文艺广告、社会广告、影讯广告、剧情广告、新书广告和征婚广告等一切公告、声明、通知和启示。

服装促销组合中研究的广告是狭义的广告，它是指以盈利为目的，通过支付一定费

用，以各种说服的方式，公开地向目标市场和社会公众传递产品或劳务信息的传播行为。营销角度的广告概念强调了这些含义：广告要支付费用，“说服”与“公开”是广告的重要特征，“传递信息”“追求盈利”是广告的重要目的，“产品或劳务”是广告宣传的具体内容，“目标市场”和“社会公众”是广告的受众对象，“电视、广播、报纸、杂志”等是广告的传播媒体。产品促销应注重对广告及其策略的研究。

二、服装广告的分类

1．硬广告

在报纸、杂志、电视和广播四大媒体上看到和听到的那些宣传产品的纯广告就是硬广告。

硬广告的优点是传播速度快；涉及对象广泛；经常反复，可以加深公众印象；有声有色，具有动态性。硬广告的缺点是渗透力弱；商业味道浓，可信度低，时效性差；广告投入成本高；强迫性地说教；传递内容简单，时间短。

2．软广告

软广告是指企业通过策划在报纸、杂志或网络等宣传载体上刊登的可以提升企业品牌形象和知名度，或可以促进企业销售的一却宣传性、阐释性文章。其特点是这些广告或以人物专访的形式出现，或以介绍企业新产品、分析本行业状况的通信报道形式出现，而且大都附有企业名称或服务电话号码等。随着媒体技术的发展，软硬广告拥有越来越多的形式。

软广告的优点是相对渗透力强；商业味道淡，可信程度高，时效性强；广告投入成本低；渐进式地叙述；消费者可以增长知识，扩大视野。软广告的缺点是：传播速度慢；涉及对象相对狭窄、有限；增加公众印象方面相对较弱；静态性强。

三、服装广告的作用

1．传递信息，沟通产需

传递信息，沟通产需，这是广告在促进销售中最基本的作用。在市场经济中，谁掌握了市场信息谁就掌握了市场的主动权，这既适用于企业，也适用于消费者。如果消费者掌握了必要的产品信息，就可以根据产品信息进行决策，选择物美价廉的商品，使购买效用达到最大化。对于企业来说，要想使自己的产品尽快地让顾客知道，必须借助广告向消费者传达自己产品的性能、特点、质量、使用方法、购买地点、购买手续以及售后服务等信息，使消费者对企业产品留下深刻的印象，为顾客购买选择提供信息需要。

2．激发需求，促进销售

激发需求，促进销售是广告的最终目的。消费者的需求开始一般处于潜在状态，这种需求并不能形成直接的购买行为，必须进行宣传说服。在促销组合中，广告较人员推销具有更广泛的宣传说服作用，人员推销只能进行个别说服，而广告则可以在较大市场范围，针对众多的潜在顾客进行说服。通过广告宣传，可以引起人们的注意，进行购买说服，让人们产生兴趣，刺激人们处于潜在状态的需求，促使其发生购买行为。无数实践证明，一则生动活泼、具有说服力的广告，能够激发消费者的购买欲望，明确选择目标，促使其产生购买行为，从而有利于扩大企业的产品销售。

3．介绍商品，指导消费

在浩瀚的商品世界中，商品的数量、种类之多，一名普通消费者是很难说清楚的，因此他们购买商品往往带有盲目性。消费者面对琳琅满目的商品，不知买什么好。企业可以运用广告来介绍产品，指导消费。广告是无声的推销员，它比人员推销所接触的市场范围要大得多，具有广泛的传播范围。可以运用多种广告媒体向消费者介绍产品的种类、功能、款式、使用方法等帮助消费者选择商品，扩大企业的产品销售量。

4．树立形象，赢得市场

广告是企业开展市场竞争的重要手段。企业的产品进入市场，通过广告宣传产品的特色、企业的质量保证和服务措施，树立良好的企业形象，提高产品的知名度，赢得市场。广告不仅可刺激消费者的购买欲，还能鼓励中间商，争取更多的中间商分销本企业产品。在同类产品竞争激烈的市场条件下，中间商的进货具有很大的选择性，他们对那些市场知名度低的产品一般不愿意经营。只有那些经过有效广告攻势，建立一定市场知名度的产品，他们才愿意进货。

四、服装广告的策划程序

（一）市场调查

市场调查包括环境调查、企业调查、消费者调查、产品调查、竞争对手调查以及媒体调查。

1．环境调查

环境调查是指对广告产品市场宏观环境的调查。它涉及整个社会人口、经济、物质、技术、政治法律和社会文化六大环境因素。

2．企业调查

企业调查是指对广告主的微观环境的调查。它主要包括对企业历史、企业文化理念和企业关系单位的调查。

3．消费者调查

消费者调查是指了解消费者的需求、动机、购买习惯、消费习惯以及消费者自然属性的调查。

4．产品调查

这是调查的基本内容，旨在了解商品的性能、特点、作用以及相关情况。

5．竞争对手调查

竞争对手调查是指对竞争产品的营销组合策略的调查，尤其是对竞争对手的广告定位、创意表现、媒体计划及定价策略等的调查。通过对这些资料的分析，能够掌握竞争对手的动态，更好地为广告策划服务。

6．媒体调查

媒体调查是指对某一市场中主要的广告信息传播工具的调查。根据媒体类别的不同，分别对其收视率、节目设置、目标受众、发行量、价格等进行调查。

（二）产品广告定位

产品广告定位主要有实体定位和观念定位两种。

1．实体定位

所谓实体定位就是在广告宣传中突出产品的新价值，强调本品牌与同类产品的不同之处以及能够给消费者带来的更大利益。实体定位又可以区分为市场定位、品名定位、品质定位、价格定位和功效定位。

（1）市场定位。市场定位就是指把市场细分的策略运用于广告活动，确定广告宣传的目标。

广告在进行定位时，要根据市场细分的结果，进行广告产品市场定位，而且不断地调整自己的定位对象区域。只有向市场细分后的产品所针对的特定目标对象进行广告宣传，才可能取得良好的广告效果。

（2）品名定位。任何产品都有一个名称，但并不是随机地选定一个名称都可以的。在我国许多地区，人们在选定产品名称时很讲究一种吉祥和顺达，当然国内也有不少有名的产品名称用现代营销观念来分析，并非能行得通，但是都由于历史渊源的原因而仍然著名，像天津的“狗不理”作为包子食品的名称，就是较为奇特的一个，因为那毕竟是在中国商品经济并不发达时期的产物。在现代社会中，企业开发和生产的产品，不仅是产品本身，而且在创造一种文化现象，这必然要求产品的名称与文化环境相适应。

（3）品质定位。在现实生活中，广大消费者非常注重产品的内在质量，而产品质量是否卓越决定产品能否拥有一个稳定的消费群体。很多广告把其产品定位在品质上，取得了良好的广告效果。

（4）价格定位。把自己的产品价格定位于一个适当的范围或位置上，以使该品牌产品的价格与同类产品价格相比较而更具有竞争实力，从而在市场上占领更多的市场份额。

（5）功效定位。这是指在广告中突出广告产品的特异功效，使该品牌产品与同类产品有明显的区别，以增强竞争力。广告功效定位是以同类产品的定位为基准，选择有别于同类产品的优异性能为宣传重点。

2．观念定位

观念定位是在广告中突出宣传品牌产品新的意义和新的价值取向，诱导消费者的心理定式，重塑消费者的习惯心理，树立新的价值观念，引导市场消费的变化或发展趋向。观念定位在具体应用上分为逆向定位和是非定位两种。

（1）逆向定位。逆向定位是利用有较高知名度的竞争对手和声誉来引起消费者对自己的关注、同情和支持，以达到在市场竞争中占有一席之地的广告定位效果。当大多数企业广告的定位都是以突出产品的优异之处的正向定位，采取逆向定位反其道而行之，利用社会上人们普遍存在的同情弱者和信任诚实的人的心理，反而能够使广告获得意外的收获。

（2）是非定位。是非定位就是打破既定思维模式下的观念体系，创立一种超乎传统上理解的新观念。

（三）市场分析与细分

市场分析与细分也是广告策划的一项重要内容。

（四）广告媒体决策

现代广告媒体种类繁多，选择的余地越来越大，不同的媒体具有不同的优越性和局限性。根据广告活动的目标，选择合适的媒体进行合理地配置，才能尽可能减少广告浪费，实现广告目标。

1．报纸媒体

这是使用最为普遍的媒体。其优点是读者广泛、覆盖面广，传播迅速、时效性强，交代清楚、便于查阅，简便灵活、费用低廉，权威性强、信誉较高。其缺点是寿命短暂、利用率低，内容繁杂、注意分散，印刷粗糙、色彩感差。

2．杂志媒体

杂志是以刊登各类文章、专门知识和学术论文为主的读物，往往有相对固定的读者群。作为媒体，其优点是对象明确、针对性强，有效期长、易于保存，易被接受、效果较好，印刷精美、图文并茂。其缺点是专业性强、传播面窄，周期较长、灵活性差，制作复杂、成本较高。

3．广播媒体

广播是诉诸人的听觉的信息载体和传播工具。作为媒体，其优点是传播迅速、时效性强，覆盖面广、听众面宽，方便灵活、声情并茂，制作简便、费用低廉。其缺点是有声无形、印象不佳，转瞬即逝、不便存查，盲目性大、选择性差。

4．电视媒体

电视是通过文字、声音、图像、色彩、动作等视觉和听觉形象的结合，以电波传递信息的媒体。其优点是覆盖面广、收视率高，声像兼备、直观生动，娱乐性强、接受性好。其缺点是稍纵即逝、不易保存，制作复杂、费用高昂、针对性弱、选择性差。

5．户外广告

户外广告是指在露天或公共场合通过商业广告形式向消费者进行诉求以达到推销商品或服务目的的广告活动的总称。其优点是形态多样、适应性强，制作费低、持续性强，主题醒目、色彩鲜艳，文字简明、易于记忆，随意欣赏、美化环境。其缺点是受场地限制、缺乏机动性，影响范围小、观众选择性差等。

6．网络广告

网络广告就是广告主以付费的形式运用互联网媒体对公众劝说的一种信息传播活动。具体形式有广告网站、标语式广告、按钮式广告、聊天式广告、赞助式广告、插页广告、关键字广告、互动游戏广告、电子邮件广告和电子公告板广告等形式。其优点是覆盖面宽广、受众广泛，到达率高、并读性强，实时性强、持久性强，自主性阅读、针对性强等。其缺点是网络广告的覆盖率低，效果评估困难。

7．直邮广告

直邮广告就是广告主向所掌握的目标消费者，直接邮寄广告信息的一种特殊广告形式，它包括广告信函、明信片、小册子、印刷品、宣传单、产品目录、信中附件等广告形式。邮寄广告在欧美等先进国家应用十分广泛。其优点是选择性强、自主控制，有的放矢、准确性高，制作简便、杜绝浪费。其缺点是成本较高、容易引起受众反感。

在具体选择广告媒介时，需要考虑以下因素：

（1）广告接收者的媒体偏好。例如，广播和电视是最有效的广告媒体。

（2）产品或服务。各类媒体在示范表演、形象化、解释、可信度和色彩方面具有不同的潜力。

（3）广告信息。一条包含大量技术资料的广告信息，可能要求选用专业性杂志或邮寄间做媒介。

（4）费用。电视费用非常昂贵，而报纸广告则较便宜。

（5）具体的媒介工具的选择。在选择具体的媒介工具时要考虑到发行量、有效广告接收者数量、媒体比重、广告的频率及广告涵盖的区域等。

（6）传播时间的决策。公司必须决定如何根据季节的变化和预测的经济发展来安排全年的广告以及在一个短时间内部署好一系列广告展示，以达到最大影响。

（五）广告创意及制作

1．独特说辞策略

独特说辞策略是指广告创意以一个独特的、富有竞争力的销售主题为主的策略。该策略在创意产品处于生命周期前期时尤其重要。

2．品牌形象策略

广告创意中的品牌形象策略，是指通过塑造独特的品牌形象，建立商品与媒体受众之间的情感需求关系，使媒体受众联想起产品的独特之处，并由此产生愉快感。经过多次的品牌联想、品牌识别，独具的欢愉形象会使媒体受众产生对品牌的忠诚感，从而激发他们对广告品牌的兴趣、偏好和欲望，最终使他们产生购买行为。

（1）广告主形象策略。这种策略是指在广告创意中，以直接塑造广告主的美好或独特形象为创意主题，即广告品牌被赋予生产经营者自己的形象。

（2）专业模特形象策略。这种策略是借助合适的专业模特，来间接地塑造产品的品牌形象。最具代表性的是李奥·贝纳创造的“万宝路”牛仔形象。在广告画面中，那深具美国英雄主义价值精髓的牛仔形象被许多男同胞竞相效仿，也使不少女烟民为之魂牵梦绕。表现这一粗犷豪放、成熟刚强的牛仔形象的模特，显然是经过精心挑选的。

（3）名人形象策略。根据企业的市场定位、产品的公众定位、公众的名人崇拜程度等情况，邀请合适的体育、文艺名人，政府要人，社会功臣、公众领袖人物等知名人士来宣传企业、产品的策略。

（4）标识物形象策略。这一策略是指通过宣传广告主的标识物来塑造广告产品的形象。常见的标识物主要是一些动画人物、动物或植物。

3．对比策略

对比策略是现代广告创意中常用的主要策略之一。对比策略主要有以下两种。

（1）广告产品使用前后情况的比较。产品使用前后情况的比较是广告创意中常用的一种对比策略，通过运用广告画面鲜明的视觉艺术效果，突出广告产品的性能，以增强媒体受众对产品的信心。

（2）广告产品与竞争品牌的比较。在广告创意中，将本企业的广告产品与竞争品牌相比较，以突出本产品的特征，这种创意策略在美国最为流行，而在日本则很少运用。这种创意策略很多国家都禁止采用。

4．幽默化策略

幽默化策略又称情趣化策略，是指通过运用富有情趣的幽默语言、图像来感染媒体受众，使他们产生一种对该产品销售有利的情绪。

5．戏剧化策略

戏剧化策略就是将广告编成故事或连续剧，通过戏剧的形式向媒体受众传输产品信息。这种创意策略不仅要符合时尚，而且要有一定的戏剧趣味，使人容易展开联想。

6．共鸣策略

共鸣策略是指媒体受众日常记忆中的生活体验。在其所记忆的场面重现时，提起产品，促使记忆该产品的一种广告创意策略。

（六）广告预算

广告预算的项目有调研费、策划费、广告制作费、媒体使用费、促销费、管理费和机动费等。在制订过程中企业应考虑以下因素。

（1）产品生命周期阶段。新产品一般需花费大量广告预算以便建立知名度和取得购买者的使用。已建立知名度的品牌所需预算在销售额中所占的比例通常较低。

（2）市场份额。市场份额高的品牌只求维持其市场份额，因此其广告预算在销售中所占的百分比较低。而通过增加市场销售或从竞争者手中夺取份额来提高市场份额，则需要大量的广告费用。

（3）竞争。在一个有很多竞争者和广告开支很大的市场上，一种品牌必须更加大力宣扬，以便高过市场上竞争者的声音使人们听得见。即使市场上一般的广告不是直接对品牌的竞争，也有必要大做广告。

（4）广告频率。把品牌信息传达到客户需要的重复次数，也会决定广告预算的多少。

（5）产品替代性。在同一产品种类中的各种品牌需要做大量广告，以树立有差别的形象。如果品牌可提供独特的利益或特色时，广告也有作用。

（七）广告效果评估

广告策划，简而言之，就是对广告活动进行策划与安排，它有广义和狭义两层含义。广义的广告策划是指整体广告策划，它是对在同一广告目标统摄下的一系列广告活动的系统性规划，即对包括市场调查、广告目标确定、广告定位、广告战略战术确定、经费预算、效果评估在内的所有运作环节进行的总体性规划；狭义的广告策划，又叫单项广告策划，即单独地对一个或几个广告的运作过程进行的策划。

五、服装广告的制作

一般将广告制作分为确定目标、确定预算、确定内容、确定媒体和效果评定五个步骤。

（1）确定目标。广告的目标一般分为销售效果目标和传播效果目标。销售效果目标主要指的是广告的产品销售要达到的程度，一般将销售利润和市场份额作为主要的考核对象。传播效果目标则主要指的是和消费者的沟通程度。

（2）确定预算。因为企业做商业广告是一种付费宣传，所以必须围绕目标控制成本。广告的费用少了，达不到宣传的效果；费用多了，造成浪费。所以企业广告的预算必须非常的谨慎。

（3）确定内容。广告的内容指的是广告的信息传递，主要包括要传递什么样的信息，要有什么样的创意。不同企业的广告，应该有不同的个性与风格，要能够脱颖而出，就必须安排好广告的内容。

（4）确定媒体。媒体是消费者和企业之间沟通的媒介物。传统的四大媒体是报纸、杂志、广告和电视。企业选择哪种媒体作为自己宣传的工具，需要考虑媒体的形式、产品的特点以及媒体的费用，因为它直接影响到预算。另外还要考虑到当地的法律法规和文化习惯等。

（5）效果评定。广告的效果评定一方面是为了衡量广告客观结果，另一方面是为了后面的广告活动提供参考价值。

第三节　人员推销策略

在现代促销手段中，人员推销是最为古老、普遍的，但又是现代最基本和最重要的销售方式。它是由推销人员、推销对象和推销商品三者结合起来的推销过程。

一、人员推销的定义及形式

人员推销是指企业派出推销人员与目标消费者进行面对面的接触，将产品或服务的信息传递给消费者，运用一定的促销手段和技巧，使消费者认识产品或服务的性能和特征，以引起注意，激发消费者的购买欲望、激励消费者购买，以实现扩大销售额的目的。

人员推销的基本形式有上门推销、柜台推销和会议推销。

（1）上门推销。上门推销由推销人员携带产品样品、说明书和订单等走访顾客，推销产品。这种推销形式可以针对顾客的需要提供有效的服务，方便顾客，故为顾客广泛认可和接受。

（2）柜台推销。柜台推销由营业员接待进入门市的顾客，推销产品。门市的营业员是广义的推销员。柜台推销与上门推销正好相反，它是等客上门式的推销方式。由于门市里的产品种类齐全，能满足顾客多方面的购买要求，为顾客提供方便，并且可以保证产品完好无损，故顾客比较乐于接受这种方式。

（3）会议推销。会议推销是指利用各种会议向与会人员宣传和介绍产品，开展推销活动。例如，在订货会、交易会、展览会和物资交流会等会议上推销产品。这种推销形式接触面广、推销集中，可以同时向多个推销对象推销产品，成交额较大，推销效果较好。

二、人员推销的特点

作为一种促销方式，人员推销与其他促销方式相比，最根本的特点是推销员的工作是促进销售的主要原因。

（1）人员推销的优点，包括以下内容。

①人员推销可满足推销员和潜在顾客的特定需要，针对不同类型的顾客，推销员可采取不同的、有针对性的推销手段和策略。

②人员推销往往可在推销后立即成交。

③推销员可直接从顾客处得到信息反馈，诸如顾客对推销员的态度、对推销品和企业的看法和要求等。

④人员推销可提供售后服务和追踪，及时发现并解决产品在售后和使用及消费时出现的问题。

⑤人员推销成本高，所需人力、物力、财力和时间量大。

⑥某些特殊条件和环境下人员推销不宜使用。

（2）人员推销的缺点，包括以下内容。

①费用支出较大。由于人员推销直接接触顾客有限，销售面窄，人员推销的开支较多，增大了产品销售成本。

②对推销人员要求较高。人员推销的成效直接决定于推销人员素质的高低。随着科技的发展，新产品层出不穷，消费者的需求差异大且多变，对推销人员的要求越来越高。

三、人员推销的策略与技巧

1. 人员推销的策略

（1）试探性策略。试探性策略是指推销人员利用刺激性较强的方法引起顾客购买行为的一种推销策略。在推销人员不十分了解客户需要的情况下，事先准备好要说的话，对客户进行试探。同时密切注意对方的反应，然后根据反应进行说明或宣传。

（2）针对性策略。针对性策略又称“配合—成交”策略，这种策略的特点是事先基本了解客户的需要，然后有针对性地进行“说服”，当讲到“点子”上引起客户共鸣时，就有可能促成交易。

（3）诱导性策略。诱导性策略也称诱发—满足策略，这是一种创造性推销，即首先设法引起客户需要，再说明所推销的这种服务产品能较好地满足这种需要。这种策略要求推销人员有较高的推销技术，在“不知不觉”中成交。采用这种策略，推销人员要有较高的推销艺术，能设身处地为顾客着想，并能做到恰如其分地介绍产品，真正起到诱导作用。

2．人员推销的技巧

推销是一项技巧性很强的工作，工作平庸的推销员和成功的推销员之间的主要区别在于，后者能够掌握推销的真谛，将各种推销技巧熟记于心并运用自如，在面对各种各样的客户时做到胸有成竹，攻无不克。

（1）上门推销技巧，包括以下内容。

①找好上门对象。可以通过商业性资料手册或公共广告媒体寻找重要线索，也可以到商场、门市部等商业网点寻找客户名称、地址、电话、产品和商标。

②做好上门推销前的准备工作。对产品、服务的内容和研发状况要十分熟悉，以便推销时有问必答；同时，对客户的基本情况和要求应有一定的了解。

③掌握“开门”的方法。即要选好上门时间，以免吃“闭门羹”。可以采用电话、传真、电子邮件等手段事先交谈或传送文字资料给对方并预约面谈的时间和地点。也可以采用请熟人引见、名片开道、与对方有关人员交朋友等策略，赢得客户的欢迎。

④把握适当的成交时机。应善于体察顾客的情绪，在给客户留下好感和信任时，抓住时机发起“进攻”，争取签约成交。

⑤学会推销的谈话艺术。首先，应注意自己的仪表和服饰打扮，给客户一个良好的印象。其次，言行举止要文明、礼貌、有修养，做到稳重而不呆板、活泼而不轻浮、谦逊而不自卑、直率而不鲁莽、敏捷而不冒失。

在开始洽谈时，推销人员应巧妙地把谈话转入正题，做到自然、轻松、适时，可以关心、赞誉、请教、炫耀、探讨等方式入题，顺利地提出洽谈的内容，引起客户的注意和兴趣。在洽谈过程中，推销人员应谦虚谨言，让客户多说话，认真倾听，表示关注与兴趣，并做出积极的反应。

遇到障碍时，要细心分析，耐心说服，排除疑虑，争取推销成功。在交谈中，语言要客观、全面，既要说明优点所在，也要如实反映缺点，切忌高谈阔论、“王婆卖瓜”，让客户反感或不信任。

洽谈成功后，推销人员切忌匆忙离去，这样做，会让对方误以为上当受骗了，从而使客户反悔违约。应该用友好的态度和巧妙的方法祝贺客户做了笔好生意，并指导对方领会好合约中的重要细节和其他一些注意事项。

（2）发现潜在顾客的技巧。潜在顾客是指有购买可能或者愿望的顾客。其特点是具有较大的付款能力，有某种潜在的购买需求，有购买决定权，认同推销员的推销工作。

推销员发现潜在顾客的基本途径：一是随时随地寻找利用一切可以利用的场合和机会；二是利用人际关系介绍，如血缘、地缘、亲缘及各种团体，发现潜在顾客；三是寻找突破口，利用连带关系，发现潜在顾客。

发现潜在顾客的主要技巧包括以下内容。

①直接访问。即进行挨家挨户的访问，或利用电话访问。

②老顾客介绍。利用老顾客的关系，介绍潜在顾客。

③同事协助。利用本企业其他业务人员介绍潜在顾客。

④产品展示。通过展出产品或新颖的 POP 广告吸引顾客驻足了解。

⑤利用各种名册。如利用电话本、工商名录、社团名录或互联网寻找客户信息。

⑥交换名单。不同行业的推销员相互交换顾客名单。

（3）排除推销障碍的技巧，包括以下内容。

①排除客户异议障碍。若发现客户欲言又止，自己应主动少说话，直截了当地请对方充分发表意见，以自由问答的方式真诚地与客户交换意见。对于一时难以纠正的偏见，可将话题转移。对恶意的反对意见，可以“装聋扮哑”。

②排除价格障碍。当客户认为价格偏高时，应充分介绍和展示产品、服务的特色和价值，使客户感到“一分价钱一分货”；对低价的看法，应介绍定价低的原因，让客户感到物美价廉。

③排除习惯势力障碍。实事求是地介绍客户不熟悉的产品或服务，并将其与他们已熟悉的产品或服务相比较，让客户乐于接受新的消费观念。

四、人员推销的过程

现代企业的推销活动一般分为四个过程。

（1）寻找顾客。一般来说，寻找顾客是新推销人员最难跨过的一道门槛。寻找顾客的方法主要有普访寻找法、介绍寻找法、委托助手寻找法和资料查阅寻找法。

（2）推销谈判。推销谈判也称业务谈判，是指推销人员用各种方式、方法和手段，向顾客传递推销信息，协调双方利益，说服顾客购买推销品的过程。一般应遵循的原则有针对性原则、鼓动性原则、参与性原则和诚实性原则。

（3）处理异议。推销人员面对顾客提出的异议要有自信。自信是一种具有良好心理素质的表现，也是推销人员保证推销工作顺利完成的基本保证。推销人员应尊重顾客的异议。要想得到别人的尊重，首先应尊重别人。作为一个推销人员，如果要取得顾客的信任，顺利展开推销工作，就必须先尊重顾客提出的各种异议。

（4）促成交易。促成交易是推销活动最重要的一个环节，也是每个推销人员梦寐以求的结果，对于每一个推销人员来说，能否成交直接关系着自己的业绩和公司的效益。在促成交易阶段，要站在顾客的立场考虑问题，同时还要兼顾公司的利益，在公司允许的范围内，让利给顾客，以促成交易。

第四节　营业推广

一、营业推广的定义

营业推广是一种适宜于短期推销的促销方法。它是企业为鼓励购买、销售商品和劳务而采取的除广告、公关和人员推销之外的所有企业营销活动的总称。营业推广是企业在一定时期内，采用特殊方式对顾客进行强烈刺激，以刺激顾客的购买欲望，促成迅速购买的一种促销方式。营业推广，也称销售促进，在营销实践中，称之为促销，它是企业用来刺激早期需求或强烈的市场反应而采取的各种短期性促销方式的总称，即狭义的促销概念。

在促销活动中，营业推广往往配合人员推销、广告、公关等促销方式使用，使整个促销活动产生热烈的氛围和强烈的激励作用。

二、营业推广的作用

营业推广的作用有以下几个方面。

（1）营业推广吸引消费者的购买，短期促销效果明显。这是营业推广的首要目的，尤其是在推出新产品或吸引新顾客方面，由于营业推广的刺激比较强，较易吸引顾客的注意力，使顾客在了解产品的基础上完成购买行为，也可能使顾客追求某些方面的优惠而使用产品。面向消费者推出的系列优惠活动能让顾客感受到产品的实际效用，对产品的了解加深。当现实的产品和实惠摆在顾客面前的时候，广告的效力甚至可能消失，这时企业如果能够运用适当的销售促进手段来告知、提醒、刺激潜在顾客，也可以促使他们立即购买。

（2）营业推广通过奖励品牌忠诚者，可以留出老顾客，找到新的试用者。因为营业推广的很多手段，譬如销售奖励、赠券等通常都附带价格上的让步，其直接受惠者大多是经常使用本品牌产品的顾客，从而使他们更乐于购买和使用本品牌产品。同时，这些样品也可以发放给从未使用过产品的消费者，由于价格上的优惠和从众心理的影响，也会刺激他们试用和购买。在新产品上市的时候，营业推广手段的应用更为重要。

（3）营业推广能够协调与中间商的关系。生产商可以运用多种营业推广的手段来影响中间商，协调与中间商的关系，如通过向中间商提供购买馈赠、陈列馈赠来鼓励订货；通过向零售商提供交易补贴来弥补零售商制作产品广告、张贴商业通知或布置产品陈列时所支出的费用等。这些措施能调节中间商的交易行为，使中间商做出有利于自身的经营决策。

（4）营业推广是有效抵制和击败竞争对手的重要武器。当竞争对手发起大规模的促销活动时，及时、有力的针锋相对或避其锋芒、另辟蹊径的反击就很关键，否则容易在激烈的竞争中被打败。

（5）可以实现企业营销目标。这是企业的最终目的。营业推广实际上是企业让利于购买者，它可以使广告宣传的效果得到增强，破坏消费者对其他企业产品的品牌忠实度，从而达到本企业产品销售的目的。

三、营业推广的特点

作为一种促销方式，营业推广与其他促销方式相比，最根本的特点是与日常销售活动紧密配合，产生“短、高、快”的销售效果。

（1）营业推广的优点，包括以下内容。

①辅助作用。一般来说，人员推销、广告、公共关系都可以独立开展促销活动，而营业推广则很少单独使用，常常是作为其他促销手段的一种辅助手段，与日常销售活动紧密结合，用于特定时期，特定商品的销售。

②即期见效。营业推广策略的重心是迅速促进当前的商品销售。

③形式多样。营业推广策划的关键是发掘新颖独特的创新思维，要根据企业所处的客观环境和市场态势以及企业自身的条件，创造性地进行分析决断、选择、组合和创造强烈而新颖的诱导刺激措施，使之能迅速吸引顾客的注意力，唤起并强化顾客购买该产品的欲望。

④短期效益。营业推广策划所要达到的目标是短期的和即时的，而其他促销策划如广告策划、公关策划所要达成的目标是长期的和缓慢的。

（2）营业推广的缺点，包括以下内容。

①影响面较小。它只是广告和人员销售的一种辅助的促销方式。

②刺激强烈，但时效较短。它是企业为创造声势获取快速反应的一种短暂的促销方式。

③顾客容易产生疑虑。过分渲染或长期频繁使用，容易使顾客对卖者产生疑虑，反而对产品或价格的真实性产生怀疑。

四、营业推广的程序

营业推广的程序主要包括确立推广目标、选择推广方式、制订推广方案和评估推广结果。

1．确立推广目标

确定推广目标，包括以下几点。

（1）以消费者为目标的营业推广活动。

（2）以中间商为目标的促销活动。

（3）以推销人员为目标的营业推广活动。

2．选择推广方式

选择推广方式，包括以下几点。

（1）针对顾客的营业推广。其形式有折价券、赠送样品、竞赛与抽奖、酬谢包装、包装赠品、自偿赠品。

（2）针对中间商的促销广告。其形式有折让、合作广告、经销商装货器。

（3）针对推销人员的促销广告。其形式有推销竞赛、销售奖励、推销员教育、销售管理会议、公司内部刊物以及提供各种推销器材和辅助材料等。

3．制订推广方案

制订推广方案，包括以下几点。

（1）确定刺激强度。

（2）确定推广对象。

（3）组合推广方法。

（4）把握推广时机。

4．评估推广效果

评估营业推广效果是有重要意义的。随着竞争的加剧，企业的成本效益意识加强，对评估活动的重视程度正在提高。最常用的一种评估方法是将营业推广前、推广后和进行中三个时期的销售额进行比较。营业推广通常可收到立竿见影的效果，但如果运用不当，就会损害企业或产品的长期利益。

五、营业推广的方式

营业推广的方式多种多样，分类的标准也不尽相同。其中最常用的分类方法，即按营业推广的对象来划分。根据其对象的不同大致可分为以下三类，如表 10-2 所示。

表 10-2 营业推广的方式

营业推广对象	营业推广方式
顾客	赠送样品、包装促销、折扣券、现场示范、奖励促销、利益承诺、参与促销、会议促销
中间商	批发回扣、推广津贴、销售竞赛、扶持零售商、业务会议、现金折扣
推销人员	外利提成、特别推销、推销竞赛

1．面向顾客的营业推广方式

面向顾客的营业推广方式，包括以下几种。

（1）赠送样品。向消费者赠送样品或试用品，赠送样品是介绍新产品最有效的方法，缺点是费用高。样品可以选择在商店或闹市区散发，或在其他产品中附送，也可以公开广告赠送。

（2）包装促销。在保证产品质量不变的前提下，使用简单包装，或改用大包装，因销售价格大幅降低而吸引顾客；或是将两个或两个以上的相关产品以组合包装和搭配包装的方式，让顾客感受到比单独购买更优惠的价格。这是长期受顾客欢迎的方式，但是在新产品上市时不宜采用。

（3）折扣券和折价券。在购买某种商品时，持券可以免付一定的金额。折价券可以通过广告或直邮的方式发送，在节假日的商场促销活动中，我们常看到类似“买 200 送 100”“买 100 省 40”等广告条幅，即是这种形式的应用。

（4）现场示范。企业派促销员在销售现场演示本企业的产品，向消费者介绍产品的特点、用途和使用方法等。加上促销员热情劝说试用、鼓励免费品尝，潜在顾客更容易被说动。

（5）奖励促销。顾客在购买一定数量或金额的产品后，可以获得企业按条件发放的奖励。奖励方式推陈出新，最常见的是幸运抽奖，顾客只要符合抽奖条件，即可获得一次抽奖机会，多买多得，或当场开奖，或按规定日期开奖。

（6）利益承诺。这也是吸引顾客的一种手段，通过对购物后的利益保障来取得消费者的信任，例如保证一定期限内无条件退换货品、承诺保修范围等。

（7）参与促销。通过消费者参与各种促销活动，如技能竞赛、知识比赛等活动，能获取企业的奖励。

（8）会议促销。各类展销会、博览会、业务洽谈会期间的各种现场产品介绍、推广和销售活动。

2．面向中间商的营业推广方式

面向中间商的营业推广方式，包括以下几种。

（1）批发回扣。企业为争取批发商或零售商多购进自己的产品，在某一时期内给经销本企业产品的批发商或零售商加大回扣比例。

（2）推广津贴。企业为促使中间商购进企业产品并帮助企业推销产品，可以支付给中间商一定的推广津贴。

（3）销售竞赛。根据各个中间商销售本企业产品的成绩，分别给优胜者以不同的奖励，如现金奖、实物奖、免费旅游以及度假奖等，起到激励的作用。

（4）扶持零售商。生产商对零售商专柜的装潢予以资助，提供 POP 广告，以强化零售网络，促使销售额增加；可派遣厂方信息员或代培销售人员。生产商这样做的目的是提高中间商推销本企业产品的积极性和能力。

（5）业务会议。常见的形式有交易会、展销会和博览会等。通过业务会议，企业能够加强与中间商的联系，当然也能够结识新的中间商，扩大产品的销售量和销售范围。

（6）现金折扣。现金折扣是指在商业信用和消费信贷普遍使用的市场上，企业为鼓励顾客用现金购货，对现金购货的顾客给予一定的折扣。

3．面向推销人员的营业推广方式

面向推销人员的营业推广方式主要是针对企业内部的销售人员，鼓励他们热情推销产品或处理某些老产品，或促使他们积极开拓新市场。其营业推广方式主要有以下几种。

（1）红利提成。做法有两种：一种是推销人员的固定工资不变，在一定时间内，从企业的销售利润中提取一定比例的金额作为奖励给推销人员；另一种是推销人员没有固定工资，每达成一笔交易，推销人员根据销售利润的多少提取一定比例的金额，销售利润越大，提取的百分比也越大。

（2）特别推销。企业给予推销人员一定的金钱、礼品或本企业的产品，以鼓励其推销本企业产品。

（3）推销竞赛。推销竞赛的内容包括针对推销数额、推销费用、市场渗透以及推销服务等，规定奖励的级别和奖金的数额，以鼓励推销人员。对于成绩好的推销人员给予奖金、旅游、休假等奖励。

六、营业推广计划的组织和实施

为了达到营业推广活动的预期目的，必须对所采取的各种推广方式加以合理协调，加强营业推广方案的计划、组织和实施。

1．确定营业推广的对象和目标

企业应根据目标市场的特点和总体营销策略来确定推广的目标。首先要确定以谁为推广对象，一般来说应是企业潜在的顾客，也可以是消费者、中间商或推销人员。只有知道推广的对象是谁，才能有针对性地制订具体的推广方案。

2．选择营业推广工具

营业推广的方式方法很多，但如果使用不当，则适得其反。因此，选择合适的推广工具是取得营业推广效果的关键因素。企业一般要根据目标对象的接受习惯、产品特点和目标市场状况等来综合分析、选择推广工具。

3．营业推广的配合安排

营业推广要与营销沟通其他方式如广告、人员销售等整合起来，相互配合，共同使用，从而形成营销推广期间的更大声势，取得单项推广活动达不到的效果。

4．确定营业推广时机

营业推广的时机选择很重要，如季节性产品、节日、礼仪产品，必须在季节前做营业推广，否则就会错过了时机。

5．确定营业推广期限

营业推广期限即营业推广活动持续时间的长短。营业推广期限要恰当，过长，消费者新鲜感丧失，产生不信任感；过短，一些消费者还来不及接受营业推广的实惠。

6．营业推广方案的实施

企业在实施营业推广方案前应进行实验性操作，以便检验所选方案是否恰当，刺激规模是否最佳，作用目标是否有成效等。在具体实施过程中应把握两个时间因素：一是实施方案之前所需的准备时间，二是从正式推广开始至结束为止的时间。

第五节　服装商品陈列概述

一、服装商品陈列的定义

在服装零售史上，19 世纪 80 年代以前，服装店主还没有意识到商品展示的重要性，服装只是简单地堆在桌子上；20 世纪初，玻璃橱窗取代了仓储式的商店布置；20 世纪 30 年代以后，随着近现代商业的繁荣，服装的陈列展示逐渐发展成为一门创造性的视觉与空间艺术，其涵盖内容也大大超出了传统的“陈列”范畴，包括商店设计、装修、橱窗、陈列、模特、背板、道具、光线、POP 广告、产品宣传册、商标及招牌等零售终端的所有视觉要素，是一个完整而系统的集合概念，因此用视觉营销来表述更为准确。而构成视觉营销的这些元素在消费者动态的消费过程中，又以综合的方式影响着消费者的个体体验。这样一来，视觉营销向纵深发展，体验营销的概念应运而生。

陈列工作不仅仅是布置橱窗、整理服装。一个优秀的陈列设计师既要有扎实的陈列基础知识，又要对品牌的风格、顾客的购买心理、产品的销售有一定的研究。陈列在服装营销中有着重要的地位，是视觉营销最重要的组成部分。它具有直观性和系统性，以促销为目的，以视觉语言为主要手段。

二、服装商品陈列的目的

作为一种服务于商业的活动，陈列的首要目的就是促进产品销售，其次是传播品牌文化。在陈列展示的过程中，陈列设计师不仅要展示商品，还需要陈列生活的方式。陈列设计师是整个品牌的形象塑造师，更是营造视觉生活享受的专家。

陈列是视觉营销之中的一个重要的部分，视觉营销绝对不等同于陈列设计。陈列是辅助企业盈利的一种重要手段。

1．促进商品销售

陈列可以使静止的服装变成顾客关注的目标，尤其是对需重点推荐的货品以及新上市的货品。陈列设计师更希望通过各种陈列形式，用视觉的语言来吸引消费者的目光。经过科学规划和精心陈列的卖场，可以提高商品的档次，增加商品的附加值，如图 10-1 所示。

图 10-1　服装陈列效果（一）

2. 传播品牌文化

服装是时尚的产物，它不仅是一种可以看到和触摸到的物质，还有精神层面的东西，是一种文化。成功的商品陈列除了向顾客告知卖场的销售信息外，同时还应传递一种特有的品牌文化，而传播品牌文化的最终目的还是为了进一步促进销售。

三、服装商品陈列的工作目标

根据工作目标的不同，大致可以把服装商品陈列分为三个层次。

1. 整洁、规范

卖场中首先要保持整洁。场地整齐、清洁，服装货架无灰尘，货物堆放有序、挂装平整，灯光明亮。规范就是将卖场区域的划分、货架的尺寸、服装的陈列形式等，按照各品牌或常规的标准统一执行。

2. 合理、统一

卖场的通道规划要科学合理，货架及其他道具的摆放要符合顾客的购物习惯及人体工程学，服装的区域划分要和品牌的推广和营销策略相符合。同时，还要做到服装排列有节奏感，色彩协调，店内店外的整体风格要统一。

3．时尚、个性

在现代社会里，不管是时装还是家居服，无一不打上时尚的烙印，卖场的陈列也不例外。卖场中的陈列要有时尚感，让顾客从服装陈列中清晰地了解主推产品、主推色彩，从而获取时尚信息。另外，服装陈列要逐渐形成一种独特的品牌文化，使整个卖场从橱窗的设计、服装的摆放、陈列的风格上都具有自己的个性。

四、服装商品陈列的作用

合理的服装商品陈列可以起到展示商品、提升品牌形象、营造品牌氛围、提高销售额、提高商品的附加值、改变消费者的生活方式和维护商家的信誉的作用。

1．展示商品

服装在展示外在美方面表现最为突出，其陈列效果也很容易体现。一件高档时装，如果把它很随意地挂在普通衣架上，其高档次就显现不出来，顾客就可能看不上眼。如果把它“穿”在模特身上，用灯光照射，再配以其他的衬托、装饰，其高雅的款式、精细的做工就很清楚地呈现在顾客面前，顾客就很容易为之所动，如图 10-2 所示。

图 10-2　服装陈列效果（二）

2．提升品牌形象

众所周知，商品陈列是促成终端销售的最后机会之一。调查表明，顾客最后做出购买决定 87%取决于该商品陈列的科学性与显眼度。而商品陈列又是最为廉价、最为基本的促销方式。它不需要投入大量费用，只需要静下心来，重新审视经营的产品特点、消费者的购买习惯等，从审美的角度对产品摆放进行艺术的加工，就可能获得更大的效益。良好的商品陈列不仅可以方便、刺激顾客购买，而且可以借此提高企业产品和品牌的形象。

3．营造品牌氛围

橱窗装饰、货品陈列摆放、光源、色彩搭配、POP 等，是营造品牌氛围的关键要素。服装商品本身不会说话，但可以利用陈列手法、造型艺术和灯光使其鲜活起来。如某休闲装品牌，运用动感的休闲模特，跳跃和动感的冲浪板还有鲜艳的服装色彩，构成了一幅年轻人夏季在海边冲浪运动的快乐情景，这种生动而有趣的画面给消费者提供了一个身临其境的联想空间。

4．提高销售额

“好的陈列和差的陈列，对销售额的影响至少在100%以上”，这是众多品牌和商家极度重视商品陈列的原因之一。商品陈列可以引起消费者的购买欲望，并促使其采取购买行动。据统计，店面如能正确运用商品的配置和陈列技术，销售额可以在原有基础上提高10%。但是陈列还要根据天、时、地、人各种因素综合考虑，才可达到理想的陈列效果。

5．提高商品的附加值

提高商品的附加值是为了让商品实现增值，使企业获得更高的利润，增强企业的竞争力并占有更多的市场份额。

6．改变消费者的生活方式

针对目标消费群层次，加强商品视觉效果的展示，可以引导顾客购物，并影响和提升消费群的审美度，并引发消费和生活方式的改变。

7．维护商家的信誉

有利于维护商家的信誉，提高商品的可信度，使消费者易于接受商品的各种信息，加深对商品的印象，增加购买机会，形成潜在利润。易于使消费者产生对品牌的认同感和信任感，从而提升企业的知名度。

拓展案例：为何从这只托特包开始，Goyard越来越火?

教学案例：Goyard，“低调”是把双刃剑

本章小结

1. 服装促销是指服装企业利用各种有效的方法和手段，使消费者了解和注意企业的产品、激发消费者的购买欲望，并促使其实现最终的购买行为。服装促销的要素包括促销主体、促销客气、促销内容、促销目的和促销方式。

2. 在服装企业经营中，广告在促进产品销售、改善企业形象方面起着极其重要的作用。因而，指定广告促销决策成为企业决策的重要内容。广告促销决策涉及建立广告目标，制订广告预算决策、媒体决策以及广告效果评价等一系列活动。

3. 人员推销是指企业派出推销人员与目标消费者进行面对面的接触，将产品或服务的信息传递给消费者，运用一定的促销手段和技巧，使消费者认识产品或服务的性能和特征，以引起注意，激发消费者的购买欲望、激励消费者购买，以实现扩大销售额的目的。

4. 营业推广是一种适宜于短期推销的促销方法。它是企业为鼓励购买、销售商品和劳务而采取的除广告、公共和人员推销之外的所有企业营销活动的总称。营业推广的程序主要包括确立推广目标、选择推广方式、制订推广方案和评估推广结果。为了达到营业推广活动的预期目的，必须对所采取的各种推广方式加以合理协调，加强营业推广方案的计划、组织和实施。

5. 陈列在服装营销中有着重要的地位，是视觉营销最重要的组成部分。它具有直观性和系统性，以促销为目的，以视觉语言为主要手段。合理的服装商品陈列可以起到展示商品、提升品牌形象、营造品牌氛围、提高销售额、提高商品的附加值、改变消费者的生活方式和维护商家的信誉的作用。

习 题

一、单项选择题

1. 夏季，“波司登”羽绒服通过打折等促销手段而出现了淡季热销的局面。可见，该厂家深刻领悟到羽绒服的需求属于（　　）。

A. 潜伏需求　　B. 充分需求　　C. 不规则需求　　D. 过量需求

2. 可以为消费者提供某些特殊的购买动机和可以吸引一些希望买到便宜或得到奖励的消费者的促销方法是（　　）。

A. 广告　　B. 推广　　C. 人员推销　　D. 公共关系

3. 下列促销方法中有利于搞好企业与外界的关系，在公众中树立良好的企业形象，但其促销效果难以把握的是（　　）。

A. 公共关系　　B. 广告　　C. 人员推广　　D. 营业推广

二、判断题

1. 商标对企业商品有促销作用，所以所有商品都必须使用商标。（　　）

2. 促销策划的关键是设计促销主题。（　　）

3. 促销是一种信息沟通过程。（　　）

习题答案

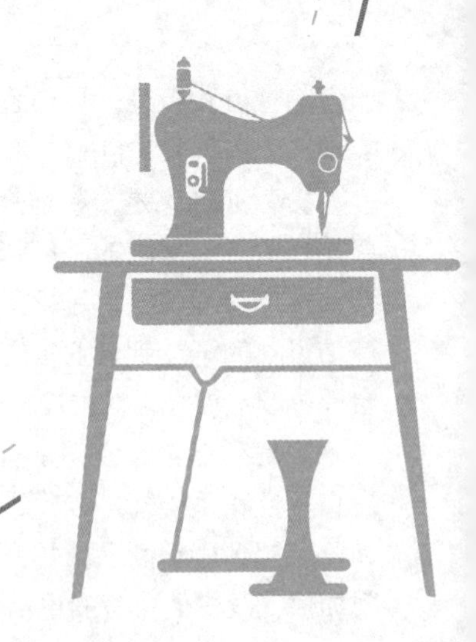

第十一章 权力策略

学习目标

1. 理解服装权力营销的含义与作用；
2. 了解服装权力营销的形式；
3. 熟悉服装权力营销的措施；
4. 掌握服装国际营销中的权力障碍。

案例导入

对于消费者而言，购买建议往往是来自朋友和那些热爱球鞋的人，他们或多或少都有些社交媒体影响力。现在将看到社交媒体营销的新时代，消费者也将成为品牌的分销商或零售商。

让 1 万名 adidas 粉丝成为品牌分销商！

传统模式下，销售人员所接受的基本训练是如何使用 4P 策略。他们懂得如何制订出市场营销策略来吸引顾客和最终用户，并使成本降至最低。但是进入市场的主要障碍并非都来自顾客和最终用户。当大门封住了进入市场的通路时，公司需要做的是冲开大门，或至少能找到钥匙打开大门，才能把产品或服务送到潜在顾客手里。本章从权力这方面来分析服装企业如何应用权力来进行服装市场营销的。

第一节　服装权力营销概述

一、服装权力营销的含义

“权力”（Power）一词源于拉丁语的“Autorias”，最初包含着两层意思：其一，权力是意志，是法令；其二，权力是权威。在现代营销中，权力则是指某一群体或个体凭借和利用某种资源占有的优势地位，对其他群体或个体进行价值控制所形成的支配、控制力和影响力的总称。权力源于权力资源，这种资源可能是一种自然禀赋，也可能是人的才能、职务或者地位。任何群体或个体都会拥有某一种或几种权力资源，他们利用这些资源，对他人所欲求的“价值”（如情感、利益、前景等）加以掌握和控制，就获得了支配他人的权力。

按照权力的产生原因的不同可以将权力划分为政治权力、经济权力、社会权力、法律权力和文化权力五种。

（1）政治权力。我国学者李景鹏认为，“政治权力是某一政治主体依靠一定的政治强制力，为实现某种利益或原则，而在实际政治过程中体现出的对一定政治客体的制约能力。”政治权力的来源在于权力主体（通常为国家）所占有的政治资源。政治权力的表现形式在于参与国家政治活动和参与国家、社会的管理。同其他种类的权力相比，政治权力具有较强的强制性和公共性。

（2）经济权力。经济权力是一种经济的力量或经济力。通常被定义为，某个个体、某个组织或某一集团通过对经济资源的控制、运用而达到自身目的的能力。它的核心在于对经济资源的控制。经济资源是一种重要的权力来源。在任何社会里，对经济资源的控制就意味着有了一个延续不断的重要权力基础。

（3）社会权力。社会权力是国家权力之外的散落于社会和民间，并由社会集团所执掌的各种权力的总和。社会权力是经济权力和政治权力的特殊中间环节。宗教组织、社会组织、家庭等社会组织中的权力都属于社会权力的范畴。

（4）法律权力。法律权力包括两个部分：一是一国国内宪法、法律和法规的设立而用条文形式明确规定下来的权力；二是国际条约、协议的签订而源生出来的，国际法层面上的法律权力。

（5）文化权力。由于不同的文化具有不同的特质，在一种文化背景下的群体基于对本文化的占有优势，而对进入该文化的异文化群体所产生的权力，就是文化权力。

以上五种类型的权力从各个不同的方面对企业开拓国际市场、从事国际营销施加影响，同时它们又相互融合，组成了权力障碍的构成要素。

服装权力营销是指依据权力对营销活动影响的规律，服装企业借助自身或他人权力开展的市场营销活动。

权力营销是菲利普·科特勒提出大市场营销概念时提出的。权力营销之所以成立，基于以下原因。

（1）包括政府在内的各种权力组织对营销活动的影响长期存在。

（2）具有各种权力的个人也会对营销活动产生影响。如知名的影视演员，借助其良好的个人形象及其影响力，利用其形象权为服装产品做广告代言，可以大大提高服装产品的销售业绩。

（3）消费者或多或少都会被动或主动地接受外来信息，如个人信息源（家庭成员等）、商业信息源（媒体等）、公共信息源（消费者组织等），这些信息客观上影响或控制着其消费行为，消费者是否选择你的服装产品，这个权力掌握在消费者手中。

（4）在国际市场中，权力对营销活动的影响作用更为显著，因为企业要开拓国际市场首先要面临国际上的各种权力屏障。

（5）无论是在计划经济体制下还是市场经济体制下，政府都对企业有着巨大影响，而实践中企业也一直在寻求政府权力的支持。

二、服装权力营销的形式

权力营销涵盖的领域非常广泛，服装企业通过利用自身权力或借助外在权力从事市场营销活动主要有以下几种形式：直接权力营销、政治权力营销、法律权力营销以及政府权力营销。

1. 直接权力营销

直接权力营销是指营销者直接应用或借助权力开展的营销活动。这里可应用或借助的直接权力有：法定权力、专家权力、信仰权力、参照权力、奖惩权力和形象权力等。如信仰不同的人在着装上对服装的颜色、款式、风格和搭配等方面上有不同的要求。服装经营者若能准确把握不同信仰的消费者对服装的各种要求，那么定会在服装市场经营中获得先机。信仰可以理解为一种控制力，它影响着一个地区或一个消费群体的服装消费心理和消费习惯，服装企业只有迎合了这种控制力，才能赢得这个市场。又如专家权力，这种权力能为服装生产者所运用的原因在于其专业知识为中间商所看重。举例来说，服装生产者有种令人迷惑的力量引导中间商的发展方向，或为中间商的销售队伍提供专家培训，比如服装企业对其渠道加盟商进行店铺陈列、POP 广告设计、销售技能培训等。这是一种有效的权力形式。因为中间商得不到这种帮助，行动就会步履维艰。中间商一旦也成为专家后，这种权力就会削弱。因此，服装生产者必须继续维护自己的专家地位，才能使中间商乐于继续与自己合作。

2. 政治权力营销

政治是政府、政党、社会团体和个人在内政及国际关系方面的活动。利用或借助上述定义中的各种角色及其活动的影响力和控制力来开展的营销活动就是政治权力营销。如政府外汇管理机构通过外汇管制来起到扩大服装企业的出口量，鼓励服装行业对外贸易。同时，也可以通过外汇管制限制或减少外国服装产品进入中国市场，保护本国服装企业的市场竞争力。

3. 法律权力营销

企业在营销中对法律环境予以主动利用和影响，就是法律权力营销，它包括应用法律开展营销，回避法律开展营销和影响立法开展营销。如许多品牌服装申请商标、专利

或专有技术，目的之一就是保护本品牌的市场唯一性。有了这些知识产权的保护，可以最大限度地保证该品牌服装企业获得最大的市场利益。

4．政府权力营销

政府权力营销又称政府营销，是政府通过市场营销原理和方法的运用，对社会经济活动实施有效的宏观调节和控制，推进政府目标、观念或计划的实现，以保证全社会协调、健康地发展，满足社会公众需求的管理过程。政府营销理论认为，国家之间，国家的各省、各市之间都会为了自己的区域利益进行事实上的竞争，这种竞争关系的存在，决定了国家、省、市之间为取得自己的相对竞争优势进行区域营销。各个政府间营销绩效的大小，影响着当地经济发展的快慢、企业经营水平的高低和居民生活质量的优劣，也直接决定着企业发展的大环境。服装企业如果善于把握政府营销中的财富机会，必将占领服装商业营销中的战略制高点。

三、服装权力营销的作用

1．权力营销具有保障作用

权力营销可帮助营销者取得市场准入证。服装企业若能在企业内部或外部借助一定的权力，比如获得政府支持、企业拥有实力强劲的设计团队、较高的营销管理水平、良好的品牌形象、过硬的质量保证等，那么服装企业想进入一个新市场就不再困难了。

2．权力营销具有促进作用

权力营销能促进产品销售，如名牌服装借助品牌的影响力，让消费者获得超出服装本身实用功能的价值，越是知名的品牌，消费者获得的这种价值就越大，应用这种影响力，促进服装产品销售也就事半功倍。

3．权力营销具有提升作用

权力营销可提高公司及产品的知名度及美誉度。如经过权威质量认证体系认证的服装产品，凭借认证机构的权威性和影响力，使消费者产生对该产品的信任感并且放心购买和使用，如果经过权威认证机构认证为免检产品，无疑提高了产品的知名度和美誉度，达到促销的目的。

四、服装权力营销的措施

服装权力营销的措施包括以下几点。

（1）研究权力自身的规律，探讨正确有效发挥各种权力在营销中作用的方式。

（2）探讨目标市场中的权力结构，寻找可借助权力的机会，开展营销活动。

（3）走出对权力营销理解的误区，扭转发挥权力在营销活动中作用是“以权谋私”的偏见。

（4）正确借助名人效应、专家效应，借助政府和有关组织的影响，制订权力营销策略。

（5）划清权力营销与以权谋利的界限，杜绝权力营销中的不正之风。

第二节　服装国际营销中的权力障碍

在现今的国际市场上，随着全球范围内贸易保护主义和政府干预经济的加强，企业的产品即使适销对路，也未必能打入想进入的市场，因此服装企业营销人员应找出障碍并想办法克服。

一、权力障碍的来源

在服装企业跨国营销的过程中，标的国政府、标的国利益集团和标的国的消费者都可能利用权力障碍的构成要素来构筑权力障碍。

1．来自标的国政府的权力障碍

国家总是凭借其所拥有的权力资源介入社会中，利用政治权力来构筑权力障碍。政府作为国家实体的核心，承担了政治权力的执行机构的任务。一国政府出于维护国家经济增长、充分就业、物价稳定和国际收支平衡的宏观经济目标，通常会对国际营销活动施加权力影响。20 世纪 90 年代以来，伴随着市场势态的发展，新贸易保护主义重新抬头，各国政府纷纷采取战略性贸易保护政策来管理贸易，以设立关税、非关税壁垒方式阻挠商品的进口。一国政府基于经济考虑而设立的权力障碍对企业跨国营销起到至关重要的作用。

此外，一国政府还出于国家政治稳定、政治发展、政治利益的需要而设立权力障碍。虽然冷战结束以后，基于政治考虑而设立的权力障碍明显削弱，但是两种不同意识形态的斗争仍在一定范围内存在，有时也会突显出来，导致政府动用其权力对商品进行进口限制。

2．来自标的国利益集团的权力障碍

关于什么是利益，众说纷纭。从广义上来说，利益既包括个体利益、公共利益和集合财富等内容，同时又包括意识形态、思想、主张和舆论等。利益是与权力密不可分的，利益是权力所追求的目标，权力是实现利益的手段。利益一致的人组成的集合体就是利益集团。根据利益集团的利益内容和性质的不同，利益集团可分为经济利益集团、政治利益集团和社会利益集团。

（1）经济利益集团。经济利益集团的利益目标就是经济实惠。它是利益集团中最重要的一类，包括工业组织、产业联合会、同行业行会等。由于外国企业产品的进入会导致国内竞争的加剧，对经济利益集团会产生较大的影响，因此，经济利益集团是利益集团中最重要的权力障碍筑造者。

（2）政治利益集团。政治利益集团是个体基于共同的政治利益而聚合在一起的群体，以运用政治权力获取政治影响为主要的目的。它包括种族利益集团、政府利益集团和妇女利益集团等。

（3）社会利益集团。社会利益集团以公共利益为目标，追求的是“整个社会”的利益和精神利益，比较典型的有环境保护集团、宗教利益集团、保护动物协会等。

在外国产品进入标的国时，这些不同的利益集团的利益会受到一定的冲击。因此出于维护自身利益的需要，它们参与到权力障碍的构筑中去。标的国利益集团所设立的权力障碍给跨国营销企业带来了权力影响力，这些影响力有一些是直接的权力影响，如利

用同业联合会资源占有的优势所产生的权力来联合压价抗击外国产品，如我国彩电业大降价对进口彩电的冲击行为。然而在大多数时候，利益集团则是采用间接权力影响的方式。因为权力集团一般都有自己的势力范围，它们可以通过各种各样的活动去影响政府的决策，达到实现自己特殊利益的目的。

3．来自标的国的消费者的权力障碍

企业跨国营销本质上就是一种跨文化营销，即跨越文化界限到文化环境中去销售自己的产品。根据社会冲突理论（司马云杰，1990），这种异源文化的传入会促使原文化中的群体团结一致，共同对外。这种消费者基于原文化占有的优势，而对带有异文化特点的产品排斥、抵触的行为，无疑会给企业带来权力障碍。消费者一方面拒绝消费产品，另一方面又会利用媒体与大众舆论这些精神资源，对企业营销活动的内容、过程、成果进行评价和传播，以施加权力影响，体现其意志。

二、权力障碍的克服

企业在从事国际营销时会受到权力障碍的阻挠。然而由于权力具有相对性，权力主体与客体的划分是相对的。在一定范围内的权力主体在另一范围内也许就变成了权力客体。权力又具有互动性，不同权力体系中的权力可能会相互影响和相互制约。正因为权力的这种相对性和互动性，使得企业有可能利用自己所培养或集聚的权力去影响和改变标的国的各种权力障碍。跨国营销企业运用其所培养或集聚的权力，去改变营销过程中可能遇见的权力障碍，以保证国际营销活动的进行，就是一个权力营销的过程。完整的权力营销应当包括：权力意识的培养、权力障碍的分析和权力策略的运用。

1．权力意识的培养

跨国营销企业往往局限于传统营销理论的 6Ps 分析框架，认为只要符合了 6Ps，即有良好的促销手段、定价策略、产品和分销渠道，就可以顺利地进入国际市场营销。然而事实上，由于权力障碍的存在，使许多符合 4P 的产品被拒之于标的国国门之外；或者虽然进入了标的国，却举步维艰，无法很好地推广、销售产品，因而树立权力意识至关重要。企业既要看到权力障碍的存在，又要克服被动消极听天由命的心理。权力意识的培养是权力营销整体战略的一个基础步骤。

2．权力障碍的分析

权力障碍的分析包括对权力障碍的构成分析和对企业权力资源的分析两个方面的内容。

（1）对权力障碍的构成分析。权力障碍构成分析最常用的是罗特的“决策研究法”。即透过决策的制订过程，来寻找出对决策起决定作用的掌权者。他们往往就是权力障碍的关键人物。

政府中的掌权者往往是那些身居高职的官员，他们有着社会赋予他们的职务、地位，这些条件决定了他们具有一种强制性的影响力。同时，由于职位与权力之间并没有必然的联系，除了这些官员之外，还有一些由于自身优势和特点而具有自然影响力的“掌权者”，如政策参谋等，他们的作用也不容忽视。

在众多的利益集团中，首先必须分清谁是反对者，谁是同盟者，谁是中立者。同时由于不同种类的利益集团在权力资源占有上的差异，也决定了它们对权力障碍影响的大小、方式的不同。例如，市民政团、工会组织多采用动员民众的方式来构建权力障碍，而经济团体、专家团体则重视与有势力者回旋或派代表谈判。

消费者中的掌权者多为营销学中所称的“意见领袖”，如消费群中的“早期采用者”，他们往往对其他消费者起到榜样的作用。“意见领袖”通过示范引导，借助舆论宣传的工具，在权力障碍的构筑中起到重要的作用。

只有在找到了这些有权把握进口国大门“钥匙”的守门人之后，跨国营销企业才能够制订出相应的营销策略来跨越权力障碍。

(2)对企业权力资源的分析。企业的权力可分为自有权力和外部可利用权力两大类。企业的自有权力源于企业内部资源占有。构成企业的资源包括企业的规模、财政、组织能力等有形部分和名望、声誉、正统性等无形的部分，同时还包括领导者本人的应变能力。企业对这些资源的不同占有情况决定了其自有权力的大小。除了企业自有权力之外，企业的权力还包括外部可利用的权力。外部可利用的权力的取得往往是依靠自有权力来实现的。企业的民众基础，企业与母国、标的国政府的关系，与利益集团的关联程度等都影响到外部权力的取得。

3．权力策略的运用

企业在对权力障碍构成和权力资源分析的基础上，进一步利用权力营销有针对性地来克服权力障碍，主要有三条路径，如图 11-1 所示。

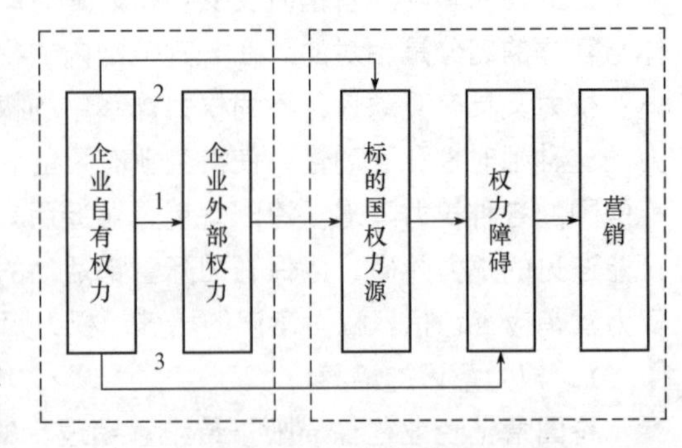

图 11-1　权力策略

第一，企业利用自有权力去获取企业外部权力，企业外部权力作用于标的国的权力源，产生的权力进一步克服权力障碍，达到促进营销的效果。第二，企业利用自有权力获取标的国权力源的支持，以进一步跨越权力障碍进行营销。第三，企业直接作用于标的国的权力障碍，利用自身强大的实力克服权力障碍而推进营销活动。

根据这三条路径，在具体实施过程中，企业可采取以下策略。

(1)国际权力策略。国际权力是指一国政府利用本国资源和依据有关国际条约的规定，对其他国家进行影响和控制的权力。当今世界，经济关系已成为国际关系中的最重要的一个部分。国家日益参与到经济生活中去。一国政府往往采取与其他国家签订贸易协议、条约的形式，或是利用权力资源占有的优势地位强行打开标的国的大门，为跨国营销企业铺平道路。跨国营销企业只要能有效而充分利用国际权力，就能做到凭企业自身权力所不能做到的事情，进入那些封闭性较强的国家。

(2)经济权力策略。经济权力策略的基本点是经济资源的利用，即凭借企业的经济实力来冲破标的国的重重权力障碍。具体的做法，如捐助标的国公益事业、帮助标的国政府解决一些经济问题。当年百事可乐进入印度市场时，就是依仗其强大的经济力帮助印度政府缓解了就业困难，同时还帮助印度政府解决农产品出口问题，以此来换取政府的市场准入。

(3)政治权力策略。跨国营销企业通过培植代理人游说政府，或组成压力集团直接施加影响力左右政府权力的实施，都是政治权力策略的运用。权力归根到底是由人即掌

权者来实施的。如果跨国营销企业在对权力障碍构成分析的基础上，选出可以争取到的“守门人”，通过“胡萝卜加大棒”的策略进行收买、拉拢，对企业权力资源的获取和权力障碍的克服都将起到重要作用。政治权力策略在跨国营销企业国际营销时广为使用。

（4）文化权力策略。每一种文化的特质都有其顽固性，在受到外来文化冲击时，这种顽固性会以文化权力的形式显现出来。跨国营销企业应对文化权力的营销模式有文化变迁和文化适应两种。文化变迁，即利用企业的权力资源，抓住标的国文化变迁的时机，对标的国文化进行同化和削弱。文化适应，即充分考虑标的国市场的文化特质，尊重当地的文化传统、习俗、宗教禁忌，将产品、营销人员、促销手段充分本地化。无论采用哪种模式都起到了削弱文化冲突的作用，减少了文化权力产生的可能。

（5）权力与非权力策略的结合。在跨国营销过程中，非权力影响力的运用也尤为重要。按卢少华在《权力社会学》一书中的解释，非权力影响力是指在社会关系中，人们不是通过价值控制方式，而是通过相互影响和相互作用，在没有权力主体意志参与的情况下，自然而然地实现改变人们行为方式的影响。非权力影响力是存在于关系网络中的一种相互影响力。跨国营销企业不仅仅将目光注于权力影响，而应把建立良好的关系“软环境”也加入考虑之列，同标的国政府、利益集团、消费者和谐相处。非权力影响与权力影响的结合，能极大地促进跨国营销企业权力障碍的突破。

总之，在跨国营销的过程中，企业面临着跨越由标的国政府、利益集团、消费者所构筑的权力障碍的任务。诚如科特勒教授所言，随着保护市场的增多，要求营销者在制订战略时必须把权力这一因素考虑进去。跨国营销者在对标的国市场的权力障碍仔细分析的基础上，采取相应的营销策略，才能保证营销过程的顺利进行。

拓展案例：“新式”草根路线

教学案例：休闲服品牌迈入权力营销时代

本章小结

1. 在现代营销中，权力则是指某一群体或个体凭借和利用某种资源占有的优势地位，对其他群体或个体进行价值控制所形成的支配、控制力和影响力的总称。服装权力营销是指依据权力对营销活动影响的规律，服装企业借助自身或他人权力开展的市场营销活动。

2. 权力营销涵盖的领域非常广泛，服装企业通过利用自身权力或借助外在权力从事市场营销活动主要有以下几种形式：直接权力营销、政治权力营销、法律权力营销以及政府权力营销。

3. 服装权力营销的作用包括保障作用、促进作用和提升作用。

4. 服装权力营销的措施有以下几点。

(1) 研究权力自身的规律，探讨正确有效发挥各种权力在营销作用中的方式。

(2) 探讨目标市场中的权力结构，寻找可借助权力的机会，开展营销活动。

(3) 走出对权力营销理解的误区，扭转发挥权力在营销活动中作用是“以权谋私”的偏见。

(4) 正确借助名人效应、专家效应，借助政府和有关组织的影响，制订权力营销策略。

(5) 划清权力营销与以权谋利的界限，杜绝权力营销中的不正之风。

5. 在现今的国际市场上，随着全球范围内贸易保护主义和政府干预经济的加强，企业的产品即使适销对路，也未必能打入想进入的市场，因此服装企业营销人员应找出障碍并想办法克服这种障碍。在服装企业跨国营销的过程中，标的国政府、标的国利益集团和标的国的消费者都有可能成为服装企业跨国经营的障碍。

习　题

单项选择题

1. 按照权力的产生原因，可以将权力划分为（　　）五类。

A. 政治权力、经济权力、社会权力、法律权力和文化权力企业
B. 政治权力、经济权力、社会权力、法律权力和生态权力企业
C. 政治权力、经济权力、公共权力、法律权力和文化权力企业
D. 政治权力、经济权力、社会权力、法律权力和管理权力企业

2. 根据利益集团的利益内容和性质的不同，利益集团不可分为（　　）。

A. 经济利益集团　　B. 政治利益集团
C. 社会利益集团　　D. 文化利益集团

3. 企业利用权力营销有针对地来克服权力障碍，不可采取（　　）策略。

A. 国际权力策略　　B. 经济权力策略
C. 政治权力策略　　D. 管理权力策略

习题答案

第十二章 公共关系策略

学习目标

1. 掌握公共关系的概念与特点；
2. 了解公共关系的构成；
3. 掌握公共关系的应用方式。

案例导入

受益于世界杯　阿迪达斯股价急升 10%

阿迪达斯表示北美、大中华区和电子商务等战略重点领域继续在二季度推动收入和盈利的稳健增长。尽管该全球第二大体育用品集团没有上调业绩目标，投资者还是将其股价推高最多 10.7% 至 210.9 欧元，创四个月新高。

公共关系是一项非常重要的促销手段。作为一种客观存在的社会关系和社会现象，公共关系有着源远流长的历史，但作为一种专门的社会职业、一门独立学科的现代公共关系，却在 20 世纪初期才产生并发展起来，历史并不长。

公共关系不限于处理企业与顾客之间的关系，更不限于简单的买卖关系，其目的是要搞好企业与整个社会公众的关系，因此，它是一种着眼于企业长期目标的间接促销手段。在服装行业，公共关系是企业营销战略的重要保证，是以营销与公关的关联性为前提，以营销与公关的互补性为依托，在营销过程中以非经济因素公共关系活动来代替经济因素的促销活动，以赢得更多的公众，树立企业的社会形象和产品形象，使营销计划有步骤、有计划地完成。

第一节 公共关系概述

一、公共关系的概念

公共关系（Public Relations，PR）的内容十分丰富，涉及面也很广，因而关于公共关系的定义也有很多种说法，一般是指一个社会组织用传播手段使自己与相关公众之间形成双向交流，使双方达到相互了解和相互适应的管理活动。这个定义反映了公共关系是一种传播活动，同时，也是一种管理职能。

二、公共关系的构成

公共关系是由社会组织、公众、传播三个要素构成的。公共关系的主体是社会组织，客体是公众，联结主体与客体的中介环节是传播。这三个要素构成了公共关系的基本范畴，公共关系的理论研究、实际操作都是围绕着这三者的关系展开的。

1. 公共关系主体——社会组织

公共关系的主体是社会组织，尽管有些个人，如在竞选中的候选人、国家公务员、社会名流等，为了某种特殊利益也举办公关活动，但他们在从事公共关系活动时，不是以自然人的身份，而是以法人的身份出现的。为了使公共关系活动的针对性更强，在公共关系学中，一般把社会组织分成四种类型。

（1）营利性组织。这类组织以营利为目的，追求经济利益的最大化，如工商企业、旅游服务业、保险公司、金融机构等。

（2）服务性组织。这类组织不以营利为目的，而以服务对象的利益为目标，包括学校、医院、慈善机构和社会公用事业机构等。如学校的首要公众是学生，其目的是教书育人；慈善基金会的宗旨就是更好地为社会弱势群体或那些需要帮助的特定公众提供服务。

（3）公共性组织。通常是指为整个社会和一般公众服务的组织，如政府、军队、消防部门和治安机关等。这类组织的目标是保证社会安定，不受内部不良因素的影响和外来干涉。

（4）互利性组织。这是一种以组织内部成员之间互获利益为目标的组织，这类组织追求的是组织内部成员之间的互惠互利，如政党、工会组织、职业团体（学会、协会和研究会）、宗教团体等。

2. 公共关系客体——公众

公共关系也称作公众关系，因为公共关系的工作对象就是公众。要做好公共关系工作，就必须了解和研究公众。在公共关系学里，公众与大众、群众是有区别的。它不是

泛指社会生活中的所有人或大多数人，也不是泛指社会生活中的某一方面、某一领域的部分人，而应具体地称为“组织的公众”。公众的特点有群体性、同质性、变化性和相关性。常见的公众分类方法有以下几种。

（1）根据公众与组织的所属关系分类，可将公众分为内部公众与外部公众。员工是组织直接面对且最接近的公众，是组织赖以生存与发展的细胞，是组织内部公众的主体。一般来说，在组织的外部公众中，消费者公众、传播媒介公众、社区公众、政府公众等对组织的发展尤为重要。

（2）根据公众与组织发生关系的时序特征分类，可将公众分为非公众、潜在公众、知晓公众和行动公众。

（3）根据公众对组织的重要性程度分类，可将公众分为首要公众、边缘公众和次要公众。

（4）根据公众对组织的态度分类，可将公众分为顺意公众、逆意公众和独立公众。对于公共关系工作人员来说，顺意公众是组织的基本依靠对象，逆意公众是组织急需转化的对象，独立公众是组织值得争取的对象。

3．传播

公共关系中的传播是指组织传播媒介向公众进行信息或观点的传递和交流。这是一个观念、知识或信息的共享过程，其目的是通过双向的交流和沟通，促进公共关系的主体和客体（组织和公众）之间的了解、共识、好感和合作；其手段主要有人际传播、组织传播、大众传播等形式。

有的学者强调公共关系的传播这一要素的重要性，认为对传播过程和模式的研究是公共关系的主要内容，甚至觉得离开了传播、沟通，就无法界定公共关系。这种观点当然有一定的道理。但当把公共关系作为一个整体、一个系统来考察时，就会发现传播和公众、组织一样，都只是公共关系这个大系统的一个要素，传播只是使组织和公众之间建立关系的一种手段，传播媒介则是实现这种手段的工具。只有这两者有机结合、共同作用，才能产生整体大于部分之和的协同效应，才能使组织的公共关系活动得以顺利开展，使组织得以在公众面前建立和维持良好的公共关系形象。现代公关关系三者的关系如图 12-1 所示。

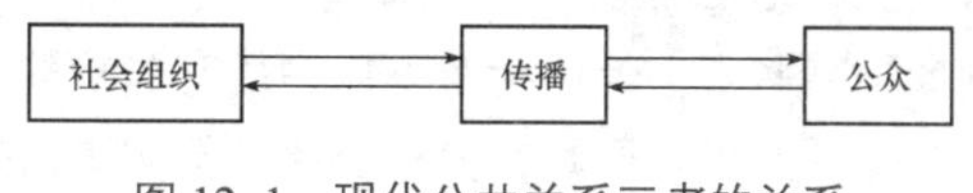

图 12-1　现代公共关系三者的关系

三、公共关系的特点

服装企业的公共关系是社会关系的一种表现形态，科学形态的公共关系与其他任何关系都不同，有其自身的特点。

1．目的性

公共关系的根本目的是为了帮助服装企业在公众中塑造、建立良好的形象。企业必须有合理的经营决策机制、正确的经营理念和创新精神，并根据公众、社会的需要及其变化，及时调整和修正自己的行为，不断地改进产品和服务，以便在公众面前树立良好的形象，使企业在竞争中立于不败之地。

2．沟通性

公共关系是双向沟通，服装企业与公众打交道，实际上是通过信息双向交流和沟通来实现的。正是通过这种双向交流和信息共享过程，才形成了组织与公众之间的共同利益和互动关系。组织一方面要吸取人情民意以调整决策，改善自身；另一方面又要对外传播，使公众认识和了解自己，达成有效的双向交流与沟通。在这里，组织和公众之间可以进行平等自愿的、充分的信息交流和反馈，没有任何强制力量，双方都可畅所欲言，因而能最大限度地降低不良的副作用，在企业与公众之间建立良好的关系。

3．互惠互利性

任何个人、社会组织或团体之间发生的连带关系总是会存在双方的利益，公共关系依靠沟通、交流、协作等手段，创造和谐、互惠的氛围，能对社会活动中各主体利益产生调和作用，这不仅能让公共关系主体受益，而且也能让客体（公众）受益。

互惠互利小案例：微软公司和苹果公司因竞合而双赢

微软公司销售IBM个人计算机上使用的视窗操作系统。IBM个人计算机最大的竞争者是苹果公司的麦金托什计算机。苹果公司和微软公司多年来一直争夺市场占有率，但他们不仅是竞争者，还是伙伴，为什么呢？因为微软也生产用于麦金托什计算机上的文书处理和试算表软件。没有微软公司的软件，较少有人愿意购买麦金托什计算机；没有麦金托什计算机，微软公司也损失部分利润丰厚的应用软件市场。这两家公司的关系即是竞合关系——某个领域内合作、某个领域内竞争。如果微软公司和苹果公司都视对方为死敌，这样的关系便无法存在。只有双方领导人都抛弃狭隘的军事心态，不再沉溺于毁灭竞争者的念头里，进行动机良好的竞争，甚至与竞争者合作以炒热市场，大家才能获得更丰富的利润。

4．真实性

现代社会，信息及传媒手段空前发达，这使得任何组织都无法长期封锁、控制消息，以隐瞒真相，欺骗公众。正如原美国总统林肯所说："你可以在某一时刻欺骗所有人，也可以在所有时刻欺骗某些人，但你绝对不能在所有时刻欺骗所有人，真相总会被人知道。"因此公共关系强调真实性原则，要求公关人员实事求是地向公众提供真实信息，以取得公众的信任和理解。

5．长期性

公共关系的实践告诉人们，不能把公共关系人员当作"救火队"，而应把他们当作"常备军"。公共关系是通过协调沟通、树立组织形象、建立互惠互利关系的过程，这个过程既包括向公众传递信息的过程，也包括影响并改变公众态度的过程，甚至还包括组织转型，如改变现有形象、塑造新的形象的过程。所有这一切，都不是一朝一夕就能完成的，必须经过长期艰苦的努力。公共关系的管理职能应该是经常性与计划性的，这就是说公共关系不是水龙头，想开就开，想关就关，它是一种长期性的工作。要着眼于长远利益，持续不断地努力。

第二节 公共关系的类型

一、宣传型公共关系

宣传型公关关系就是利用各种宣传途径、各种宣传方式向外宣传自己，提高本组织的知名度，从而形成有利的社会舆论。宣传型公共关系的特点是利用一定媒介进行自我宣传，其主导性、时效性极强，具体表现在以下三个方面。

（1）运用公关广告形式。按照本组织的意图在报纸、杂志、广播、电视等新闻媒介上宣传自己、树立形象，获取有关公众的好感。

（2）策划专题活动“制造新闻”，吸引新闻界报道。这是一种不支付费用的宣传方式，在效果上比公关广告更有说服力和吸引力，更有利于提高本组织的知名度。

（3）利用举办各种纪念会、庆祝典礼，或利用名人、明星等特殊人物的声望，达到提高组织知名度的效果。

二、交际型公共关系

所谓交际型公共关系，就是指不借助其他媒介，而只在人际交往中开展公关活动，直接接触，建立感情，达到建立良好关系的目的。交际型公共关系是一种有效的公关方式，它使沟通进入情感阶段，具有直接性、灵活性和较多的情感色彩。

实施交际型公共关系必须注意以下三点。

（1）完善自我形象。掌握交际的礼貌礼仪和交际艺术，善于运用有声语言和无声语言与人打交道。

（2）经常保持联系。注意平时的情感投资，“有事要登三宝殿，无事也要登三宝殿”。保持经常的接触与联络，可以缩短人际交往的心理距离，长期保持彼此之间的良好关系。

（3）团体交际形式。通过各式各样的招待会、工作餐、宴会、茶会、舞会和慰问等进行人际交往，增进双方的情感。

三、社会型公共关系

社会型公共关系，就是组织利用举办各种社会性、公益性、赞助性活动开展公关的模式。它是以各种有组织的社会活动为主要手段的公共关系活动方式。社会型公共关系通过举办社会活动，如各种纪念会、庆祝典礼等来尽量扩大本组织的社会影响，具有公益性、文化性特征。其活动范围可大可小、可简可繁，采用的是综合性传播手段（人际、实物、印刷、大众传播）。其公益性特别容易赢得公众的好感，与社会公益事业极其相似。社会型公共关系不拘泥于眼前效益，重点在于树立组织形象、追求长远利益。

四、征询型公共关系

征询型公共关系，就是以提供信息服务为主的公共关系模式。它通过新闻监测、民意测验、社会调查等方式了解掌握信息和社会动态，为组织决策提供参考。征询型公共关系的特点是长期性、复杂性和艰巨性。在一般情况下，必须设立专门的信息渠道，由专人负责，如厂长信箱、市长专用电话、人民来信来访等。

五、矫正型公共关系

矫正型公共关系，就是采取措施来纠正因主客观原因给本组织带来的不良影响（风险或严重失调），恢复本组织被损害的良好形象和信誉的公共关系方式。矫正型公共关系的特点是及时发现，及时采取应付措施，妥善处理，以挽回损失，重新确立起组织的形象和声誉。

组织的形象与声誉遭受损害的情况有两种：一种是由于外界的某种误解，甚至是人为的破坏；另一种是由于组织内部不完善或过失所致。对于前者，公关部门应迅速查清原因，公布真相，澄清事实，采取措施来消除损害组织形象的因素。对于后者，应迅速采取行动，与新闻界联系，控制影响面，平息风波。只有内部及时纠正、弥补，才能尽快恢复公众信任，重新树立良好形象。

六、维系型公共关系

维系型公共关系，就是通过各种传播媒介，比较平淡地持续传递信息，对有关公众起到潜移默化、熏陶渐染的作用。维系型公共关系主要用于稳定、巩固原有的良好关系。其特点是通过优惠服务和情感联络来维持现状，不求大的突进，但也不中断，通过不间断的宣传和工作，维持良好关系。

维系型公共关系的具体方法有很多，如可以让长期顾客享有低价优惠，可以在节假日向老主顾赠送小礼品，可以邀请参加活动以加强情感联络等。

七、防御型公共关系

防御型公共关系，就是在社会组织出现潜在危机（或不协调）时，为防止自身公共关系失调而采取的一种公共关系模式。防御型公共关系的特点是采取防御和引导相结合、以防御为主的策略，敏锐地发现本组织公共关系失调的症状和前兆，及时采取措施调整自身的政策和行为，促使其向有利于良好公共关系方面转化。它的方法主要是采用调查、预测手段，了解潜在危机，提出改进方案。

八、进攻型公共关系

进攻型公共关系，就是在社会组织及外部环境发生某种冲突时，以守为攻，改变旧

环境，创造新局面。进攻型公共关系的特点是内容形式新颖，能迅速吸引有关公众的注意和兴趣，可迅速提高本组织的信誉度与知名度。

第三节　公共关系的应用方式

企业开展营销公关活动，主要可以采用以下六种方式。

一、借助新闻媒体

公共关系部门可以编写有关企业、产品和员工的新闻或举行活动，创造机会吸引新闻界和公众，扩大影响，提高知名度。比如，企业为希望工程举行赞助义演活动，或者参加全国性的大型活动。

二、参与和赞助各种社会公益事业

赞助活动是企业最常采用的方式，企业赞助活动主要包括体育运动、文化娱乐活动、教育事业、社会慈善和福利事业，赞助有特殊意义的电视片和纪录电影等。

例如，许多运动服装企业承办和组织体育俱乐部，赞助各种体育赛事，积极参与我国体育事业建设，在此过程中，既推动体育事业的发展，给公众带来了健康的休闲娱乐活动，企业也获得了树立良好形象和创造知名品牌的机会。

三、举办有影响力的活动

借助活动的覆盖面引起公众对企业的关注，从而间接达到公共关系的目的。服装企业举办有影响的活动有很多，如服装表演、合办晚会、参与体育活动等。

四、举办展览会或展销会

这是一种典型的综合运用多种传播的手段，主要通过实物、文字、图表来展现企业的成效、风貌和特征。展览会和展销会是一种直观、形象和生动的传播方式，它综合了多种传播媒介的优点，能以讲解、交谈、宣传手册、介绍材料、照片、录像、幻灯、广播等不同形式吸引观众，达到与公众的双向沟通。

五、举办特殊纪念活动

每个企业都有一些值得特殊纪念的活动，如开业典礼、周年纪念日、产品获奖、新产品试制成功等。利用特殊纪念日制造新闻，是影响公众的极好机会。

六、建立企业形象识别系统（CIS）

例如，编制企业年度报告、业务通信和期刊、宣传册子，建设企业网站、光盘、视频材料等，内容可以包括企业历史、产品特色、营销策略、优秀职工等，这些材料在不同程度上可以影响目标市场。

另外，企业为了在公众心目中创造独特的企业形象和较高的认知率，可以通过周密的策划和设计，确定一个统一的标识体系。它包括三个方面，即理念标识、行为标识和视觉标识。

（1）理念标识。理念标识为企业的经营宗旨、经营方针、价值观念和行为准则。其语言要精练、富有哲理、易懂好记。如特步的“飞一般的感觉”，李宁的“一切皆有可能”，耐克的“just do it（尽管去做）”。

（2）行为标识。由企业完善的组织结构、制度、管理、福利和员工行为准则构成，体现了企业理念和独特的企业文化。员工在这样一个企业价值观环境中，能够很好地服从和服务于企业的经营目标和要求。

（3）视觉标识。视觉标识是由特定的字体、图案、造型和色彩组成的服装企业名称的标准书法和企业标志等，常被印制在企业产品包装、个人名片、员工着装、车辆、用具、厂房和办公楼的外装修上，以及指示牌及广告中。

现代著名的服装企业都有着各自独特的标识体系，如耐克、阿迪达斯等。设计和实施统一标识体系，既是管理过程，也是一种公关宣传手段，需要全面规划和长期大量持续的投入。

第四节　公共关系策略

公关关系策略有以下五个阶段。

一、搜集有关信息

对于有目的的公关活动，必须充分掌握信息，所以，服装企业开展公共关系首先要进行调查。调查主要从以下三个方面入手：①消费者对企业的认知程度，②消费者对企业的认知态度，③消费者对企业的关心程度。

二、确定公关活动的目标

公共活动目标是服装企业营销总目标的延伸和具体体现。企业在进行调查研究、对企业及产品的形象进行评估的基础上，根据企业的经营目标，分析社会公众对企业的印象和评价，从而确定公共关系所要达到的目标。常见的公共活动目标有提高品牌的知名度、加深大众对企业服务于公众利益的理解、建立信息网络、消除公众误解、提高企业的声誉和降低企业的促销成本等。

三、确定公关活动的对象

公关活动的对象包括以下几个方面。

（1）顾客。为了建立与顾客之间的良好关系，企业应始终坚持为顾客提供满意服务的观念，与顾客进行有效的沟通，特别是注意处理与顾客的纠纷。

（2）经销商。企业应及时迅速地给经销商提供品质优良、价格合理、设计新颖的适销对路商品，为经销商提供各种优惠、便利和服务。

（3）供应商。与供应商保持良好的关系，以取得充足的原材料、零部件、工具和能源供应。

（4）社区。企业应与所在地的工厂、机关、学校、医院、公益事业单位和居民，共建物质与精神文明，获取社区的谅解与支持。

（5）政府。企业必须经常与政府有关部门进行沟通，及时了解有关的政策、法规和计划，为企业发展的良好政策环境做出贡献。

（6）新闻传播媒体。新闻传播媒体是公共关系的重要因素，它控制着最重要的公共沟通渠道，对公关有着极其重要的作用。因此，公关人员必须努力与新闻媒体建立良好的关系，保持与新闻界的联系。

此外，还应处理好与竞争对手的关系，在某些方面与竞争对手合作，解决共同关心的行业困难和问题，共同开拓市场。

四、制订和实施公关活动的行动方案

公共活动是一项整体活动，它本身是由一系列活动项目组成的，这就要求运用相应的策略加以指导。具体的公关项目是为了实现公关活动的目标，而采取的一系列有组织的行动，其中包括记者招待会、展览会和赞助活动。在制订公关决策时，还要充分考虑预算开支、所需人力和技术上的可行性以及各种可控或不可控的因素。

公关活动在一般情况下都可以依照方案按部就班地进行下去，但是也要有一些突发事件的应急能力。因此，需要公关人员与有关单位和相关人员建立良好的关系，以保证公关方案的顺利实施。

五、效果评估

在进行了公关活动以后，服装企业还要分析公众对企业产品的认知、理解和态度，比较活动前后的变化与区别，考察市场环境不变的因素下，企业的销量增长情况。

拓展案例：高考献真情

教学案例：爱慕品牌内衣的公共关系

本章小结

1. 公共关系是指一个社会组织用传播手段使自己与相关公众之间形成双向交流，使双方达到相互了解和相互适应的管理活动。公共关系是由社会组织、公众、传播三要素构成的。服装企业的公共关系是社会关系的一种表现形态，科学形态的公共关系与其他任何关系都不同，有其自身的特点，即目的性、沟通性、互惠互利性、真实性和长期性。

2. 企业开展营销公关活动，可以采用几种主要方式：借助新闻媒体，参与和赞助各种社会公益事业，举办有影响力的活动，举办展览会或展销会，举办特殊纪念活动，建立企业形象识别系统。

3. 公关关系策略有以下五个阶段：搜集有关信息，确定公关活动的目标，确定公关活动的对象，制订和实施公关活动的行动方案，效果评估。

习　题

一、单选选择题

1. 下列哪项促销方法有利于搞好企业与外界的关系，在公众中树立良好的企业形象，但其促销效果难以把握？（　　）

A. 公共关系　　B. 广告　　C. 人员推广　　D. 营业推广

2. 企业以非付款的方式通过第三者在报刊、电台、电视、会议、信函等传播媒体上发表有关企业产品的有利报道的促销方式属于（　　）。

A. 广告　　B. 公共宣传　　C. 销售促进　　D. 人员推销

3. 下列各项不属于公共关系部门采用的内部宣传形式的是（　　）。

A. 展览会　　B. 企业报纸

C. 黑板报　　D. 职工手册

习题答案

二、判断题

1. 消费者公众是企业开展公共关系活动的基础。（　　）

2. 宣传报道是公共关系最重要的活动方式。（　　）

第十三章
服装网络营销

学习目标

1. 掌握网络营销的定义；
2. 理解网络营销的特点与模式；
3. 掌握服装网络营销策略。

案例导入

服装电商营销案例：
Kappa

由于线下与线上的营销环境不同，传统企业涉足电商后需要在营销上做出改进。作为较早切入电商领域的品牌，Kappa 的线上营销到底是怎么做的呢？

中国经济的快速发展为服装业的迅速崛起提供了良好机遇，电子商务的日新月异为服装业实现网络营销提供了平台。随着 2004 年 11 月中国流通业对外资全面开放，国外产品涌入国内市场，竞争的加剧给国内服装业带来了难度和不稳定性。此时，网络营销成为服装业在激烈竞争中立于不败之地的唯一法宝。国际权威营销学者菲利普·科特勒认为，日益注重网上营销是未来的营销趋势，网上营销是 21 世纪的营销。网络营销以互联网为平台，凭借网络将“天涯”变“咫尺”的神奇力量，打破了传统的产业界限，创造了全新的商业生态系统，为我国服装业提供了进入全球化领域施展的商机，为个人创造了开拓虚拟现实世界的机会。网络营销给全球服装业带来了前所未有的机遇和挑战，为企业经营带来了根本性的变革。它是现阶段缩短企业之间差距、跟上世界脚步的最有效手段，令我国服装业能够和国外企业站在同一起跑线上，成为企业开创未来的强大竞争力和新的生存方式。

第一节　网络营销概述

一、网络营销的定义

网络营销是指企业或营销者借助联机网络、计算机通信和数字交互式媒体来实现营销目标的活动。网络营销根据其实现的方式有广义和狭义之分，广义的网络营销是以互联网为主要手段开展的营销活动。网络营销具有较强的实践性特征，从实践中发现网络营销的一般方法和规律，比空洞的理论讨论更有实际意义。因此，如何定义网络营销其实并不是最重要的，关键是要理解网络营销的真正意义和目的，也就是充分认识互联网这种新的营销环境，利用各种互联网工具为企业营销活动提供有效的支持。狭义的网络营销专指国际互联网营销。国际互联网，全球最大的计算机网络系统，它正迅速渗透到社会政治、经济、文化的各个领域，进入人们的日常生活，并带来社会经济和人们生活方式的重大变革。网络营销是一种新型的商业营销模式。

二、网络营销的产生与发展

网络营销的发展是伴随信息技术、网络技术的发展而发展的。20 世纪 90 年代初，网络技术的发展和应用改变了信息传播方式，在一定程度上改变了人们生活、工作、学习、合作和交流的方式，促使互联网在商业上得到大量应用，掀起全球范围内应用互联网热，网络用户规模不断增长，商业效益越来越大。

三、网络营销的特点

市场营销的本质是组织和个人之间进行信息传播和交换，因而，互联网具有营销所要求的某些特性，使得网络营销呈现出跨时空、互动性、个性化、多媒体、拟人化和成长性特点。

1. 跨时空

时间、地域的概念，对于网络营销不再是限制，企业可每周 7 天，每天 24 小时随时随地地提供跨时间、地域的营销服务。

2. 互动性

互联网不仅可以展示商品信息、链接商品信息，更重要的是可以实现和顾客互动双向沟通，收集顾客的反馈意见、建议，从而可以切实的、有针对性地改进产品、服务，

提供高效的客户服务。

3．个性化

互联网可以便于收集用户的信息资料，从而能够发现、满足用户的需求，通过信息提供与交互式沟通，实现一对一的个性化服务，使促销更具有针对性，更易于与消费者建立长期良好的关系。

4．多媒体

互联网上的信息，不再停留于文字，声音、图像、流媒体等都可在互联网上实现并被提供，信息交换可以以多种形式存在和进行，营销人员可以充分发挥创造性和能动性，以多种信息形式展示商品信息，打动消费者。

5．拟人化

互联网上的促销是一对一的、理性的、消费者主导的、非强迫性的、循序渐进式的，而且是一种低成本与人性化的促销，避免推销人员强行推销的干扰，并通过信息提供与交互式交谈，与消费者建立长期良好的关系。

6．成长性

互联网使用数量增长迅速并遍及全球，使用者多半年轻，属于中产阶级，具有较高的文化素养。由于这部分群体购买力强而且具有较强的市场影响力，因此是一个极具开发潜力的市场。

网络营销，正在建立营销领域新的游戏规则，如强调吸引顾客注意力和留住顾客，并成为营销中压倒一切的首要追求目标；全新地再造通路、物流、供应链的流程；顾客不再仅是对象或目标，而是参与者和控制者，顾客参与及互动合作的新的营销理念正在形成；新的与顾客沟通和建立关系的方式、方法正在出现。

第二节　服装网络营销模式及发展趋势

一、服装网络营销模式

服装网络营销的结构主要有服装企业与消费者之间、服装企业与企业之间、服装企业与政府之间和消费者与消费者之间四种。服装网络营销要想做得好，首先要做到的是网站有较高的曝光率和网站必须要有好的曝光点（企业的网站拿什么来吸引客户），网站曝光率就是指人们常说的网站的点击率，曝光率的低与高就决定了企业站点被别人发现并浏览的次数。提高网站曝光率的方法主要有搜索引擎营销、E-mail 营销、即时通信营销、病毒式营销、BBS 营销、博客营销、播客营销和 RSS 营销等。

1．搜索引擎营销

对服装企业来说，信息到达不了受众，这本身也是对资源的一种浪费。那么如何让网络营销发挥它的最大效能？CNNIC 调查报告显示，搜索引擎是用户得知新网站的最主要途径，国际互联网市场数据分析表明，网站访问量 80% 以上源于搜索引擎，搜索引擎作为服装网络营销最有效的手段，已成为目前互联网市场中一道独特的亮点。

2. E-mail 营销

E-mail 营销是以订阅的方式将行业及产品信息通过电子邮件的方式提供给所需要的用户，以此建立与用户之间的信任与信赖关系。大多数公司及网站都已经开始利用电子邮件营销方式。毕竟电子邮件已经是互联网基础应用服务之一。

3. 即时通信营销

即时通信营销，即利用互联网即时聊天工具进行推广宣传的营销方式。

4. 病毒式营销

病毒式营销并非利用病毒或流氓插件来进行推广宣传，而是通过一套合理有效的积分制度引导并刺激用户主动进行宣传，是建立在有益于用户基础之上的营销模式。其特点是颠覆传统、具有极强的视觉破坏力，极易进行传播扩散，简单得令人难以忘记。

例如 Hotmail 作为一个新兴行业的新产品的提供者，能够在短时期内从网络上获得众多的用户，就是得益于病毒式营销——通过快速建立起一个口碑传播网络的模式，使得自己成为历史上成长最快的企业，在其创立的一年半之内，就成功地吸引了 1 200 万注册用户。事实上，Hotmail 并没有在促销上花费很多的成本，只是在每一封发出的邮件下方自动加上了“请从 Hotmail 获取免费的电子邮件服务”的广告，然后通过他人的使用和传播被更多的人接受。

5. BBS 营销

BBS 营销就是利用论坛这种网络交流的平台，通过文字、图片、视频等方式发布企业的产品和服务的信息，从而让目标客户更加深刻地了解企业的产品和服务。最终达到宣传企业的品牌、加深市场认知度的网络营销活动。

6. 博客营销

博客营销是建立企业博客，用于企业与用户之间的互动交流以及企业文化的体现，一般以诸如行业评论、工作感想、心情随笔和专业技术等作为企业博客内容，使用户更加信赖企业，深化品牌影响力。

博客营销可以是企业自建博客或者通过第三方 BSP 来实现，企业通过博客来进行交流沟通，达到增进客户关系、改善商业活动的效果。企业博客营销相对于广告是一种间接的营销模式，企业通过博客与消费者沟通、发布企业新闻、收集反馈意见、实现企业公关等。企业博客与企业网站的作用类似，但是博客更大众、随意一些。另外，也是最有效而且可行的是利用博客（人）进行营销，这是博客界始终非常热门的话题。博客营销有低成本、贴近大众、新鲜等特点，往往能引发众人的谈论，达到很好的二次传播效果。

7. 播客营销

播客营销是在广泛传播的个性视频中植入广告或在播客网站进行创意广告征集等方式来进行品牌宣传与推广，如国外知名公司通过在最流行的视频播客网站 www.youtube.com 发布创意视频广告延伸品牌概念，使品牌效应不断被深化等。

8. RSS 营销

RSS 营销是一种相对不成熟的营销方式，即使在美国这样的发达国家仍然有大量用户对此一无所知。使用 RSS 的以互联网业内人士居多，以订阅日志及资讯为主，而能够让用户来订阅广告信息的可能性则微乎其微。

9. SNS 营销

SNS（Social Networking services，社会性网络服务）是一种新兴的网络应用，是指人和人之间通过理想、交易、兴趣、爱好等一定关系建立起来的社交化网络结构。它是利用 SNS 网站的分享和共享功能，通过即时传播，提高企业产品和服务的影响力和知名度。在社交网站上通过广告、口碑传播等进行产品推销、品牌推广等活动。这是一种随着网络社区化而兴起的营销方式，已经成为备受广大用户欢迎的一种网络交际模式。

10. 广告营销

几乎所有的网络营销活动都与品牌形象有关，在所有与品牌推广有关的网络营销手段中，网络广告能最直接地提高公司的知名度。标志广告曾经是网上广告的主流，但随着后来的发展，网络广告领域不断出现新的广告，新型广告克服了标准条幅广告承载信息量有限、交互性差等弱点，因此获得相对较高的点击率。网络营销是要像传统营销一样，在网络上同样要有自己的品牌，这样才能真正做好网络营销，而网络广告就是传统企业做网络品牌最快最直接的方法。

11. 事件营销

事件营销可以说是炒作，可以是利用有价值的新闻点或突发事件在平台内或平台外进行炒作的方式来提高影响力。

12. “试客”营销

随着网络营销的推进，“试客”一族逐渐流行起来。所谓“吃人家的嘴软，拿人家的手短”，“试客”为了获得免费商品，大多对没有拿到的商品就先进行恭维，而对于免费得到的东西也会在亲友间炫耀。因此，“试客”一族是品牌形象传播的一个新途径。

所谓“试客”，不难理解。很多人在购买不熟悉的商品前，喜欢先试用一下。

免费试用换客户口碑成为一种新兴的营销方式。服装企业完全没有必要自己亲自招募“试客”，可以借助网络中介平台。网站的经营模式是以免费发送试用品为基础，通过为合作企业进行消费数据调研分析、广告位出售等有偿服务获得盈利，使得任何网民只要注册为网站用户，即可享受试用网提供的合作企业所赠试用品的所有免费服务。形式看似简单，但由此却可以形成一个能够带动消费市场调研、个性化广告方案推广、数据库营销等多重业务领域增长的试客经济产业链条。对商家来讲，“试客”绝对是一个口碑营销和获取用户抱怨的绝佳机会。免费试用，虽然需要提供部分商品，但是这部分成本相比广告费用少很多，而生硬的效果和这种口碑营销的效果是完全不能相比的。

二、服装网络营销发展趋势

网络营销具有极强的互动性，有助于企业实现全程营销的目标；有利于企业降低成本费用，帮助企业增加销售、提高市场占有率。网络技术的发展和应用也必然改变企业的营销观念和营销方式。网络营销作为信息化社会的必然产物，将成为新世纪的主要营销方式。

服装业作为一个新兴行业，必将成为 21 世纪的朝阳。服装业的营销则不可避免地成为新时代的主题。随着时代的进步，计算机网络已成为时下的流行产物，随着工作压力的增加，人们的出行时间越来越少，购物时间越来越少，网络就成为解决问题的方法。抓住网络就抓住了商机，网络营销必将成为新时代服装企业的重点，目前我国有些省市已经开始建设服装信息网，在企业管理中初步应用信息技术进行管理，如富友 ERP 就是众多服装企业的选择对象。

第三节　服装网络营销策略

服装网络营销策略是服装企业根据自身在市场中所处的地位不同而采取的一些网络营销组合。它包括服装网络营销战略、服装网络营销产品策略、服装网络营销价格策略、服装网络营销促销策略、服装网络营销渠道策略及服装产品的安全策略。因篇幅的限制，本节主要介绍服装网络营销战略和服装网络营销产品策略。

服装网络营销在国内企业中的应用正逐步走向深入，但是相比国际优秀企业，国内的网络营销应用才刚刚起步。中国网络营销网是首家网络营销资讯门户，那里提供了丰富的网络营销信息资源。

一、服装网络营销战略

1．建立网络营销的目标

目标是前进的方向，建立明确的目标是企业实现网络营销的第一步。只有确定了明确的目标，才能对网络营销活动做出行之有效的安排，进而产生绩效。服装业进行网络营销除了要促进销售量还要着眼于网络营销的战略意义。

（1）通过网络向潜在顾客提供服装信息，使之成为现实购买者。

（2）提高服装品牌知名度，保持与顾客的联系、交流以留住顾客。

（3）支持并配合其他的营销活动，减少营销费用和时间。

2．塑造企业良好形象，充实营销队伍

网络作为一种媒体给予了购买者充分的自由空间。自由能促进服装信息的顺畅交流和利用，但如果管理不当也会产生混乱。所以进行网络营销的同时应积极采取措施维护企业的网上形象。

（1）设立专门的网上信息监督员，并赋予一定权利关闭有害信息，确保企业在公众心目中的形象。

（2）保持员工和气、团结的气氛，不将员工对公司的不满公之于众。

（3）保持授权代理商和公司网络形象的统一性。

3．针对性地选择策略

网络营销是服装业营销发展的必由之路，但是如何选择自己的网络营销确实是企业值得认真研究的课题。网络营销给每个企业带来了机遇，但网络资源的共享性同时也给企业带来了威胁。所以企业必须扬长避短，选择适合自己的网络营销策略。

（1）根据行业类别选择营销策略。在确定了网络营销的战略地位和作用后，服装企业要根据自己的特点，以及自己的市场环境，选择合适的网络营销策略，最终达到企业网络营销的目标。

由于面对的消费者群体人数多而且差异性比较大，网络营销出现更多的是机遇。企业可以利用网络营销拓展新的市场和采用更有效的营销策略。同时可以借助互联网为顾客提供更多的服务和服装信息，通过互联网降低双方交易费用，最大限度地控制营销费用，增加双方价值。

（2）根据企业规模、地位选择营销策略。企业在服装市场上的地位对企业的网络营销也有很大影响。根据市场地位及影响力的不同，一般可以将企业分为领导者、挑战者、追随者和拾遗补阙者。

①领导者。在传统市场占有很大优势，是传统市场的强者，因此指定网络营销策略时，考虑的是竞争者网络营销策略对新兴市场和传统市场带来的威胁和冲击，然后根据时机，选择合适的网络营销策略进行对抗和防御，以保持在传统市场和新兴市场的竞争优势和领导地位。

②挑战者。在传统市场上拥有一定实力，而且不断尝试成为市场领先者，因此一般将网络营销看作是竞争的有力武器，网络营销策略一般采用的是积极全力投入的态势，但要注意的是控制网络营销投资的风险，以及对原来的经营管理理念带来的冲击。

③追随者和拾遗补阙者。这些企业在市场上处于一种从缝隙中求生存的位置，网络营销对企业的生存和发展既是机遇也是挑战，所以应积极参与。

（3）根据服装生命周期选择营销策略。网络营销具有可测试性，在销售服装的同时可以与消费者及时进行沟通，当企业的产品过了成熟期后，企业可以根据市场的及时反馈来调整其产品策略，设计开发出新的服装款式来替代处在衰退期的服装款式，避免当一种款式完全衰退后才设计开发新产品，延误市场时机，从而使企业的服装产品能保持持续的竞争力。

企业实施网络营销，除了要注意这将对服装周期产生影响外，还应该注意在服装周期不同时期采用适当的网络营销策略，以使该时期服装能顺利实现营销目标。根据服装周期，产品营销阶段一般分为：引入阶段、成长阶段、成熟阶段和衰退阶段。

在引入阶段可以利用互联网市场的这一特性推广新产品，扩大新产品的知名度和影响力。在成长阶段，产品得到认可，可以利用互联网的全球性和自由开放性特点，充分拓展市场空间，将产品以最快时间和最经济的方式在不同市场进行销售，达到迅速占领市场的目的。在成熟阶段，产品销售增长率达到极限。在这一阶段，企业可以利用互联网拓展新的市场，利用互联网了解顾客新的需求，对产品进行适当调整，最大限度满足顾客的个性化需求，同时利用互联网渠道的效率来控制营销费用，获取最大利润。在产品的衰退阶段，产品的销售量持续下降，在这阶段企业应利用互联网尽快销售完库存产品，为新产品销售铺平道路，这时应将营销重点转移到新产品上来，同时要尽量缩短衰退的时间，避免市场份额的丢失。

二、服装网络营销产品策略

网络营销的产品策略是企业网络营销组合策略的核心。在传统的营销中，服装生产者遵循的是市场导向，由于技术手段的制约，他们无法了解市场中每位消费者的实际需求，更无法针对某一位消费者来设计产品。因此，服装生产者只能依据消费者大致相同的需求，通过市场调查设计产品，最终把产品通过广泛的销售渠道推向市场。这样，消费者的个性需求就被生产者忽视了。进入网络时代后，营销面对的是买方市场，主动权掌握在消费者手中，以市场为导向已不能完全适应，营销的理念应以消费者为中心，这正是网络营销的特征。网络技术的发展为其提供了可行性，生产者和消费者在网络上进行交易，部分中间流通环节被取消，既节约了交易成本，又可不受时间与地域的限制，从而大大节约了营销的费用。网络营销不仅使生产者了解消费者对产品、价格、分销、促销的个性需求，而且使生产者做出决策，从而实现满足个性化需求和获得最大利润的目标。

1. 产品的品牌策略

产品一般包括核心产品、有形产品和附加产品。其中核心产品是最基本、最主要的部分，是产品的品牌，能够实现消费者购买时追求的效用和利益，是顾客真正要买的东西。通过网络营销的交互方式，服装的生产者可以及时了解用户的需求，并根据用户需求组织生产和销售，提高信息产品生产者的生产效益和营销效率。在网络上，信息的搜集成本明显降低，用户很容易找出同类服装的价格对比情况，因此，谁想获得同行业其他竞争者的超额利润，只有通过确定产品的品牌，加强产品的售后服务，增加品牌的附加值，才能使用户的注意力由价格差异转向产品差异。

例如，美国加州的耐丽服装公司是一个仅有几种产品系列高度本地化的企业，其产品只能吸引当地的一些顾客，这些顾客会亲自光顾服装店，经过反复试穿后才做出购买决定。耐丽服装公司改变了自己的营销策略，设计了一套符合其目标的网络行销体系——介绍公司的商店地址，定期提供现货服装的最新信息，提供一个定制化的“个性购物”界面。消费者只要通过该公司的网站提供详细的尺寸及选择的颜色和款式，公司就会为其快捷定做并送至其手中。上网使耐丽服装公司获得了国际声誉，在运作的第一年，就引起了许多国家的注意，业务量呈现增长，但随着市场的发展和竞争的加剧，消费者变得越来越挑剔，因特网是一个信息传播迅速的媒体，任何对产品的抱怨都会在网上带来严重后果。网上消费服务的过程伴随着消费者与产品接触的过程，售前服务利用因特网把产品的有关信息发送给目标消费者，企业的网站设计要能切中消费者的需求命脉，激起消费者的购买欲望。服装企业要重视服装的宣传展示，网页上既要有模特着装后的效果，也要有产品的介绍，包括面料、货号及价格等一应俱全，从而使网站更具感染力，更能吸引消费者的注意力，售中服务会为消费者提供导购、订货、电子货币结算及送货等服务，还应提供购买过程反馈与终结标志。售后服务中要为用户解答产品使用过程中的问题，排除技术故障，提供技术支持。细致、体贴入微的网上服务，不仅方便消费者的购买、使用，而且还会给消费者一种亲切感，增加消费者与企业之间的亲和力。同时，采用信息产品策略，服装企业可运用网页图像、视频等生动形象的形式发布时装信息，使企业的各种信息能及时地传递给消费者。对于时装，消费者常常需要经过试穿才能决定购买与否，因此需要借助一定的工具，把着装效果和感觉尽可能转化为一种视觉感受，帮助消费者去选择，进而完成购买活动，其中间环节可以通过服装来完成。许多服装软件具有立体试衣系统和面料风格展示功能，服装企业还可以在网上发布时装表演，让消费者观看穿在模特身上的服装的动态效果，使消费者更好地理解服装及其服务后理性地购物。美国著名的服装零售企业，在网上开设商店后，提供了网上试装服务，即消费者利用虚拟现实技术将虚拟模特的外形换成与自己外形相似的模特，然后将已选好的服装穿在模特身上，以此检验所选购的服装是否适合自己。这样，便如同消费者亲临现场一般，并可以任意旋转 360°，让顾客从全方位观察穿衣的效果，使消费决策更具有可靠依据。

2. 产品的定价策略

采用网上营销，传统的定价不再适用，取而代之的是用户更能接受的以成本来定价，并依据成本来组织生产和销售。通过网络，可以预测用户的需求以及对价格认同的标准。用户通过网络提出可接受的成本后，服装的生产者便可根据用户的成本提供产品的设计方案供用户选择，直到用户认可后再生产和销售。另外，还可以在网上公布行业定价规定。

3. 产品的促销策略

利用网络，可以采用 PUSH（推送）的方式来推售信息产品，吸引用户，这是由传统推式促销螺旋式上升后发展成的一种新模式。以亚马孙公司的促销策略为例，该公司对每个用户的购物记录、兴趣爱好等均有记录，并在积累一定资料的基础上分析用户的购买倾向，做出购买预测；然后，当公司发现用户感兴趣的产品时，通过电子邮件向用户发出信息。这种基于顾客需求的 PUSH 策略，既避免了用户因无关促销信息太多而产生厌烦情绪，又可在传送有效信息的同时，表现出对用户的关心。

4. 产品的渠道策略

由于网络营销的商流方式是先进的，因而要求物流方式也要先进。网络营销面对的买方是大量而分散的，且单位时间的交易量少，这就要求物流也要分散化。在交易中，必须通过信息流，把商流和物流很好地联系起来。

可采取的措施有设立产品展示区，将产品图像进行计算机技术设计，通过形象的声、影、形、色等，将虚拟的产品展现在上网用户面前。选择合适的销售代理作为自己的物流配送中心。开发网络结算系统，将网上销售的结算与银行转账系统联网，使消费者能够轻松地进行网上购物与网上结算。

5. 产品的安全策略

由于网络的自由性与隐蔽性，使得网络营销也具有一定的不安全性，网络钓鱼、病毒、木马等网络安全隐患的存在给电子商务、网络支付等造成威胁。针对网上交易的这些不安全问题，需要大力加强安全防范措施。

三、服装网络营销策略具体应用

1. 研制者与销售者进行有效的信息沟通

研制者与销售者进行有效的信息沟通是新产品出炉的前提。销售者应随时向研制者提供当前市场动态、流行趋势及所发展的方向。企业在研制过程中就应该搞好市场策划，通过良好的市场操作，树立良好形象，突出新产品与众不同之处。

2. 建立新型营销队伍，与消费者进行良好的沟通

建立新型营销队伍，与消费者进行良好的沟通，达到互相信任、互相支持的目的。过硬的推广队伍才有可能和代理商或者中间商进行良好的沟通，因为多年的推广，双方已经形成惯性思维。然而，新产品的推广需要多方面的运作，知识面窄、不能快速发现市场波动变化、与顾客不能很好地沟通等都会影响到新产品的市场开发。所以企业应对新产品销售人员加强营销知识、营销礼仪和营销策划等方面的培训，建立起一支自己的推广队伍。

3．完善网络终端，提高信誉

从长远打算，企业要靠新产品创造利润，必须持之以恒地建立起自己的终端网络，这是新产品能够恒久占领市场的关键所在。

企业要想在网络营销中占据优势地位就必须提高自己的品牌知名度，加强企业的诚信意识。多参与公益广告，塑造自己在大众心目中的良好形象。

拓展案例：PPG 衬衫网络营销模式的幕后真相

教学案例：真维斯微营销：用微电影诠释品牌

本章小结

1. 网络营销，是指企业或营销者借助联机网络、计算机通信和数字交互式媒体的威力来实现营销目标的活动。网络营销有广义和狭义之分，广义的网络营销是以互联网为主要手段开展的营销活动。狭义的网络营销专指国际互联网营销。国际互联网，全球最大的计算机网络系统，它正迅速渗透到社会政治、经济、文化的各个领域，进入人们的日常生活，并带来社会经济和人们生活方式的重大变革。网络营销是一种新型的商业营销模式。

2. 服装企业可根据自己的特点及顾客的需求选择合理的网络营销模式。服装企业常用的网络营销模式有搜索引擎营销、E-mail 营销、即时通信营销、病毒式营销、BBS 营销、博客营销、播客营销、RSS 营销、SNS 营销、广告营销、事件营销、“试客”营销。网络营销与传统营销不同，突破了传统营销所处的环境，在新的营销环境下有其独特的产品策略、价格策略、渠道策略和促销策略。我国有些省市已经开始建设服装信息网，在企业管理中初步应用信息技术进行管理，如富友 ERP 就是众多服装企业的选择对象。

习 题

单项选择题

1. 下列哪一项不符合网络整合营销理论？（　　）
   A. 营销的产品策略要以顾客为中心，企业辅助顾客设计和开发新产品，以满足顾客的需求
   B. 网络营销产品的策略应是“生产和消费的合成”的策略
   C. 产品应满足顾客的需求，因而以核心利益或服务、有形产品和延伸产品三个层次来满足顾客不同层面的需要
   D. 网络整合营销的策略就是事先以消费者为中心的传播统一性和双向沟通
2. 网络营销就是（　　）。
   A. 营销的网络化
   B. 利用 Internet 等电子手段进行的营销活动
   C. 在网上销售产品
   D. 在网上宣传本企业的产品
3. 关于网络营销和传统营销的说法正确的是（　　）。
   A. 网络营销暂时还是一种不可实现的营销方式
   B. 网络营销不可能冲击传统营销方式
   C. 网络营销最终将和传统营销相结合
   D. 网络营销将完全取代传统营销的一切方式
4. 关于网络营销将在品牌策略中可能起到的作用是（　　）。
   A. 网络无法进行针对不同的顾客提出不同的品牌计划
   B. 网络无法进行针对不同的顾客提出不同的品牌建议
   C. 通过互联网厂商可以对不同的消费者提供不同的商品
   D. 与品牌计划无关，按照惯例由国外分销商的兴趣决定

习题答案

第十四章 服装营销人员素质拓展训练

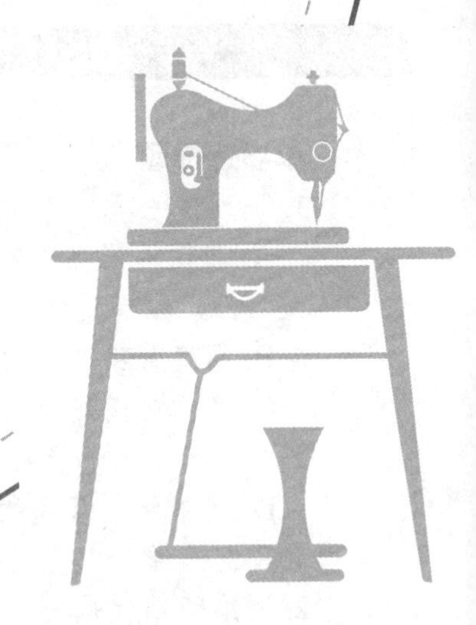

学习目标

1. 掌握服装营销礼仪；
2. 掌握服装营销技巧；
3. 服装营销策划。

案例导入

店长的素质与能力直接影响到整个门店的营运，所以店长的专业技能和营销知识在门店运营中就显得尤为重要。

服装店店长应该具备的专业技能和营销知识

第一节　服装营销礼仪

一、服装营销礼仪的定义

礼仪在营销活动中的运用即营销礼仪，也就是营销人员在营销活动中为表示尊敬、善意、友好等而采取一系列道德、规范、行为及一系列惯用形式。

二、服装营销礼仪的作用

“读书是学习，使用也是学习，而且是更重要的学习”，学习的目的在于运用。当前，营销礼仪之所以被提倡，之所以受到社会各界的普遍重视，主要是因为它具有多重重要的功能，既有助于营销活动，又有助于企业，也有助于社会。

1．礼仪有助于提高营销人员的自身修养

在人际交往中，礼仪往往是衡量一个人文明程度的准绳。它不仅反映着一个人的交际技巧与应变能力，还反映着一个人的气质风度、阅历见识、道德情操、精神风貌。因此，在这个意义上，完全可以说礼仪即教养，而有道德才能高尚，有教养才能文明。也就是说，通过一个人对礼仪运用的程度，可以察知其教养的高低、文明的程度和道德的水准。孔子曰：“质胜文则野，文胜质则史。文质彬彬，然后君子。”意思是内心品质超过礼仪修养即不注重礼仪修养，则是粗野；而只注重外表修饰而忽略内心修养，则显虚浮，只有既重视内心修养的提高又重视礼仪修养，这样的人才是真正的君子。由此可见，营销人员学习礼仪，运用礼仪，有助于提高自身的修养，有助于“用高尚的精神塑造人”，真正提高营销人员的文明程度。

2．礼仪有助于塑造良好的营销形象

个人形象，是一个人仪容仪表、举止、服饰、谈吐、教养的集合，而礼仪在上述诸方面都有自己详尽的规范，因此营销人员学习礼仪，运用礼仪，无疑将有益于营销人员更好地、更规范地塑造个人形象、维护个人形象，更好地、更充分地展示营销人员的良好教养与优雅风度，这种礼仪美化自身的功能，任何人都难以否定。

3．礼仪是塑造企业形象的重要工具，有助于提高企业的经济效益

对于企业来说，营销礼仪是企业价值观念、道德观念、员工整体素质的整体体现，是企业文明程度的重要标志。营销礼仪可强化企业的道德要求，树立企业的良好形象。营销礼仪是企业的规章制度和道德具体化为一些固定的行为模式，从而对这些规范起到强化作用。

让顾客满意，为顾客提供优质的商品和服务，是良好企业形象的基本要求。营销礼仪服务能够最大限度地满足顾客在服务中的精神需求，使顾客获得物质需求和精神需求的满足。以礼仪服务为主要内容的优质服务，是企业生存和发展的关键所在。它将通过营销人员的仪容仪表、服务用语、服务操作程序等，使服务质量具体化、系统化、标准化、制度化，使顾客得到信任、荣誉、情感、性格、爱好等方面的满足，给企业带来巨大的经济效益。

4．礼仪有助于促进营销人员的社会交往，改善人们的人际关系

古人认为："世事洞明皆学问，人情练达即文章。"这讲的其实就是交际的重要性。一个人只要同其他人打交道，就不能不讲礼义、运用礼仪，除了可以使营销人员在交际活动中充满自信、胸有成竹、处变不惊之外，其最大的好处在于，它能够帮助营销人员规范彼此的交际活动，更好地向交往对象表达自己的尊重、敬佩、友好与善意，增进大家彼此之间的了解与信任。假如人皆如此，长此以往，必将促进社会交往的进一步发展，进而造就和谐、完美的人际关系，取得事业的成功。

5．礼仪是国民素质的体现和国家文明的标志，推进社会主义精神文明的建设

一般而言，人们的教养反映其素质，而素质又体现于细节。反映个人教养的礼仪，是人类文明的标志之一。一个人、一个民族、一个国家的礼仪，往往反映着这个人、这个民族、这个国家的文明水平，整体素质，整体教养。古人曾经指出："礼义廉耻，国之四维"，将礼仪列为立国的精神要素之本。荀子也曾说过："人无礼则不生，事无礼则不成，国家无礼则不宁。"反过来说，遵守礼仪，应用礼仪，将有助于净化社会的空气，提升个人、民族、全社会的精神品位。当前，我国正在大力推进社会主义精神文明建设。其中的一项重要内容，就是要求全体社会成员讲文明、讲礼貌、讲卫生、讲秩序、讲道德，这些内容与礼仪完全吻合。因此，可以说，提倡礼仪学习、运用，与推进社会主义精神文明建设是殊途同归、相互配合、相互促进的。

三、服装营销礼仪的准则

1．认清主客立场

根据待客之道，主方立场为保护者，而客方扮演的则是被保护者的角色。例如，在接待时，我们往往走在来宾的左前方，此乃沿袭西方习俗而来。由于古代枪手习惯瞄准对手左方，基于安全考虑，于是强调"以右为尊"。

作为一个引导者，则应走在来宾的前方以为其引领方向，且在转弯处、楼梯间及进出电梯时放慢脚步，等待客人。

进电梯时先让领导、来宾进入，出电梯时刚好相反，以免电梯门不慎夹到来宾。以上所述虽是看似不重要的小事，实则不然。这些事情不仅可以反映出个人修养，还能让客人感受到真诚与可靠。

2．遵守时间及珍惜生命

时间等于金钱，时间等于生命，商场上最看重的莫过于守信了，而守时即守信的表现。珍惜时间就是珍惜他人和自己的生命，所以与客户相约一定要守时。特别是我们正朝着国际舞台大步迈进，此时此刻更要学习外国人守时的好习惯，因为文明越进步的国家越珍惜生命，也越强调守时的重要。

商业行为强调精、准、快，但不能因此争先恐后而不讲次序，反而更应注重排队。其他尤其在金融业，绝不能因大客户上门，就让等候已久的其他客户忍受别人插队的不公平待遇。

会餐中如欲喝酒也该讲究礼仪，千万不要有劝酒的行为。酒喝多了会伤身，同时酒

后开车后果不堪设想，既损人又不利己。所以营销活动中注重对方的生命权也是很重要的一个环节。

3．自重与尊重他人

在营销活动中良好的介绍是尊重他人的第一步。不管介绍任何人，都要完整、清楚地说明对方的姓名、职务或职称及服务单位，以示尊重之意。

名片是一个人的象征，因此收放名片均要适度，才是尊重自己和尊重别人的表现。营销人员拿到别人的名片要仔细收好，应将名片持在腰部以上位置，小心不要污损或是拿来玩耍。给别人名片时，记住清楚复诵一次自己的名字，以免对方误念。交换名片的适当时机是用餐前或用餐后，而不宜在用餐中交换；开会也是一样，不宜在会间交换。

无论是指引或介绍，都不可单手指人，正确方式应将掌心朝上，拇指微微张开，指尖向上来做指引或介绍，这才是尊重他人的行为。

4．多用商量语气

在营销商谈的礼仪中，商量是一门艺术，重点是要学习如何彼此尊重。当我们有求于人的时候，不论是上司或部下都宜采用询问或商量的口气，如多用“可不可以？”或“好不好？”让对方有考虑的时间及空间，因为对方有权选择说“Yes”或是“NO”。

在办公室中，常见的情况是员工要请假，却摆出一副理直气壮的样子。如，“老板，我明天有事，要请假。”同样地，上司也常这样对员工说：“这件事情下班前一定要完成。”这些口气不仅让对方很难表达意见，同时还会造成或加大双方的隔阂。因此，如果能学习采用，如“老板，我明天有事处理，不知能否向您请个假？”“小陈，这件事情很紧急，下班前能不能帮我完成？”等温和商量的语气，会让人感觉受到尊重，也容易获得正面的答复，更能使事情顺利进行，使谈话气氛和谐愉快。

5．避免惊吓他人

开会进行至中途，如物品不慎掉落需要捡拾时，应先告知身旁的人后再低身去拾捡，并说声“对不起，我捡支笔”，切不可直接弯身取物，以免吓着身旁的人。

走路或与人交谈时，千万不可把手放在服装口袋里，这样会使人缺乏安全感，会给人轻浮、无所事事的印象。另外，将双手交叉盘于胸前也是很不礼貌的行为，因为欧洲人认为隐藏双手，不让别人看见是敌意的表示，所以一定要将双手露出，如果天气很冷可戴上手套。

用餐时不可用刀、叉、筷子等尖锐的东西指向他人，这样会使别人产生恐惧感。柜台人员与客人谈话的时候，也不要以笔尖朝向他人，诸如此类的行为都会使人感到不安全。

6．尊重他人隐私

每个人都希望拥有自己的空间和不为人知的秘密，所以在公共场所不要随意谈论他人隐私，或以爱打听的姿态而自居。有些过于私人的问题还容易造成尴尬的场面，应尽量避免公开谈论，诸如婚姻状况、年龄、体重以及薪水、穿着品牌、使用的化妆品品牌等。

与客户交谈时，如果对方不愿主动提及某事，必有其原因或有难言之隐，此刻最不应该有的态度就是“打破砂锅问到底”。如果你知晓了别人的困难，又没有能力替人分忧代劳，切忌不要在背后幸灾乐祸，因为这是很不道德的行为。

四、服装营销礼仪的运用

(一) 销售中的礼仪

1. 微笑

微笑是热情与真诚的自然流露。

要求：自然、真诚，保持整个销售服务始终如一。

2. 语言

热情：表示欢迎。

专业：对产品知识、店铺货品的陈列熟悉。

灵活：同意、赞美。

3. 行动

迅速：充满活力、干净利落、效率。

灵巧：敏捷而不鲁莽。

(二) 销售流程

1. 店铺迎宾

(1) 语言：简洁流畅、清晰响亮、真挚热情。

①说话时应面向顾客以示尊重。

②统一规范问候语、促销资讯(店长控制)。

忌：语言敷衍无力。

(2) 动作：站姿端正、外手臂自然垂放、内手臂略屈伸。

忌：弓背塌腰、双手叉腰或放于背后。

(3) 表情：精神饱满，随时保持自然笑容。

忌：表情冷淡或面无表情。

(4) 眼神：与顾客短时间眼神接触、略点头示意。

忌：无视顾客进入、毫无表示。

2. 顾客接触

(1) 初步接触(场内迎宾)。

①主动热情打招呼。

②适当退开，以示礼让。

③让顾客随意观看，密切留意其举动并做好上前服务准备。

切忌：顾客一进店便紧跟其后。

(2) 主动接触。顾客在观看货品过程中，应主动上前展开话题。

①询问："先生想买什么样的款式，需要我推荐一下吗？""是自己穿还是帮别人买？"

②介绍商品之机："小姐，这是刚上市的新款式……""这种款式的面料含弹性材料……"

注意：说话要用尊重、请求的语气；行动应轻快敏捷。

切忌：从顾客背后直冲上前、用生硬语气大声发问。

3．试衣流程

（1）劝说顾客试衣。

商品展示要求有以下几点。

①快速取下挂装呈于顾客。

②让顾客触摸面料使其产生实质感。

③引导顾客看相关的海报及挂画等宣传品。

鼓励顾客试穿应注意以下几点。

“您可以试试看，穿起来感觉会不一样……”

“您穿什么尺码的？我拿一件给您试试。”

“先生，您一般穿什么尺码的裤子？”

禁忌：强行推荐不适合的货品给顾客；浮夸介绍货品。

（2）试衣服务要求。

取货试穿应注意以下几点。

①快速准确地取出合适尺码。

②为顾客取下样衣衣架、解开纽扣，拉开拉链。

③主动带顾客至试衣间。

④帮顾客拉（推）开试衣间门。

⑤提醒顾客保管好私人物品。

试衣间服务应注意以下几点。

①记清所试衣服的总件数。

②留意顾客从试衣间出来。

③主动帮顾客整理好衣服：卷裤脚、翻好衣领等。

④询问衣服尺寸是否合适、感觉如何。

⑤灵活地描述整体颜色、款式等搭配效果。

⑥推荐其他的颜色或款式。

4．附加推销

（1）附加推销的类型。

1）货品搭配。在确定顾客买单时，为所买的货品做搭配。

①根据款式、颜色做合适的上下装、内外装搭配，如T恤配休闲裤、牛仔裤配皮带、女衬衣配短裙等。

②搭配陪衬品，如七分裤配休闲包等。

2）促销活动。

①推荐其他的打折货品。

②买满一定价格可送礼品（附加陪衬品）。

3）新品上市。

①附加介绍其他刚上市的货品。

②突出款式的新颖或面料特性。

（2）附加推销对导购员服务要求。

1）买单前。

①双手将小票交给顾客。

②礼貌地向顾客说明收银的相关要求，如“先生，请您拿小票到收银台买单再来领取衣服。”

③手势指引顾客收银台位置，如“收银台在那边……”

2）买单后。

①货品包装。

a. 包装时必须小心将衣服折叠整齐。

b. 将票据一起放入包装袋。

c. 一定要用胶带封口。

注：①不要借任何理由而随意将衣服塞进袋子。

②双手将包好的衣服递交顾客：“先生，这是您的衣服，请您收好！”

③礼貌道别：“谢谢惠顾，欢迎下次光临！”

（3）附加推销对收银员服务要求。

①热情欢迎顾客并双手接过衣服小票，如“先生下午好，欢迎光临！”

②快速录入计算机并唱收，如“先生谢谢您，一共消费 180 元，收您 200 元！”

③双手接过顾客的付款、将零钱双手递于顾客手中，如“先生，这是找您的 20 元，请收好！”

④将购物袋交给顾客时应说，如“先生，请拿好购物小票领取您的衣服，欢迎您下次光临！”

第二节　服装营销技巧

一、服装营销技巧概述

服装销售人员的工作是要找出具体销售工作中制胜的关键。只有找到销售制胜的关键，服装销售人员才能够有的放矢。

世界上最顶尖的优秀业务人员曾总结出 10 个成功的关键：明确的目标、健康的身心、极强的顾客开发能力、强烈的自信、专业的知识、找出顾客的需求、恰当的解说技巧、擅于处理客户的反对意见、善于跟踪客户和极强的收款能力。

1．明确的目标

成功的业务人员首先要有明确的目标。明确的目标通常包括确定每天要拜访的顾客，找出所需要的顾客属于哪个阶层，即找到潜在顾客。顾客目标群定位的错误，会使服装销售人员浪费很多时间，却一无所获。此外，服装销售人员需要知道如何接近潜在顾客，充分了解顾客的喜好，在最短的时间之内说服顾客购买产品。

2．健康的身心

心理学家的研究证明，第一印象非常重要。由于推销工作的特殊性，顾客不可能有

充足的时间来发现服装销售人员的内在美。因此，服装销售人员首先要做到的是具有健康的身体，给顾客以充满活力的印象。

3．极强的顾客开发能力

优秀的服装销售人员都具有极强的顾客开发能力。只有找到合适的顾客，服装销售人员才能获得销售的成功。优秀的服装销售人员不仅能很好地定位顾客群，还必须有极强的顾客开发能力。

4．强烈的自信

自信是成功人员必备的特点，成功的服装销售人员自然也不例外。只有充满强烈的自信，服装销售人员才会认为自己一定会成功。心理学家研究得出，人心里怎么想，事情就常常容易按照所想象的方向发展。

当服装销售人员持有相信自己能够接近并说服顾客、能够满载而归的观念，拜访顾客时，就不会有担忧和恐惧心理。成功的服装销售人员的人际交往能力特别强，服装销售人员只有充满自信才能够赢得顾客的信赖，才会产生与顾客交流的欲望。

5．专业的知识

优秀的服装销售人员对产品的专业知识比一般的业务人员强得多。针对相同的问题，一般的业务人员可能需要查阅资料后才能回答，而成功的服装销售人员则能立刻对答如流，在最短的时间内给出顾客满意的答复。

6．找出顾客的需求

即便是相同的产品，不同的顾客需求也不同，其对产品的诉求点也不相同。优秀的服装销售人员能够迅速、精确地找出不同顾客的购买需求，从而赢得订单。

7．恰当的解说技巧

服装销售人员恰当的解说技巧也是成功的关键。优秀的业务人员在做商品解说时，善于运用简报的技巧，言简意赅，准确地提供客户想知道的信息，而且能够精准地回答顾客的问题，满足顾客希望的答案。

8．擅于处理客户的反对意见

擅于处理客户的反对意见，转化反对意见为产品的卖点也是制胜关键的要素之一。优秀的服装销售人员抢先与顾客成交永远快于一般服装销售人员。销售市场的竞争非常激烈，顾客往往会有多种选择，这就给服装销售人员带来很大的压力。要抓住顾客，业务人员就需要善于处理客户的反对意见，抓住顾客的购买信号，让顾客能够轻松愉快地签下订单。

9．善于跟踪客户

在开发新客户的同时，与老客户保持经常的联系，是服装销售人员成功的关键之一。服装销售人员能够持续不断地大量创造高额业绩，需要让顾客买得更多，这就需要服装销售人员能做到最完善的使顾客满意的管理。成功的服装销售人员需要经常联系顾客，让顾客精神上获得较高的满意度。

10．极强的收款能力

极强的收款能力也是销售成功的制胜关键之一。优秀的业务人员在处理收款问题时，能比一般服装销售人员更快地收回货款。遇到顾客交款推托时（如推卸责任，找各种借口或者拉交情的手段来延迟交款），优秀的业务人员能有办法让顾客快速地付钱。

把握销售制胜的10个关键要素，进行模仿、学习，将其强化为自身的习惯，服装销售人员才能够获得不断的成功，取得越来越好的业绩。

二、服装导购员营销技巧

导购员在服装销售过程中起着不可替代的作用，它代表着商家的外在形象，更是加速着销售的过程，因此，对于服装导购员营销技巧的培训，提高服装导购员营销技巧，一直是商家必做的工作。那么服装导购员营销技巧都有哪些呢？服装导购员首先要做到以下几点。

（1）微笑。微笑能传达真诚，迷人的微笑是长期苦练出来的。

（2）赞美顾客。一句赞美的话可能留住一位顾客，可能会促成一笔销售，也可能改变顾客的坏心情。

（3）注重礼仪。礼仪是对顾客的尊重，顾客会选择那些能令他们喜欢的导购员。

（4）注重形象。导购员以专业的形象出现在顾客面前，不但可以改变工作气氛，更可以获得顾客信赖。所谓专业形象是指导购员的服饰、举止姿态、精神状态、个人卫生等外观表现，能给顾客带来良好的感觉。

（5）倾听顾客说话。缺乏经验的导购员常犯的一个毛病就是，一接触顾客就滔滔不绝地做商品介绍，直到顾客厌倦。认真倾听顾客意见，是导购员同顾客建立信任关系的最重要方法之一。顾客尊重那些能够认真听取自己意见的导购员。

下面是服装导购员接近客户的方法。

（1）提问接近法。

您好，有什么可以帮您的吗？

这件衣服很适合您！

请问您穿多大号的？

您的眼光真好，这是我公司最新上市的产品。

（2）介绍接近法。看到顾客对某件商品有兴趣时上前介绍产品。

产品介绍应注意以下几点。

①特性（品牌、款式、面料、颜色）。

②优点（大方、庄重、时尚）。

③好处（舒适、吸汗、凉爽）。

（3）赞美接近法。以“赞美”的方式对顾客的外表、气质等进行赞美，接近顾客。

您的包很特别，在哪里买的？

（4）示范接近法。利用产品示范展示产品的功效，并结合一定的语言介绍，来帮助顾客了解产品，认识产品。最好的示范就是让顾客来试穿。试穿的注意事项有以下几点。

①主动为顾客解开试穿服饰的扣子、拉链和鞋带等。

②引导顾客到试衣间。

③顾客走出试衣间时，为其整理。

④评价试穿效果要诚恳，可略带夸张之辞、赞美之意。

无论采取何种方式接近顾客和介绍产品，导购员必须注意以下几点。

①顾客的表情和反应，察言观色。

②提问要谨慎，切忌涉及个人隐私。

③与顾客交流的距离，不宜过近也不宜过远。正确的距离是 1.5 米左右，也是我们平常所说的社交距离。

三、儿童服装店营销技巧

1．店头吸引，以连续性故事吸引顾客进店

终端将高柜形成连续性故事画面，在入店的各个角度都有醒目的形象拦截顾客“眼球”，同时故事性的卡通对儿童形成友好的氛围（带小孩来与自己来店购买的比例为 7 ∶ 3，离儿童越近，也会吸引父母到店）。

2．店内体验，激发父母参与的好奇心

儿童都喜欢用手去抓、去玩。于是，品牌店可根据不同儿童的视角进行产品陈列，能够让他们看到、抓到、玩到，他们在店内停留的时间越长，如图 14–1 所示，自然父母停留的时间也越长。

图 14–1　童装体验店

3．店内专业化行销，让父母参与行动

父母都希望他们的孩子天真、快乐，但他们也在意孩子安全与健康的成长。向妈妈们讲解鞋与小孩成长的关联性是最好的推销方法。营业员讲述儿童与一双合适的鞋的重要性，保护孩子的身体（脚）免受外界的伤害，而且要符合儿童身体（脚部）的生长发育规律及生理机能特点。

科学地帮助父母做正确的选择，同时也大幅提高了品牌终端销售的专业化程度。

4．让父母带着满意与信赖离店

反复把产品卖给同一个消费者比争取一个新消费者要容易得多，把握住顾客离店是关键。当家长替孩子买完服装（鞋子）后，促销员适时为其送上有关服装（鞋子）与身体（脚）的温馨提示卡与二次到店特惠卡，让他们在这里感受到专业销售的热情，由此对品牌产生信赖感，并成为品牌忠实的消费者。

5．吸引消费者第二次到店

品牌店可根据顾客购买服装及鞋子时的购买记录，每月为他们发送育儿知识手册，服装与孩子成长的知识手册，对小孩健康成长提供交流平台与知识指引。在节日为顾客发送贺卡及相关信息，进一步提高消费者的忠诚度与亲密度，建立情感关系，吸引顾客第二次到店，保证长期的收益。品牌通过人性化的销售行为设计与专业的终端提升，让终端品牌体验成为儿童健康成长顾问，不仅可以强化终端成交概率，而且能大幅提升销量，为品牌价值的打造找到一条阳光大道。采纳“新鲜营销品牌体验”工程包括品牌接触点管理、品牌升级、互动体验等。从生活者的品牌接触点出发，全面解析生活者与品牌的内在联系，通过生活者与品牌、产品的无缝链接，塑造全新的品牌、产品互动消费模式，增强生活者满意度，实现品牌增值。

四、品牌服装专卖店营销技巧

品牌服装专卖店以其成熟的运作方式和深入人心的名气，受到许多开店者青睐。

1．维护卖场魅力

品牌店开业前，业主都会针对卖场做一番规划，尽量呈现出最吸引人的风貌。开店后，也不能对这一方面掉以轻心，要时刻保证店面的新颖和特别，才能使品牌店永远抓住顾客的视线。

2．追求商品魅力

有关人士认为，现在的消费者都喜欢“俗、大腕、满意”的商品，同等的商品除了要比价位、性质外，还要比谁的功能多、效果好。

3．提高服务魅力

卖场、商品的魅力有了，再就是提高服务的魅力，也就是员工要让顾客觉得店里面的每个人都很友善，上门消费是一种享受。

4．定期举办促销活动

促销活动往往是最直接、最有效地提高业绩的方式，尤其在看似景气、消费却在下滑的内冷外热之时，促销活动更显重要，可增加新鲜感。有关人士建议，最好依店家的业绩决定促销方式，才能发挥效用。

5．留住员工的心

员工的良莠、稳定性对一家专卖店的影响很大，尤其是在创业初期，而创业中后期则可能面临员工被挖墙脚的情况。因此，如何抓住员工的心，就成为当老板的必修课程。想要留住员工的心当然就要激发员工的斗志，老板如果顺势说句：“今天辛苦了，要好好爱惜自己的身体，不要太劳累了”，便可以让员工更加卖力。

五、女装营销技巧

在一般情况下，女装在服装类商品中销售最为活跃，而女人爱美的天性就注定女装销售技巧的重要性。

1．加强客户购买的心态

加强客户购买的心态，重点就是指要有针对性。对于不同的人要进行不同的服装设计，真正使顾客的心理由“比较”过渡到“信念”，得到他们想象中的东西，最终销售成功。在较短的时间内能让顾客具有购买的欲望，是女装销售技巧中非常重要的一个环节。在销售中要遵循以下原则。

（1）从4W上着手。从穿着时间（When）、穿着场合（Where）、穿着对象（Who）、穿着目的（Why）方面做好购买参谋，有利于销售成功。

（2）重点要简短。对顾客说明服装特性时，要做到语言简练清楚，内容易懂。

（3）具体的表现。要根据顾客的情况，随机应变，不可千篇一律。依据销售对象的

不同而改变说话方式，对不同的顾客要介绍不同的内容。营业员应把握流行的动态、了解时尚的先锋，要向顾客说明服装符合流行的趋势。

2．了解女性客户的心态

研究出一套接待顾客，提供优质服务的标准流程和技巧，就有必要了解顾客尤其是女性顾客购买服装时的心理流程。

（1）观察两种顾客。没有明确的购买目的，遇上感兴趣的衣服也会购买；闲逛为目的，消磨时间，漫步商场欣赏各色服装。

（2）引起注意。客人发现自己要找的服装，或者被某服装的款式、色彩等所吸引。

（3）诱发联想。联想这件衣服穿在自己身上的感觉，马上会产生兴奋的感觉。“明天我穿上这条裙子去公司，同事一定会对我大加赞赏，太棒了，我非试试不可！”

（4）产生欲望。美好的联想之后，就会产生占有的欲望。如果能成功鼓励她试穿，是激发她占有欲望的最好手段。

（5）对比评价。产生了占有的欲望，不代表立刻产生购买行为。顾客会运用经验、知识等对不同品牌同类的衣服进行比较，对个人的需要和服装的款式、色彩、质量、价格等进行思考和分析。思考和分析不一定是理性的，也有非理性的。这个阶段应会处理顾客说出来的一些对衣服的反对意见和疑义。

（6）决定购买。对比评价之后，顾客对该款衣服产生信心，随即就会产生购买的行动；也会丧失信心，放弃购买的意愿。

当顾客对某款衣服失去信心时，要求导购不勉强顾客，马上转移到顾客感兴趣的衣服上去，力求挽留，继续推荐。

六、男装营销技巧

在竞争如此激烈的时代，男装终端销售在很大程度上取决于销售技巧。销售的过程其实就是研究自己的销售对象的过程，因此要想把消费者留下，成功地把商品销售出去，就要先好好研究一下站在自己对面的消费者。男性消费心理特征为以下几点。

（1）购买动机常具有被动性。

（2）有目的型购买和理智型购买。

（3）选择商品以质量性能为主，不太考虑价格。

（4）比较自信，不喜欢销售人员喋喋不休的介绍。

（5）希望快速完成交易，对排队等候现象缺乏耐心。

根据以上男性消费的心理特征，作为男装销售人员在做销售的时候，就要从以上的性格分析入手，使顾客产生购买心理。男装营销的技巧如下。

（1）以专业服人——针对独自一人进店的男性购物者。男性消费者在选购方面往往是被动的，更多的是以质量为前提，因此，销售人员就要主动为消费者下决定，但又因为男性消费者的理性因素，所以最好要以专业性去打动他。

（2）言多必失——针对那些有陪同者（老婆、女友、朋友）购物的男性。男性的消费经验远不如女性来得多，因此，大部分的主张来自陪同者，不轻下判断、不多说废话，只是把服务做到位就可以了。

（3）声东击西——前期的广告宣传、终端的促销、卖场的设计、员工的招聘，可能已触动男性购物陪同者（女人）。

第三节 服装营销策划

一、营销策划概述

1．营销策划的定义

营销策划是在对企业内部环境予以准确地分析，并有效运用经营资源的基础上，对一定时间内的企业营销活动的行为方针、目标、战略以及实施方案与具体措施进行设计和计划。

营销策划是根据企业的营销目标，以满足消费者需求和欲望为核心，设计和规划企业产品、服务和创意、价格、渠道、促销方式，从而实现个人和组织的交换过程。同时，营销策划是为了改变企业现状，完成营销目标，借助科学方法与创新思维，立足于企业现有营销状况，对企业未来的营销发展做出战略性的决策和指导，带有前瞻性、全局性、创新性和系统性。

营销策划适合任何一个产品，包括无形的服务，它要求企业根据市场环境变化和自身资源状况做出相适应的规划，从而提高产品销售，获取利润。营销策划的内容包含市场细分、产品创新、营销战略设计和营销组合 4P 战术四个方面的内容。

2．营销策划的三个发展阶段

市场营销和企业经营随着研究对象的改变，营销策划工作的重点也在不断发生变化，大致经历过以下三个阶段。

（1）产品策划阶段。顾客需要物美价廉的商品，所以企业主要营销策划工作是集中力量改进产品，而不注重顾客的需求和愿望，并忽略了分销、促销等方面的营销工作，从而导致一旦新技术和替代品出现，企业的产品就出现滞销。

（2）促销策划阶段。大众化时代，商品更加丰富，企业在营销策划方面的重点是如何促销自己的产品，因此各企业设置销售人员，并制定激励体制鼓励销售人员多卖产品，并同时运用广告战、价格战来刺激消费者需求，不考虑消费者的喜欢和满意程度。

（3）系统营销策划阶段。经济不断发展，消费者需求马上转变，大众化的商品得不到消费者的认可，因此企业营销策划的重点是不断分析消费者心理和行为特征，并进行市场细分，通过设计产品、定价、分销和促销等一系列系统手段来满足消费者的需求和欲望。

二、服装行业市场概况

德国统计学家恩斯特·恩格尔发现，家庭收入与食品支出之比显示出生活富裕程度。随着家庭收入增多，用于食品的开支下降，用于服装、住宅、交通、娱乐、旅游、

保健、教育等项目的开支上升。21 世纪的服装市场，一定是营销型企业的天地。服装企业应当更重视市场营销策略。

1. 生活水平与服装观念

生活水平低质时期的服装观念是，服装是护体之物，服装是遮羞之物，服装是生活习惯和风俗，服装是社会规范的需要。

生活水平高质时期的服装观念是，服装是生活快乐之物，服装是机能活动之物，服装是心理满足之物，服装是社会流行要求之物。

2. 实际消费需求的产生

消费者对产品的兴趣并不能构成消费的实际需求。在实际生活中，消费者需求的满足程度和满足方式主要取决于消费者的经济状况，即消费者只有同时具备购买欲望和购买力两个要素，才能产生实际购买行为。

3. 服装流行的特点

（1）新颖性。这是服装流行最为显著的特点。服装流行的产生基于消费者寻求变化的心理和追求“新”的表达。人们希望对传统的突破，期待对新生的肯定。这一点在服装上主要表现为款式、面料、色彩的三个变化。因此，服装企业要把握住人们的“善变”心理，以迎合消费“求异”需要。

（2）短时性。“时装”一定不会长期流行；长期流行的一定不是“时装”。一种服装款式如果为众人接受，便否定了服装原有的新颖性特点，这样，人们便会开始新的“猎奇”。如果流行的款式被大多数人放弃，那么该款式时装便进入了衰退期。

（3）普及性。一种服装款式只有为大多数目标顾客接受了，才能形成真正的流行。追随、模仿是流行的两个行为特点。只有少数人采用，无论如何是掀不起流行趋势的。

（4）周期性。一般来说，一种服装款式从流行到消失，过去若干年后还会以新的面目出现。这样，服装流行就呈现出周期性特点。

4. 服装流行的基本规律

服装流行的规律，可称为“极点反弹效应”。一种服装款式的发展，一般是宽胖之极必向窄瘦变动，长大之极必向短小变动，明亮之极必向灰暗变动。所以，“极点反弹效应”成为服装流行发展的一个基本规律。大必小、长必短、开必合、方必圆、尖必钝、俏必愚、丽必丑——极左必极右，越极越反。

5. 服装流行的基本法则

美国学者 E. 斯通和 J. 萨姆勒斯认为，服装流行的基本法则有以下几点。

（1）流行服装的产生取决于消费者对新款式的接受或拒绝。服装不是由设计师、生产商、销售商创造的，而是由“上帝”创造的。服装设计师们每个季节都推出几百种新款式，但成功流行的不足 10%。

（2）流行服装不是由价格决定的。服装服饰的标价并不能代表其是否流行。但在研究中发现，一旦一种高级时装出现在店头、街头，并为人所欢迎，那么大量的仿制品就会以低廉的价格为流行推波助澜。

（3）流行服装的本质是演变的，但很少有真正的创新。一般来说，款式的变化是渐进式的。顾客购买服装只是为了补充或更新现有的衣服，如果新款式与现行款式太离谱，顾客就会拒绝购买。因此，服装企业更应关注“目前流行款式”，并以此为基础来创新设计。

（4）任何促销努力都不能改变流行趋势。许多生产者和经销者试图改变现行趋势而推行自己的流行观念，但几乎没有一次是成功的。即使是想延长一下流行时间也是白费气力。

（5）任何流行服装最终都会过时。推陈出新是时装的规律。服装失去原有的魅力，存在便失去意义。

6．服装的流行花期

根据产品的生命周期原理，本书将服装的市场生命周期称作“流行花期”。

（1）花蕾期——流行启蒙期（顾客数占 10%）；

（2）花放期——流行追逐期（顾客数增 35%）；

（3）花红期——流行攀顶期（顾客数增 40%）；

（4）花败期——流行跌落期（顾客数增 15%）。

服装流行花期的特点是花败期跌落线不会很长，因为任何经销商不会努力阻止它下降，反而会“甩货”加速其跌落。

7．服装的六大属性

服装的六大属性为品牌、款式、颜色、面料、做工和价格。

8．服装的两大族类

（1）品牌族。一类企业追求服装品牌——制造品牌服装；另一类企业追求服装款式——制造款式服装。

（2）款式族。一类顾客追求品牌服装——关爱生活形象；另一类顾客追求服装款式——注重个性体现。

9．女性顾客的三大族

把女性服装顾客细分为三大族类。

（1）红项族——脖子上有宝石饰物者。

（2）黄项族——脖子上有金、银饰物者。

（3）白项族——脖子上无饰物者。

经研究，在购买服装时对品牌和款式的选择上，各类细分群以社会地位、经济实力不同而存在着较大的差异性。

品牌与款式选择的比率如下。

（1）红项族：8 ∶ 2 开（80% 首选品牌，20% 首选款式）。

（2）黄项族：5 ∶ 5 开（50% 首选品牌，50% 首选款式）。

（3）白项族：2 ∶ 8 开（20% 首选品牌，80% 首选款式）。

10．服装购买的三部曲

服装购买的三部曲为（看）款式——（摸）面料——（询）价格。

11．服装购买的特点

服装购买的特点是十分在意他人的评价。由于服装也是穿给别人看的，服装具有自我展示作用，因而顾客在购买服装时比较在意他人的看法，在选购时一般会征求同伴的意见。

三、服装市场营销策划的原则与步骤

1. 服装市场营销策划的原则

为了提高企业营销策划的准确性与科学性，一般需要遵循以下基本原则。

（1）战略性原则。营销策划一般是从战略的高度对企业营销目标、营销手段进行事先的规划和设计。市场策划方案一旦完成，将成为企业在较长时间内的营销指南。也就是说，企业整个营销工作必须依此方案进行。因此，在进行企业营销策划时，必须站在企业营销战略的高度去审视它，务求细致、周密完善。从营销战略的高度进行策划，其作用是至关重要的。波音公司的发展历程是一个成功的例证。1952 年前，波音公司在商用飞机市场几乎没有立足之地，而且以前制造商用飞机的尝试也都以失败告终。而后，波音公司在做商用飞机市场领导者的战略指导下，进行系列与此相关的营销策划，较强的创新意识使他们在激烈的竞争中占据上风，超过了道格拉斯飞机公司。可以说，波音公司后来的辉煌确实离不开他们营销策划的战略性原则。

（2）信息性原则。企业营销策划是在掌握大量而有效的营销信息基础上进行的，没有这些信息，将导致营销策划的盲目性和误导性。同时，在执行市场营销策划方案的过程中将会出现方案和现实有出入的情况。调整方案也要在充分调研现有信息的基础上进行，占有大量的市场信息是市场营销策划及实施成功的保证。

（3）系统性原则。企业营销策划是一个系统工程，其系统性具体表现为两点。一是营销策划工作是企业全部经营活动的一部分，营销策划工作的完成有赖于企业其他部门的支持和合作，并非营销一个部门所解决的，如产品质量、产品款式、货款收回等，就分别需要生产部门、设计部门、财务部门的员工配合。二是进行营销策划时要系统地分析诸多因素的影响，如宏观环境因素、竞争情况、消费需求、本企业产品及市场情况等，将这些因素中的有利一面最大限度地综合利用起来，为企业营销策划服务。

（4）时机性原则。企业营销策划既要做到“适时”，也要做到“重视”。换句话来说，要重视“时间”与“空间”在营销策划中的重要作用。例如，在 1999 年摩托车大战中，新大洲公司与建设集团不约而同地推出了一款高贵而又典雅的仿古车，得到都市爱车一族女士们的青睐。但在营销策划的策略中，新大洲公司与建设集团采用了不同的方式。建设集团首先在车展中将其样板车向市场曝光，并在电视、报纸、杂志等媒体多方面进行了庞大的广告宣传，造成了一时轰动效应，为其后进行的产品销售打下了良好的基础。建设集团把大量资金投入产品广告宣传的时候，同样是针对这款车，新大洲公司并未加入这激烈的广告战，而是紧锣密鼓地进行着生产的前期准备，他们从配套部件入手，将大量的资金投入产前的技术准备中，在短短的 3 个月里，使这款新车的月产量达到了 5 000 辆，在高峰期月产量近万辆。由于建设集团的新款车与新大洲公司的新款车大同小异，新大洲公司在建设集团推出其新款车前，把其“罗马假日”款仿古车推向市场，凭借“锅”下“米”的方式在营销战中获得成功。

（5）权变性原则。市场就是战场，竞争犹如战争。现代市场经济中演绎着一场场激烈的竞争，权变性的原则是策划中不可或缺的思维因素。我们来看看美国柯达公司公布“傻瓜机”技术的案例。1963 年 2 月 28 日——这个世界照相史上划时代的日子，柯达公司发明并上市了新相机（别名“傻瓜机”）。可就在柯达公司的“傻瓜机”大为走俏的时候，柯达公司做出了出人意料的惊人之举。公司宣称："我们不要独占傻瓜机的专利，其技术全部都可以提供给世界的每个制造厂商。"其实，柯达公司公开"傻瓜机"技术正是该公司策划权变性的体现。原来，柯达公司因"傻瓜机"的问世，当年营业额超过了20亿美元，纯利润3亿多美元，所花费的600万美元开发费用已带来了巨额利润。与此同时，世界上相机拥有量已有数千万只，而且日本自行研究的"傻瓜机"也行将问世，即使不公开其技术，其他公司也已模仿研制出同类产品。另外，相机是耐用品，可以重复使用，而胶卷软片是非多次性使用的，其市场需求越来越大。正是鉴于以上考虑，柯达公司才采取权变的策划措施，公布了"傻瓜机"技术。公布的结果使日本的独立开发与其他公司的模仿开发均变得一钱不值，没有投入研制的公司不费吹灰之力就拥有了柯达公司提供的技术。而更重要的是，其他公司"傻瓜机"生产越多，胶卷软片的需求就越大，而柯达公司这时正好可以收缩精力，全力生产高质量的胶卷软片提供给市场，公司照样财源滚滚。无疑，柯达公司公布"傻瓜机"技术是企业营销策划具有权变性的最佳说明。其实，由于市场随时在波动变化着，企业营销策划就必须有权变性，只有这样，企业才能在竞争中获胜。

（6）可操作性原则。企业营销策划要用于指导营销活动，其指导性涉及营销活动中的每个人的工作及各环节的处理，因此其可操作性非常重要。不能操作的方案创意再好也没有任何价值，如20世纪80年代初，我国有关部门策划了"川气出川"的工程，即把在四川省当时已开采的天然气用管道输送出川，为湖北、湖南供燃气能源。其策划方案不可谓不新，效益也不可谓不诱人，但由于天然气在四川境内的储量，探明并不充裕，加上输送天然气出川工程浩大，其策划难以继续实施，结果以白白损失数亿元后工程停止而告终。

（7）创新性原则。企业营销策划要求策划的"点子"（创意）新、内容新、表现手法也要新，新颖的创意是策划的核心内容。例如，深圳君安金行开业围绕着"真情闪亮的地方"这一点将公关、营业推广、广告宣传等整合传播手段考虑进去，特别是感人至深的系列广告、"真情服务"举措大大强化了深圳君安金行与消费者真情相连的企业形象，缩短了企业与消费者的心理距离，消费者感到了企业的真诚以及全心全意为消费者着想的绵绵情怀。

2．服装市场营销策划的步骤

市场营销策划如同酿酒，是一个科学的运作过程。一般来说，企业市场营销策划包括以下八个步骤。

（1）了解现状。了解现状不仅包括对市场情况、消费者需求进行深入调查，还包括对市场上竞争产品的了解以及对经销商情况的了解，大致有以下几点。

①市场形势了解。市场形势了解是指对不同地区的销售状况、购买动态以及可能达到的市场空间进行了解。

②产品情况了解。产品情况了解是指对原来产品资料进行了解，找出其不足和有待加强、改进的地方。

③竞争形势了解。对竞争者的情况要有一个全方位的了解，包括其产品的市场占有率、采取何种营销战略等方面。

④分销情况了解。对各地经销商的情况及变化趋势要进行适时调查，了解他们的

需求。

⑤宏观环境了解。要对整个社会大环境有所了解和把握，从中找出对自己有利的切入点。

了解现状是整个营销策划的基础，只有充分掌握了企业、产品的情况，才能为后面的策划打下基础。

（2）分析情况。一个好的营销策划必须对市场、竞争对手、行业动态有一个较为客观的分析，主要包括以下三个方面。

①机会与风险的分析。分析市场上该产品可能受到的冲击，寻找市场上的机会和“空档”。

②优势与劣势分析。认清该企业的强项和弱项，同时尽可能充分发挥其优势，改正或弱化其不足。

③结果总结。通过对整个市场综合情况的全盘考虑和各种分析，为制定应当采用的营销目标、营销战略和措施等打好基础。

分析情况是一次去粗取精、去伪存真的过程，是营销策划的前奏。

（3）制定目标。企业要将自己的产品或品牌打出去，必须有自己得力的措施，制定切实可行的计划和目标，这个目标包括两个方面。

①企业整体目标。

②营销目标。营销目标是指通过营销策划的实施，希望达到的销售收入及预期的利润率和产品在市场上的占有率等。

能否制定一个切合实际的目标是营销策划的关键。有的营销策划方案大有“浮夸”之风，脱离实际，制定目标过高，其结果也必然与实际相差千里；而有的营销策划则显得过于保守，同样也会影响营销组合效力的发挥。

（4）制定营销战略。必须围绕已制定的目标进行统筹安排，结合自身特点制订可行的市场营销战略。营销战略包括以下几个方面。

①目标市场战略。目标市场战略是指采用什么样的方法、手段去进入和占领自己选定的目标市场。也就是说，企业将采用何种方式去接近消费者以及确定营销领域。

②营销组合策略。营销组合策略是指对企业产品进行准确的定位，找出其卖点，并确定产品的价格、分销和促销的政策。

③营销预算。营销预算是指执行各种市场营销战略、政策所需的最适量的预算以及在各个市场营销环节、各种市场营销手段之间的预算分配。制定营销战略要特别注意产品的市场定位和资金投入预算分配。

（5）制定行动方案。营销活动的开展从时间上到协调上需要制订一个统筹兼顾的方案，要求选择合适的产品上市时间，同时要有各种促销活动的协调和照应。有的营销策划忽略对产品上市最佳时机的确定，这会直接影响到营销活动的展开。而各个促销活动在时间和空间上也要做到相互搭配、错落有致。

（6）预测效益。要编制一个类似损益报告的辅助预算，在预算书的收入栏中列出预计的单位销售数量以及平均净价；在支出栏中列出划分成细目的生产成本、储运成本及市场营销费用。收入与支出的差额就是预计的赢利。经企业领导审查同意之后，它就成为有关部门、有关环节安排采购、生产、人力及市场营销工作的依据。

（7）设计控制措施和应急措施。在这一阶段，营销策划人员的任务是为经过效益预测感到满意的战略和行动方案构思有关的设计控制措施和应急措施。设计控制措施的目的是便于操作时对计划的执行过程、进度进行管理。典型的做法是把目标、任务和预算按月或季度分开，使企业及有关部门能够及时了解各个时期的销售实绩，找出未完成任务的部门、环节，并限期做出解释和提出改进意见。设计应急措施的目的是事先充分考虑到可能出现的各种困难，防患于未然。可以扼要地列举出最有可能发生的某些不利情况，指出有关部门、人员应当采取的对策。

（8）撰写市场营销计划书。这是企业营销策划的最后一个步骤，就是将营销策划的最终成果整理成书面材料，即营销策划书，也叫企划案。其主体部分包括现状或背景介绍、分析、目标、战略、战术或行动方案、效益预测、控制和应急措施，各部分的内容可因具体要求不同而详细程度不一。

四、服装市场营销策划书的设计与撰写

策划书没有一成不变的格式，它依据产品或营销活动的不同要求，在策划的内容与编制格式上也有变化。但是，从营销策划活动一般规律来看，其中有些要素是共通的。

1. 营销策划书的结构与内容

营销策划书的基本结构可分为以下内容。

（1）封面。策划书的封面可以提供以下信息：策划书的名称、被策划的客户、策划机构或策划人的名称、策划完成日期及本策划适用时间段、编号。

（2）前言或序言。前言或序言是策划书正式内容前的情况说明部分，内容应简明扼要，最多不要超过500字，让人一目了然。其内容主要包括以下几点。

①接受委托的情况。如，X公司接受Y公司的委托，就XY年度的广告宣传计划进行具体策划。

②本次策划的重要性与必要性。

③策划的概况，即策划的过程及达到的目的。

（3）目录。目录也是策划书的重要部分。封面引人注目，前言使人开始感兴趣，那么，目录就务必让人读后能了解策划的全貌。目录具有与标题相同的作用，同时也应使阅读者能方便地查寻营销策划书的内容。

（4）概要提示。阅读者应能够通过概要提示大致理解策划内容的要点。概要提示的撰写同样要求简明扼要，篇幅不能过长，一般控制在一页纸内。另外，概要提示不是简单地把策划内容予以列举，而是要单独成一个系统，因此其遣词造句等都要仔细斟酌，要起到一滴水见大海的效果。

（5）正文。正文是营销策划书中最重要的部分，具体包括以下内容。

①营销策划的目的。营销策划的目的主要是对本次营销策划所要实现的目标进行全面描述，它是本次营销策划活动的原因和动力。

②市场状况分析。主要有以下因素。

a. 宏观环境分析。着重对与本次营销活动相关的宏观环境进行分析，包括政治、经济、文化、法律、科技等。

b. 产品分析。主要分析本产品的优势与劣势、在同类产品中的竞争力、在消费者心目中的地位、在市场上的销售力等。

c. 竞争者分析。分析本企业主要竞争者的有关情况，包括竞争产品的优势与劣势，竞争产品营销状况，竞争企业整体情况等。

d. 消费者分析。对产品消费对象的年龄、性别、职业、消费习惯和文化层次等进行分析。

以上市场状况的分析是在市场调研取得第一手资料的基础上进行的。

③市场机会与问题分析。营销方案是对市场机会的把握和策略的运用，因此分析市场机会就成了营销策划的关键。只要找准了市场机会，策划就成功了一半。

a. 营销现状分析。对企业产品的现行营销状况进行具体分析，找出营销中存在的具体问题点，并深入分析其原因。

b. 市场机会分析。根据前面提出的问题，分析企业及产品在市场中的机会点，为营销方案的出台做准备。

c. 确定具体行销方案。针对营销中问题点和机会点的分析，提出达到营销目标的具体行销方案。行销方案主要由市场定位和 6Ps 组合两部分构成，具体体现两个主要问题：一是本产品的市场定位是什么？二是本产品的 6Ps 组合具体是怎样的？具体的产品方案、价格方案、分销方案和促销方案是怎样的？

（6）预算。这一部分记录的是整个营销方案推进过程中的费用投入，包括营销过程中的总费用、阶段费用和项目费用等，其原则是以较少投入获得最优效果。

（7）进度表。把策划活动起止全部过程拟成时间表，具体到何日何时要做什么都标注清楚，作为策划进行过程中的控制与检查。进度表应尽量简化，在一张纸上拟出。

（8）人员分配及场地。此项内容应说明具体营销策划活动中各个人员负责的具体事项及所需物品和场地的落实情况。

（9）结束语。结束语在整个策划书中可有可无，但主要起到与前言的呼应作用，使策划书有一个圆满的结尾。

（10）附录。附录的作用在于提供策划客观性的证明。因此，凡是有助于阅读者对策划内容理解、信任的资料都可以考虑列入附录。附录的另一种形式是提供原始资料，如消费者问卷的样本、座谈会原始照片等图像资料。附录也要标明顺序，以便阅读者查找。

2．营销策划书的写作技巧

营销策划书和一般的报告文章有所不同，它对可信性和可操作性以及说服力的要求特别高，因此，运用写作技巧提高上述两个“性”一个“力”就成为撰写策划书追求的目标。

（1）寻找一定的理论依据。要提高策划内容的可信性并便于阅读者接受，就必须为策划者的观点寻找理论依据。但是，理论依据要有对应关系，纯粹的理论堆砌不仅不能提高可信性，反而会给人脱离实际的感觉。

（2）适当举例。这里的举例是指通过正反两个方面的例子来证明自己的观点。在策划书中加入适当的成功与失败的例子，既能起到调整结构的作用，又能增强说服力，可谓一举两得。

（3）利用数字说明问题。策划书是一份指导企业实践的文件，其可靠程度如何是决策者首先要考虑的。报告书的内容不能留下查无凭据的漏洞，任何一个论点最好都有依据，而数字就是最好的依据。在报告书中利用各种绝对数和相对数来进行比较对照是绝对不可少的。要注意的是，各种数字最好都有出处以证明其可靠性。

（4）运用图表帮助理解。运用图表有助于阅读者理解策划的内容，同时图表还能提高页面的美观性。图表的主要优点在于有强烈的直观效果，因此用图表进行比较分析、概括归纳、辅助说明等非常有效。图表的另一优点是能调节阅读者的情绪，有利于阅读者对策划书的深刻理解。

（5）合理利用版面。策划书视觉效果的优劣在一定程度上影响着策划效果的发挥。合理利用版面也是撰写策划书的技巧之一。版面安排包括打印的字体、字号大小、字与字的空隙、行与行的间隔、黑体字的采用以及插图和颜色等。如果整篇策划书的字体、字号完全一样，没有层次之分，那么这份策划书就会显得呆板，缺少生气。总之，合理利用版面可以使重点突出、层次分明、严谨而不失活泼。

（6）注意细节，消灭差错。这一点对于策划书来说是十分重要的，但却往往被人忽视。如果一份策划书中错字、别字连续出现的话，阅读者怎么可能对策划者抱有好的印象呢？因此，对打印好的策划书要仔细反复检查，不允许有任何差错出现，对企业的名称、专业术语等更应仔细检查。

拓展案例：健舞营销

教学案例：歌莉娅用“粉丝模式”开启O2O时代

本章小结

1. 礼仪在营销活动中的运用即营销礼仪，也就是营销人员在营销活动中为表示尊敬、善意、友好等而采取一系列道德、规范、行为及一系列惯用形式。

2. 服装销售人员的工作是要找出具体销售工作中制胜的关键。只有找到销售制胜的关键，服装销售人员才能够有的放矢。

3. 世界上最顶尖的优秀业务人员曾总结出 10 个成功的关键：明确的目标、健康的身心、极强的顾客开发能力、强烈的自信、专业的知识、找出顾客的需求、恰当的解说技巧、擅于处理客户的反对意见、善于跟踪客户和极强的收款能力。

4. 营销策划是在对企业内部环境予以准确地分析，并有效运用经营资源的基础上，对一定时间内的企业营销活动的行为方针、目标、战略以及实施方案与具体措施进行设计和计划。

习 题

一、单项选择题

1. 分析影响消费者行为的内在心理因素的目的是为了（　　）。
   A. 降低调研成本
   B. 了解消费者的经济承受能力
   C. 区分不同阶层消费者，以满足他们不同的需要
   D. 采取适当的营销策略技巧，以诱导消费者做出对企业有利的购买决策
2. 最古老、最普遍、最直接的推销方法是（　　）。
   A. 广告　　B. 公共关系　　C. 人员推销　　D. 营业推广

二、判断题

1. 营业推广主要是对消费者、中间商及对推销人员的推销鼓励。（　　）
2. 如果市场区域广阔，那么应多用人员推销，配合以广告和营业推广。（　　）

习题答案

参考文献

[1] 尹庆民 . 服装市场营销 [M]. 北京：高等教育出版社，2003.

[2] 尚丽，张富云 . 服装市场营销 [M].2 版 . 北京：化学工业出版社，2011.

[3] 罗德礼 . 服装市场营销 [M]. 北京：中国纺织出版社，2002.

[4] 刘小红，陈学军，索理 . 服装市场营销 [M].4 版 . 北京：中国纺织出版社，2019.

[5] 吴卫刚 . 服装市场营销 [M]. 北京：中国纺织出版社，2000.

[6] 刘小红，刘东，陈学军，等 . 服装市场营销 [M].3 版 . 北京：中国纺织出版社，2008.

[7] 舒平 . 服装市场营销 [M].2 版 . 北京：中国劳动社会保障出版社，2008.

[8] 张喆，方敏 . 服装市场营销学 [M]. 武汉：湖北美术出版社，2003.

[10] 车礼，胡玉立 . 市场调查与预测 [M]. 武汉：武汉大学出版社，2000.

[11] 宁俊 . 服装生产经营管理 [M].5 版 . 北京：中国纺织出版社，2014.

[12] 宁俊 . 服装网络营销 [M]. 北京：中国纺织出版社，2004.

[13] 宁俊 . 服装品牌企划实务 [M]. 北京：中国纺织出版社，2008.

[14] 蒋智威，万艳敏，顾彤宇，等 . 服装品牌营销案例集（国际篇）[M].2 版 . 上海：东华大学出版社，2011.

[15] 潘力，杨瑞丰 . 服装市场营销 [M]. 大连：辽宁师范大学出版社，2002.

[16] 曹亚克，王亚超，马翠华 . 服装市场营销教程 [M]. 北京：中国纺织出版社，2000.

[17] 赵平 . 服装市场调查与预测 [M]. 北京：高等教育出版社，2007.

[18] 宁俊 . 服装市场调查方法与应用 [M]. 北京：中国纺织出版社，2008.

[19] 沈蕾，顾庆良，汤兵勇 . 纺织品和服装消费心理学 [M]. 上海：中国纺织大学出版社，1997.

[20] 赵平，吕逸华，蒋玉秋 . 服装心理学概论 [M].2 版 . 北京：中国纺织出版社，2004.

[21] 焦利军，邱萍 . 消费心理学 [M].2 版 . 北京：北京大学出版社，2013.

[22] 顾韵芬，陆鑫 . 服装概论 [M].3 版 . 北京：高等教育出版社，2014.

[23] [英] 萨姆・布莱克，公共关系学新论 [M]. 陈志云，郭惠民，译 . 上海：复旦大学出版社，2000.